大象学术书坊

全球化与现代化

——近代中国的发展历程

刘保刚
— 著 —

中原出版传媒集团
大地传媒
大象出版社
·郑州·

图书在版编目（CIP）数据

全球化与现代化：近代中国的发展历程/刘保刚著.—郑州：大象出版社，2016.4
ISBN 978-7-5347-8343-2

Ⅰ.①全… Ⅱ.①刘… Ⅲ.①中国历史—近代史—研究 Ⅳ.①K250.7

中国版本图书馆 CIP 数据核字（2015）第 054306 号

全球化与现代化：近代中国的发展历程

刘保刚 著

出 版 人 王刘纯
责任编辑 董曌华
责任校对 钟 骄
封面设计 王莉娟

出版发行 大象出版社（郑州市开元路 16 号 邮政编码 450044）
发行科 0371-63863551 总编室 0371-65597936
网 址 www.daxiang.cn
印 刷 河南新华印刷集团有限公司
经 销 各地新华书店经销
开 本 787mm×1092mm 1/16
印 张 25.75
字 数 389 千字
版 次 2016 年 4 月第 1 版 2016 年 4 月第 1 次印刷
定 价 55.00 元

印厂地址 郑州市经五路 12 号
邮政编码 450002 电话 0371-65957865

——本书的出版得到郑州大学中国史学科振兴基金、河南省优势特色学科“中原历史与文化”的资助。

目录

导论

现代化,顾名思义就是传统社会向现代社会的转化。一个社会怎样才能称作现代社会?现代社会与传统社会相比,有哪些特征?西方早期的现代化理论研究者给出了一些指标。经济:现代社会是工业和服务业占据绝对优势的社会,或所使用的全部能源中非生命能源占据较大比重的社会。通常而言,就是以大机器生产为基础的工业化社会。政治:现代社会普遍具有一个有高度差异和功能专门化的一体化的政府组织体制,它采用理性化和世俗化的程序制定政治决策,人民怀有广泛的兴趣积极参与政治活动,各种条例的制定主要是以法律为基础。通常而言,就是政府组织的专门化、世俗化,民众参与的扩大化,以及法治化。社会结构:现代社会是高度分化的社会,社会流动率高,人口向城市集中。文化:现代社会的文化强调理性主义、个性自由、不断进取、效率至上、能力至上等。一言以蔽之,也就是现代社会的文化就是理性化。个人行为:现代社会的成员有强烈的成就动机,在处理有关事务时有高度的理性和自主性,对新事物有高度的开放性,对公共事务有强烈的参与感。他们认为,为了使一个社会从传统形态转变到现代形态,必须从经济、政治、社会、文化等方面彻底改变这个社会,用一套全新的"现代"的经济、政治、社会和心理结构来取代旧的"传统"的经济、政治、社会和心理结构。因此,传统社会走向现代化的过程,也是一种"单线进化"的模式。现代化过程是所有社会、所有民族都将经历的普遍的进化过程,而西方发达国家已经走过的道路正是非西方国家将要走的路。虽然后来的学者对早期现代化理论家的"传统"与"现代"二分法,以及其"单线进化"模式提出批评,但笔者认为,他们关于现代社会的参照指标仍有颇多合理性。

从鸦片战争以来,中国就开始了艰难的现代化进程。关于中国的现代化模式,学界观点有:挑战与反应模式、后发型模式、传导型模式、传动型模式等。但无论哪一种观点,恐怕有两个事实需要承认:一是中国现代化进程的启动,主要缘于西方的挑战。二是中国现代化进程不是简单的西方挑战,中国反应。这有两方面的含义:(1)中国不是一味被动,没有主动。(2)中国传统文化在现代化进程中的作用是多方面的、复杂的,并非仅有消极作用。比如儒家经世致用的传统就为"师夷长技以制夷"思想的产生奠定了思想基础。《周易》中的"天行健,君子以自强不息""穷则变,变则通,通则久"的思想,更成为近代仁人志士追求变革、奋发图强的理论武器和精神支柱。即使传统的华夷观,其影响也不是单方面的。从消极方面而言,它阻碍了中国向其他民族学习。从积极方面而言,它又是民族凝聚力的表现。更何况,关于华夷的标准并非铁板一块。今文经学就主张以文明作为判断华夷的标准,这对中国处理与其他民族的关系,以及向先进文化学习也起了积极作用。

综上所述,本篇的写作是建立在以下三个认知的基础上:(1)早期现代理论家关于现代社会的指标认知依然具有借鉴价值;(2)中国现代化主要缘于西方的挑战;(3)中国传统文化在现代化进程中的作用是复杂的、多方面的。

第一章 19世纪前期的中国与世界

一、西方列强的崛起与资本/殖民主义国际体系的成型

(一)西方资本主义形成的动因

一般来说,殖民主义和资本主义在世界历史上是同步产生和发展的。殖民活动,古已有之。早在公元前2000年左右,腓尼基人就已经在地中海的塞浦路斯岛建立起一些殖民据点和殖民地。其后,古希腊和古罗马也先后建立起了许多殖民地。然而殖民主义制度和殖民主义体系的形成却是资本主义阶段的产物。因为只有伴随着资本主义的发展,其殖民活动才具有了全球性意义,并深刻改变了世界。因此,可以说西方列强的崛起、殖民主义体系的形成与资本主义的发展是三位一体的事情。资本主义的产生与发展,也是世界现代化的开端。

罗荣渠先生在其《现代化新论》一书中指出:

> 先进的资本主义社会形态在落后的西欧的形成,绝不是靠什么资本主义萌芽成长壮大或土地贵族与农民(农奴)的阶级斗争这类单因素论可以解释的。仅仅依靠旧母体内部的新因素的萌芽与成长,在世界任何地方也不可能使封建主义变成资本主义。①

这也就是说,资本主义在西欧的形成,是众多因素综合作用的结果。

① 罗荣渠:《现代化新论》,商务印书馆2004年版,第70页。

1. 政治多元化的社会与体制外力量的形成

布罗代尔说:“如果进行历史追溯,人们就会发现,凡是在国家势力太强的地方,资本主义就不能得到充分的发展。”①因为在国家势力强大的地方,新兴生产力因素难以发展。西欧的封建社会,不同于东方式的中央集权结构,它是一种等级封建权力结构。众多小国林立而缺少大帝国体系;教权与王权相对,王权与城市相对,城市与领主相对,领主与商人相对,等等。这就为新兴生产力的生存发展提供了较大空间。特别是城市中的市民阶层,更成为封建体制外的异己力量。最初聚居在城市中的居民是有农奴身份的手工业者和从乡村逃出来的农奴。有农奴身份的手工业者必须听命于主人,他们被允许进入城市中干活,是为了向主人缴纳货币。但他们还必须履行对主人的其他义务,尽管这些义务也可以用缴纳货币来代替。如果主人吩咐他回村,他必须遵命返回,他是没有人身自由的。至于逃出来的农奴,一旦被发现,就会被强制送回原籍。因此,城市居民首先争取的是人身自由。“市民阶级最不可少的需要就是个人自由。没有自由,那就是说没有行动、营业和销售货物的权利,这是奴隶所不能享有的权利;没有自由,贸易就无法进行。他们要求自由,仅仅是由于获得自由以后的利益。在市民阶级的思想里,根本没有把自由视为天赋的权利。”②这也就是说争取自由,是由于他们的切身利益,而不是一种空泛的概念。除了人身自由,市民阶级还争取财产自由、贸易自由等。为了保护这些自由,城市开始争取自治权,它们建立起自己的民兵、常备军。城市逐渐成了封建体制外的异己力量。“如果没有体制外的权力中心而只有体制内的权力中心,资本主义经济生产关系的生长就缺乏合适的土壤。即使在体制内权力中心所控制的范围内,商品货币关系有一定程度的发展,私人雇佣关系也比较普遍,但难以实

---

① [法]费尔南·布罗代尔:《资本主义论丛》,顾良、张慧君译,中央编译出版社1997年版,第55页。

② [比]皮朗:《中世纪欧洲经济社会史》,上海人民出版社1964年版,第46页。

现从商品货币关系和私人雇佣关系向资本主义社会经济制度之间的过渡。”①

2. 地理大发现的推动作用

一提到资本主义的发展，我们就会想到资本的原始积累。一提到资本的原始积累，就会想到西方的海外殖民活动。一提到西方的海外殖民活动，就不得不谈西方的地理大发现。但为什么西方的地理大发现造就了西方的殖民活动，郑和下西洋却成为历史的绝唱呢？西方能对地理大发现作出积极回应，首先还要从西欧内部经济状况加以考察。侯建新在《西欧法律传统与资本主义的兴起》一文中指出：

> 西欧的原始积累之所以能够成功，是因为在所谓原始积累之前，西欧已经经历了长期的普遍积累，笔者认为可称之为“前原始积累之积累”。②

根据他的研究，中世纪的西欧农民不仅逐渐提高了单位产量，还不断开拓垦殖面积。在11世纪和12世纪，欧洲人清除荒废的城堡，排干积水的沼泽，走向荒芜已久的田野、人迹罕至的森林和山地，进行了一场史无前例的拓荒与移民，不仅原有的村落、耕地、牧场的边界不断延伸，而且新垦区亦一片一片地涌现，因而被称为“拓边运动”或“边疆运动”。西欧的法律传统也有助于财富的积累和增殖。在中世纪的西欧，法律基本上是一部习惯法。在中世纪西欧人的观念里，并不以统治者的意志或他们颁布的什么规定为当然合法，而是将过去存在了相当长时期的事情和做法推认为合理合法。在11世纪以前的数个世纪中，农奴和其他佃户的劳役及其他义务是比较繁重的，虽然有对此给予限制的习惯法，但总体而言，数量不多，限制规定也不甚明确。到了11世纪和12世纪，各种类型的劳役和义务开始规定得更加具体，而且人们开始赋予这种限定一种普遍性，即不仅适用于个别庄园或个别地方，也适用于一个地区或一个国家内

---

① 厉以宁：《资本主义的起源》，商务印书馆2004年版，第41页。

② 侯建新：《西欧法律传统与资本主义的兴起》，《历史研究》1999年第2期。

的全部庄园。在某些情况下,适用于西欧整个基督教世界内的所有庄园。一旦争议发生,即使领主与佃户发生争议,也应依据法律在法庭范围内解决。在法庭上,领主仅是主持人,法官则是全体出席人。这种司法独立性传统,使西欧农民即使在农奴制最残酷的时期也能够保有或多或少的个人权利,也限制了封建主对农奴的剥削。因为地租额及各项义务基本上是由习惯法规定,而且很难打破。随着劳动生产率的提高,留在农民手中的财富就不断增多,农民财富增多,为市场经济的蓬勃发展提供了基础。西欧的法律与法律体系,一方面限定地租与劳役量,避免封建主的过分和任意掠夺,以保证小农经济连续、稳定的有效积累;另一方面,限制全国性的赋税,以抑制王权与封建政府的非生产性消费,从而有助于整个社会的生产性积累与开发。社会财富的积累,也促进了市场经济的发展。总之,在中世纪晚期,西欧经济处于蓬勃发展的时期,这就成了西欧向外发展的动力。正如英国思想家托尼所说,地理大发现“既不是偶然的运气,也不是科学无私的好奇心的结果。它们是几乎一个世纪坚忍不拔的经济努力的顶点”。[①] 欧洲人在与森林和沼泽不停斗争一千年后,完成了在自己荒芜土地上的殖民,现在它开始转向对世界殖民。

西欧经济的向外扩张,虽然主要是内部经济发展的结果,但这并没有丝毫减少地理大发现的巨大推动作用。地理大发现,缩短了人们的空间距离,为西欧的商业革命提供了更广阔的天地。地理大发现也松弛了农奴制的束缚。正如美国学者斯塔夫里阿诺斯所言:

> 过去的种种勒索和限制已不能无限期地强加于人们,因为他们已知道,往东去,可得到个人自由和廉价土地。农奴主必须减少自己的要求,否则就要冒农奴们纷纷逃跑的危险。[②]

---

① [英]R. H. 托尼:《宗教与资本主义的兴起》,赵丹瑟、夏镇平译,上海译文出版社2006年版,第42页。

② [美]斯塔夫里阿诺斯:《全球通史》,吴象婴、梁赤民译,上海社会科学院出版社1999年版,第20页。

农奴制的削弱,是欧洲扩张的先决条件。它造成了一种更易变动的社会,这种社会能积聚起资本,为探险、征服和殖民提供所需的资本和自由劳动力。地理大发现,使世界贸易中心转移。欧洲贸易中心由地中海沿岸城市转移到大西洋沿岸,由几个以城市为中心的点扩展到面。英国后来居上。在地理大发现之前,英国还远离欧洲的经济中心。之后,英国凭借其作为欧美两洲之间的贸易中心,凭借其比法国早200年、比德国早250年实现的国内经济统一,凭借其宪章革命以及由银行家、船主和商人组成的强大资产阶级,英格兰社会结构的改革最早、最迅速,也最彻底。地理大发现也造成了国际性而不是地方性商业公司的兴起,不再依靠专有权,而是以大型资本力量排挤掉所有弱小对手。由地理大发现引起的物价革命打乱了传统的经济关系。从事商业的人发了大财,新兴的资产阶级力量愈益增长,有固定地租收入的封建主地位则不断削弱。地理大发现也造成了欧洲人的海上霸权。欧洲的商船航行于各大洋,停泊于各海口,军舰控制各大洋。直到日本于1905年在对马海峡取得对俄国的划时代的胜利以前,西方列强一直是海洋的无人挑战的主人。

3. 新的经商技术的形成与发展

斯塔夫里阿诺斯称:"造船、航海技术和海军方面的进步,对于欧洲的海外扩张具有显而易见的重要性。不过,从长远的观点来看,处理商业事务的新技术的发展,也同样重要。"①所谓的商业新技术,主要指复式簿记、股份公司、现代金融。所谓复式簿记是意大利数学家卢卡·佩亚奥利发明的。他主张商人在进行一切交易时,都要在总账里记入两次,一次作为贷方,另一次作为借方。这种记账方法使人们能在任何时候都可以对于一项生意的财务状况了如指掌,也使经营者加强盈利意识。对于复式簿记的发明,很多学者都给予了很高的评价。美国学者约瑟夫·熊彼特的见解具有代表性,他说:

---

① [美]斯塔夫里阿诺斯:《全球通史》,吴象婴、梁赤民译,上海社会科学院出版社1999年版,第25页。

> 资本主义实践把货币单位转变为合理的成本—利润计算的工具,计算的最高成就就是复式簿记。我们不需要深入观察就能注意到,原本是经济理性发展产物的成本—利润计算法反过来对理性起作用。成本—利润计算法做到数字上的具体与明确,它强有力地推进企业的逻辑性,从而为经济部门确定内容与数量,于是这种类型的逻辑(态度或方法)开始了它的征服者生涯,强制地决定——合理化——人的工具和哲学。他的医药实践、他的宇宙观、他的人生观,事实上包罗万象,包括他的审美观念、正义感和他的精神抱负。①

股份制公司是在合伙制的基础上发展而来。它产生于16世纪前后,首先在远洋航运、采矿业中出现。远洋航运、采矿业有两个相同的特点:一是风险大,二是都在封建领地疆界以外发展起来。这样使得它们相对地不受农奴主的任意支配,不受许多陋规的节制。股份制公司的出现,也是商业制度的一大创举。因为它们所具有的合股性质限定投资者的责任,使投资与经营管理职责相分离。它也使人们有可能动员大量资本以从事种种商业投机。分散风险也是股份制公司的一大作用。任何想用少量钱做投机的人,都可以不冒自己整个前途之险而如愿以偿。

银行最早出现在意大利。佛罗伦萨就是著名的金融中心。它自13世纪起主要靠银行而日益富裕。随着商业的扩展,金融业也日益发展。储存、借贷、汇兑、保险、票据交易等业务的开展,给商业活动带来了极大便利。

4. 文艺复兴、宗教改革与资本主义文化的形成

文艺复兴是14世纪中叶到17世纪初在欧洲发生的思想文化运动。有学者这样形容文艺复兴的重大意义:“这个运动意义重大,这不仅是因为在运动中天才辈出,灿若群星,他们创造出绚丽多彩的

---

① [美]约瑟夫·熊彼特:《资本主义、社会主义与民主》,吴良健译,商务印书馆1999年版,第199—200页。

文学、艺术作品，写出有重大影响的政治思想、哲学思想方面的著作，而且也因为它改变了人们对于生活的态度，从而适应了一个新的、初见曙光的资本主义时代。”①这也就是说文艺复兴最大的功绩在于它改变了人们的人生态度。文艺复兴的人本主义精神概括起来就是：重视现世生活，反对禁欲主义；重视科学，反对先验论；提倡乐观，反对悲观等。特别是其对现世生活的肯定，意义重大。意大利思想家克罗齐说：

> 如果苦行主义使心灵遭受了挫伤，如果奇迹使心灵蒙上了阴影，在另一方面，我们也不必相信它们谁有力量能完全长期压抑真实。事实上，正因为苦行主义是勉强的，神话是想象的，它们就像譬喻性的解释一样或多或少地是抽象的，而后者是无力阻遏事实的真正规定。在口头上蔑视和贬责尘世的国土很好办，但它却迫使人们注意它。②

这也就是说蔑视尘世的禁欲主义犹如皇帝的新装，终究掩盖不了事实。文艺复兴的人文主义就担当了戳破皇帝新装的角色。

如果说文艺复兴是从世俗的、人文主义的角度，为初见曙光的资本主义辩护，那么，宗教改革就为资本主义发展提供了宗教上的合法性，并最终将资本主义伦理观念脱离宗教而独立。我们知道，在西方，直到17世纪中叶，宗教仍是各种道德观念最后的裁判。没有宗教改革，资本主义伦理观念就难以确立。

宗教改革的初衷当然是对中世纪教会腐败化的一个反动，其目的是使宗教纯洁化。但是由地理大发现引起的商业革命，以及由此而来的社会、经济等伦理观念的变化，宗教又不得不去面对它。在中世纪哲学中，把一切商业都斥责为罪孽的禁欲主义，虽然由于承认商业在现实生活中的实际需要而有所缓和，但并没有消除。因为中世纪的经院哲学家认为，把贪欲放在唯一重要地位乃是贸易

① 吴于廑、齐世荣主编：《世界近代史》（上），高等教育出版社2001年版，第19页。
② ［意］贝奈戴托·克罗齐：《历史学的理论和实际》，傅任敢译，商务印书馆1982年版，第171页。

的本质。努力追求财富增长，也要受到谴责。他们正如英国学者R. H. 托尼所描述：

> 有足够的钱满足自己的各种需要却不停地劳动以求发财的人，要么是为了获得一个更高的社会地位，要么是为了以后不劳动也足以养活自己，要么是为了他的后代成为有钱有势的人——这一切都是由该死的贪婪、色欲和自傲引起的。①

正是由于对经济动机的怀疑，所以中世纪宗教理论家都坚持商品价格应该公平合理，不能投机，高利贷更受到严厉谴责。但是他们对地租却持赞成态度。认为地租是大自然的果实，而不是对人的索取。总之，中世纪的经济理念主要建立在一个简单假设的基础上，那就是，"经济利益的危险性的增长，与和它们相联系的金钱动机的显著程度成正比。劳动——人类的共同命运——是必要而光荣的；贸易也是必要的，但对心灵是危险的；而金融，即使不是邪恶的，至少也是肮脏的，甚至是可耻的"。②

面对资本主义的兴起，宗教应持什么样的态度呢？置之不理，谴责，抑或扩大教义以便适用于资本和商业力量的兴起？应该说宗教改革基本上是后一种态度的反映。应该说，宗教改革的发起者路德本人，其经济伦理观念还是很保守的。他反对高利贷，也反对宗教道德应该对实际需要作出让步。在经济伦理方面，他继承了中世纪的观点。但路德的理论又为个人主义奠定了理论基础。因为根据路德的教义，既然拯救是由并且只能由神恩在内心的作用赋予，曾经作为个体灵魂与其创造者之间中介的整个安排有序的宗教组织的作用就一下子降低了，成为亵渎上帝的职业宗教的琐事。关于行为的详细规则既不需要，也不可靠。基督徒有《圣经》和他自己良知的指引就足够了。从此所有的人在上帝面前处于相同的地位。

---

① ［英］R. H. 托尼：《宗教与资本主义的兴起》，赵丹瑟、夏镇平译，上海译文出版社2006年版，第22页。

② ［英］R. H. 托尼：《宗教与资本主义的兴起》，赵丹瑟、夏镇平译，上海译文出版社2006年版，第20页。

这种把宗教当作个人良心自由和个人责任的解释，为个人主义的发展开辟了道路。R. H. 托尼称："这一进展包含了此后一切革命的萌芽，它是如此巨大，以至其余的一切都显得无足轻重。"①从路德派而派生出来的加尔文派，与路德派有很大不同。路德派是社会保守主义，遵从既定的政治权威，提倡一种个人的、近乎清静无为的虔诚。加尔文派是一种积极、激进的力量。从宗教信仰而言，它的目的不仅是要净化个人，而且要让宗教的影响渗透到生活的各个方面。从经济伦理而言，加尔文派坦率承认资本、信贷、银行、大规模商业和金融的必要性。他们认为，贸易和金融的利润跟劳动者的收入和地主的租金一样体面。加尔文说："有什么理由说，经商的收入不应当比占有土地的收入大？商人除了他自己的才智和勤奋之外，还从哪里获得利润？"②加尔文派认为，拯救是神的工作，个人无能为力。但人在尘世也要努力劳作，不是为了拯救，而是为了荣耀上帝。工作不是获得拯救的道路，但在某种程度上是得到拯救的一种证明，所以它又是必不可少的。厉以宁对此评价说：

> 加尔文教徒通过他日常事务中的成功找到了对被罚入地狱恐惧的解脱。在市场上成功，在生意圈中活跃，便似乎是受到上帝宠爱的最确凿的证据。③

如果说加尔文派为资本主义经济活动的合法性开了一扇门，清教则最终确立了资本主义经济伦理的合法性。虽然从广义上而言，加尔文派也可称为清教徒，但从狭义而言，清教徒似又特指在英国内战中形成和壮大的本土加尔文派。清教徒对资本主义文化确立的贡献在于：(1)经济利益同伦理利益的分离。对经济动机的怀疑，本是宗教改革者和中世纪神学家的特征，后期的清教徒丢弃了这种

---

① [英]R. H. 托尼：《宗教与资本主义的兴起》，赵丹瑟、夏镇平译，上海译文出版社2006年版，第59页。

② [英]R. H. 托尼：《宗教与资本主义的兴起》，赵丹瑟、夏镇平译，上海译文出版社2006年版，第63页。

③ [英]弗兰克·帕金：《马克斯·韦伯》，刘东、谢维和译，四川人民出版社1987年版，第61页。

怀疑。它为经济活动加上了一道神圣光环——赚钱本身并不危险,也不会产生其他危险,赚钱可以而且应该变成为上帝更大的荣耀而进行的事业。(2)个人主义的确立。清教徒在英国处于少数和被压制地位,所以他们特别强调了宗教信仰应是个人的责任,又把这种个人责任转化为个人权利,借以反对政府的干预。不仅如此,他们更进一步反对以社会道德与公共利益对个人活动的种种干预。洛克首先从基督教教义系统证明了人的生产、财产、自由的权利。他认为,如果国家干预财产权和商业,就会丧失它自身的生存资格。霍布斯更是把自私自利当作个人的自然权利。中世纪的作家援引自然法作为对经济利己主义的道德限制。到了17世纪,发生了一场重大革命。“自然”开始意味着人的欲望的合理性,而不是某种先验的道德正义。自然权利成为论证个人主义的利器。个人主义的确立,使资本主义的发展走上了康庄大道。

5. 工业革命

没有工业革命,资本主义制度难以最终确立;没有工业革命,资本主义的发展就不会具有世界意义。工业革命,当然是技术积累的一个后果。但是单有技术,并不能造就工业革命。布罗代尔在《资本主义论丛》中指出,托勒密时代的埃及已经认识到蒸汽的力量,但仅仅以此为乐;中国大约在14世纪发现了焦炭炼铁,但最终没有下文;法国在18世纪技术发明接连不断,基础科学与英国相比也毫不逊色,但工业革命却首先在英国发生,这主要是英国整体民族经济发展的结果。对于工业革命的后果,没有人比马克思阐释得更为精彩。马克思说:

> 资产阶级,由于开拓了世界市场,使一切国家的生产和消费都成为世界性的了……新的工业的建立已经成为一切文明民族的生命攸关的问题;这些工业所加工的,已经不是本地的原料;它们的产品不仅供本国消费,而且同时供世界各地消费……过去那种地方的和民族的自给自足和闭关自守状态,被各民族的各方面的互相往来和各方面的互相依赖所代替了……资产阶级,由于一切生产工具的迅速改进,

> 由于交通的极其便利，把一切民族甚至最野蛮的民族都卷到文明中来了。它的商品的低廉价格，是它用来摧毁一切万里长城，征服野蛮人最顽强的仇外心理的重炮。它迫使一切民族——如果它们不想灭亡的话——采用资产阶级的生产方式……正像它使乡村从属于城市一样，它使未开化和半开化的国家从属于文明的国家，使农民的民族从属于资产阶级的民族，使东方从属于西方。①

综上所述，由于资本主义在西方的兴起，西方列强开始了征服世界的进程。它们在世界建立起殖民体系。它们使其他民族都强烈感受到生存压力，而不得不有所反应。

（二）资本/殖民主义国际体系之成型

资本/殖民主义国际体系，是伴随资本主义在全球扩张而形成的。在19世纪以前，并不存在一个单一的世界体系，是近代资本主义政治经济的发展将各个分散的体系融合在一起。世界殖民体系的形成，既是一种经济权力的扩张，也是一种政治权力的扩张，更与列强间的争夺兴衰紧密相连。

1. 殖民主义经济体系的形成

虽然有学者认为资本主义萌芽在不同时期、不同地方产生，但现代资本主义首先在欧洲形成，却是无法否认的事实。关于现代资本主义在欧洲形成的原因，也有两种截然对立的观点。一种观点认为资本主义在欧洲的形成，是欧洲本身政治、经济、宗教、人种，乃至地理、气候等综合因素造成的。这种观点被称作欧洲中心论。作为对欧洲中心论的批判，一种观点认为：在地理大发现之前，欧洲人在经济、文化、技术（航海技术、军事技术、商业技术）等方面，并不比其他地区的人拥有优势。欧洲人之所以能够发现美洲，主要是地理位置相对靠近美洲。甚至有人认为，非洲人、亚洲

---

① 中共中央马恩列斯著作编译局编：《马克思、恩格斯、列宁、斯大林论政治和政治制度》（上），群众出版社1983年版，第44—45页。

人比欧洲人更早到达美洲，只不过非洲人、亚洲人的文明不具欧洲人的侵略性。[①] 因此欧洲资本主义的形成，主要是由于地理大发现以后，欧洲对其他地区的掠夺。这种观点就是依附理论。笔者前文已经对资本主义形成的动因有详细阐述，不再赘述。下文着重分析地理大发现以后，欧洲经济的对外扩张，以及由此而形成的殖民主义经济体系。

殖民主义经济体系的形成，大致经历三个阶段：资本主义原始积累时期、自由资本主义时期、垄断资本主义时期。从15世纪末16世纪初至18世纪末19世纪初，是资本主义原始积累时期。这一时期，殖民主义者主要是通过对财富的直接掠夺积累资本，发展经济。主要形式有以下几种：一是对贵重金属的掠夺。主要方式是直接抢夺印第安人的黄金、白银，开采美洲的金矿、银矿。到底有多少黄金、白银从美洲流入欧洲难以确切统计。有学者认为："据说到1640年至少有180吨黄金和17000吨白银已经运到欧洲。（真正的数字至少应是这一数量的二倍，因为这些数字的记录在某些地区和时期是很差的，而且走私占着重要地位。）"[②]二是大种植园产业，其主要存在于巴西。殖民主义者通过双重优势——空闲土地和廉价劳动力（种植园中的劳动力主要是奴隶），攫取了大量利润。有学者估算，1600年，巴西出口了3万吨糖，总销售额200万英镑，等于那个时期从英格兰向全世界总出口额的2倍。在1600年，在巴西每个人从蔗糖赚取的钱（印第安人除外），差不多相当于17世纪后期每个英国人的收入。[③] 三是通过远洋贸易获取利润。比如把非洲的象牙、非洲及东南亚的香料、中国的瓷器和丝绸、印度的棉布等，运往各地销售。四是进行不等价交易。在原始积累的早期，殖民主义者

① J. M. 布劳特：《殖民者的世界模式》，谭荣根译，社会科学文献出版社2002年版，第2章。

② J. M. 布劳特：《殖民者的世界模式》，谭荣根译，社会科学文献出版社2002年版，第239页。

③ J. M. 布劳特：《殖民者的世界模式》，谭荣根译，社会科学文献出版社2002年版，第242页。

经常用西欧生产的小圆镜、别针、玩具等骗取非洲的黄金、象牙和亚洲的宝石、珍珠等。五是奴隶贸易。殖民主义者除在美洲把印第安人作为奴隶外，还在非洲大肆掠夺黑人，作为奴隶进行贩卖。从15世纪中叶，欧洲殖民者就在非洲掠夺黑人，贩卖到欧洲。15世纪末，美洲新大陆的发现，使贩卖黑奴走向高潮。因为美洲的种植园、采矿业需要大量廉价劳动力。从15世纪中叶到19世纪70年代，非洲究竟损失多少劳动力，学者们估计不一。有人认为是1亿，有人认为是2.1亿。六是充当海盗，直接抢掠。七是大规模海外移民，屠杀土著人，抢占他们的土地。“自18世纪中叶开始，殖民者也从最初的官、兵、探险家、牧师，发展到了他们的家属和平民，将持续了长达三个世纪的向新大陆移民推向了高潮。”①通过大规模移民，通过屠杀土著人，欧洲殖民者在美洲、大洋洲建立了新国家，土著人或被灭绝，或成了少数。为了使更多的财富更方便地流入宗主国，殖民主义国家都实行以垄断贸易为特色的重商主义政策。具体而言就是实行保护关税制，不准许外国参与本国殖民地范围内的任何贸易，限制和禁止殖民地之间的相互贸易，以“强迫供应制”“单一种植”等强令殖民地生产和供应宗主国所需产品，并规定贱买贵卖的价格，实行不等价交换和超经济强制。另外，各宗主国推行的特许港口制、双船队制、护航舰制、航海条例等，都是垄断贸易政策的产物。② 原始积累对欧洲的经济、社会、政治都造成了深刻影响。原始积累不仅为欧洲工商业的发展提供了巨额资本，为他们提供了大量的廉价劳动力，也造成他们在国际贸易方面的经济竞争优势。因为资金充足，欧洲商人在提供商品价格方面享有优势，最终他们控制了大多数海运商品中心的国际贸易。原始积累推动了欧洲城市的发展。现代欧洲的许多著名城市，比如英国的利物浦、曼彻斯特、格拉斯哥、普利茅斯，法国的马赛、波尔多等都是在奴隶贸易的基础上发展起来的。原始积累也深刻改变了欧洲社会。原始积累

① 李鑫炜：《体系、变革与全球化进程》，中国社会科学出版社2000年版，第22页。
② 何顺果主编：《全球化的历史考察》，江西人民出版社2010年版，第205页。

使财富掌握在商人企业家手中,而不是传统的上层社会,这为欧洲的资产阶级革命提供了社会基础。原始积累对欧洲的大生产企业制度的产生也有重要影响。在18世纪后期以前,欧洲并没有大生产企业制度。美洲的大种植园经济,对欧洲大生产企业制度的形成有重要影响。因为种植园经济虽不是一项新产业,但它的生产方式——大量的资本化、大规模的劳动、复杂的经营组织等,却是那个时代的最高水平。当欧洲资本积累达到一定水平,使得工资数额能够使工人赖以生存并繁衍时,这种制度就被引进到欧洲。总之,原始积累为欧洲资本主义发展提供了资本,为资本主义制度在欧洲的确立奠定了基础,它使欧洲同亚洲、非洲之间的贸易扩大,同美洲开始形成紧密的经济联系,使欧洲人开始对美洲、非洲、亚洲进行政治控制和渗透,为世界范围内资本主义经济体系的发生、确立奠定了初步基础。

18世纪末到19世纪70年代,是西方的自由资本主义时代。18世纪末,工业革命首先在英国发生,19世纪中叶英国完成工业革命。19世纪70年代,西方资本主义国家法国、德国、美国,也完成工业革命。工业革命标志性成果是蒸汽机的发明。在蒸汽机发明之前,人类主要依靠人力、畜力、植物能、水能作动力,这就严重限制了生产力的发展。有了蒸汽作动力,只要有煤作燃料开动蒸汽机,就可以根据需要建立工厂,不再受河流的限制。蒸汽机的发明,使机械化大生产成为现实,这就极大提高了劳动生产率。蒸汽机的发明,也使交通运输发生了革命性变化。铁路、汽船等交通运输工具应运而生。这不仅极大地促进了西方资本主义国家的经济发展,也极大地方便了他们对外倾销商品。蒸汽机的发明也改变了西方资本主义国家的经济结构。除了轻工业迅速发展之外,重工业特别是机器制造业也发展起来。机械化大生产制度,确立了西方的经济优势。以这一时期最典型的英国为例:1860年前后,其生产的铁和煤占世界总量的50%以上,消费的原棉占世界原棉产量的50%,其现代工业的生产能力相当于世界工业生产潜力的40%—50%,其贸易占世界贸易量的1/5,占到成品贸易的2/5,悬挂英国国旗的商船占世界商船的1/3，而且这个比例还在不断增加。[1] 经济的发展，机器大工业的建立，使西方成为世界的工厂，这必然导致商品的大规模输出。这使西方的经济侵略方式由原始积累时期的暴力掠夺为主，转向廉价商品输出为主。工业革命使西方成为工业中心，其他地区成为西方的农业附庸，为他们提供廉价的原料。1865年，英国经济学家杰文斯自豪地称：

> 北美和俄国的平原是我们的玉米地；芝加哥和敖德萨是我们的粮仓；加拿大和波罗的海是我们的林区；澳大利亚有我们的牧羊场，阿根廷和北美西部大草原有我们的牛群；秘鲁送来白银，南非和澳大利亚的黄金流向伦敦；印度人和中国人为我们种植茶叶，我们的咖啡、甘蔗和香料种植园遍布东印度群岛；西班牙和法国是我们的葡萄园，地中海是我们的果园；我们的棉花长期以来栽培在美国南部，现已扩展到地球每个温暖地区。[2]

工业革命也深刻改变了其他地区的经济结构。在原始积累时期，殖民主义者主要是依靠暴力掠夺和远洋转口贸易积累资本，这无法从根本上触动东方坚固的农业和家庭手工业相结合的经济方式。工业革命以后，廉价商品加上武力征服和直接的政治权力，开始瓦解这种传统的生产方式。工业革命也改变了东西方的贸易体制。原始积累时期，西方的对外贸易主要由特许贸易公司实行垄断。工业革命以后，西方资本主义国家都逐渐实行了自由贸易政策。他们也把自由贸易政策输出到国外。自由贸易政策表面上是公平的，事实上极为不平等。因为对殖民地、半殖民地国家而言，它并不完全适用。各宗主国在殖民地推行单一作物制或单一原料供应制，迫使农民接受奴役性合同。各宗主国限制殖民地发展与宗主国有竞争关系的产业。比如英国就限制印度棉纺织工业的发展。

① 李鑫炜：《体系、变革与全球化进程》，中国社会科学出版社2000年版，第54页。

② 王助民、李良玉、陈恩虎等：《近现代西方殖民主义史（1415—1900）》，中国档案出版社1995年版，第127页。

殖民者还通过炮舰政策，把割地、赔款、协定关税等一系列不平等条约强加给殖民地、半殖民地国家，从而更有利于殖民主义国家倾销商品。总之，工业革命以后，西方资本主义国家以廉价商品和坚船利炮为武器，初步建立起世界范围内的市场体系，其他地区被迫以依附地位加入这个体系。

19 世纪 70 年代以后，西方由自由资本主义逐渐向垄断资本主义阶段过渡。19 世纪 70 年代，西方开始了第二次工业革命，19 世纪末 20 世纪初基本完成。第一次工业革命和资本主义的迅速发展，使自然科学的研究工作在 19 世纪进入空前活跃并取得重大突破的高峰期。在物理学方面，英国物理学家焦耳在 19 世纪 40 年代发现能量守恒和转化定律；英国科学家法拉第在 1831 年成功发现电磁感应现象。在生物学方面，19 世纪 30 年代末德国植物学家施莱登和德国动物学家施旺等在前人研究的基础上，建立了细胞学说。在化学方面，俄国化学家门捷列夫于 1869 年发现了化学元素周期律，奠定了无机化学的基础；有机化学的绝大多数重要原理也在 1828 年至 1870 年间基本确立。自然科学的新突破，为第二次工业革命奠定了科学理论基础。第二次工业革命的成果主要表现在以下几个方面：

（1）电的普遍运用。1866 年，德国工程师西门子制成发电机；1870 年，比利时人格拉姆发明电动机，电力开始被用来带动机器，电力开始成为一种新能源。随后，电灯、电话、电车、电焊、电报、电镀、电解法、电冶法等电气技术被广泛应用。

（2）内燃机的广泛使用。蒸汽机是一种外燃机，热效率低下，结构笨重。1876 年，德国人奥托制造出一台以煤气为燃料的四冲程内燃机，成为颇受欢迎的小型动力机。1883 年，德国工程师戴姆勒又制造成以汽油为燃料的内燃机，具有重量轻、体积小、马力大、效率高的特点，适用于汽车等交通工具。1892 年，德国工程师狄赛尔发明了一种结构更简单、燃料更便宜、热效率更高的内燃机，即柴油机。它虽然比汽油机笨重，但适用于重型运输工具。

（3）新技术和新材料的开发。新技术的开发主要表现在冶炼钢铁的新技术发明。1856 年，英国人贝塞麦发明了“吹气精炼”法，随即贝塞麦转炉在许多国家建立起来。1864年,法国人马丁和德国人西门子兄弟同时发明了平炉炼钢法,它不仅可以熔化生铁和熟铁,还可以熔化废铁,使之变成优质钢。但贝氏炼钢法和平炉炼钢法都不能使用含磷的矿石。1875年,英国人托马斯发明碱性转炉,使含磷矿石也可炼出优质钢。新材料开发主要表现在由新化学工艺的发明而带来的原材料产量增加和来源扩大。在无机化学工业方面,19世纪60—70年代发明了以氨为媒介生产纯碱和利用氧化氮为催化剂生产硫酸的新方法,使这两种化学工业的基本原料产量大增。在有机化学工业方面,从19世纪80年代起,人们开始从煤焦油中提炼氨、苯、人造燃料等,同时人们也采用化学方法合成物质,塑料、人造纤维、合成橡胶等新产品被大量生产出来。

(4)新交通和通信手段的应用。钢铁工业和化学工业的进步,新兴石油工业的发展,与内燃机的应用结合起来,便诞生了新的交通手段,即汽车和飞机。1885年左右,德国人戴姆勒和本茨应用汽油机分别制成了原始汽车。1893年,本茨开始生产四轮汽车,汽车工业就此兴起。通信手段的革新大致经历了有线电报、有线电话和无线通信三个阶段。电报的发明经多人努力,最后由美国人莫尔斯完成。1837年,他实验成功。1843年,在华盛顿和巴尔的摩之间架设了最早的电报线。电话的发明者是美国人贝尔及其助手华生。1876年,他们实验成功,旋即向政府申请了专利。1894年,意大利物理学家马可尼实验无线电报成功。1899年和1901年,他分别实现了横渡英吉利海峡和大西洋的无线通信。

(5)新管理方法的采用。新技术的发明为合理安排生产过程和实行进一步生产分工创造了可能。电动机是同单个的工作机连接在一起的,它没有对推动体系的一定结构的依赖性,因此可以按照产品制造过程的各个阶段去组织生产过程,从而为生产过程的进一步分工,把复杂的控制和监督职能分为一个个的简单操作创造了前提。20世纪初,美国人泰罗创建了科学管理理论体系,人称“泰罗制”。泰罗科学管理的特点是从每一个工人抓起,从每一件工具、每一道工序抓起,在科学实验的基础上,设计出最佳的工位设置、最合理的劳动定额、标准化的操作方法、最适合的劳动工具。如果说泰罗制侧重于理论论证，那么福特制则侧重于实践运用。1913 年，亨利·福特在他的汽车公司推广泰罗制的技术成果，创建了世界上第一条流水生产线。这两种管理方法大大节约了成本，提高了效率。

第二次工业革命改变了资本主义国家的经济结构。它创造了一个以电力工业、电器工业、化学工业、石油工业、汽车工业等为主体的新的工业群，使主要资本主义国家的工业结构从以轻工业为主导转变为以重工业为主导。工业结构的改变，促使垄断资本的产生。因为这些新兴工业生产技术和产品结构复杂，只有大批生产才能赢利。大规模的生产需要雄厚的资金。一些企业依靠自身的积累扩大资本，更多的企业则采用股份公司的形式积聚资本。资本的增加意味着企业规模的扩大。这样以先进技术装备的大企业，竞争能力不断增强，不断吞并或排挤小企业，资本和生产越来越集中，垄断资本应运而生。生产技术的进步、生产效率的提高、生产和资本的集中大大促进了资本主义世界的工业生产。1870—1900 年，世界工业生产增加了 2.2 倍，1900—1913 年又增加了 66%。[①] 生产的大规模增加，就需要更大的市场。殖民主义国家的经济侵略方式也相应发生变化。一是继续扩大对外商品输出。1870 年，国际贸易额为 106 亿美元；1913 年，已扩大为 404 亿美元。[②] 二是疯狂抢占殖民地。从 19 世纪 70 年代起，资本主义列强掀起了瓜分世界的狂潮。20 世纪初，世界领土基本上被列强瓜分完毕。三是资本输出。19 世纪后期，资本输出迅速增长。为了获得更高额的利润，更好地利用殖民地、半殖民地国家的廉价原料和劳动力，同时排挤其他列强的竞争，帝国主义国家竞相向殖民地、半殖民地国家输出资本。资本输出主要有两种形式：一是借贷资本，即通过向殖民地、半殖民地国

---

① 王助民、李良玉、陈恩虎等：《近现代西方殖民主义史（1415—1900）》，中国档案出版社 1995 年版，第 171 页。

② 何顺果主编：《全球化的历史考察》，江西人民出版社 2010 年版，第 276 页。

家举借外债，控制殖民地、半殖民地国家的经济命脉和内政外交。二是生产资本，即通过直接投资，经营各种企业，控制资源，获取超额利润。1870年，主要资本主义国家资本输出为79亿美元，1913年达到385.5亿美元。①

通过殖民扩张和资本输出，殖民主义者把触角伸展到世界各地。交通和通信革命又为资本主义的扩张提供了技术保障。铁路不仅连接起主要资本主义国家和地区，还使资本主义经济触角深入各洲广袤内陆地区。以柴油机为动力的新型铁壳或钢壳船不仅载重量更大，而且更加安全快捷，大大便利了国际间的交往。飞机和电话、电报进一步提升了这些联系。苏伊士运河的通航使亚洲和欧洲之间的距离缩短了7000多公里。这一切都使得地球变得更小，世界各地之间的联系更方便，全球性的殖民主义经济体系得以确立。

2. 殖民主义统治体系的形成

殖民主义制度和殖民主义体系是资本主义历史阶段的产物，它是殖民主义者在掠夺殖民地的过程中逐渐形成的。葡萄牙是西方近代海外殖民的急先锋。1415年，葡萄牙人占领了摩洛哥的休达地区，在非洲建立起最早的一个殖民据点。从此以后的70年间，葡萄牙人一直在西非海岸从事航海探险，所到之处举行占领仪式，修建城堡，建立殖民据点。在迪亚士发现好望角和达·伽马开辟印度航线后，葡萄牙人又在东非海岸和东南亚建立了一系列殖民据点。当葡萄牙人沿着非洲海岸向印度探航时，西班牙航海家却朝着另一个方向前进，即由大西洋向西探航。1492年8月，哥伦布受命于西班牙国王横渡大西洋，并于同年10月成功发现美洲。美洲的发现开启了殖民主义扩张的序幕。哥伦布和达·伽马的地理发现就提出了关于新发现地区的主权归属问题。当时欧洲流行两种观念：一是基督教国家有权力占领异教徒的国土；二是教皇有权力决定尚未被基

---

① 王助民、李良玉、陈恩虎等：《近现代西方殖民主义史（1415—1900）》，中国档案出版社1995年版，第176页。

督教统治者所占领的土地的主权归属。1454 年，教皇尼古拉五世就颁布一道敕书，把葡萄牙人在非洲发现的领土送给葡萄牙人。哥伦布发现美洲回到西班牙时，西班牙国王害怕葡萄牙人同他争夺新发现的土地，便要求教皇亚历山大六世承认西班牙对于这块土地的主权。1493 年 5 月 4 日，教皇亚历山大六世确定亚速尔群岛和佛得角群岛任何一个岛屿以西 100 里格（每里格约合 6 千米）的子午线为分界线，把该线以西的土地划归西班牙，该线以东的土地划归葡萄牙。葡萄牙人对这一规定深感不满。经过激烈的讨价还价，1494 年 6 月 7 日，西班牙、葡萄牙两国签订《托德西拉斯条约》，把分界线向西移动 270 里格，这就是著名的“教皇子午线”。后因两国冲突再起，1529 年双方缔结《萨拉戈萨条约》，将西班牙属地的边线划到摩鹿加群岛以东 17°线，线东“发现”的土地归西班牙，线西的则属于葡萄牙。按照规定，西班牙几乎独占中南美洲；葡萄牙占有南美巴西，并有权占领亚洲、非洲的广大地区。在相当长的一段时间内，这成为西班牙、葡萄牙两国殖民活动的理论依据。

葡萄牙和西班牙探险与殖民的结果，极大地刺激了欧洲各国君主、商人、冒险家的欲望。1495 年，英国人开始了早期的殖民活动。1524 年，法国人也加入了殖民探险的行列。随着新殖民国家的兴起，它们向西班牙、葡萄牙的殖民霸权提出了挑战。葡萄牙虽是欧洲最早向外扩张的国家，但相比于西班牙，则显得国小力弱。16 世纪欧洲真正最强大的国家是西班牙。随着英国海上力量的兴起，西班牙深感其殖民地的垄断地位受到威胁。1588 年，西班牙派遣一支包括 130 艘战船的庞大“无敌舰队”进攻英国，遭遇惨败。“无敌舰队”的覆灭，标志着西班牙海上霸权的衰落。葡萄牙和西班牙的衰落原因很多，但最根本的原因是经济原因。葡萄牙和西班牙没有把它们的殖民优势转化为经济发展的优势。以当时最为强大的西班牙而言，它把从殖民地掠夺来的财富，用于消费和投资土地，而不是工商业的发展。有学者称：“恰恰是那些真正的有钱人（贵族、安达卢西亚和埃斯特雷马杜拉德豪绅，以及退休的政府官员）把钱用到建筑（教堂、宫殿、修道院）上，使钱丧失活力，或用到艺术品上，使钱神圣化。却没有一个人倾心于工业或单纯商品。”[①]正因如此，有人认为西班牙的殖民是封建生产方式的光复。“在西班牙……或不如说在卡斯蒂利亚，统治阶级以光复的方式——以封建方式——进行征服。占领土地，迫使人们臣服，聚敛财物，所有这些都不是为资本含义的投资做准备。”[②]西班牙的贵族不愿投资工商业，新兴商人投资工商业又遭到他们的打压。为了发展西班牙国内的呢绒业，新兴的工商业资产阶级曾要求禁止外国呢绒进口和卡斯蒂利亚羊毛出口，但遭到土地贵族的强烈反对。因为这侵犯了土地贵族的利益。结果是，卡斯蒂利亚成为羊毛原料出口地，而不是呢绒出口地。贵重金属的流入既刺激了贵族的消费欲望，又造成国内通货膨胀；通货膨胀既使财富缩水，又阻碍国内产品出口。人们花钱、进口、贷款，可是生产无几。最后，西班牙从殖民地掠夺来的财富基本上流入了外国资产阶级手中，留给西班牙的是债务。葡萄牙的情况，同西班牙大同小异。

西班牙海上霸权的衰落，为其他殖民国家的海外殖民开辟了道路。17 世纪成为荷兰的“黄金年代”。独立前的荷兰是西班牙属地尼德兰的一个省。16 世纪末，尼德兰普遍爆发了反对西班牙统治的革命。1581 年，尼德兰北方七省成立“联省共和国”，其中以荷兰省最大，经济实力最雄厚，所以又被称为荷兰共和国。荷兰共和国是世界上第一个资产阶级共和国。荷兰被马克思认为是 17 世纪标准的资本主义国家。在整个 17 世纪，荷兰在商业、海洋运输、金融业等方面，都占有绝对优势。当时，荷兰的造船业居世界首位。荷兰的商船吨位占欧洲商船总吨位的 75%，拥有 15000 艘船只的荷兰商船队，游弋在世界各大洋。荷兰海军舰只几乎超过英法两国海军的总和。[③]

① ［美］沃勒斯坦：《现代世界体系》第 1 卷，罗荣渠等译，高等教育出版社 1998 年版，第 231 页。

② ［美］沃勒斯坦：《现代世界体系》第 1 卷，罗荣渠等译，高等教育出版社 1998 年版，第 249 页。

③ 王助民、李良玉、陈恩虎等：《近现代西方殖民主义史（1415—1900）》，中国档案出版社 1995 年版，第 43 页。

阿姆斯特丹是当时欧洲经济的三重中心:商品市场、转运中心和资本市场。[①] 荷兰殖民帝国的建立主要是通过夺取葡萄牙的殖民地。其方式是组织特许的贸易公司。荷兰兴起的主要原因,是其宗教信仰和政治理念相对自由,吸引了欧洲各地自由移民的涌入,带来资金、人力和技术。

17 世纪,荷兰成为海上霸主之时,英、法两国也开始向其霸权发出挑战。特别是英国,成为挑战荷兰霸权的急先锋。为了夺取海上贸易霸权,扩大殖民地,1651 年,英国颁布第一个航海条例:欧洲的商品只能由英国的商船或商品来源国的商船运输;来自非洲、亚洲或美洲的产品只能用英国或其殖民地的船只运输才能进口。1660 年颁布的第二个航海条例规定,所谓英国船只,必须是船只的船长以及至少 3/4 的船员是英国人。[②] 航海条例当然主要是针对荷兰。1652—1674 年,英国发动了三次对荷兰的战争。一系列的争霸战促进英国的崛起。17 世纪以后,英国能够崛起,主要原因如下:一是英国有比较发达的乡村工业。"英国的纺织工业有两个特点,对崛起的世界经济体有重要意义。这就是在英国出现了越来越多的乡村工业,并且导致英格兰寻求更广阔的出口市场。"[③]二是土地买卖市场的确立,加速土地所有权的流转。这就使得土地所有者如果想获得更多收益,就必须采取新的管理方式,符合新的商业条件。"这加速了资本主义运行方式扩展的整个过程,其速度和程度都是欧洲其他国家(可能除了尼德兰北部)在当时所不曾经历过的。"[④]三是英国国内政治相对统一。四是英国相对隔绝的地理状态,使它摆脱了欧洲大陆的宗教战争,国内相对和平稳定。正是上述原因使英国后来居上,率先完成第一次工业革命,建立了日不

---

① [美]沃勒斯坦:《现代世界体系》第 1 卷,罗荣渠等译,高等教育出版社 1998 年版,第 244 页。

② 何顺果主编:《全球化的历史考察》,江西人民出版社 2010 年版,第 109 页。

③ [美]沃勒斯坦:《现代世界体系》第 1 卷,罗荣渠等译,高等教育出版社 1998 年版,第 298 页。

④ [美]沃勒斯坦:《现代世界体系》第 1 卷,罗荣渠等译,高等教育出版社 1998 年版,第 303 页。

落帝国。

长期以来,法国就是欧洲大陆一个强大的国家。不过在很长一段时间内,法国更为关注的是其在欧洲大陆的优势地位。17世纪中期以后,法国加紧了海外殖民活动。18世纪,法国与英国发生了频繁的争霸战争,最终败于英国。在英法争霸战中,法国虽然失败,但它仍是仅次于英国的一个殖民大国。

19世纪70年代发生的第二次工业革命,改变了世界的经济格局,也改变了世界的政治格局。不同于第一次工业革命首先发生在英国,第二次工业革命在几个主要的资本主义国家内同时发生。在第二次工业革命中,美国、德国经济发展迅速,后来居上。英国、法国经济发展相对缓慢。另外,俄国、日本也发展起来,进入列强行列。第二次工业革命,导致了列强瓜分世界的狂潮。除了老牌的殖民主义国家葡萄牙、西班牙、荷兰、英国、法国,以及后起的列强美国、德国、日本、俄国,欧洲的一些中小国家意大利、比利时、丹麦等,也都加入了殖民行列。随着列强对殖民地的激烈争夺,一个为殖民扩张寻找国际法理依据的文件也随之出现。为了协调欧洲列强在非洲的争夺,1884年11月15日至1885年2月26日,列强在德国首都柏林召开了一次国际会议。这次会议由英、法、德、美、俄、意、西、葡、荷、比、丹麦、瑞典、挪威、奥匈、土耳其15国参加。会议通过了《柏林会议关于非洲的总议定书》。文件中最为有名的就是"有效占领"原则,即要求占领非洲沿海新地区的国家必须通知《柏林会议关于非洲的总议定书》的签署各国,同时建立足以有效保护该地区现有各项权利的机构。[①] 这一原则表明:只有对非洲有争议地区实行了"有效占领"才能被视为合法的拥有;任何国家在对非洲的某一地区实行了"有效占领"后,必须通知与会各国,以求在得到它们承认的条件下来避免国际纠纷。虽然这一原则起初只限于非洲的沿海地区,但很快便扩大到非洲内陆。"有效占领"原则,具有现代国际法上的深刻意

① 《国际条约集(1872—1916)》,世界知识出版社1986年版,第95—96页。

义。因为这一原则为列强的殖民扩张和殖民统治提供了国际法的法理依据。这就是说,列强在柏林会议以前所占领的殖民地现在得到了列强在国际法上的追认。此后,在争夺非洲的过程中,也要遵循“有效占领”和他国承认这一原则。在柏林会议以前,虽然西方也进行了一系列殖民活动,但并没有建立起一套殖民体系。各国的殖民活动冲突多于合作,对立多于联系。各殖民地的存在也并不以相互承认为条件。当相互之间发生殖民冲突时,最早是借助于教会。宗教改革后,教会权力衰落。欧洲三十年战争后形成的威斯特伐利亚体系,虽然奠定了欧洲国家处理国家关系的一些准则,但并没有牵涉殖民地的问题。柏林会议既为殖民统治提供了法理依据和原则,也是殖民统治体系形成的一个标志。柏林会议后,列强抢占殖民地和划分势力范围的活动进入高潮。20世纪初,世界基本被瓜分完毕。一个相互联系、相互制约的世界殖民体系形成,同时以中心与外缘这一架构为基本内容的世界体系也最终形成。世界殖民体系的形成,并不意味着争夺殖民地斗争的结束,因为资本主义发展的不平衡,后起的资本主义列强强烈希望重新瓜分世界,寻求生存空间。

二、清朝中衰与社会经济发展的滞后

(一)清朝中衰和中西发展差距的扩大

清王朝曾是中国历史上最强大的王朝之一,创造过辉煌的康雍乾盛世。特别是乾隆时期,开疆拓土,弘扬文治,极一时之盛。但盛象背后,危机也潜伏其中。“十全武功,铺张极盛,而衰象早伏其中。”①

1. 国库日绌,国力衰落

康熙之时,军务河工需用浩繁,三藩盘踞之处,正供多未征取,

---

① 孟森:《清代史》,台北中正书局1971年版,第243页。

再加上多次蠲免钱粮,国库并不十分丰盈。迨康熙晚年,库存仅800万两白银而已。[①] 经雍正整顿,库存积蓄一时曾达6000余万两,征准噶尔之役虽用去大半,至其逝世,还存2400万两。乾隆即位后,自恃府库充裕,极意挥霍,大兵大役,征调频繁,国库难以为继。当时就有大臣上疏:"每岁天下租赋,除官兵俸饷各项经费外,惟余二百余万,实不足备水旱兵戈之用。今虽府库充盈,乞皇上以节俭为要,慎勿顺武兴工,为持盈保泰之计!"[②]但乾隆不以为意。乾隆不仅好大喜功,而且穷奢极欲。在位60年,凡南巡者六,东巡者四,西巡者五;至于木兰秋狝,几乎是无岁不行。所至之处,踵事增华,劳民伤财。乾隆自己也承认:"朕临御天下六十年,并无失德,惟六次南巡,劳民伤财,实为作无益害有益。"[③]由于乾隆好大喜功、穷奢极欲,致使清王朝国库日绌,国力由盛转衰。

2. 民生艰难,民变四起

乾隆好大喜功、穷奢极欲,又迭免钱粮,以博政尚宽大之名,财政充裕,自不如前。为了弥补开支,不得不想尽办法筹钱。开捐纳、责商人报效、关税加盈余、盐斤加价、公摊养廉等手段不一而足。所有这些负担,最终都要加倍转嫁到老百姓身上。

清代突出的人口问题,也是造成民生艰难极其重要的原因。清代前期100多年的社会安定,促成人口史无前例地增长。根据官方的材料,从18世纪中叶至19世纪中叶人口增长3倍左右。到1850年前后,中国实际人口至少应达到4.5亿左右。[④] 关于人口对土地造成的压力,乾嘉之际的洪亮吉有过精辟论述。洪亮吉称:

> 人未有不乐为治平之民者也;人未有不乐为治平既久之民者也。治平至百余年,可谓久矣。然言其户口,则视三十年以前增五倍焉;视六十年以前增十倍焉;视百年百数十年以前,不啻增二十倍焉。试以一家计之,高曾之时有屋十

---

① 萧一山:《清代通史》第2卷,华东师范大学出版社2006年版,第171页。
② 赵尔巽等撰:《清史稿》卷303《梁诗正传》,中华书局1977年版。
③ 赵尔巽等撰:《清史稿》卷357《吴熊光传》,中华书局1977年版。
④ 罗荣渠:《现代化新论》,商务印书馆2004年版,第272页。

间，有田一顷，身一人，娶妇后不过二人；以二人居屋十间，田一顷，宽然有余矣。以一人生三计之，至子之世而父子四人；各娶妇即有八人；即不能无佣作之助，是不下十人矣。以十人而居屋十间，食田一顷，吾知其居仅仅足，食亦仅仅足也，子又生孙，孙又娶妇，其间衰老者或有代谢，然已不下二十余人；而居屋十间，食田一顷，即量腹而食，度足而居，吾知其必不敷矣。又自此而曾焉，而元焉，视高曾祖时，口已不下五六十倍。是高曾时为一户者，至曾元时不分至十户不止，其间有户口消落之家，即有丁男繁衍之族，势亦足以相敌。或者曰：高曾之时，隙地未尽辟，闲廛未尽居也。然亦不过增一倍而止矣，或增三倍五倍而止矣，而户口则增至十倍二十倍。是田与屋之数常处其不足，而户与口之数常处其有余也。又况兼并之家，一人据百人之屋，一户占百户之田，何怪乎遭风雨霜露颠踣而死者之比比乎？①

负担的加重，人口的压力，吏治的腐败（下文详述，笔者注），致使民生艰难，民变四起。自乾隆三十九年（1774）至乾隆六十年（1795），有王伦起义、甘肃回民起义、湘黔苗民起义、台湾林爽文起义等。嘉庆元年（1796），更是爆发了川、楚、陕、甘、豫五省白莲教大起义。这次起义波及五省，历时九年，清朝从此由盛转衰。

3. 吏治腐败，军备废弛

官员贪污，历代皆有。但清朝吏治至乾隆晚年而大坏，为学界所公认。乾隆好大喜功，挥霍无度，每逢大兵大役大典，大开贡献之门，责令报效。此风一吹，各地官员和绅商便蜂拥蝶至进上搜刮而来的民脂民膏。这无疑为官员贪污开了方便之门。他们借端巧立名目，盘剥百姓。“州、县有千金之通融，则胥役得乘而牟万金之利；督、抚有万金之通融，州、县得乘而牟十万之利。”②特别是乾隆晚年，

---

① 洪亮吉：《治平篇》，《洪北江诗文集·卷施阁文甲集》卷一《意言》，商务印书馆1935年版。

② 章学诚：《上执政论时务书》，《章学诚遗书》卷二十九，文物出版社1985年影印版，第327页。

宠信和珅，对其揽权纳贿视而不见，造成贪风大炽。贪污贿赂，遍及各个部门，尤以河工、盐务、漕运最为突出。以治理黄河而言，清政府“无一岁不治河”，治河费用也愈来愈多，但成效是“底高淤厚，日险一日”。[①] 其间虽有自然原因及方法不当等原因，但官员的贪污也是重要原因。“每岁经费银数百万两，实用之工程者，十不及一。其余以供文武员弁之挥霍，大小衙门之酬应，过客游士之余润。凡饮食、衣服、车马、玩好之类，莫不斗奇竞巧，务极奢侈。”[②]以盐务而言，除正式盐课外，“加帑利、盐规、匣费、院司节省办贡、办公、外支、杂费”，另外，还有官员、灶丁等勒索的各种费用。[③] 其情形正如魏源所说：“盐为利薮，官为盐蠹。”[④]清朝漕运更是弊端丛生。漕粮从起运到交仓，沿途数千里，层层盘剥。“屯艘行数千里之运河，过浅过闸有费，督运催攒有费，淮安通坝验米有费，丁不得不转索之官，官不得不取赢于民。合计公私所费，几数两而致一石。”[⑤]除了非法贪污，清朝官员还有合法的贪污手段。征收漕粮时，增加额外的“折耗”。嘉庆道光之时，各省漕粮，多收折色（即交银，笔者注）。所折银两，往往是粮价数倍。纳银时，有所谓的火耗、平余。另外，在征收钱粮和捐税时，还要在定额之外征取一部分以供官吏开支，称作“陋规”。

清王朝中期以后，其军队也腐败不堪。清王朝入关，主要依靠八旗劲旅。但入关不久，由于养尊处优，八旗就剽悍尽失，不堪战阵。平定三藩，主要依靠绿营。但绿营也很快腐败，平定白莲教起义，主要依靠乡勇。但乡勇旋召旋撤，不是正规军。清王朝军队的衰落，也是腐败所致。军官吃空饷自肥。“国初设绿营兵与八旗相表里，始未尝不建威销萌也，迨承平日久，精锐既尽，计口授粮，有似传袭，不肖营员，干没折扣，以空名例支额饷，国家未收增兵之益，而

---

① 魏源：《筹河篇》（上），《魏源集》（上），中华书局1976年版，第365页。
② 薛福成：《河工奢侈之风》，《庸庵笔记》第3卷，江苏人民出版社1983年版。
③ 魏源：《筹鹾篇》，《魏源集》（下），中华书局1976年版，第432页。
④ 魏源：《筹鹾篇》，《魏源集》（下），中华书局1976年版，第435页。
⑤ 魏源：《筹漕篇》（下），《魏源集》（上），中华书局1976年版，第405页。

徒受增饷之害，实则兵未尝增也。会督抚阅操，则雇市上游手乞儿以充数，而饷已入橐者不赀。”[①]士兵游手好闲，滥竽充数。1835年，黄爵滋曾上疏清廷：“近见有三五成群，手提雀笼雀架，终日闲游，甚或相聚赌博。问其名色，则皆为巡城披甲，而实未曾当班，不过雇人顶替，点缀了事。”[②]至于清军的军械，更是落后陈旧。明末清初，中西的军事科技并不存在很大差距。当时从西方引进了红夷大炮，自己制成燧发枪、连珠铳、冲天炮。但此后中国的武器装备是原地踏步。到鸦片战争前夕，仍是以刀、矛、斧、戟、弓箭等冷兵器为主。战争爆发后，清廷添制大炮，还得按照康熙年间的大炮进行仿制。即使如此陈旧的大炮，也因为制作时偷工减料，蜂眼极多，时常炸裂。当时澳门的报纸对此曾有报道：“中国人又铸有大炮一门，可敌我们之大炮四十八门，尚有许多大小不等炮火。惟中国只知道用铁铸成炮身，不知道做炮膛，且铸成炮身，又多蜂眼，所以时常炸裂。”[③]沿海水师也是形同虚设。“沿海水师，率皆老弱无用，军器率多残缺，并不修整。又战船率用薄板旧钉，遇击即破。”[④]

4. 王朝沉沦中的一线曙光——晚清经世思潮的复兴

经世致用是中国元典文化的基本取向。张灏把儒家的经世原则分为三个层次：一是指儒家的入世价值取向，也就是儒家主张一种彻底的入世精神。儒家不认为在人世以外还有一个更完美的天国或神境，也不相信人的生命必须离开人世才能得到圆满的归宿。宋儒陆九渊说：“儒者虽至于无声无臭，无方无体，皆主于经世。释氏虽尽未来际度之，皆主于出世。”[⑤]二是对“治道”或“治体”的讨论，也就是讨论建立完满政治社会秩序的基础。宋儒程颐说：“修身

---

① 萧一山：《清代通史》第4卷，华东师范大学出版社2006年版，第43页。

② 黄爵滋：《敬陈六事疏》，中国史学会编：《鸦片战争》第1册，神州国光社1954年版，第483页。

③ 《澳门新闻纸抄本》，中国史学会编：《鸦片战争》第2册，神州国光社1954年版，第460页。

④ 黄爵滋：《敬陈六事疏》，中国史学会编：《鸦片战争》第1册，神州国光社1954年版，第484页。

⑤ （南宋）陆九渊：《与王顺伯书》，钟哲点校：《陆九渊集》，中华书局1980年版，第17页。

齐家以至平天下者，治之道也。”①三是对“治法”的探讨，也就是对实现治体的制度规章的讨论。入世价值取向，是经世致用的前提。所以，凡是儒者对此都无异议。治体之学相当于内圣之学，治法之学相当于外王之学。内圣外王当然是儒家最高理想，但内圣外王并不必然统一。于是，就有内圣之学与外王之学的争论，或者说是内圣之学与事功之学的争论。在南宋就有以朱陆为代表的内圣之学与以叶适、陈亮为代表的事功之学的争论。然而在元明两代事功之学并未得到发展，理学的朱陆两派则相继大盛天下，其内圣之学的片面性也愈益推向极致。“道问学”的程朱派日趋空疏，“尊德性”的陆王派更流行于禅释。顾炎武对此评论说：

> 窃叹夫百余年以来为学者，往往言心言性，而茫乎不得其解也。命与仁，夫子所罕言也；性与天道，子贡之所未得闻也……今之君子则不然，聚宾客门人之学者数十百人，譬诸草木，区以别矣，而皆与之言心言性。舍多学而识以求一贯之方，置四海之困穷不言而终日讲危微精一之说。②

正是对王学末流的痛恨，明清之际的大思想家都提倡明道救世，关心现实，甚至希望对传统政治做一番彻底改革。但是此时勃然而兴的经世致用之风，却遭到清廷的镇压。因为清廷为了加强专制皇权，维护民族压迫，并不希望士人关心现实，以天下为己任。乾隆帝曾说：

> 夫用宰相者，非人君其谁乎？使为人君者，但深居高处，自修其德，惟以天下之治乱付之宰相，己不过问，幸而所用若韩、范，犹不免有上殿之相争，设不幸而所用若王、吕，天下岂有不乱者！此不可也。且使为宰相者，居然以天下之治乱为己任，而且无其君，此尤大不可也。③

---

① （北宋）程颐：《近思录》卷八《治体》，（宋）朱熹、吕祖谦编订，陈永革注评：《近思录》，江苏古籍出版社2001年版，第239页。

② （明）顾炎武：《与友人论学书》，李永佑译注：《顾炎武诗文选译》，巴蜀书社1991年版，第222页。

③ 乾隆御制：《书程颐论经筵札子后》，（清）爱新觉罗·弘历：《清高宗御制诗文全集·御制文二集》卷十九（乐善堂全集定本），中国人民大学出版社1993年版。

此番言论，并非仅为宰相权力而发，而是对整个知识阶层所发。得君行道，不为相则为师，以天下为己任，是宋明以来士大夫的最高理想和自我期待。既然皇帝不允许士大夫以天下为己任，所谓经世致用也成为画饼。在这种高压政策下，清朝的知识精英要么趋于空谈义理的程朱之学，要么趋于博学多问的考据之学，而失去了明清之际思想家所倡导的行己有耻、明道救世的精神。正如章太炎所说："多忌，致歌诗文史楛；愚民，故经世先王之志衰。"①嘉道之世，清朝中衰。这也为思想解放提供了一些空间，也正是在这样的背景下，经世之学复兴。梁启超说："嘉道以还，积威日弛，人心已渐获解放，而当文恬武嬉之既极，稍有识者，咸知大乱之将至。近寻根源，归咎于学非所用。"②朝廷提倡，也是经世之学复兴的一个重要原因。清朝前期，朝廷反对士人通经致用，士人献经邦济国之策被斥为多事，所以士人对通经致用的思想也多持保留态度。钱大昕说："经以致用，迂阔刻深之谈，似正非正。"③嘉道年间，面对严重的社会问题和统治危机，朝廷转而提倡通经致用。嘉庆帝亲撰《行实政论》，道光帝也不止一次宣称："士不通经，不足致用；经之学，不在寻章摘句也，要为其有用者"，并强调凡有作为与贡献者必当"通经致用，有治人而后有治功，课绩考勤，有实心而后有实政"。④ 总括而言，嘉道年间勃兴的经世实学有三大特点：

一是以经议政，开一代风气。在这方面，今文经学家的健将龚自珍、魏源表现尤为突出。龚自珍说：

> 夫有人必有胸肝，有胸肝则必有耳目，有耳目则必有上下百年之见闻，有见闻则必有考订同异之事，有考订同异之事，则或胸以为是，胸以为非，则必有所感慨激奋，感慨激奋而居上位，有其力，则所是者依，所非者去；感慨激奋而居下

① 章太炎：《检论·清儒》，《章太炎全集》(三)，上海人民出版社1984年版，第473页。

② 梁启超：《清代学术概论》，天津古籍出版社2003年版，第64页。

③ (清)钱大昕：《廿二史札记序》，(清)赵翼著：《廿二史札记》，凤凰出版社2008年版。

④ 《宣宗实录》卷351，道光二十一年四月乙巳，中华书局影印1986年版，第17、20页。

位，无其力，则探吾之是非，而昌昌大言之。①

他们以经议政，开启了思想解放之风。

二是呼吁变革，反对厚古薄今。龚自珍大声呐喊："一祖之法无不敝，千夫之议无不靡，与其赠来者以改革，孰若自改革。"②魏源也呼吁："天下无数百年不弊之法，无穷极不变之法，无不除弊而能兴利之法。"③他强烈反对执古以绳今，强调"变古愈尽，便民愈甚"。④

三是注重实际，注重功效。魏源编辑的《皇朝经世文编》被誉为经世运动的宣言书。他确定此书的编辑原则称：

> 书各有旨归，道存乎实用……凡高之过深微，卑之溺糟粕者，皆所勿取矣……凡于胜国为药石，而今日为筌蹄者，亦所勿取矣。⑤

魏源首先强调实用，即经世致用。这种针砭时弊，注重时务，以实功实效为价值取向的思想，对当时及晚清政治和思想演变都产生了重大影响。经世派勇于重视现实，所以在和西方列强较量中也勇于接受失败教训，勇于学习西方的长技，遂使经世思潮迅速地向"师夷长技"的方向发展。一言以蔽之，嘉道年间经世思潮的勃兴，为鸦片战争后学习西方的思潮奠定了思想基础。关于经世致用与学习西方的关系，梁启超做了一番概括，他说：

> 鸦片战役以后，志士扼腕切齿，引为大辱奇戚，思所以自湔拔，经世致用观念之复活，炎炎不可抑。又海禁既开，所谓"西学"者逐渐输入，始则工艺，次则政制。学者若生息于漆室之中，不知室外更何所有，忽穴一牖外窥，则粲然者皆昔所未睹也，还顾室中，则皆沈黑积秽。于是对外求索之欲日炽热，对内厌弃之情日烈。欲破壁以自拔于此黑暗，不

---

① （清）龚自珍：《上大学士书》，康沛竹选注：《尊隐——龚自珍集》，辽宁人民出版社1994年版，第178页。

② （清）龚自珍：《乙丙之际箸议第七》，《龚自珍全集》，中华书局1959年版，第6页。

③ （清）魏源：《筹鹾篇》，《魏源集》（下），中华书局1976年版，第432页。

④ （清）魏源：《默觚》，《魏源集》（上），中华书局1976年版，第48页。

⑤ （清）魏源：《皇朝经世文编五例》，《魏源集》（上），中华书局1976年版，第158页。

得不先对于旧政治而试奋斗，于是以其极幼稚之“西学”知识，与清初启蒙期所谓经世之学者相结合，别树一派，向于正统派公然举叛旗矣。①

需要更正的是，经世之学的复兴应始于鸦片战争前。

清王朝中衰之际，正是西方进入第一次工业革命之时，这自然加大了中西之间的发展差距。然而中西之间的发展差距，并非清王朝中衰所能够完全解释。况且从某一方面而言，清王朝的中衰对于中国发展而言，也是危中有机。所以，中国发展滞后的原因，必须从中国发展的长时段历史轨迹中探寻。

（二）中国发展滞后的深层原因

长期以来，中国经济、社会的发展，都居于世界领先地位。德国学者贡德·弗兰克指出：

> 至少到1800年，与西方任何部分或整体相比，亚洲及其各地经济体都具有更大的生产力和竞争力，在全球经济中更拥有不可比拟的分量和影响。②

就经济总量而言，直到19世纪初，中国在世界上都居于首位。西方经济发生结构性根本变化，是在工业革命以后。

中国之所以被西方超越，就在于长期以来，其社会结构、经济结构并没有像西方那样发生革命性变革，这就要从中国历史长期演变轨迹中寻找原因。

1. 弹性封建王朝体制下的大一统政治结构

自秦汉以后，中国就没有出现像欧洲那样的分封制。及至宋朝以后，又转变为“弹性封建体制”。所谓弹性封建体制，是厉以宁提出的一个概念。其含义是指在封建体制内，人的社会身份有较大流动性，不同于固定的“贵袭贵，贱袭贱”的体制。根据厉以宁的分析，弹性封建体制主要表现于三方面：其一，地主土地所有制同地主本

---

① 梁启超：《清代学术概论》，天津古籍出版社2003年版，第65页。

② ［德］贡德·弗兰克：《白银资本》，刘北成译，中央编译出版社2005年版，第242页。

人的社会等级不发生联系，尽管社会等级是客观存在的，但同祖上的血缘没有必然联系。官员的后代可能失去土地成为穷人；穷人的后代如果有钱购买土地，也可以成为地主。也就是说，任何人只要有钱购买土地，都可成为地主，不论门第、出身、血缘关系。其二，科举制的完善使得仕途公开化。有钱有势的人的后代如科场失败，也不能由此进入仕途；而穷人的后代只要能通过科举考试，就有进入仕途的机会。其三，向地主租佃土地的人，对地主没有人身依附关系，他们不属于主人，他们同地主之间的关系只是租佃关系，属于一种契约关系。佃户家里的孩子也是自由的，他们可以外出做工、经商，甚至参加科举考试。

这种弹性的社会关系，是中国封建社会长期稳定的基石。它可以把一切力量都纳入体制之中，而不是拒于体制之外。无论农民、商人或士兵，都有提升的机会。即使在家庭内部，人们的机会也基本均等。因为中国的财产继承基本上是平均继承，这样就造成了一个家庭可以有兴衰，财产有聚散，但并不妨碍整个体制的运行。相反，因为一般家庭都有机会通过读书做官、习武从军或经商开店而购置田产，成为富人，光耀门第，这种家庭兴衰、社会流动反而成了维护体制的安全阀。

弹性封建体制，阻碍了中国体制外力量的形成，巩固了君尊臣卑、官尊民卑的封建体制。这一体制虽然造成了机会的开放，但既有的身份和地位却难于继承。这就使得中国没有欧洲那样的大家族，王权缺乏一种制衡、竞争的力量。正如钱穆所说：

> 政治上没有了贵族门第，单有一个王室，绵延一二百年不断，而政府中官吏，上自宰相，下至庶僚，大都由平地特起，孤立无援，相形之下，益显君尊臣卑之象……因同样关系，各州郡、各地方因无故家大族之存在，亦益显官尊民卑之现象。①

弹性封建体制，也造成了社会改革声音的微弱。中国封建社会的持续流动，改变不了这样一个事实，即政治机会平等与政治地位不平

---

① 钱穆：《国史大纲》（修订本）下册，商务印书馆1994年版，第793页。

等并存。但因社会下层人才也有相当表现机会，这就使得要求改革政治的声音难以形成，这也造成了中国特有的官本位现象——读书做官。独立的、以批评社会为己任的独立知识分子阶层难以形成。

2. 缺乏市民阶层，资本主义文化难以形成

众所周知，西欧资本主义的兴起，市民阶层起了重大作用。要求人身、财产等自由，也是市民阶层首先提出、争取，最后扩展至整个社会。中国虽然在战国时期就有繁华的城市，历朝历代也不乏大商人，但城市并没有独立于封建体制之外。每一个封建政权都是既控制乡村，又控制城市。商人更没有形成一个独立阶层。明清时期，商品经济有了较大发展，商人地位有所提高，商人有了一定的自觉意识。其主要表现是：

(1)商业的合法性得到儒家代表人物的确认。王阳明说：

> 古者四民异业而同道，其尽心焉，一也。士以修治，农以具养，工以利器，商以通货，各就其资之所近，力之所及者而业焉，以求尽其心。其归要在于有益于生人之道，则一而已。①

这就是说士农工商本质上并无贵贱之分。

(2)传统士农工商的社会身份有变化。何心隐说："商贾大于农工，士大夫大于商贾，圣贤大于士。"②虽然统治者还在提倡士农工商，重本抑末，但社会大众的观念，已是商人高于农工，特别是商业经济比较发达的地区更是如此。"徽州风俗以商贾为第一等生业，科第反在次着。"③"山右积习，重利之念甚于重名。子孙俊秀者多入贸易一途，其次宁为胥吏。至中材以下方使之读书应试。"④虽然话说得有些夸张，但传统的四民观已开始动摇也是不争事实。

---

① (明)王阳明：《节庵方公墓表》，袁奂若编：《中华文汇·明文汇》，(台湾)中华丛书委员会1958年版，第1055页。

② (明)何心隐：《答作主》，容肇祖整理：《何心隐集》，中华书局1981年版，第53—54页。

③ (明)凌濛初：《二刻拍案惊奇》卷37《叠居奇程客得助　三救厄海神显灵》，上海古籍出版社1983年版，第680页。

④ 《雍正二年五月九日刘于义奏疏》，《雍正朱批谕旨》第47册，光绪十三年上海点石斋影印本第54页。

(3)义利公私的价值观念有所变化。义利之辨、公私之分是儒学的核心命题之一。明清时，义利公私的观念有所松动。在公私之分中，人们肯定了私的合理性。明末思想家李贽说："夫私者人之心也。人必有私而后其心乃见；若无私则无心矣。"①无私之说，是画饼之谈。顾炎武也坦承：

> 天下之人，各怀其家，各私其子，其常情也。为天子为百姓之心，必不如其自为，此在三代以上已然矣。圣人者因而用之，用天下之私，以成一人之公，而天下治。②

关于义利之辨，人们强调了义利合的观念。明人韩邦奇做了新的解读，他说：

> 古之人惟求得其本心，初不拘于形迹。生民之业无问崇卑，无必清浊，介在义利之间耳。庠序之中，诵习之际，宁无义利之分耶？市廛之上，货殖之际，宁无义利之分耶？非法无言也，非法无行耶，隐于干禄，借以沽名，是诵习之际，利在其中矣。非其义，非其道也。一介不以与人，一介不以取人，是货殖之际，义在其中矣。③

东林大儒顾宪成也主张："义以诎利，以利诎义，离而相倾，抗为两敌。以义主利，以义佐利，合而相成，通为一脉。"④清人焦循说："人之所以异于禽兽者，在此利不利之间，利不利即义不义，义不义即宜不宜。"⑤宗稷辰则称："利在天地间，原不禁正人拟议，彼思利而讳言者，特小儒拘滞之见，而不足以探本也。"⑥

---

① （明）李贽：《藏书·德业儒臣后论》，陆学艺、王处辉主编：《中国社会思想史资料选辑》（宋元明清卷），广西人民出版社2007年版，第439页。

② （明）顾炎武：《顾炎武文·郡县论》（五），陆学艺、王处辉主编：《中国社会思想史资料选辑》（宋元明清卷），广西人民出版社2007年版，第487页。

③ （明）韩邦奇：《国子生西河赵子墓表》，《苑洛集》卷7，《景印文渊阁四库全书》第1269册，台湾商务印书馆1983年版，第447页。

④ （明）顾宪成：《明故处士景南倪公墓志铭》，《泾皋藏稿》卷17，上海古籍出版社1993年版，第193页。

⑤ （清）焦循：《孟子正义》卷8《天下之言性也章》，中华书局1954年版，第344页。

⑥ （清）宗稷辰：《裕本篇》，《躬耻斋文钞》卷1，王利器校注：《新编诸子集成》第1辑《盐铁论校注定本》附录三《论人》，中华书局1992年版，第771页。

既然明清时期商人意识有所萌发，公私义利之辨有所松动，为什么没有发展成为西方那样个人主义的市民意识？这就要从传统观念、思想发展脉络，以及政治环境中寻找原因。（1）士为四民之首的官本位观念根深蒂固。虽然明清时期一些思想家对商业、商人有所肯定，但在人们的价值观念中，经商与读书，商贾与士人还是不能比肩。比如王阳明虽然提出“四民异业而同道”，但还是认为学重于商。因此，他强调说：“但言学者治生上，尽有功夫则可。若以治生为首务，使学者汲汲营利，断不可也。”[①]在人们的心目中依旧是“四民之业，惟士为尊”。经商要么是为从仕奠定基础，要么是读书不成的次好选择。经商有成之后，不少人还是希望以各种方式取得一个官的身份。这既是为了经商方便，也是出于保护财产的需要。（2）在强大王权下，商无力与官抗衡。在明末的商业书专门列有“是官当敬”条称：

> 官无大小，皆受朝廷一命，权可制人。不可因其秩卑，放肆慢侮。苟或触犯，虽不能荣我，亦足以辱我。备受其叱挞，又将何以洗耻哉。凡见长官，须起立引避，盖尝为卑为降，实吾民之职分也。[②]

事实是，商人（当然也包括普通民众）不敬官，甚至与官对抗，其结果恐怕不止是人身受辱，甚至是丧失生命财产。因为在中国绝对王权的封建专制体制之下，没有欧洲那样法律至上、司法独立的传统。（3）从思想史角度而言，明清时期的公私合、义利合的观念，与西方个人主义的权利观念还有相当大的差别。在中国思想史上，公私合、义利合的观念是对宋明理学中将公与私、天理与人欲严格区分和对立的思想观念的一个反动。他们在肯定“私”与“利”的同时，并没有放弃“公”的道德理想，仍然拥抱中国传统中“天下为公”“大公无私”的目标，也反对徇私或“假公济私”等自私行为。正如台湾学

① （明）王阳明：《传习录拾遗》第14条，陈荣捷：《王阳明传习录详注集评》，学生书局1983年版，第398页。

② 李晋德：《客商一览醒迷》，杨正泰校注，山西人民出版社1992年版，第39页。

者黄克武所言:

他们是在不抹煞个人合理的欲望,也尊重群体规范的前提下,来重新思考己群关系。因此他们的看法,一方面为宋明以来的传统儒家开创出一个新的局面,另一方面仍继承了许多固有的思想预设。①

从私的含义而言,有自私自利之私,有合情合理之私。明清思想家肯定的是后一种私。这与西方个人主义思想家把社会设定为自私自利的个人组合体大不一样。明清思想家肯定私,不是从价值理性而是从工具理性出发,其目标是合众私以为公。另外,明末思想家,特别是顾炎武、黄宗羲强调私,有一种彻底改造政治的理想。清朝中期的思想家,直到道光年间的龚自珍、魏源等经世派,他们肯定私,更多的是对传统政治的调适。他们是在经世思想指导下,希望人们关注国计民生和百姓的人伦日用。比如龚自珍笔下的"私",更多的是指人的隐私,以及儒家的亲亲之私。龚自珍说:

狸交禽媾,不避人于白昼,无私也。若人则必有闺闼之蔽,房帷之设,枕席之匿,赪之拒矣。②

此处所说的"私"就是隐私。龚自珍又说:

忠臣何以不忠他人之君,而忠其君?孝子何以不慈他人之亲,而慈其亲?寡妻贞妇何以不公此身于都市,乃私自贞,私自葆也?……禽之相交,径直何私?孰疏孰亲,一视无差,尚不知父子,何有朋友?若人则必有孰薄孰厚之气谊,因有过从之燕游,相援相引,款曲燕私之事矣。③

此处所说的"私"是亲亲之私。这与明朝思想家所说的私,大异其趣。还应强调的是,公私合、义利合的观念虽是一股新风,但也不宜过分引

① 黄克武:《从追求正道到认同国族:明末至清末中国公私观念的重整》,黄克武、张哲嘉编:《公与私:近代中国个体与群体的重建》,中央研究院近代史研究所2001年版,第59页。

② (清)龚自珍:《论私》,康沛竹选注:《尊隐——龚自珍集》,辽宁人民出版社1994年版,第44页。

③ (清)龚自珍:《论私》,康沛竹选注:《尊隐——龚自珍集》,辽宁人民出版社1994年版,第44页。

申。更何况当时整个中国的思想氛围,特别是清廷统治稳定以后,由于政治上的需要,传统理学的公私义利之辨的思想还很强大。

3. 人口众多,技术革新缓慢

清王朝初年,由于长期战争,人口锐减。但随着清王朝统治的稳定,以及"永不加赋""摊丁入亩"等政策的实施,清朝人口有了爆炸性增长。据学者统计,乾隆末年,中国人口突破3亿;到了嘉庆末年,人口接近4亿。人口增长虽然促使了集约化耕作,亩产增加,但每个劳动力都要吃饭,到一定程度就会得不偿失。这就是说,劳动生产率并不会随着集约化耕作无限提高。特别是在生产技术没有重大改进,单靠增加劳动投入提高集约化经营时,更是如此。在清代,中国在农业生产工具方面,无论是耕作器具还是排灌器械,都无重大创新。由于人口增加,劳动生产率降低,全国绝大部分人口陷于为果腹而劳作的局面。这一方面使农业生产单一粮食化,不利于多种经营;另一方面,也使劳动剩余产品减少。这些都不利于商品经济的发展。同时,由于生存艰难,劳动力成本大大降低,这也不利于技术的革新。亚当·斯密在论述劳动工资时曾说:

> 充足的劳动报酬……鼓励普通人民的勤勉。劳动工资是勤勉的奖励。勤勉像人类的其他品质一样,越受奖励越发勤奋……高工资地方的劳动者总是比低工资地方的劳动者活跃、勤勉和敏捷……食品的高价,由于减少用于维持劳动的资金,使雇主倾向于减少现有的雇工……(当发生)劳动工资增加时……雇佣很多劳动者的资本家,为自己的利益打算,势必……力图把他和他的工人所能想到的最好机器供给他们。在某一特殊工厂内劳动者间发生的事,由于同一个理由,也在大社会的劳动者间发生。劳动者的人数愈多,他们的分工当然就愈精密。更多的人从事发明对各人操作最适用的机械,所以这种机器就容易发明出来。①

---

① [德]贡德·弗兰克:《白银资本》,刘北成译,中央编译出版社2005年版,第384—385页。

马森在《18世纪的科学、技术和经济增长》的导言中指出:“看来几乎没有什么疑问,无论发明的动力是什么,革新者和企业家肯定都受到这样一些经济因素的影响,如相对价格、市场前景、利润前景等。”①欧洲工业革命的发生,当然有很多原因。但是,商业革命引起的价格上涨,以及向美洲、澳洲移民导致的劳动力成本上升也是一个非常重要的因素。中国由于人口众多,劳动力越来越廉价,资源越来越昂贵,使得人们的取向不是节约人力的机械,而是更经济地使用资源与固定资本,也就是更多地使用劳动力。农业生产主要围绕增加复种指数或增加单位面积产量。矿业生产主要着重于加深采掘。盐工为了生产更多的盐,宁可采纳生产过程更缓慢、劳动力更加密集的阳光蒸晒海水的办法,而不再用燃料煮沸盛在大缸里的海水。中国在14世纪就已经有了编织丝、麻织品的水力机械,可是过了500年之久,并不曾加以改进而有所创新。相反,中国人已经完全转回来使用人力操作的多锭织机来制作丝绸和麻布。②

人口众多不仅阻碍了中国现代化的起步,也对现代化启动后新技术的采用形成阻力。无论是引进大机器生产,还是近代海防、铁路等发展,之所以遭遇那么大阻力,认为这些技术会妨碍小民生计也是一个重要原因。

当然,中国没有发展出近代科学技术,也有“非不为,而不能也”的原因。中国传统文化中,有两种因素阻碍了科学技术的发展。一是过于狭隘的实用观点。社会精英对与安邦治国和国计民生关系不密切、不明显的纯理论和纯知识缺乏热情。比如荀子就讲:“无用之辨,不急之察,弃而不治。”③中国古代思想家,轻视生产和技艺,认为是小人之事。《礼记·王制》中说:“凡执技以事上者,不贰事、不

① [德]贡德·弗兰克:《白银资本》,刘北成译,中央编译出版社2005年版,第385页。

② [美]吉尔伯特·罗兹曼主编:《中国的现代化》,江苏人民出版社1998年版,第157—158页。

③ 潘嘉卓、聂翀译注:《荀子·天论篇》,广州出版社2004年版,第88页。

移官,出乡不与士齿。”[①]甚至以严刑峻法惩处技术创造,“作淫声、异服、奇技、奇器以疑众,杀”。[②] 轻视各种实用科学,阻碍了中国近代实证自然科学的出现。二是士人对技艺的轻视,也不利于科学与技术的结合。因为在技术向科学的过渡中,知识分子的作用不可或缺。缺乏逻辑思维方式和实证精神,也是近代科学不能产生的重要原因。日本学者大木雅夫说:

> 几个世纪以来,欧洲知识分子阶层一直接受逻辑思维方式的严格训练。特别是在发现亚里士多德的“推理法”之后,辩证法得到发展,学习的目标与其说是正确阅读圣经,不如说是转向从浩繁的出版物中抽出一定数量的哲学、科学问题,然后根据不同问题寻找必要的教科书,并在对此进行比较之后做出解答。而且,从最古老的大学创建时起,即早在文艺复兴之前的很长时间,各大学(尤其是巴黎大学)就对争论和逻辑分析充满热情,并由此形成了只要是正常推理的逻辑原则均能得到尊重,所有大胆设想均可自由发展的校园氛围。[③]

这也就是说,欧洲社会科学、自然科学之所以能新说迭出,与其重视逻辑和自由辩论分不开。中国人虽不乏辩论传统,但一直对逻辑分析缺少兴趣。中国人辩论重视的是语言机锋,而非严密逻辑推理。实验方法也是近代科学的方法之一,中国人在这方面也是非常不足。中国人提出过“格物致知”的观念,但是所格之物并非自然现象;清代的汉学非常重视实证,但限于考定古籍。严复说,中国古代学者治学方式是师心自用,并非毫无道理。

4. 中国中心观下的闭关自守

提到鸦片战争前中国的世界观,大家最耳熟能详的就是“闭关

---

① 《礼记·王制第五》,杨天宇:《礼记译注》(上),上海古籍出版社 2004 年版,第 159 页。

② 《礼记·王制第五》,杨天宇:《礼记译注》(上),上海古籍出版社 2004 年版,第 161 页。

③ [日]大木雅夫:《东西方的法观念比较》,华夏、战宪斌译,北京大学出版社 2004 年版,第 22 页。

自守”四个字,而最能表现闭关自守的就是一口通商政策。其实,对于闭关自守的提法,学界早有异议。就对外贸易政策而言,明朝时采取的是朝贡贸易政策,清朝则是朝贡贸易与非朝贡贸易政策并行。清人梁廷枏在《粤海关志》中明确记载:

明王所论互市之法,以贡舶、商舶当分二事言。贡舶为王法所许,司于市舶贸易之公也。商舶为王法所不许,不司于市舶贸易之私也。盖明制市因于贡,非入贡者不得互市,故有区别之法。我朝廓然大公,因贡而来者,税则应免之。专以市而来者,货应征则征之。此海外诸番所以畏怀也。今入贡各国入贡舶门,来市各国入市舶门。①

也就是说,单就对外贸易政策而言,清朝比明朝更开放。所谓一口通商政策,也主要是针对西方殖民者。非西方殖民者,则可以在传统的贸易口岸进行贸易。就经商环境而言,清朝的关税也非常低。虽然对一些出口商品有限制,但作为西洋对华贸易支柱的茶叶贸易则从无限制。因此,有些西方学者也承认:“1830年英国下院关于对华贸易的审查委员会中,几乎所有出席的证人都承认,在广州做生意比去世界上其他任何地方更加方便和容易。”②

那么,是否就可断定清朝没有闭关自守的倾向呢?不然。从贸易政策而言,清朝对中国商船出海有严格限制:出洋贸易的海船仅允许用双桅,梁头不得超过一丈八尺,载重不得超过五百石。此外,严禁将所造商船租给他人。既不许打造海船卖给外国人,也不许中国商人在外国打造船只带回中国。③ 对文化交流也有严格限制,比如钦定法规,中国史书不得出洋。下边官员在实际执行中,又扩大为“内地书籍,不许出洋”。又禁止中国人教授外国人汉文,限制国人学习外语。④ 更

① (清)梁廷枏等纂:《粤海关志》,沈云龙主编:《近代中国史料丛刊续编》第19辑第181册,台北文海出版社1975年版,第8页。

② M. Greenburg. *British. Trade and the Opening of China*, 1800—1842, University of Cambridge Publication, 1951, pp60—61.

③ 《光绪大清会典事例》卷120。

④ 《邵正笏折》,《史料旬刊》第10期,第363页。

严重的是根深蒂固的中国中心观和天朝意象：政治上，表现为宗番政治。中国是天下宗主，其他国家都是蛮夷番邦。中国不仅是地理上居天下之中，“中土居大地之中，瀛海四环。其缘边滨海而居者，是谓之裔；海外诸国亦谓之裔。裔之为言边也”①，而且，清朝自命天朝，统驭万国，抚育万邦。总之，在当时国人心目中，中国和其他国家的关系只有朝贡关系，没有国际关系。经济上，天朝无所不有，通商只是抚夷的一种手段。乾隆帝曾言：

> 天朝物产丰盛，无所不有，原不假外夷货物，以通有无。特因天朝所产茶叶瓷器丝巾为西洋各国及尔国必需之物，是以加恩体恤，在澳门开设洋行，俾得日用有资，并沾余润。②

他将通商视为对外国的恩惠和体恤。文化上，固守夷夏之辨。在历史上，中外文化交流之事并不少见。但在交流中，中国又坚守以夏变夷之原则。明末西学东渐，有些士大夫热心学习西方文化，如徐光启、李之藻、杨廷筠、王征等。王征说：“学原不问精粗，总期有济于世，人亦不问中西，总期不违于天。”③进入清初，热心西学，甚至致力于中西会通的人也不少。康熙帝、王锡阐、梅定九是其佼佼者。但他们所接受的西学仅限于形而下的层次，并非形而上的层次，更缺乏中西之学平等的观念。这也是康熙帝晚年虽然仍热衷西方科学，却禁止基督教传播的原因。即使西学限于形而下的技艺，反对西学传播的士大夫仍不在少数。杨光先就是典型代表。正是不接受西学中形而上之学，导致了整个西学传播的中断。另外，清朝是少数民族建立的王朝，为树立其文化正统性，对夷夏之辨更为坚持。清王朝统治者在大力尊崇正统文化以树立自己文化权威的同时，对于异端文化及一切不利于自身统治的文化思想则采取高压政策，力

---

① 《清朝文献通考》卷293，《四裔考一》，浙江古籍出版社1988年版。

② （清）乾隆：《赐英吉利国王敕书》，乾隆五十八年八月己卯条，《清实录》第27册，中华书局1986年版，第185页。

③ （明）王征：《远西奇器图说录最序》，徐宗泽编著：《明清间耶稣会士译著提要》，中华书局1989年版，第296页。

图把人们的思想禁锢在一道同风的模式之中。正是这种文化上的封闭心理,使中国人不求了解世界,认为一切无假外求。正如利玛窦所言:

> 因为不知地球的大小而又夜郎自大,所以中国人认为所有各国中只有中国值得称羡。就国家的伟大、政治制度和学术的名气而论,他们不仅把别的民族都看成野蛮人,而且看成没有理性的动物。在他们看来,世界上没有其他地方的国王、朝代或者文明是值得夸耀的。①

5. 文化专制,思想沉寂

春秋战国之际,中国思想界曾出现“百家争鸣”的局面。封建专制王权建立后,对思想的控制也日趋严密。秦王朝实行焚书坑儒,汉武帝后,“罢黜百家,独尊儒术”。明中后期以后,思想界一度活跃,在学问领域,也出现了热心科学的“实学之风”。但清王朝建立后,通过残酷手段,把这股清新之风压制下去。清王朝统治者不仅把独尊儒术演变成独尊程朱,而且为了加强对思想的控制,还严禁士人结社、集会、讲学,又大兴文字狱,使人们不敢思想,不敢议论,造成思想界万马齐喑的局面。刑狱刀锯的威迫,功名利禄的引诱,使许多士人除了做八股,什么知识也不讲求;除了升官发财,什么事情也不关心。国计民生、世界大事、科学技术,都不在讲求之列。

三、鸦片战争:
中西社会制度及文明的激烈碰撞

(一)中西社会制度及文明的冲突

鸦片战争是中国和西方的第一次正面交锋。这场战争是单纯的鸦片贸易冲突、通商体制的冲突,抑或文明的冲突,对此,中西学者之间、中国学者之间、西方学者之间都有不同的看法。有西方学

① 利玛窦、金尼阁:《利玛窦中国杂记》,何高济等译,中华书局 1983 年版,第 181 页。

者这样概括鸦片战争：

英国决心迫使中国违背自己的意愿而进入现代的、工业化的全球经济，并且向中国出售鸦片，以此换取中国的丝绸和茶叶。这一做法遭到了中国的强烈反对。最后，英国发动了两次鸦片战争。战争跨越了20年。英国不仅要向中国出售鸦片，而且要让中国认识到自己是一个平等的贸易国家。但是真正的冲突根源不只在经济范围。事实上，火烧圆明园不仅是两国文化冲突的顶点，而且也是这种冲突的一个新的开始，这是两个伟大文明之间的冲突，是新兴文明和古老文明之间的冲突，他们都认为自己是天下文明的精华。这场冲突在100年前就已开始了。①

马士在《中华帝国对外关系史》中这样评价鸦片战争：

中国人认为鸦片是战争的唯一理由，他们既然有一个正当的理由，所以满心盼望一切西方国家的支持。林钦差在写给维多利亚女王的那封著名的函件中，并没有露出他还知道有什么别的争论原因，或者女王的臣民有什么损害需要补偿；鸦片是提到的唯一题目，而加在女王政府方面的义务就是要保证没有一个人来到中国毒害内地人民。至于一般外国人，包括首当其冲的英国人，却认为鸦片不过是一个偶然事件。尽管英国政府能否允许一个英国臣民为了夹带像鸦片那样一种特殊的货品，就算经过公平的审讯，被处斩首，或者就算减刑被处绞杀，还是一个理论上的疑问……至于其他损害，英商们曾经写了一大篇，都是由他们亲身经受而亟须补救的；从律劳卑提出抗议的时候起，战争的阴云早已经弥漫天空了。当中国人实行一种激烈的禁烟运动而使危机加剧的时候，战争果然就来到了；可是它并不是为了维持鸦片贸易而进行的斗争，它不过是一个持续了二十年，

---

① [美]特拉维斯·黑尼斯三世、弗兰克·萨奈罗：《鸦片战争》，周辉荣译，生活·读书·新知三联书店2005年版，第11—12页。

并且要决定东方和西方之间应有的国际和商务关系的斗争的开端。①

鸦片战争不仅仅是一个鸦片贸易冲突,它也是中西文明之间第一次激烈碰撞。具体而言,表现在以下几大方面:

1. 文明优越论的冲突

明清之际,耶稣会教士既以西方科学输入中国,同时亦将中国文化输入欧洲。中国文化中的人文理性主义曾对欧洲产生过重大影响。一些理性主义思想家认为孔子所说的修身齐家治国平天下的道理,皆属理性行为,亦为自然之道理,比基督教神学更符合理性。但是这股中国文化热并没有持续太久的时间。其中原因非常复杂。一是中西文化之间的根本差异所致。最初,中国文化之所以在欧洲引起反响,理性主义者想借此攻击基督教神学政治也是一个很重要的原因。随着理性主义文化在西方的确立,中国文化的功用价值亦随之降低。双方的根本差异就显示出来。儒家根本原则是以德化人;基督教却认为主要靠恐惧和希望拯救人,以德化人纯属梦想。二是随着中国禁止天主教的传播,中西文化互相了解的平台也随之拆除,欧洲人对中国文化的研究也趋于冷淡。三是随着欧洲工业革命的开展,商人成为中西交流的主角。商业利害,统治着欧洲人的心理,在他们眼中,中国只是一个市场,而非文明古国。在商业功利主义者的心目中,中国文化已不复有太大价值。特别是,他们在中国深切感受到在中国中心观下所受到的歧视,也影响了他们对中国文化的态度。四是法国大革命以后,民主、平等、自由的观念已深入欧洲人心中,而中国始终没有脱离专制政治。这也使得他们把中国视为半开化的国家。西方文明优越论,必然要与中国中心观碰撞,而这种碰撞的方式,西方选择了炮舰外交。第一次鸦片战争时,法国传教士让·亨利·巴尔杜斯在家书中断言:“我认为在所有方面中国人都毫无疑问比欧洲人低一等”,“自从中国人见识过少量

---

① [美]马士:《中华帝国对外关系史》第1卷,张汇文等译,上海世纪出版集团2006年版,第279—280页。

的英国枪炮之后，他们对此就产生了相当的尊敬”。[①] 第二次鸦片战争时，《伦敦时报》叫嚣：“让他们知道，从此以后，在他们的土地上，欧洲虽不能成为爱的代名词，却是恐惧的代名词。”[②]

2. 两种世界秩序观的冲突

中国奉行的是天朝秩序观。西方呢？有人认为是平等的国际观。其实这种观点似是而非。因为所谓平等的国际秩序观只限于西方列强之间。在西方国家之外，列强实行的是殖民主义。对于中国，列强声称要求中西平等，不过只是虚伪和欺骗性的言辞，实质仍是殖民主义。马戛尔尼第一次使华，就提出让中国在舟山附近割让一小岛给英国，供英商居住，贮存货物。当然，此时要求中国对外开放，承认中西平等，也是西方坚持不懈的目标。由于天朝情结，中国始终拒绝西方的诉求。学者多把清廷拒绝中西平等视为傲慢无知所致。为赢面子，输了里子。其实，这是天朝秩序观的一个必然结果。因为如果承认了中西平等，承认了有人可以不向皇帝磕头，天朝秩序必然崩溃。正如卢坤所说：“国体攸关，不容迁就。”[③]中国人认为天朝体制，事关国体；同样，西方人也认为中西平等事关国体，更何况他们还认为西方文明优于东方文明。

3. 法律及其他观念的冲突

中英之间的贸易冲突之所以演变成为一场战争，法律观念的冲突也是一个主要原因。中国的法律观念是杀人偿命，而且实行连带原则。西方法律原则是杀人要分清故意、预谋、过失、自卫等状况，而且要有公正审判，罪止一身。1784 年，英方就向中国提出不要自行处理杀人案的建议。第一次鸦片战争时期，中英之间就发生过两次严重的法律冲突。一次是林维喜案件。1839 年 7 月 9 日，中国村

---

① [美]特拉维斯·黑尼斯三世、弗兰克·萨奈罗：《鸦片战争》，周辉荣译，生活·读书·新知三联书店 2005 年版，第 119 页。

② [美]特拉维斯·黑尼斯三世、弗兰克·萨奈罗：《鸦片战争》，周辉荣译，生活·读书·新知三联书店 2005 年版，第 65 页。

③ (清)哈丰阿等：《哈丰阿等奏》，道光十四年八月二十三日，中国史学会编：《鸦片战争》第 1 册，神州国光社 1954 年版，第 131 页。

民林维喜被英国水手殴毙，林则徐令英国代表交出凶犯，以命抵命。他认为："杀人偿命，中外所同"，义律拒交凶犯，"实出于义律之狂悖妄为"。[①] 义律辩称：

曾经秉公严审，只据讯得五人酗酒乱作，皆无凶杀之罪，此人已见严拟其罪。而其凶犯，偿经查实，自当一体按照本国律例审判，即如在本国杀毙英国人民一样，定以死罪。乃思当日上岸滋事者甚多，不独有英人，而亦有米利坚人混同作乱，凶手未得发觉。[②]

并要求中英之间"公议立法，嗣后互为查察案件，俾得天朝法例及本国章程，各得其全"。[③] 可见此案的争执焦点在于怎样认定凶手，应照中国法律或英国法律定罪。在林则徐看来，既然查明了参与者，这些人就是凶犯，以命抵命，理所当然。而义律则认为，这些人是犯罪嫌疑人，并没有查出谁是真正凶手，所以不能随便交人。事实上，许多西方人对中国的法律也很不理解。他们认为不分情况，凡是殴毙人命，一律以命抵命是不合理的，这无异于"倘有殴毙人命之时，无论有意无意，皆要以命抵命，倘不能查出真实凶手，亦必要乱寻一个外国人抵命"。[④]

另一次中英之间严重的法律冲突是关于禁烟具结的争执。林则徐为了禁烟，要求西方商船的船主都必须具结，声明嗣后永不夹带鸦片，如有违犯，货尽没官，人即正法。这遭到义律的坚决拒绝。义律的要求是，船主、商人、雇工、伙计等一一由个人具结，由义律加具印结，方准贸易。如不具结，不准贸易。因为义律认为，出具一般性的具结，无须审判即将受到死刑和船货没官的处分，不但会加在

---

① （清）林则徐：《会批澳门厅转禀义律抗不交凶说帖》，道光十九年七月初九日，中国史学会编：《鸦片战争》第2册，神州国光社1954年版，第304页。

② 《澳同知抄呈义律尊奉条款说帖》，道光十九年八月十七日，中国史学会编：《鸦片战争》第2册，神州国光社1954年版，第313页。

③ 《澳同知抄呈义律尊奉条款说帖》，道光十九年八月十七日，中国史学会编：《鸦片战争》第2册，神州国光社1954年版，第313页。

④ 《澳门新闻纸抄本》，中国史学会编：《鸦片战争》第2册，神州国光社1954年版，第502页。

签字人身上,也可能加到非签字人身上。另外,船主具结,也无疑是让船主为其他人担保。林则徐希望连带互保,义律及外商则主张各自承担责任。正是林维喜案和具结的争执,导致了穿鼻海战的爆发,打响了鸦片战争的第一枪。而这争执背后的深层原因,是中西法律的冲突,是文明的冲突。因为西方人认为中国法律落后、残酷、野蛮,不愿让列强的国民受中国法律制裁。鸦片战争后,美国公使顾盛就宣称:

> 无论什么情况下,美国对自己的一个公民的人身和自由进行的法律审判都不应向任何外国作出让步,除非这个国家是我们的民族大家庭中的一员,换句话说,是一个基督教国家。①

19世纪60年代,西方公使也曾提出,如果中国能进行法律改革,中国可以收回领事裁判权。英国公使阿礼国表示:"如果能按照西洋律例道理,另行拟定律例,则洋人亦可以归中国律例管束。"②美国公使也表示了相同意见。但这些建议遭到清廷拒绝。奕䜣说:

> 诚以中西各有国政,彼此不能强同。中国之不能尽如泰西各国法度,亦犹泰西各国不能尽照中国法度也。③

清廷之所以不愿进行司法改革,就是因为中西法理存在巨大差异,故而不愿为了收回领事裁判权而动摇中国的礼法制度。

除法律冲突,中西之间也存在着其他观念冲突。中国对西方商人的活动有严格限制。在中方看来,这是必需的严格管理;而在西方商人眼里,这是对他们人身自由的限制。中方为了迫使外商交出鸦片,包围商馆,切断各种供应,并认为这是一种必需的手段;西方,特别是英国认为,这是将他们的臣民生命财产置于危险境地。这也

---

① [美]M. G. 马森:《西方的中国及中国人观念(1840—1876)》,杨德山译,中华书局2006年版,第151页。

② 《英国公使照会并黏单》,《筹办夷务始末》(同治朝)第11册,台北文海出版社1966年版,第5850页。

③ 《给英国公使照覆》,《筹办夷务始末》(同治朝)第11册,台北文海出版社1966年版,第5867页。

是在关于鸦片战争的辩论中,英国官员、公众中都有反对鸦片贸易的,而没有人认为包围商馆是适当手段的原因。另外,西方商人对清朝海关税则不透明、官员贪污也颇有异议,希望建立一种比较确定、透明的商贸规则。

4. 道德与商业利益的冲突

中国人认为鸦片是害人之物,禁之理所应当,而且理应得到列强官方的支持。但是西方政府首先考量的是商业利益,而非道德。英国外相巴麦尊在英国下院演讲中公开指出:“如果我提议增加海军预算,添加几艘巡洋舰……目的是为了维护中国人的道德观念,下院将会对我说些什么呢?”①他还说,如果英国停止向中国出售鸦片,那么土耳其、波斯就会揽去这个生意。并把鸦片泛滥的原因,完全归咎于中国人。巴氏认为,如果没有购买者,就没有出售者。“这些中国人心甘情愿地购买其他人心甘情愿出售的东西。”②在他看来,鸦片就是一种商品,属于英国商人的合法财产。中国政府没收鸦片,就是危害英国臣民的财产。这就是他开战的理由。

(二)鸦片战争后中国社会的变革

两次鸦片战争,对中国人的精神震撼是巨大的,对中国社会的影响也是深远的。徐继畬谈到对鸦片战争的感受时曾说:

> 二百年全盛之国威,乃为七万里外之逆夷所困,致使文武将帅接踵死绥,而曾不能挫逆夷之毫末,兴言及此,令人发指眦裂,泣下沾衣。③

正是由于强烈的精神震撼,不能不使士大夫重新审视西方。鸦片战争,也是工业文明与农业文明的交锋,它也必将引发中国一系列的

---

① [美]特拉维斯·黑尼斯三世、弗兰克·萨奈罗:《鸦片战争》,周辉荣译,生活·读书·新知三联书店2005年版,第90页。

② [美]特拉维斯·黑尼斯三世、弗兰克·萨奈罗:《鸦片战争》,周辉荣译,生活·读书·新知三联书店2005年版,第90页。

③ (清)徐继畬:《致赵盘文明经谢石珊孝廉书》,《退密斋文集》,杨家骆主编:《鸦片战争文献汇编》第2册,鼎文书局1973年版,第596页。

社会变革。

1. 天朝意象,华夷观念的变革

鸦片战争后,清廷被迫与西方列强签署了一系列不平等条约,明确规定中西官员平等,列强在中国取得了治外法权、片面最惠国待遇等特权,这不能不说是中国对天朝体制的让步。然而,如果据此就判定中国人放弃了天朝观念,承认中西平等,那也是错误的。因为清廷用惯常的天朝思维,对这些不平等条约给予了正面解释。官方辩称,中西官员的平等不代表两国关系的平等,因为"溥天之民,莫非王臣"。臣子之间的平等,无碍两国关系的不平等,更无碍皇帝是天下共主。西方人从平等原则,中国人则从天朝思维,各自解释不平等条约。第二次鸦片战争爆发,演变到英法联军直抵京师,一个重要原因就是清廷坚持巴夏礼应向皇帝磕头。治外法权,被清廷解释成驭夷手段。耆英的解释是:

> 英国商民既在各国通商,难保无与内地人民交涉狱讼之事,应即明定章程,英国人归英国人自理,华民有中国讯究……甚属妥协,可免争端。①

军机大臣穆彰阿也认为,治外法权可免小事酿成大事。片面最惠国待遇,更是皇帝一视同仁的体现。耆英辩称:

> 一英夷已足为害边疆,况合众夷而使之为一耶!此又不可不深思熟虑者也……法穷则变。与其谨守旧章,致多棘手,莫若因势利导,一视同仁。②

清廷及其朝臣根本没有认识到天朝体制与不平等条约之间的矛盾,即使魏源、徐继畬等经世派人士也对保持天朝体制充满期待。魏源向往的国际秩序是:"一喜四海春,一怒四海秋,五官强,五兵昌,禁止令行,四夷来王。"他还费心费力地去考证中国是世界中心。徐继畬的天朝观虽没有魏源强烈,但仍然认为"坤舆大地,以中国为主。"③第

---

① (清)梁廷枏:《夷氛记闻》卷4,中华书局1959年版,第86页。

② (清)耆英:《耆英又奏美利坚等国必欲在闽浙通商似可准其一并议定税则片》,《筹办夷务始末》(道光朝)第5册,中华书局1964年版,第2537—2538页。

③ (清)徐继畬:《瀛寰志略》,上海书店出版社2001年版,第6页。

二次鸦片战争迫使清廷在政治上承认中西平等。《中英天津条约》明确规定,"英国自主之邦,与中国平等"。没有留下清廷按照自己意图解释的空间。此后,清廷明文承认了在中外关系上,中国与西方诸国是平等的,但实质上,中国却被列强牢牢束缚在不平等条约体系内,处于弱势和屈辱地位,在国际体系中,沦为边缘化国家。

两次鸦片战争后,华夷观念也有所松动,主要表现是:(1)承认夷人也是有文化的人。姚莹说:

> 余尝至英夷舟中,见其酋室内列架,书籍殆数百册,问之,所言亦与国人相似,而尤详于记载及各国山川风土,每册必有图。其酋虽武人,而犹以书行。且白夷泛舟,司天文算法者甚众,似童而习之者,盖专为泛书观星以推所至之地道里方向远近。必习知此,乃敢泛海船纵所之也。

他赞叹道:"吾儒读书自负,问以中国记载或且茫然,至于天文算学几成绝学,对彼夷人,能无泚然愧乎?"如果仍"视四裔如魑魅,暗昧无知",固执"拘迂之见,误天下国家也"。[1] (2)文化多元,各有其价值。徐继畬认为,文明的发生是多元的,中国不论在近代或古代,都不是世界唯一的文明中心。因此,就不能以孔孟儒学作为衡量价值观的唯一标准。他说:

> 周孔之化,无由宣之重译,彼土聪明特达之人,起而训俗劝善,其用意亦无恶于天下,顾不必操儒者之绳墨而议其后也。[2]

即使魏源对其他宗教表现出了诸多不解,但也承认,"周、孔语言文字,西不逾流沙,北不暨北海,南不尽南海,广谷大川,风气异宜,天不能生一人以教治之"。[3] 其他宗教的用意也在训俗劝善。不理解与认为无价值是两个层次的概念。

需要指出的是,徐继畬、龚振麟等人对其他文化某种价值的承认,

---

① (清)姚莹:《康輶纪行、东槎纪略》,黄山书社1990年版,第358页。
② (清)魏源:《海国图志》,岳麓书社1998年版,第840页。
③ (清)魏源:《海国图志》,岳麓书社1998年版,第840页。

并不等于承认它和中国文化相等。徐继畬声称,西方要传教中华,是不知分量。从鸦片战争至甲午战争,多数国人还是把西方文化定义在"利"上。西学本质既然是"利",当然无法与以"义"为本质的中学相比。即使西方比中国富强,也不代表它比中国文明。真正让国人承认西方文化与中国文化平等,甚至优越,是在甲午战争后。

2. 了解夷情思潮的兴起

应该说,鸦片战争前,中国就有一些介绍西方的著作,有些对西方的论述和见解,也是中肯的。如萧令裕在《英吉利记》中说:

> 或谓番舶在洋,日与海波上下,一履平地,即簸荡无主。又或谓夷以布缚两胯,屈伸不便,所曳革履,尤蹇于步,夷登陆则技穷。然广州商胡出游登山,亦殊矫捷,涉水则一纵即过,此所目验也。且夷性沈鸷,多巧思,所制钟表仪器,中土所重,而船炮尤至精利。①

但是,当时这些仅有的著述,并没有引起人们的重视,甚至被当作海外奇谈。随着鸦片战争的爆发与失败,人们痛感不谙夷情,难以制夷,因而形成第一波了解夷情的热潮,主要体现在三个方面:(1)介绍西方史地、社会状况、政治制度。《四洲志》《海国图志》《瀛寰志略》《海国四说》等堪称代表作。有的著作还对西方政治制度给予某种赞许。徐继畬就称赞华盛顿"不僭位号,不传子孙,而创为推举之法,几于天下为公,骎骎乎三代之遗意"。② (2)介绍西方科技。郑复光的《火轮船图说》《作远镜法说略》和龚振麟的《铸炮铁模图说》等著述,都对西方船坚炮利等长技做了某些说明和研究。(3)体察历史发展趋势。第一次鸦片战争后,已经有人体察到西方在全世界殖民的趋势,认为中国面临着变局。黄钧宰说:"乃自中华西北环海而至东南,梯琛航赆,中外一家,亦古今之变局哉。"③徐继畬判断:

---

① (清)萧令裕:《英吉利记》,中国史学会编:《鸦片战争》第1册,神州国光社1954年版,第21页。

② (清)徐继畬:《瀛寰志略》,上海书店出版社2001年版,第277页。

③ (清)黄钧宰:《金壶七墨》,中国史学会编:《鸦片战争》第2册,神州国光社1954年版,第623—624页。

南洋诸岛国，苇杭闽粤、五印度，近连两藏。汉以后，明以前，皆弱小番部，朝贡时通。今则胥变为欧罗巴诸国埔头。此古今一大变局。①

魏源虽没用“变局”一词，但表达了相同的意思。他指出：

天地之合，其至明而一变乎？沧海之运，随地圜体，其自西而东乎？前代无论大一统之世，即东晋、南唐、南宋、齐、梁，偏隅割据，而航琛献赆之岛，服卉衣皮之贡，史不绝书。今无一登于王会，何为乎？红夷东驶之舶遇岸争岸，遇洲据洲，立城埠，设兵防，凡南洋之要津已尽为西洋之都会。②

这个变局将使中国从此进入多事之秋。

3. 提出“师夷长技以制夷”主张

西方侵略中国，是中国面临的变局。如何应变？士大夫大致有四种主张：以民制夷、以夷制夷、以商制夷、师夷长技以制夷。以民制夷，就是策动和利用民众排拒西方列强，制造拒夷声势，以对付列强在华扩张。起初用于通商口岸，嗣后及于内地传教，结果往往造成严重事变。以夷制夷，则是利用外商之间矛盾，对付主要敌人，其效不彰。鸦片战争后，转取以商制夷。其核心观点是西方船坚炮利，武力无可制服；唯一的手段就是以通商保持和局。徐继畬、黄恩彤是以商制夷的著名代表。徐继畬说：

英夷远在西溟，水程隔六七万里，彼能来我不能往，奋中国之全力，亦断不能扫穴犁庭，除其种类，即将其海上之船，焚毁数只，亦未必扬飘远遁，永不复来，此更难于制服者一也……论者谓彼长于水，我长于陆，诱至内地，可操必胜之权。姑无论水陆长短之说，未必可靠，即是可靠，而我之城邑市镇，在海滨者，动辄数万户，或数十万户，苟欲撤入内地，并将其城邑市镇而撤之乎？且安插无所，抑委而去之，

---

① (清)徐继畬：《瀛寰志略·凡例》，上海书店出版社2001年版，第7页。

② (清)魏源：《海国图志》，岳麓书社1998年版，第347—348页。

而听其逃亡蹂躏乎?[1]

武力无法反制,只有以商制之。他提出:

然彼以贸易为生,其国势之强弱,民生之舒蹙,其货船虽无不到,而总以马头为养命之源。攻略割据之谋,敢施于散弱之五印度,孤僻之各海岛,而不敢施于暹罗、越南,况中国乎? ……而一绝其贸易,即如婴儿之断乳,有不可以终日之势。[2]

黄恩彤也认为:“该夷之船坚炮烈,断难力致,亦无术破。以肉身御大铳,虽铜筋铁肋,立成齑粉,往往备之累岁,败之崇朝。”[3]唯一的制夷之策是:“捐释前嫌,示之宽大,裁减陋规,明定税则,无事则抚以有恩,有事则折以信,彼既灼然知用兵之害,通商之利,当俯首帖耳,歌咏皇仁,不复有盗弄潢池之事矣。”[4]

“师夷长技以制夷”,是对后世影响最为深远的主张。其实,早在鸦片战争前,就有人认识到西方船坚炮利,中国旧式水师难与争锋。但出于各方原因,当事者又不敢正视这个问题,而是欺饰弥缝,隐约其词。比如两广总督卢坤早在 1834 年就指出,英国“素性凶狡,向来恃其船坚炮利,蚕食诸夷”,但他又自欺欺人地说:“若用火攻船只,出其不意,乘风纵火,水陆夹攻,顷刻可以扫荡。”既然如此,为什么不对英国侵略大加挞伐呢? 卢坤辩称:“一旦创之太甚,必不甘心,以后势必狡焉思逞”,所以“驭外夷之道,不过羁縻勿绝而已”。[5] 其实,他未必真的相信英国兵船“顷刻可以扫荡”。问题的核心在于,英国人船坚炮利,击之不胜,必狡焉思逞。但卢坤不敢如实

---

① (清)徐继畲:《揣度夷情密陈管见疏》,中国史学会编:《第二次鸦片战争》第 1 册,上海人民出版社 1978 年版,第 116 页。

② (清)徐继畲:《揣度夷情密陈管见疏》,中国史学会编:《第二次鸦片战争》第 1 册,上海人民出版社 1978 年版,第 116 页。

③ (清)黄恩彤:《抚远记略》,中国史学会编:《鸦片战争》第 5 册,神州国光社 1954 年版,第 434 页。

④ (清)黄恩彤:《抚远纪略》,中国史学会编:《鸦片战争》第 5 册,神州国光社 1954 年版,第 436 页。

⑤ (清)卢坤:《两广总督卢坤等奏报英兵船侵入内河开炮抗拒现正设法驱逐片》,中国史学会编:《第二次鸦片战争》第 1 册,上海人民出版社 1978 年版,第 126 页。

奏报，只好空言搪塞。鸦片战争后，船坚炮利是敌之长技，已是不争的事实。如何应对？遂成朝野难题。有人提出购买或仿制敌之战船。奕山、耆英、祁埙都提出购买、仿制敌之战船的主张。应该说，道光帝原则上也不反对这个主张，他说："朕思防海事宜，总以造船制炮为要。"[①]所以鸦片战争后，中国也有过一个仿造西方船炮的小热潮。但问题在于是自己仿制，还是正式聘请夷人，向夷人学习坚船利炮的长技。道光帝一直对"师事夷人"心存疑忌。当时，法国使臣拉萼尼建议清廷派人赴法，学习船炮技术。耆英的回答是："至船炮水战，用之各有其宜，便于西洋者，不必便于中国，且中国于洋船洋炮亦均能仿造，更毋庸远赴弗兰西学习。"[②]道光帝对这个答复甚为满意，认为"所谕正大得体，甚属可嘉"。[③] 1842年，祁埙认为仿造西方炮船"必须机关灵巧，始可适用，内地匠役，往往不谙其法"，奏请在澳门雇西人仿造，道光帝连忙下旨阻止，"火轮船式，该省所造既不适用，著即毋庸雇觅夷匠制造，亦毋购买"。[④] 他和反对"师夷长技"的臣僚，之所以对师事夷人如此敏感，当然有对英国人犯顺的余恨未消，更重要的还在于对洋人的不信任，以及天朝上国的体面问题。梁廷枏对此事的态度，可代表多数士大夫对这个问题的认识。他说：

> 今天下非无讲求胜夷之法也，不曰以夷攻夷，即曰师夷长技，姑无论西夷同一气类，虽曰为蛮触争，而万不肯为中国用也，就令乐为我用，而一舟之费，内地可调兵数千，败必索偿，胜更求无底止，终难以善其后。天朝全盛之日，既资其力，又师其能，延其人而受其学，失体孰甚？彼之火炮始

① 《道光帝二十三年九月十五日复奕山奏议》，《筹办夷务始末》（道光朝）第5册，中华书局1964年版，第2397页。

② （清）耆英：《两广总督耆英奏报驳斥法使各项无理要求现在会谈渐有条理折》，中国史学会编：《第二次鸦片战争》第7册，上海人民出版社1978年版，第75页。

③ （清）耆英：《两广总督耆英奏报驳斥法使各项无理要求现在会谈渐有条理折》，中国史学会编：《第二次鸦片战争》第7册，上海人民出版社1978年版，第77页。

④ 《道光二十二年十一月十一日上谕》，《筹办夷务始末》（道光朝）第8册，中华书局1964年版，第2470—2471页。

> 自明初,大率因中国地雷、飞炮之旧而推广之,夹板舟,亦郑和所图而予之者。即其算学所称东来之借根法,亦得诸中国,但能实事求是,先为不可胜,夷将如我何?不然而返求胜夷之道于夷也,古今无是理也。①

总之,坚船利炮确为可欲可求之物,但须自力更生,不能师事夷人。

在朝野纷纷鼓噪夷人不可师的语境之中,魏源毅然提出“师夷长技以制夷”,需要极大勇气,难能可贵。他说:

> 广东互市二百年,始则奇技淫巧受之,继则邪教毒烟受之,独于行军利器则不一师其长技,是但肯受害不肯受益也。②

魏源揭露了鼓噪者的虚伪和自相矛盾。他所注目的西方长技虽然是军事技术——战舰、火器、养兵练兵之法,但也朦胧体察到民用工业是军事工业的基础。所以中国“师夷长技”也必须军民结合,才能可久可大。“船厂非徒造战舰也。战舰已就,则闽、广商艘之泛南洋者,必争效尤;宁波、上海之贩辽东,泛粤洋者,亦必群就购买。”“火器亦不徒配战舰也……此外量天尺、千里镜、龙凤车、风锯、水锯、火轮机、火轮舟、自来火、自转碓、千斤秤之属,凡有益民用者,皆可于此造之。”③魏源提出,为了师夷长技,还须改革科举制度,造就新型人才。主张闽、粤二省武试,增水师一科。“有能造西洋战舰、火轮舟,造飞炮、火箭、水雷、奇器者,为科甲出身。”“凡水师将官必由船厂、火器局出身。”④同一时期,提出改革武科考试的还有祁埙。他主张:“若兵书则详水战之阵法,图志则通外域之夷情……至武试,除默写武经外,请添问策一道,分韬略、技艺、火攻、水战四门。”⑤魏源认为,只要朝廷鼓励,人民努力,中国一定能在科技上赶上西方。他颇有信心地说:

---

① (清)梁廷枏:《夷氛闻记》,中国史学会编:《鸦片战争》第6册,神州国光社1954年版,第104页。

② (清)魏源:《海国图志》,岳麓书社1998年版,第27页。

③ (清)魏源:《海国图志》,岳麓书社1998年版,第30页。

④ (清)魏源:《海国图志》,岳麓书社1998年版,第29页。

⑤ (清)王延熙、王树敏辑:《皇朝道咸同光奏议》卷42,光绪壬寅秋上海久敬斋石印,第3页。

古之圣人，刳舟剡辑以济不通，弦弧剡矢以威天下，亦岂非形器之末？而《睽》《涣》取诸《易》《象》，射御登诸六艺，岂火轮、火器不等于射御乎？指南制自周公，挈壶创自《周礼》，有用之物，即奇技而非淫巧。今西洋器械，借风力、水力、火力，奇造化，通神明，无非竭耳目思之力，以前民用。因其所长而用之，即因其所长而制之。风气日开，智慧日出，方见东海之民，犹西海之民。①

4. 鸦片战争后中国的经济变迁

鸦片战争后，随着西方经济入侵，中国的社会经济也发生了缓慢的、结构性的变革，主要表现在自然经济开始解体，农产品商品化扩大，新产业出现，以及一些旧行业的衰落。以织助耕、耕织结合是中国传统的经济模式。进入近代后，受西方纺织品输入的冲击，手工纺织业的产销系统发生了重大变化，自给自足结构逐渐分解。学界常引两则史料作为例证。一是包世臣在 1846 年所说："近日洋布大行，价才当梭布三之一。吾村专以纺织为业，近闻已无纱可纺，松太布市削减大半。"②二是 1853 年《顺德县志》所载："自西洋人风火水牛运机成布，舶至贱售，女工几停其半。"③但有学者考察，这两个例证并不具有普遍意义。中国自然经济的解构，经历了一个漫长过程。

(1)纺与织的分离，也就是以洋纱代替土纱

这一过程在 1860 年后加速。纺与织的分离，并没有立即减少中国自织土布的数量，反而是土布数量在一段时期内有大幅上升。这主要是土布织户以洋纱织布，缩短了劳动时间，提高了效率，增加了对洋布的抵抗力。有学者研究，直到 1936 年国内机织布才占到棉布总产量的 45%。④ 因此，中国自然经济的缓慢解构，而且地区分布不

---

① (清)魏源：《海国图志》，岳麓书社 1998 年版，第 30—31 页。

② (清)包世臣：《安吴四种》卷 26《答族子孟开书》，赵靖、易梦虹编：《中国近代经济思想资料选辑》(上)，中华书局 1982 年版，第 31 页。

③ 许涤新、吴承明：《中国资本主义发展史》第 2 卷(上)，人民出版社 2001 年版，第 216 页。

④ 彭南生：《中国早期工业化进程中的二元模式》，《史学月刊》2001 年第 1 期。

平衡，应是学界共识。

(2)农产品的商品化，以茶叶、蚕茧、棉花、罂粟、粮食等最为显著

——茶叶：茶叶历来是中国农产品出口的大宗。鸦片战争后，随着中外贸易的增加，茶叶出口量大增。从鸦片战争后到19世纪80年代中期，中国茶叶出口量增加了3倍多，由45万担增加到241万担。19世纪70年代以后，虽然中国茶遇到激烈竞争，茶叶价格也不断跌落，占国际市场比重不断降低，但直至19世纪80年代中期出口量是不断增加的。正是种植茶叶有比较丰厚的利润，南方一些省份的农民就纷纷种茶。比如湖南浏阳本是家家种麻，后来拔麻种茶。①

——蚕丝：生丝是中国出口产品的另一大宗。鸦片战争前，中国生丝总销量中内销占86%，到了1894年则外销占52%。1894年与1840年前相比，中国生丝出口量增加了10倍多。② 丝的大量出口，刺激农民种桑养蚕。传统桑蚕业比较发达的地区是“无不桑之地，无不桑之家”。③ 一些原来蚕桑不多或根本没有蚕桑的地区，这一时期也植桑养蚕。如江西，“向无蚕桑之利”，19世纪70年代，各地栽种桑树达4万株。④

——棉花：棉花种植，早在鸦片战争前的数百年间已十分广泛。鸦片战争后，尤其从同治至光绪的40余年间，种植面积进一步扩大。如上海、南汇两县以及浦江两岸，“均栽种棉花，禾稻仅十分之二”。江苏通州、海门、如皋一带，“一望皆种棉花，并无杂树”。⑤

——罂粟：鸦片战争前，国内基本上不种植罂粟。但到了19世纪50年代，云贵川已是“连畦接畛，种植罂粟花，借以渔利”。⑥ 虽然

---

① 许涤新、吴承明主编：《中国资本主义发展史》第2卷(上)，人民出版社2005年版，第288页。

② 许涤新、吴承明主编：《中国资本主义发展史》第2卷(上)，人民出版社2005年版，第293页。

③ 李文治：《中国近代农业史资料》(第一辑)，生活·读书·新知三联书店1962年版，第506页。

④ 严中平主编：《中国近代经济史(1840—1894)》(上)，人民出版社2001年版，第954页。

⑤ 严中平主编：《中国近代经济史(1840—1894)》(上)，人民出版社2001年版，第955页。

⑥ 《申报》，光绪十年六月二十二日。

在1891年以前，清廷表面上禁止国内种植罂粟，但为了“以土抵洋”，第二次鸦片战争后，实际上对罂粟种植采取了听之任之的态度。1891年，清廷对鸦片种植解禁。这就进一步刺激了鸦片种植，鸦片成为粮食以外在国内市场上流通价值最大的农产品。

——粮食：鸦片战争后，中国粮食生产商品化有一定的发展。据吴承明估计，1840年中国商品粮约为233亿斤，占产量的10%。1894年前后，商品粮约372.5亿斤，约占总产量的15.8%。[①] 商品粮增加的原因为：第一，商埠兴起，非农业人口增加。第二，经济作物的发展。经济作物的种植者、加工者和贩运者都有赖于商品粮的供应，他们的人数愈多，专业化程度愈高，对商品粮的需求量愈大。第三，用于酿酒、制酱等的粮食，因城市扩大和专业酒厂、酱园的发展，所需商品粮增加。

农产品的商品化，当然不限于以上几种农产品。另外，烟草、甘蔗、大豆、花生等商品化发展也都有进步，不能一一具述。

(3)新产业的出现

鸦片战争后，随着中外贸易人员往来的增加，围绕着为中外贸易服务的一些行业也在中国纷纷出现。

——金融业：外资洋行在华开展业务，当然需要金融服务，外商银行和保险公司随即成立。外商银行业务在甲午战争前主要是以汇兑业务为主，包括买卖远期汇票；甲午战争后，存放业务有很大发展，同时展开对中国的政治借款。外资在华建立保险业，原出于进出口贸易的需要，先以水险为主，接着承保火险，最后还出现了两个人寿保险机构。

——航运业：随着西方在华设立贸易洋行，大的贸易洋行原都自办航运。开放长江航线后，一时在上海有不下20家洋行，各经营一两艘轮船。经过竞争，大多为大洋行所取代。除洋行开办专业航运公司外，一些外国轮船公司也在华扩展业务。

---

① 许涤新、吴承明主编：《中国资本主义发展史》第2卷(上)，人民出版社2005年版，第307页。

——船舶修造:船舶修造是甲午战争前外资最重要的工业,主要集中在广州和上海两地。因为远洋航船到埠,例须检修,铁壳船需淡水冲刷。随着中国江海航运业的发展,船舶修造业也有很大发展。

——出口加工:出口土产品,需要有加工过程。甲午战争前最盛的是砖茶制造、机器缫丝,另有制糖、制革、轧花、压制豆饼、打包等。

——公用事业:随着商埠的开辟和外国租界的建立,西方市政文明也引入中国,这促进了公用事业的发展。煤气、自来水、电灯、发电等公用事业相继在中国问世。

——印刷出版业:鸦片战争前,大鸦片贩子马地臣在广州创办《广州纪事报》,但时间不长。鸦片战争后,随着对基督教的解禁,西方一些教士及教会在中国设立书馆、创办报纸,近代印刷出版业务在中国逐渐发展起来。

外资在华设立新式企业,为中国注入了资本主义的生产方式,并以其先进的生产技术、管理方式和高额的效益、优质的产品,逐渐引起中国人的注意,乃至传授仿效,使创办资本主义企业的风气逐步形成。①

5. 新社会阶层的出现

随着鸦片战争后经济的变迁,中国出现了一些新的社会阶层。其中,对中国社会最有影响的是买办阶层的出现。买办作为一种职业名称并非始于近代。关于买办最初来源,有学者认为是供应宫廷用品的采买商人,有学者指称是葡萄牙窃据澳门后,居间帮助葡萄牙商人采办商品的华人。到了十三行时期,买办成为公行制度的一个组成部分。清廷在规定西方商人只准在广州一口贸易后,为了控制西方商人,设立公行。官府通过公行的行商,统制对外贸易,承保外商应交关税,监督外商活动。但外商既有庞杂的贸易事务,又需生活上的照应,这些都非公行所能包办。买办遂应运而生。他们经官府许可,行商作保,由公行雇佣。这些人往往从事采办、推销、账

---

① 虞和平:《中国现代化历程》第1卷,江苏人民出版社2000年版,第84页。

房、银库保管等业务，兼有料理外商生活的职责。鸦片战争后，公行制度取消。但外商所面临的是一个广袤、陌生甚至敌视的中国社会。华商因"与各夷语言不通，气味各别……向不与夷对手交易"。[①]在这样情况下，外商仍不得不聘用中国商人做经纪人、掮客和买办。这些人通称为买办。这时的买办就由官许转化为自由个体。充当买办的商人一般都精通业务，联系广泛，消息灵通。他们通过贱买贵卖，收取高额佣金，迅速积累私人资本，从而成为早期民族资产阶级的一个重要来源。另外，买办通过参与外资企业的经营管理，成为精通业务的新式企业经管人员，有些后来成为中国民营新式企业的创办人和经营者。

四、不平等条约体系：中西方关系模式的构建

（一）近代中西方关系模式的形成

近代以前中西关系的模式是什么？是属于朝贡关系，还是单纯的通商关系？学界有不同的看法。以前大多数学者认为中西之间不存在朝贡关系，只是单纯的通商关系。但也有学者不同意这种看法，认为中西关系依然是朝贡关系。台湾学者王尔敏对此有详细的考证。中国与外国的贸易关系，历来是附于朝贡体制。也就是说因贡而市。但因中国赏赐丰厚，另外外商也可因此而进行贸易，就形成了一种因市而贡的心理。也就是假入贡之名，行贸易之实。据王尔敏考证，西方诸国，第一个向中国朝贡的是荷兰。1655年，荷兰正式向清廷入贡。顺治许其八年入贡一次。但自此以后，荷兰是每两年来贡一次，一定奉上金叶表文，历顺、康、雍、乾，未尝断绝。[②] 以后

① （清）耆英：《钦差大臣两江总督耆英奏通商善后案内实在情形折》，《筹办夷务始末》（道光朝）第5卷，中华书局1964年版，第2779页。

② 王尔敏：《明清两代之粤道贡国》，《五口通商变局》，广西师范大学出版社2006年版，第51—52页。

西班牙、葡萄牙、意大利等欧洲诸国都有遣贡使来华。那么,英国马戛尔尼使华是以什么身份呢? 王尔敏认为马戛尔尼也是贡使。因为使团自天津经通州到北京,一路船上高张英吉利国朝贡船之十丈大书标幡。英国使团中副使通中文,并有翻译,并未表示异议。[①] 广东十三行也是由贡使通市之怀远驿演变而来。怀远驿专门接待贡使,怀远驿旁另建官房供同来外商居住。1683 年,清廷取消海禁,徇荷兰商人之请,开放对欧通商。嗣后由于欧洲商船东来日多,又多非朝贡之国,自不能住在怀远驿所附房屋。欧洲商人起初投居在华人行栈。此类华人经营的进出口行栈,自然形成担保外商食住以及向官方担保其安分善良的保商,这样逐渐演变成为外商服务的十三行。由上所述可知,清代通商体制由因贡而市,逐渐发展到贡舶、市舶贸易并行。虽然贡舶、市舶贸易并行,但入京者,皆为贡使。跟随贡使的商队也是按照贡舶贸易对待,也就是可享受优惠,甚至免税。西方无论出于何种原因,无论是否甘居朝贡地位,对此并没有明确提出异议。其实,对清朝统治者而言,其他国家无论是否在贡典之列,都不可能是与中国平等的敌体之国。对西方而言,也许不满意这种关系,但都采取了默认甚至迎合的态度。总之,即使我们不能判定鸦片战争前中西关系是正式的封贡关系,但也绝非平等的正常通商关系。中国自居天朝上国,西方默认——这应该是鸦片战争前中西关系的写照。

鸦片战争后,中西关系发生了深刻变化。通过两次鸦片战争,西方迫使清廷完全承认中西平等;但在中西平等的形式下,又把实质的不平等强加给中国。

(二)近代中西方关系模式的特点

两次鸦片战争,对清廷打击创巨痛深。虽然仍有人抱着天朝上国的心理不放,但中外关系毕竟发生了本质性的改变。这就是不平

① 王尔敏:《明清两代之粤道贡国》,《五口通商变局》,广西师范大学出版社 2006 年版,第 80 页。

等条约体系的建立,并由此构建了近代中西方关系模式,其主要特点是:

1. 形式上中西平等关系的建立

第二次鸦片战争后,清廷被迫承认形式上中西平等。这包括条约明确规定中国和列强地位平等,官方公文不得用“夷”字,外国公使常驻北京,以平等礼节觐见皇帝。对于前两项,清廷没有异议。但对于后两项却激烈抵制,视其为洪水猛兽。咸丰帝曾幻想以五口通商免税和鸦片弛禁换取外国公使不驻北京,但遭到西方断然拒绝。英使额尔金强硬回复:“条约以外之事,均可商量,条约既定之说,万不能动。”①西方之所以坚持要求公使驻京,除了外交惯例,交涉方便外,一个很重要的原因,就是切实表明中西平等。奕䜣说:“其屡求驻京者,总谓外省大吏不肯将实情代奏,其意必欲中国以邻邦相待,不愿以属国自居。”②清廷,特别是咸丰帝之所以认为外国公使驻京“为患最巨,断难允行”,除认为外国公使驻京“凡有举动,纤悉必知,既速且详,动为所制”外,天朝体制是首要考虑。③ 咸丰帝指称:“至外国人进京,皆系朝贡陪臣……该夷来京,无论人数多寡,中国有何畏惧,实因与体制不合。”④所谓体制不合,也就是中国没有接待平等国家使节的礼节。如果西方人一定要入京,“一切跪拜礼节,悉遵中国制度”。⑤ 而他清楚地认识到列强绝不可能接受这种条件,只有坚决拒绝外国公使驻京。总之,清廷认为,只有贡使入京,没有公使入京,这是严中外之大防。在西方舰炮外交下,公使驻京无可

① (清)桂良:《钦差大臣桂良等奏连日与英会议税则情形折》,咸丰八年九月二十日,中国史学会编:《第二次鸦片战争》第3册,上海人民出版社1978年版,第547页。

② (清)奕䜣:《奕䜣桂良文祥奏亲国书已饬设法消弭揣英法词义亦属不欲折》,《筹办夷务始末》(咸丰朝)第7册,中华书局1979年版,第2582页。

③ (清)尹耕云:《心白日斋集》(节录),中国史学会编:《第二次鸦片战争》第2册,上海人民出版社1978年版,第77页。

④ 《军机大臣寄直隶总督谭廷襄等先准俄国在海口通商外国人不准进京并中俄分界勘查需时上谕》,咸丰八年四月初二,中国史学会编:《第二次鸦片战争》第3册,上海人民出版社1978年版,第311页。

⑤ 《军机大臣寄钦差大学士桂良等镇江通商驻京牛庄开埠三条应与英法再行定议更约上谕》,咸丰八年五月十八日,中国史学会编:《第二次鸦片战争》第3册,上海人民出版社1978年版,第447页。

更改。但咸丰帝至死坚拒西方要求的“亲递国书”。《北京条约》签订后，奕䜣等大臣多次请咸丰帝回京，安定人心，遭到严拒。原因在于担心西方使节亲递国书，且不行跪拜礼。咸丰帝说：

> 各国尚有夷酋驻京者，且亲递国书一节，既未与该夷明言，难保不因朕回銮，再来饶舌。该事既未妥协，设朕率尔回銮，夷人又来挟制，必将去而复返，频数往来，于事体殊多不协。①

外使亲递国书，牵涉到的是觐见皇帝的礼节，这也是天朝体制中最核心的本质。这一问题直至1873年才得以解决。1873年，同治帝以西方礼节接见了外国使节，也曾引起清廷内部激烈争论。吴大澂坚持朝廷之礼：

> 惟外国向无跪拜之礼，而我国定制，从无不跪之臣。若谓宾礼与外番不同，必欲执泰西礼节，行之中国，其势万不能行。夫朝廷之礼，乃列祖列宗所遗之制，非皇上一人所得而私也。②

李鸿章则主张灵活变通：“朝廷礼法严肃，中国臣庶所不容丝毫僭越者，非必概责诸数万里外向未臣服之洋人。”③结果，朝廷接受李氏建议，至此，可以说中西形式平等的体制完全确立。

2. 半殖民地秩序的确立

西方学者多把第二次鸦片战后确立的中外关系称作条约制度的建立。其实，这掩盖了一个事实。这就是所谓“条约制度”并非平等，而是不平等的制度安排。对中国而言，它是一种半殖民地秩序。两次战败，中国领土主权遭受到严重损害，列强在中国取得一系列权益：关税协定权、领事裁判权、片面最优惠国待遇、鸦片贸易合法

---

① （清）刘毓楠：《清咸丰十年洋兵入京之日记》，中国史学会编：《第二次鸦片战争》第2册，上海人民出版社1978年版，第143页。

② 沈云龙主编：《近代中国史料丛刊·筹办夷务始末》（同治朝）第10册，台北文海出版社1966年版，第8258页。

③ 沈云龙主编：《近代中国史料丛刊·筹办夷务始末》（同治朝）第10册，台北文海出版社1966年版，第8286页。

化、内河航运权、传教、游历、海关管理权、建立租界等。为了确保这些权益，并进一步攫取新的权益，列强转而支持清廷，促使其信守条约。为此，采取了三项措施：一是实行合作政策。按照美国学者芮玛丽的解释，合作政策一词有两个含义：第一，在华享有利益的列强之间的合作；第二，列强与中国政府的合作。它有四个原则：(1)西方列强合作；(2)和中国官吏合作；(3)承认中国的合法权益；(4)公正实施条约条款。① 其实，合作政策的核心是清廷必须履行条约，列强通过支持清廷，保证其和列强合作。二是让清廷学会按西方惯例办事。为此，1862 年美国传教士丁韪良将美国学者惠顿所著的 *Elements of International Law* 翻译成中文，通过美国公使蒲安臣呈送总理衙门。1864 年，总理衙门以"万国公法"为题将其刊行。列强之所以热衷于西方国际法的介绍，目的还是使清廷更自愿地履行条约。正如日本学者佐藤慎一所云：

> 在列强方面，向中国介绍国际法，告诉中国西方诸国不是以实力作为惟一的法律，而是持有国际法这一指导原理……通过使其理解国际法，企图使中国方面感到遵守的根据从强制性的屈从转移到规范性的义务上来。②

为了实现条约权益，运用武力远不如让清廷自愿遵守条约高明。三是外国在华官员，劝告清廷，软硬兼施。所谓合作，伴随着威胁，还是为了迫使清廷遵守条约。1865 年 11 月海关总税务司赫德写成《局外旁观论》，送交总理衙门。他警告清廷：

> 民间立有合同，即国中立有条约，民间如违背合同，可以告官准理，国中违背条约，在万国公法，准至用兵。败者必认旧约赔补兵费，约外加保而止。③

---

① [美]芮玛丽：《同治中兴：中国保守主义的最后抵抗(1862—1874)》，房德邻等译，中国社会科学出版社 2002 年版，第 26 页。

② [日]佐藤慎一：《近代中国的知识分子与文明》，刘岳兵译，江苏人民出版社 2006 年版，第 46 页。

③ 《总税务司呈递局外旁观论》，《筹办夷务始末》(同治朝)第 4 册，中华书局 2008 年版，第 1669 页。

1866年,英国使馆参赞威妥玛著《新议略论》,也发出类似警告:"各国在华,都有要务不能弃置,系中华立约,许为相保。如果肯保,深惜力有不及,所言中外互结一也。"如果清廷不照条约行事,那么诸国"见必受险,难免干预保全。一国干预,诸国从之,试问将来中华天下,仍能一统自主,抑或分属诸邦,此不待言而可知"。①

3. 清廷接受条约制度

清廷对条约制度的接受,有两方面用意:一是信守条约;二是利用条约维护权益。清廷确立信守条约的方针,有一个逐渐演变过程。在第一次鸦片战争时期,清廷并无所谓条约观念。当时朝廷处理中西交涉的法理依据是天朝定制。负责交涉的官员拒绝西方要求时,理由就是不合天朝定制,西方必须顺应和遵行天朝定制。第一次鸦片战争后,虽说清廷基本遵守条约,但也没有严格的守约意识。"以民制夷"就是最好的抵制条约的手段。广州的反入城斗争,就是最为典型的事例。但清廷又希望把列强在中国攫取的权益严格限制在条约范围内,促其坚守成约。第二次鸦片战争的打击,使清廷对条约的严肃性有了新的认识。《天津条约》签订后,战争重起的重要原因,就是咸丰帝认为《天津条约》是城下之盟,坚决要求废除公使驻京、内江通商、内地游历及交清赔款英法联军始退出广州城四项条款。桂良在签约后,竟奏报咸丰帝诡称:

> 此时英、法两国和约,万不可作为真凭实据,不过假此数条,暂且退却海口兵船。将来倘欲背盟弃好,只须将奴才等治以办理不善之罪,即可作为废纸。②

但实际交涉结果,并非如桂良所云。英法不但不取消四项条款,而且不惜重新挑起战争。惨痛的失败使清廷感受到列强对条约严肃性的坚持,也尝到了不信守条约的恶果。奕䜣认识到列强并非滥施武力,背后也存在着某种秩序,他说:

---

① 《英参赞威妥玛新议略论》,《筹办夷务始末》(同治朝)第4册,中华书局2008年版,第1677页。

② (清)桂良等:《桂良等奏英自定条约五十六款逼令应允折》,《筹办夷务始末》(咸丰朝)第3册,中华书局1979年版,第966页。

> 自换约以后，该夷退回天津，纷纷南驶，而所请尚执条约为据，是该夷并不利我土地人民，犹可以信义笼络驯服其性，自图振兴，似与前代之事稍异……若就目前之计，按照条约不使稍来侵越，外敦信睦而隐示羁縻。①

奕䜣发现，列强并不想推翻清廷，而且信守条约。既然如此，清廷也可以通过信守条约笼络西方，维持统治。事情还不止于此。如果说第二次鸦片战争后之初，清廷信守条约还存有一些"目前之计"的观念，那么随着中外进一步交往，清廷深知条约虽然是不平等的，但信守条约却符合朝廷的利益。要想维护统治，进而自图振兴，只有力保和局，关键条件之一就是信守条约。自此，守约遂成为清廷外交的基本方针。一些重臣纷纷表示，办理外交，重在诚信。曾国藩称：

> 自古善驭外国，或称恩信，或称威信，总不出一个"信"字，非必显违条约，轻弃前诺，而后为失信也，即纤悉之事，颦笑之间，亦须有真意思，载之以出……即已通好讲和，凡事公平照拂，不使远人吃亏，此恩信也。②

奕䜣也强调，办理中外交涉，"以守约为主，以践言为先"。③ 即使冒天下之大不韪，也不能违约，因为中国处于弱势，必须隐忍守约。

利用条约维护权益，一是要求列强也要严守条约，维护中国尚未失去的国家权益；二是利用西方强调的国际惯例，也就是国际法，主动争取权益。1869 年普丹战争期间，普鲁士擅自在天津海口扣留丹麦船只，总署大臣利用《万国公法》有关条文，与普鲁士公使辩论，遂使丹麦船只得以释放。在预筹 1868 年换约谈判时，李鸿章提出利用公法，维护权益。他指出，如果西方恣意要求，"上侵国家利权，下夺商民生计，皆可引《万国公法》直言斥之。盖各国均有保护其民，

---

① （清）奕䜣等：《请设总理衙门等事酌拟章程六条折》，中国史学会编：《第二次鸦片战争》第 5 册，上海人民出版社 1978 年版，第 340—341 页。

② （清）曾国藩：《复应敏斋观察》，《曾国藩全集·书信》（八），岳麓书社 1991 年版，第 5646 页。

③ （清）奕䜣等：《奕䜣等奏议覆刘蓉西安城固教堂拨地抵还情形折》，《筹办夷务始末》（同治朝）第 5 册，中华书局 2008 年版，第 1797 页。

自理财赋之权。若使内地百姓不能自养，中国财赋不能自理，岂惟非与国和好之义，抑实背《万国公法》之外”。[①] 一些官员还提出利用公法，挽回已失的权利。曾纪泽认为，根据公法，条约大致可以分为两类：一类属于长守不渝的条约，主要指分疆划界的条约；另一类属于可随时修改的条约，主要指通商条约。既然通商条约可随时修改，中国就应该争取主动，通过修约谈判，挽回不合公法的条文。他说：

> 诚能深通商务之利弊，酌量公法之平颇，正赖此修改之文，得以挽回于异日，夫固非彼族所得专其利也。[②]

总而言之，利用条约维护权益，效果并不彰显。因为列强并不承认中国有平等享受国际法的权利，宣称“中国只能照约而不能援引公法”。[③] 不平等条约制度也使中国人认识到公法不公的实质。不少有识之士也提出应创造条件，摆脱不平等条约的束缚。但由于种种原因，这一愿望没有实现。

---

① 沈云龙主编：《近代中国史料丛刊·筹办夷务始末》（同治朝）第10册，台北文海出版社1966年版，第5149—5150页。

② （清）曾纪泽：《敬陈管见疏》（1880年4月27日），喻岳衡点校：《曾纪泽遗集》，岳麓书社1983年版，第28页。

③ 沈云龙主编：《近代中国史料丛刊·清季外交史料》卷84，台北文海出版社1987年版，第84页。

第二章 19 世纪后期：探索“中体西用”的现代化模式

第二次鸦片战争后，列强在中国确立了半殖民地秩序，表面上保持中国独立，实际上在政治、经济、军事、文化等领域侵夺中国的主权，使中国沦为半独立状态。列强在殖民扩张过程中，为了攫取侵略权益，建立了多种统治其他国家的形式，制定了法律意义上的殖民体系原则。殖民体系主要由三类不同程度上依附于宗主国的地区所构成。第一类是殖民地，指宗主国享有充分主权的海外属地。作为殖民地，不能独立地与其他国家建立关系；不能单独参加主权国家组成的国际组织；没有向海牙国际法庭直接申诉的权力；不能自主地发行货币。它们主权完全丧失，由宗主国治理。第二类是保护领和保护国。它们不是宗主国的殖民地，不能被宗主国正式兼并。对于宗主国来说，保护领和保护国依然是外国，其臣民受宗主国保护。第三类是实行委任统治的托管地。其居民仍然保持自己的国籍，是由国联或联合国交由某个国家代为管理的地区。[①] 近代中国虽不属于上述三类殖民类别的任何一种，但却是西方殖民体系的组成部分。在列强主导的国际体系中，中国由东亚秩序的中心沦为边缘角色。这一变化引发了中国社会的深刻变化。

---

① 高岱：《论殖民主义体系的形成与构成》，《北京大学学报》1999 年第 1 期。

一、“自强求富”：君主专制体制内的现代性变革

（一）“中体西用”：知识精英对现代化模式理论的构建

第一次鸦片战争后，中国就出现了了解夷情、学习西方的呼声。据统计，在战争及战后20年间，中国人编写的有关西方轮船机器、武器制造等方面的书籍至少有30多部。魏源更明确提出“师夷长技以制夷”的主张。然而从整个社会观察，这些声音还极其微弱，主要在东南沿海地区少数知识精英中流行，并未成为清廷决策集团的主张。第二次鸦片战争中，清廷受创惨重。奕䜣承认：“此次夷情猖獗，凡有血气者无不同声愤恨。”[①]冯桂芬深有同感：“有天地开辟以来未有之奇愤，凡有心知血气莫不冲冠发上指者，则以今日以广运万里地球中第一大国而受制于小夷也。”[②]因为朝野感同身受，所以“师夷长技以制夷”的主张，得到朝廷和官方的较多认同，并将其付诸实践。有人指出：

> 惟念夷情叵测，反复靡常，利器精兵，百倍中国，其所以逞其贪纵者，不过恃其长技耳。长技为何？一在战舰之精也，一在机器之利也。然彼有其战具，我非不可以购求；彼有其机巧，我非不可以学习。[③]

总之，制夷不可徒托空言与虚骄之气，必须具有新的思维和应对方略，主题是自强求富。于是，第二次鸦片战争后，求强求富的洋务运动蓬勃开展，目的不是效法西方的穷兵黩武，而是追求民族生存和

---

① （清）奕䜣：《请设总理衙门等事酌拟章程六条折》，中国史学会编：《洋务运动》第1册，上海人民出版社1961年版，第5页。

② （清）冯桂芬：《制洋器议》，郑大华点校：《采西学议——冯桂芬、马建忠集》，辽宁人民出版社1994年版，第74页。

③ （清）陈廷经：《陈廷经奏海防亟宜筹画等情折》，中国史学会编：《洋务运动》第1册，上海人民出版社1961年版，第13页。

发展。正如冯桂芬所云：

> 夫穷兵黩武，非圣人之道，原不必尤而效之。但使我有隐然之威，战可必克也，不战亦可屈人也，而我中华始可自立于天下。不然者，有可自强之道，暴弃之而不知惜；有可雪耻之道，隐忍之而不知所为计，亦不独俄、英、法、米之为患也，我中华且将为天下万国所鱼肉，何以堪之？[①]

社会变革须有理论为先导。第二次鸦片战争后，洋务被奉为"圣之时也"。李鸿章说："今日竞谈洋务，乃圣之时。人人怕谈、厌谈，事至非张皇即鲁莽，鲜不误国。"[②]王韬称："呜呼！今日之所谓时务，急务者，孰有过于洋务者哉？"[③]无论赞成或反对，洋务成为士大夫群体难以回避的热门议题。正是这种"一唱百和，万口同声"谈洋务的局面，形成了颇具声势的洋务思潮。虽然洋务派话语各有差异，但基本主张相同，其理论有以下几个特色：

1. 变局论

变局论出现于第一次鸦片战争后。但对变局论进行系统阐发，形成新的时局观，却是在第二次鸦片战争后。冯桂芬说："乃自五口通商，而天下之局大变。"[④]王韬从国际形势分析称："全地球东西南朔九万里之遥，胥聚于我一国之中，此古今之创事，天地之变局，所谓不世出之机也。"[⑤]李鸿章则代表洋务派官僚发言说：

> 外国猖獗至此，不亟亟求富强，中国将何以自立邪？千古变局，庸妄人不知而秉钧执政亦不知，岂甘视其沈胥邪。[⑥]

---

① （清）冯桂芬：《制洋器议》，郑大华点校：《采西学议——冯桂芬、马建忠集》，辽宁人民出版社1994年版，第78—79页。

② （清）李鸿章：《复刘仲良中丞》，（清）吴汝纶编：《李鸿章全集》第5册，海南出版社1997年版，第269页。

③ （清）王韬：《洋务》（上），《弢园文录外编》，上海书店出版社2002年版，第25页。

④ （清）冯桂芬：《制洋器议》，郑大华点校：《采西学议——冯桂芬、马建忠集》，辽宁人民出版社1994年版，第47页。

⑤ （清）王韬：《代上苏府李宫保书》，中国史学会编：《洋务运动》第1册，上海人民出版社1961年版，第505页。

⑥ （清）李鸿章：《复朱久香学使》，（清）吴汝纶编：《李鸿章全集》第5册，海南出版社1997年版，第2491页。

总之，朝野洋务派都认为，鸦片战争后，中国面临千古未有之变局。变局论的具体内涵是：(1)中外交往是大势所趋。薛福成提出，中国历史经历了几大变局。一由“鸿荒之天下，一变为文明之天下”；一由“封建之天下，一变为郡县之天下”；一由“华夷隔绝之天下，一变为中外联属之天下”。[①] (2)中外通商是大势所趋。曾纪泽说：“中西通商互市，交际旁午，开千古未曾有之局，盖天运使然，中国不能闭门而不纳，束手而不问，亦以明矣。”[②]王韬表示：

> 呜呼！时至今日，泰西通商中土之局，将与地球相始终矣。至此时而犹作深闭国拒之计，是直妄人也而已。[③]

正因中外交往与通商是大势所趋，所以回归闭关而治已不可能。“当其未开，不能强之使开；及其既开，不能遏之使不开亦势也。”[④]闭关既不可能，攘夷也不可能。冯桂芬说：

> 今国家以夷务为第一要政，而剿贼次之，何也？贼可灭，夷不可灭也；一夷灭，百夷不俱灭也；一夷灭，代以一夷，仍不灭也；一夷为一夷所灭，而一夷弥强，不如不灭也。盛衰倚伏之说，可就一夷言，不可就百夷言。[⑤]

王韬认为，夷不可攘，只能因势利导。他说：

> 今日中外大势，惟有因势利导之方，万无杜绝驱除之理。得之者安，失之者危，固中国可盛可衰可强可弱可分可合之一大机会也。及今而不图，一旦高辛先我，悔之晚矣。每叹明季缙绅，谬以宋人金元之事比辽东，遂致不可救药，不谓今日议论，又将以辽东者议西海，前车覆辙，殷鉴无闻，是亦可哀也已。[⑥]

---

① (清)薛福成：《变法》，徐素华选注：《刍洋刍议——薛福成集》，辽宁人民出版社1994年版，第58页。

② (清)曾纪泽：《出使英法俄国日记》，钟叔河编：《走向世界丛书》，岳麓书社1985年版，第28页。

③ (清)王韬：《睦邻》，《弢园文录外编》，上海书店出版社2002年版，第23页。

④ 王尔敏：《中国近代思想史论》，社会科学文献出版社2003年版，第331页。

⑤ (清)冯桂芬：《校邠庐抗议·善驭夷议》，郑大华点校：《采西学议——冯桂芬、马建忠集》，辽宁人民出版社1994年版，第79页。

⑥ (清)王韬：《睦邻》，《弢园文录外编》，上海书店出版社2002年版，第23页。

(3)中国遇到数千年未有之强敌。李鸿章比较古今边防态势称：

> 历代备边多在西北，其强弱之势，客主之形，皆适相埒，且犹有中外界限。今则东南海疆万余里，各国通商传教，来往自如，麇集京师及各省腹地，阳托和好之名，阴怀吞噬之计，一国生事，诸国构煽，实为数千年未有之变局。轮船、电报之速，瞬息千里；军器机事之精，工力百倍；炮弹所到，无坚不摧，水陆关隘，不足限制，又为数千年来未有之强敌。①

郭嵩焘说："西洋立国二千年，政教修明，具有本末；与辽、金崛起一时，倏盛倏衰，情形绝异。"②(4)西人来华，中西交通，有利有害。洋务派开始辩证地看待中西交往。王韬对此有较系统的阐述。其一，西人来华，给中国造成了亟须变革的压力。他说：

> 天心变与上，则人事变于下。天开泰西诸国之人心，而畀之以聪智慧，器艺技巧，百出不穷，航海东来；聚之于一中国之中，此固今之创事，天地之变局。诸国既恃其长，自远而至，挟其所有以傲我之所无，日从而张其炫耀，肆其欺凌，相轧以相倾，则我又乌能不思变计哉？是则导我以不容不变者，天心也；迫我以不得不变者，人事也。③

其二，列强群起侵华，是挑战，也是中国变革自强的机遇。王韬分析：

> 天之聚数十西国于一中国，非欲弱中国，正欲强中国；非欲祸中国，正欲福中国。故善为用者，可以转祸而为福，变弱而为强。不患彼西人之日来，而但患我中国之自域。无他，在一变而已。④

如果中国不知变通，"薄视之者以为不人类若，而畏之者甚至如虎，

---

① (清)李鸿章：《筹议海防折》，(清)吴汝纶编：《李鸿章全集》第2册，海南出版社1997年版，第825页。

② (清)郭嵩焘：《上海至伦敦日记》，陆玉林选注：《使西纪程——郭嵩焘集》，辽宁人民出版社1994年版，第23页。

③ (清)王韬：《变法》(上)，《弢园文录外编》，上海书店出版社2002年版，第10页。

④ (清)王韬：《答强弱论》，《弢园文录外编》，上海书店出版社2002年版，第168页。

由是西人之事毫不加意，反至受其所损，不能获其所益”。[①] 也有人从文明开化角度，看待西人来华：“中国通商局启，各处通商海口，昔为荒田，今为大埠。向之荒寂者，今变为富庶；向之质朴者，今变为繁华。此亦千古来一大迁变之奇局也。从此五都百货，光怪陆离，奇巧淫技，悦目骇心。风气既开，群相披靡，变本加厉，莫甚于斯。”[②]可见，洋务派的变局论，包含着变易进化的历史观和发愤图强、反求诸己的进取精神。

2. 借法自强论

所谓借法自强，就是学习西方长技，促成中国富强。而学习西方长技势必改变中国之成法。所以借法、变法、富强形成三位一体的关系。第二次鸦片战争后，追求富强成为洋务派共同的价值观。薛福成提出：“欲图自治，先谋自强；欲谋自强，先求自富。”[③]被视为守旧派的王先谦也主张：“从来王道不言功利，若外患方张之会，亦难置富强为缓图。言强必先言富，而富莫大于藏富于民。”[④]洋务派认为，在弱肉强食的世界，不强不富，国难以存。“然则居今之世而图国是，虽伊吕复出，管葛复生，谓可勿致意于枪之灵，炮之猛，舰之精，台之坚，吾不信也。若夫修内政，厚民生，濬财源，励人才，则又筹此数者之本原也。”[⑤]故马建忠说：“治国以富强为本，而求强以致富为先。”[⑥]总之，洋务派将富强视为国本，作为变革的基本目的，这对“礼仪至上”观念无疑造成强烈冲击。怎样才能达到富强呢？“盖洋务之要，首在借法自强。”[⑦]借法就是采行西学。冯桂芬首先对采西学进行系统论证，认为西方不仅轮船火器先进，而且历算之术、格

---

① (清)王韬:《代上苏府李宫保书》,中国史学会编:《洋务运动》第1册,上海人民出版社1961年版,第506页。

② 王尔敏:《中国近代思想史论》,社会科学文献出版社2003年版,第331页。

③ (清)薛福成:《出使英法义比四国日记》,岳麓书社1985年版,第930页。

④ (清)王先谦:《条陈洋务事宜疏》,中国史学会编:《洋务运动》第1册,上海人民出版社1961年版,第196页。

⑤ (清)薛福成:《出使英法义比四国日记》,岳麓书社1985年版,第288页。

⑥ (清)马建忠:《富民说》,中国史学会编:《洋务运动》第1册,上海人民出版社1961年版,第403页。

⑦ (清)王韬:《洋务》(下),《弢园文录外编》,上海书店出版社2002年版,第27页。

致之理、制器尚象之法都兼综条贯，另外农具、织具及百工所需多用机器，用力少而成功多。所以，凡是有益国计民生之学，中国都应该师法。"我中华智巧聪明，必不出西人之下，安知不冰寒于水，青出于蓝？"①王韬进一步指出：

> 呜呼！至今日而欲办天下事，必自欧洲始。以欧洲诸大国为富强之纲领，制作之枢纽，舍此，无以师其长而成一变之道。中西同有舟，而彼则以轮船；中西同有车，而彼则以火车；中西同有备御，而彼之炮台、水雷独擅其胜；中西同有陆兵水师，而彼之兵法独长。其他则彼之所考察，为我之所未知；彼之所讲求，为我之所不及，如是直不可以偻指数。设我中国至此时而不一变，安能埒于欧洲诸大国，而与之比权量力也哉！"②

李鸿章说："自强之道，在乎师其所能，夺其所恃耳。"③

只要中国能师各国之所长，兼收并蓄，勿徒袭其皮毛，就完全能做到"始则师而法之，继则比而齐之，终则驾而上之"。④

借法自强遭到朝野顽固派的强烈反对。顽固派列举反对的理由有：

(1)师事夷人，深为可耻。于凌辰指称：

> 夫制洋器，造洋船，即不能不学洋学，学洋学即不能不以洋学之精否为人才之用舍。在创为是议者，原为借以制夷之具，固非欲举所谓礼义廉耻大本大原令人一切捐弃。然师事洋人，可耻孰甚？导之以甚可耻之事，而曰尔之礼义廉耻其守而勿失，此必不能之势也。⑤

---

① (清)冯桂芬：《上海设立同文馆议》，郑大华点校：《采西学议——冯桂芬、马建忠集》，辽宁人民出版社1994年版，第111页。

② (清)王韬：《变法》(中)，《弢园文录外编》，上海书店出版社2002年版，第11页。

③ (清)李鸿章：《筹议制造轮船未可裁撤折》，(清)吴汝纶编：《李鸿章全集》第2册，海南出版社1997年版，第676页。

④ (清)冯桂芬：《制洋器议》，郑大华点校：《采西学议——冯桂芬、马建忠集》，辽宁人民出版社1994年版，第77页。

⑤ (清)于凌辰：《光绪元年二月二十七日通政使于凌辰奏折》，中国史学会编：《洋务运动》第1册，上海人民出版社1961年版，第121页。

顽固派领军人物倭仁借雇请西人教授天文、算学发难说：

今求之一艺之末，而又奉夷人为师，无论夷人诡谲未必传其精巧，即使教者诚教，学者诚学，所成就者不过术数之士，古今来未闻有恃术数而能起衰振弱者也。天下之大，不患无才。如以天文、算学必须讲习，博采旁求，必有精其术者，何必夷人，何必师事夷人？①

(2)学习西学，会失去夷夏之心防。倭仁从道学高度，贬损西学称："窃闻立国之道，尚礼仪不尚权谋；根本之图，在人心而不在技艺。"②他所说的"礼仪""人心"，就是夷夏之心防。在倭仁看来，列强是中国仇敌。一旦仇人成为学习对象，就会失去仇敌之心，为夷所用。他说：

今以诵习诗书者而奉夷为师，其志行已可概见，无论所学必不能精，即使能精，又安望其存心正大，尽力报国乎？恐不为夷人用者鲜矣。③

持此论调者，不为少数。杨廷熙痛批洋务派称：

然而中国之可羞可耻者，未有大于西洋之流毒，西人之倡乱矣……诸王大臣目击其变，深受其灾，正宜尝胆卧薪，处心积虑，勤思破敌之良策，广求济变之人才，以掩当年之羞，以雪数世之耻，方足以激励天下也。乃今日不耻不共戴天之仇，而羞不知星宿之士，何忘大耻而务小耻也。④

于凌辰响应倭仁的道学说教，云：

洋人所长在机器，中国之所贵在人心。我中国官吏狃于庚申之夷，至今谈夷色变。然而官畏夷，民不畏夷……其

---

① (清)倭仁：《同治六年二月二十五日大学士倭仁奏折》，中国史学会编：《洋务运动》第2册，上海人民出版社1961年版，第30页。

② (清)倭仁：《同治六年二月二十五日大学士倭仁奏折》，中国史学会编：《洋务运动》第2册，上海人民出版社1961年版，第30页。

③ (清)倭仁：《同治六年三月初八大学士倭仁奏折》，中国史学会编：《洋务运动》第2册，上海人民出版社1961年版，第34页。

④ (清)杨廷熙：《同治六年五月二十二日杨廷熙奏折》，中国史学会编：《洋务运动》第2册，上海人民出版社1961年版，第44—45页。

畏我人心，更甚于我畏彼之利器。……所可恃者……耻以夷人之心犹十居八九耳。今以重洋人机器之故，不能不以是为学问，为人才……窃恐天下皆将谓国家以礼义廉耻为无用，以洋学为难能，而人心因之解体。[1]

(3)学习西学，会危及儒学正统地位，以夷变夏。王家璧宣称：

且以章句取士，正崇重尧舜周孔之道，欲人诵经史，明大义，以敦君臣父子之伦也……洋人在中国者，尚请中国文士教习经史，是能用夏变夷。[2]

如果只重洋学，势必导致以夷变夏，毁坏中国传统伦理道德，冲击礼法制度，不利于清朝统治。

对于借法自强，会招致强烈反对，洋务派是有预料的。1864 年，李鸿章致书总理衙门称：

中土士大夫沉浸于章句小楷之积习……以致所用非所学，所学非所用。无事则嗤外国之利器为奇技淫巧，以为不必学；有事则惊外国之利器为变怪神奇，以为不能学。[3]

冯桂芬也在《制洋器议》中指出，中国不如西方，忌妒之无益，文饰之不能，勉强之无用，“如耻之，莫如自强”。[4] 奕䜣奏请同文馆增设天文、算学，招收科甲正途之人入馆学习，也针对顽固派的反对声浪辩解说：

论者不察，必有以臣等此举为不急之务者，必有以舍中法而从西人为非者，甚至有以中国之人师法西人为深可耻者，此皆不识时务之论也。夫中国之宜谋自强，至今日而已亟矣。识时务者，莫不以采西学，制洋器为自强之道……若

---

① (清)于凌辰：《光绪元年二月二十七日于凌辰奏折》，中国史学会编：《洋务运动》第 1 册，上海人民出版社 1961 年版，第 121 页。

② (清)王家璧：《会议海防事宜奏折附片》，中国史学会编：《洋务运动》第 1 册，上海人民出版社 1961 年版，第 129 页。

③ (清)李鸿章：《李鸿章函答制火器》，《筹办夷务始末》(同治朝)第 3 册，中华书局 2008 年版，第 1087—1088 页。

④ (清)冯桂芬：《制洋器议》，郑大华点校：《采西学议——冯桂芬、马建忠集》，辽宁人民出版社 1994 年版，第 75 页。

夫以师法西人为耻者，其说尤谬。若天下之耻，莫耻于不若人……独中国狃于积习，不思振作，耻孰甚焉。今不以不如人为耻，转因蕲至其人，将来或可突过其人，而独以学其人为耻，将安于不如而终不学，遂可雪其耻乎！①

为回应夷夏之辨说，洋务派借用了“西学源于中学说”，并作为洋务理论的重要组成部分。此说源于清初。当时著名学者梅文鼎感悟西方代数与中国天元术有相通之处，遂指代数源于中国。康熙帝更断言说：

论者以古法，今法之不同，不知历法源出中国，传及于极西。西人守之不失，测量不已，岁岁增修，所以得其差分之精密，非有他术也。②

于是，文人学士随声附和皇帝的论断，清初遂流行“西学源于中学说”，这也体现了一种文化优越感。中国是天下万邦之宗，一切好的学术都应源于中华。第一次鸦片战争后，此说又开始逐渐流行。梁廷枏、邹伯奇堪称代表。邹伯奇指称：

梅文鼎言和仲宅西，畴人子弟散处西域，遂为西法之所本。伯奇则谓西人天学未必本之和仲，然尽其伎俩，犹不出《墨子》范围。③

到了19世纪七八十年代，洋务派的“西学源于中学说”大盛。直至戊戌维新后，才趋于沉寂。此说范围，则由最初的天文、算学，扩大至自然科学，乃至西方政治制度。鸦片战争后的“西学源于中学说”，成分复杂。人们往往认为它是洋务派所持的观点。其实不然。顽固派也提倡“西学源于中学说”。杨廷熙宣称：

中国自羲、轩、尧、舜、禹、汤、文、武、周公、孔、孟以及先儒曩哲，或仰观俯察，开天明道，或继承缵述，继天立

① （清）奕䜣：《奏请开设同文馆疏》，中国史学会编：《洋务运动》第2册，上海人民出版社1961年版，第25页。

② （清）康熙：《三角形推算法论》，李国钧主编：《清代前期教育论著选》（中），人民教育出版社1990年版，第249页。

③ 萧一山：《清代通史》第4册，华东师范大学出版社2006年版，第555页。

> 极……所以历代之言天文者中国为精，言方技艺术者中国为备。①

在顽固派看来，既然一切学问中国皆备，故无取于外。当然，洋务派对“西学源于中学说”的论述，最为系统、影响最大，也是该派的共识。奕䜣说：

> 查西术之借根实本于中术之天元，彼西土目为东来法，特其人性情缜密，善于运思，遂能推陈出新，擅名海外耳，其实法固中国之法也。天文、算学如此，其余亦无不如此。中国创其法，西人袭之，中国倘能驾而上之，则在我已洞悉根源，遇事不必外求，其利益正非浅鲜。②

王韬亦称：“中国，天下之宗邦也，不独为文字之始祖，即礼乐制度、天算器艺，无不由中国而流传及外。”③薛福成具体论证曰：

> 上古之世，制作萃于中华。自神圣迭兴，造耒耜，造舟车，造弧矢，造网罟，造衣裳，造书契。当洪荒草昧，而忽有此文明，岂不较今日西人之所制作尤为神奇，特人皆习惯而不察耳。即如《尧典》之定四时，《周髀》之传算术，西人星算之学，未始不权舆于此。其他有益国事民事者，安知其非取法于中华也？昔者宇宙尚无制作，中国圣人仰观俯察，而西人渐效之；今者西人因中国圣人之制作，而踵事增华，中国又何尝不可因之？④

薛氏这段论证还有些隐约迂回，后来就直截了当地肯定西学源于中学，他断言：

> 然则机器之用，始于中国，泰西特以器力助人力之不足耳。非特机器也，即化学、光学、重学、力学、医学、算学，亦莫

---

① （清）杨廷熙：《请撤销同文馆以弭天变折》，中国史学会编：《洋务运动》第2册，上海人民出版社1961年版，第45页。

② （清）奕䜣等：《奏请开设同文馆疏》，中国史学会编：《洋务运动》第2册，上海人民出版社1961年版，第24页。

③ （清）王韬：《原学》，《弢园文录外编》，上海书店出版社2002年版，第4页。

④ （清）薛福成：《出使英法义比四国日记》，岳麓书社1985年版，第133页。

不自中国开之……所谓西学者，无非中国数千年所创，彼袭而精究之，分门别类，愈推愈广，所以蒸蒸日上，青出蓝也。①

中学是怎样流传到西方的呢？可以说是仁者见仁，智者见智。梅文鼎认为，商朝末年，天下大乱，畴人子弟散处西域，中学遂传到西方。曾纪泽则考证称："老子为周柱下史，其后西到流砂，而有周之简章法度，随简册而俱西。"②有人提出，中学西传源流虽不能考，但西学都源出《墨子》。张之洞更把中学西传的上限推至三代之时。他做了新的考订说：

昔孔子有言曰："吾闻之，天子失官，学在四夷，犹信。"是此二语，乃春秋以前相传之古说。《列子》述化人，以穆王远游，西域渐通也，邹衍谈赤县，以居临东海，商舶所传也。故埃及之古刻，类乎大篆；南美洲之碑，勒自华人。然则中土之学术政教，东渐西被，盖在三代之时，不待畴人分散，老子西行而已然矣。③

"西学源于中学说"既是民族文化心理虚骄与自卑的体现，也有非常现实的功利考虑。(1)破除顽固派以夷变夏的指责。顽固派认为采西学，会"不尽驱中国之众咸归于夷不止"。这对学习西学造成很大障碍。在当时的中国，夷夏之辨根深蒂固。唯有入其堂奥，夺其所恃，将西学本源归于中学，才能破解舍己从人、以夷变夏的指责。江标说："凡诸西学之急需，皆我中邦之素习……至于合中西为一学，则异柯同本，异派同源，并非舍己而从人，背师而他学也。"④汤震更因此理直气壮地倡言学习西学：

夫欲率天下人而克践其实，必先率天下人而不讳其名。明明中国旧有之绝技，自有之创制，而闭塞其耳目，夭阏聪

① （清）薛福成：《出使英法义比四国日记》，岳麓书社1985年版，第699—700页。

② （清）曾纪泽：《日记二卷》，喻岳衡点校：《曾纪泽遗集》，岳麓书社1983年版，第363页。

③ （清）张之洞：《劝学篇》，上海书店出版社2002年版，第70页。

④ 江标：《变学论》，求是斋校辑：《时务分类文编初集》卷13，香港宜今室，清光绪二十三年。

明，甚至而至一艺之成，一能之擅，或推而远之曰西学，崇而奖之曰西学，其不为泰西所匿笑者乎……不自议振新，而唯以用夷为议；不自愤积弱，而唯以变夏为愤……如以西学为不必学，岂中学亦不必学乎？①

王之春也鼓吹："西学非仅西人之学也，名为西学，则儒者以非类为耻；知其本出于中国，则儒者当以不知为耻。"②（2）迎合人们的尚古心理。中国传统文化有浓厚的尊古崇圣倾向，凡事以古为好。"西学源于中学说"设定西学源于中国古学，因此，更应该学习和倡导。陈炽指称，西学源出中国，西方将其发扬光大，历经两千余年，不能不归。这是天道大公的表现。中国不能拒自己的宝物于门外。拒之而不纳，是逆天。逆天不祥。于是，采行西学就成了复兴中国古学。他说：

良法美意，无一非古制之转徙迁流而仅存于西域者。故尊中国而薄外夷可也，尊中国之今人而薄中国之古人不可也。执人而语之曰：尔秦人也，所行秦法也，无不拂然怒；语人曰：尔古人也，所行者古之道也，无不色然喜。今日日思复古，而于古意之尚存于西者，转深闭固拒，畏而恶之，譬家有明月之珠，遗之道路，拾而得之者不私不秘，举而归诸我，我乃按剑疾视，拒之而不受也，智乎？不智乎？③

（3）增强民族自尊心。鸦片战争以来，中国屡败于列强，人们难免有中不如西的观念。西学源于中学说，颇有鼓舞民族自信心的作用。薛福成说：

余谓研精究微之学，乃宇宙间公共之理，不必辨其孰为传习。然中国之有此法，亦既千年矣。夫谁谓中国之才人学士，不逮西人之智力哉！④

---

① 汤寿潜：《危言》卷4，郑云山点校：《萧山文史资料选辑第4辑·汤寿潜史料专辑》，1993年版，第224页。

② （清）王之春：《瀛海卮言》，（清）王锡祺编：《小方壶斋舆地丛钞》第十一帙，光绪丁酉上海著易堂，第513页。

③ （清）陈炽：《盛世危言序》，赵树贵编：《陈炽集》，中华书局1997年版，第305页。

④ （清）薛福成：《出使英法义比四国日记》，岳麓书社1985年版，第266页。

既然西学源于中学，西人可以弘扬和发展中学，中国理应在西学的基础上，更加发扬光大。他指出：

> 昔者宇宙尚无制作，中国圣人仰观俯察，而西人渐效之；今者西人因中国圣人之制作，而踵事增华，中国又何尝不可因之？若怵他人我先，而不欲自形其短，是讳疾忌医也。若谓学步不易，而虑终不能胜人，是因噎废食也。夫青出蓝而胜于蓝，冰凝于水而寒于水，巫臣教吴而弱楚，武灵变服以灭胡，盖相师者未必无相胜之机也。吾又安知数千年后，华人不因西人之学，再辟造化之灵机，俾西人色然以惊，犁然而企也？①

3. 工商立国论

西方近代文明的核心就是以大机器生产为主的工业文明。借法自强的核心自然也首先是引进西方工业文明。西方工业文明最直接的成果就是物美价廉的商品。以商立国遂成为中国人对西方文明本质的初步认识，也就顺理成章地成为向西方学习的一个重要内容。时人将其概括为商战。最早提出“商战”一词的是曾国藩。他在1862年的一封书信中说：“至秦用商鞅以耕战二字为国，法令如毛，国祚不永，今之西洋以商战二字为国，法令更密于牛毛，断无能久之理。”对曾国藩而言，“商战”一词只是其对西方文明的一个概括，并无任何学习模仿之意。但是把西方文明概括为商战，还是言简意赅，启发了人们对中外情势的思考。到了19世纪七八十年代，商战观念被进一步阐发，成为洋务人士共同接受的观念。1878年，御史李璠对曾国藩所说的商战做了新的诠释。他说：

> 窃维洋务之兴，数十年矣，兵衅迭开，上下交困，然要其大指，通商二字尽之……泰西各国，谓商务之盛衰关乎国运，故君民同心，利之所在，全力赴之。始而海滨，继而腹地，既蚀人之资财，并据人之形胜，盘踞已久，遂惟所欲为。古之侵人国者，必费财而后辟土；彼之侵人国也，既辟土而又生财，故大学士曾国藩谓“商鞅以耕战，泰西以商战”，诚

---

① （清）薛福成：《出使英法义比四国日记》，岳麓书社1985年版，第133页。

为确论。此洋人通商弱人之实情也。[①]

李璠明确提出与西方商战的主张。既然列强以商战侵华，中国的应对方略也只能是以商敌商。他指出：

当此之时，若闭关绝市，则势有不能；若问罪兴师，则义不必。即使一战而胜，其盘踞如故，攘利如故，终不能驱之出境，杜绝根株，纵能外托恭顺，中国之财力已竭矣，况万不能乎？惟有以商敌商，鼓励沿海义民仿照外国凑集公司，前往贸易，收回利权。彼无所利，不驱自去，此销患无形，釜底抽薪之法也。[②]

此后，其他人对商战的主张也多有阐发，其中，郑观应做了最系统的论述。他说：

彼之谋我，噬膏血匪噬皮毛，攻资财不攻兵阵，方且以聘盟为阴谋，借和约为兵刃。迨至精华销竭，已成枯腊，则举之如发蒙耳。故兵之并吞祸人易觉，商之掊克敝国无形。我之商务一日不兴，则彼之贪谋亦一日不辍。纵令猛将如云，舟师林立，而彼族谈笑而来，鼓舞而去，称心厌欲，孰得而谁何之哉？吾故得一言断之曰："习兵战不如习商战。"[③]

欲商战，必先改造国人的观念。首先，改变重本抑末的陈旧观念。小农是封建统治的社会基础。为了维护统治，历代朝廷都尊奉重农抑商的国策。随着西方侵华，这种国策也失去了时代的合理性。郑观应称：

中国以农立国，外洋以商立国，农之利，本也；商之利，末也。此尽人而能言之也。古之时，小民各安生业，老死不相往来，故粟、布交易而止矣。今也不然，各国并兼，各图利己，借商以强国，借兵以卫商。[④]

---

① （清）李璠：《湖广道监察御史李璠奏折》，中国史学会编：《洋务运动》第1册，上海人民出版社1961年版，第165页。

② （清）李璠：《湖广道监察御史李璠奏折》，中国史学会编：《洋务运动》第1册，上海人民出版社1961年版，第165—166页。

③ （清）郑观应：《商战》（上），《盛世危言》，中州古籍出版社1998年版，第292页。

④ （清）郑观应：《商务》（三），《盛世危言》，中州古籍出版社1998年版，第309页。

今古异时,不得再视商业为末。“欲制西人以自强,莫如振兴商务。安得谓商务为末务哉?”①更何况中国传统的重农抑末,本质上只是抑末,而并非真正重农。王韬指称:

迂拘之士,动谓朝廷宜闭言利之门,而不尚理财之说。中国自古以来重农而轻商,贵谷而贱金,农为本富,商为末富,是舍本而务末也;况乎中国所产足以供中国之用,又何假外求而有俟乎出洋贸易也哉!呜呼!即所言农事以观,彼亦何尝度土宜,辨种植,辟旷地,兴水利,深沟洫,泄水潦,备旱干,督农肆力于南亩而为之经营而指授也哉!徒知丈由征赋、催科、取租,纵悍吏以殃民为农之虎狼而已。徒有其名而无其实。②

其次,体认商业在经济中的重要性。“商以贸迁有无,平物价,济急需,有益于民,有利于国,与士、农、工互相表里。士无商则格致之学不宏,农无商则种植之类不广,工无商则制造之物不能销。是商贾具生财之大道,而握四民之纲领也。商之义大矣哉!”③再次,中国欲求富求强,离不开商务。“语云:‘能富而后能强,能强而后能富。’可知非富不能图强,非强不能保富,富与强实相维系也。然富出于商,商出于士、农、工三者之力,所以泰西各国以商富国,以兵卫商,不独以兵力为战,且以商为战,况兵战之时短其祸显,商战之时长其祸大。”④

除了改变观念,当然还需知识的准备、制度的建立等。郑观应对此都有详细论述。简而言之,可分为三个方面:兴商学,立商律,除积弊。

商战并不单指发展商业,而是全面发展工商业。李璠在阐释商战时称:“外国所需于中国者,自行贩运;中国所需于外国者,自行制

① (清)郑观应:《商务》(三),《盛世危言》,中州古籍出版社1998年版,第309页。
② (清)王韬:《兴利》,中国史学会编:《洋务运动》第1册,上海人民出版社1961年版,第488页。
③ (清)郑观应:《商务》(二),《盛世危言》,中州古籍出版社1998年版,第303页。
④ (清)郑观应:《商战》(下),《盛世危言》,中州古籍出版社1998年版,第297页。

造，如是而已。"[①]薛福成指出：

> 昔商君之论富强也，以耕战为务。而西人之谋富强也，以工商为先，耕战植其基，工商扩其用也。然论西人致富之术，非工不足以开商之源，则工又为其基而商为其用。[②]

他认为，商务之兴，其要有三：贩运之利、艺植之利、制造之利。郑观应也主张工商并举。他说：

> 独是商务之盛衰，不仅关物产之多寡，尤必视工艺之巧拙，有工以翼商，则拙者可巧，粗者可精……若有商无工，纵令地不爱宝，十八省物产日丰，徒弃己利以资彼用而已。[③]

因此，商离不开工，商在贸迁有无，工在化粗为精。这里说的"工"，主要指近代大机器生产及近代工艺，必然会冲击传统的农本观念。近代反对机器生产者有各种各样的理由，其中最主要的一条就是机器生产有碍小民生计。王炳燮称：

> 夫自井田制坏，贫富不均，贫者之力，富者之财，相资为用，民得并生。若使富民挟其利器，无借多工，则富者益富，贫者益贫，王政之平，谅无取此。传有之曰："民生在勤，勤则不匮。"又曰："民劳则思，思则善心生；逸则淫，淫则忘善，忘善则恶心生。"盖不徒贫富之所关，抑亦治乱之所系也。[④]

机器有害民生说不破，大机器生产说难立。薛福成对中国必须采用大机器生产有较为系统的论述。首先，大机器生产是大势所趋，无可阻挡。薛氏称：

> 西洋各国工艺日良，制造日宏，销流日广，皆恃得机器为之用也。有机器，则人力所不能造者，而机器能造之；十

---

① （清）李璠：《光绪四年四月十九日湖广道监察御史李璠奏折》，中国史学会编：《洋务运动》第1册，上海人民出版社1961年版，第167页。

② （清）薛福成：《商政》，徐素华选注：《筹洋刍议——薛福成集》，辽宁人民出版社1994年版，第72页。

③ （清）郑观应：《商战》（上），《盛世危言》，中州古籍出版社1998年版，第293—294页。

④ （清）薛福成：《筹洋刍议·商政》，中国史学会编：《洋务运动》第1册，上海人民出版社1961年版，第461页。

人百人之力所仅能造者，而一人之力能造之。夫以一人而兼百人之工，则其所成之物必多矣。然以一人所为百人之工，而减作十人之工之价，则四方必争购之矣。再减作二三人之工之价，则四方尤争购之矣。然则论所成之物，则一可兼十百；即论所获之价，一兼二三亦可；加以四方争购其物，视如减十减百之便利：而谓，商务有不盛隆，民生有不富厚，国势有不勃兴者哉？①

其次，如果中国不采取机器生产，必是民穷财尽，生计为西方所夺。薛氏分析说：

中国人民之众，十倍于各国。议者谓：若广用机器，不啻夺贫民之生机，使之不能自食其力；故西洋以善用机器为养民之法，中国当以屏除机器为养民之法。然使行是说也，则必有人所能造之物而我不能造者，处处让人以独步，固不待言；且以一人所为之工，必收一人之工之价，则其物之为人所争购，必不能与西人之物之价减二三减十百者相敌也，明矣。自是而中国之货，非但不能自食其力，且知用力之无益，而遂不自用其力；自是而中国之民，非但不能成货以与西人争利，且争购西人之货以自供其用，而厚殖西人之利；然则商务有不日替，民生有不日困，国势有不日蹙者哉？②

再次，不用机器、调剂贫民之说，只可施于闭关之世，不可施于开放之世。薛氏辩称：

是故守不用机器，调剂贫民之说者，此中古以前闭关独治之时势，而非所施于今日也。必也研精机器以取西人之长，仍兼尽人力以收中国之用，斟酌得宜，因势利导，如日本近年之夺西人利者，则以中国之大，何不可为？何不可成？且用机器以造物，则利归富商；不用机器以造物，则利归西人。利归富商，则利犹在中国，必可分其余润以养吾贫民；

① （清）薛福成：《出使英法义比四国日记》，岳麓书社1985年版，第927页。
② （清）薛福成：《出使英法义比四国日记》，岳麓书社1985年版，第927—928页。

利归西人，则如水渐涸而禾自萎，如膏渐销火自灭，后患有不可思议者矣。①

薛福成此处着重论述了在开放之世，中国不能独守不用机器、调剂贫民之说。那么撇开中西交通，仅就大机器生产而言，是否只有提高劳动效率，减少雇工人数的单方面作用，而没有创造新的就业之功呢？如果是，那么不用机器、调剂贫民之说就有一定道理。洋务派也从创造新的就业机会出发，阐述大机器生产的有利性。薛氏指出，以人口密度计，欧洲人口密度高于中国；以土壤肥瘠论，欧洲土地并不比中国肥沃。为什么西洋富而中国贫呢？关键在于西方以大机器生产，开辟了新兴产业，创造了新的就业机会。他说：

西人之艺植诸法，畜牧之方，农田水利之益，讲求至精，厥产已颇胜于膏腴之地。其人多研矿学，审矿苗，兴矿利，金、银、铜、铁、锡、铅、煤之属，日出不穷，是不但孳之地上，又产之地下矣。工艺之兴，新奇日著，又能切于民生日用，质良价廉，为遐迩所必需，是不但不遗地力，又善用人力矣……彼以此法治民，虽人满何尝不富也……若中国之矿务、商务、工务无一振兴，坐视民之困穷而不为之所，虽人不满，奚能不病也？而况乎日形其满也。②

陈炽也说："开矿运煤、炼铁制机诸工作，为天地养无算穷民，为闾阎广无穷生业，为国家增无量税课，即为薄海内外塞无限漏卮。"③王韬批驳："或曰机器行则夺百工之利，轮船行则夺舟人之利，轮车行则夺北方车人之利，不知此三者皆需人以为之料理，仍可择而用之，而开矿需人甚众，小民皆可借以糊口。"④

总之，洋务派认为，工商应是立国之本，不会产生夺小民之利、

① （清）薛福成：《出使英法义比四国日记》，岳麓书社 1985 年版，第 928 页。

② （清）薛福成：《西洋诸国导民生财说》，中国史学会编：《洋务运动》第 1 册，上海人民出版社 1961 年版，第 388—389 页。

③ （清）陈炽：《续富国策·工书》，赵树贵编：《陈炽集》，中华书局 1997 年版，第 226 页。

④ （清）王韬：《弢园文录外编·兴利》，中国史学会编：《洋务运动》第 1 册，上海人民出版社 1961 年版，第 490 页。

危及封建统治的后果。

4. **中体西用论**

洋务派认为，借法自强，学习西方，应恪守中体西用原则。沈寿康最早提出“中体西用”。1896 年 4 月，他在《万国公报》上发表《匡时策》，最先提出：“夫中西学问，本自互有得失，为华人计，宜以中学为体，西学为用。”①同年 8 月，孙家鼐上《遵议开办京师大学堂折》称：

> 今中国创立京师大学堂，自应以中学为主，西学为辅；中学为体，西学为用；中学有未备者，以西学补之；中学有失传者，以西学还之；以中学包罗西学，不能以西学凌驾中学。②

中体西用开始成为官方话语。1898 年，张之洞在《劝学篇》中，专门诠释了中体西用原则。他说：“新旧兼学，四书五经、中国史事、政书、地图为旧学；西政、西艺、西史为新学，旧学为体，新学为用。”③从此，中体西用就成为朝野流行话语，“举国以为至言”，也包括维新派在内。可见，中体西用原则并非洋务派的专利。之所以如此，就在于中体西用有很大的包容性。各人对体用界定不一，其中体西用的内涵也就不尽一致。一个概念如果没有确定的内涵，当然很难对其作出评价。笔者所说的中体西用，限定在洋务派（包括所谓的早期维新派）所理解的中体西用，其宗旨就是学习西方的长技，以维护中国的道统。早在 1861 年，冯桂芬就提出：“如以中国之伦常名教为原本，辅以诸国富强之术，不更善之善者哉？”④王韬亦称：“器则取诸西国，道则备自当躬。”⑤“形而上者中国也，以道胜；形而下者西人

---

① （清）沈寿康：《匡时策》，《万国公报》，1895 年 4 月。

② （清）孙家鼐：《议复开办京师大学堂折》，中国史学会编：《戊戌变法》第 2 册，上海人民出版社 2000 年版，第 426 页。

③ （清）张之洞：《劝学篇 · 设学》，中国史学会编：《戊戌变法》第 3 册，上海人民出版社 2000 年版，第 226 页。

④ （清）冯桂芬：《校邠庐抗议 · 采西学议》，郑大华点校：《采西学议——冯桂芬、马建忠集》，辽宁人民出版社 1994 年版，第 84 页。

⑤ （清）王韬：《杞忧生〈易言〉跋》，《弢园文录外编》，上海书店出版社 2002 年版，第 266 页。

也，以器胜，如徒颂西人，而贬己所守，未窥为治之本原者也。”[①]薛福成在《筹洋刍议·变法》中则主张：“取西人器数之学，以卫吾尧、舜、禹、汤、文、武、周、孔之道。”[②]郑观应也是中体西用的拥护者。他说：“道为本，器为末；器可变，道不可变。庶知所变者，富强之术而非孔孟之常经也。”[③]“中学其本也，西学其末也。主以中学，辅以西学。”[④]至于洋务派高层更是中体西用论者。

具体而言，中体的内涵是什么呢？洋务派内部虽有分歧，但具有两个基本共识，即维护中国的纲常伦理和君主专制制度。儒家不同于其他宗教之处，在于以“人伦”而非“神道”解释、规范整个社会。洋务派都虔心信奉儒学的纲常伦理。王韬说：“夫孔之道，人道也；人类不尽，其道不变。三纲五伦，生人之初已具，能尽乎人之分所当为，乃可无憾。圣贤之学，需自此基。”[⑤]薛福成对中西方宗教学说加以比较称：

盖圣人之道，不偏不倚，深入人心。以耶稣之说比儒教，不仅如水晶之比玉，虽洋人未尝不知。此前中国之杨墨佛老，非不鼓动一时，积久已自衰息；孔子之教，则如日月经天，阅万古而益明。欧亚诸洲，不与中国相通则已；通，则其教未有不至行者。余是以知耶稣之教之将衰，儒教之将西也。[⑥]

陈炽也坚持扬儒抑耶（稣）。他说：

形而上者谓之道，修道谓之教，自黄帝孔子而来，至于今未尝废也。是天人之极致，性命之大原，亘千万世而无容或变者也。耶稣何人？天主何教？乃欲以彼易此乎？[⑦]

---

① （清）王韬：《与周弢甫征君》，《弢园尺牍》，中华书局1959年版，第30页。

② （清）薛福成：《变法》，徐素华选注：《筹洋刍议——薛福成集》，辽宁人民出版社1994年版，第90页。

③ （清）郑观应：《〈盛世危言〉增订新编凡例》，《盛世危言》，中州古籍出版社1998年版，第55页。

④ （清）郑观应：《西学》，《盛世危言》，中州古籍出版社1998年版，第76页。

⑤ （清）王韬：《变法》（上），《弢园文录外编》，上海书店出版社2002年版，第10页。

⑥ （清）薛福成：《出使英法义比四国日记》，岳麓书社1985年版，第125页。

⑦ （清）陈炽：《庸书内篇》卷上《自强》，赵树贵编：《陈炽集》，中华书局1997年版，第7—8页。

维护君主专制制度、拒绝民权也是洋务派共同坚守之原则。断定洋务派大官僚反对民权，维护君主专制制度，不会引起争议。如果说早期维新派人士（学界也称之为洋务左派）同样反对民权，维护君主专制制度，不少人会认为与事实不符。之所以学界认为早期维新派提倡民权，在于学界往往将早期维新派提倡的君民共主、设议院，与西方的君主立宪相比附，遂界定他们不认同君主专制。事实是他们一方面提倡君民共主、设议院，另一方面反对民权。如薛福成在日记中多次比较中西政治制度不同，对君民共主之制情有独钟。但他对西方制度中有违君主权威的制度也并不欣赏。他说：

> 西洋各国……所设上下议院，亦合古之刑赏与众共之之意。惟流弊所滋，间有一二权臣武将，觊窃魁柄，要结众心，潜设异谋，迫令其君退位……此其君臣一伦，稍违圣人之道者也。①

在谈到西方律例时，薛氏对西方不重惩谋篡君主之位之人也颇不以为然。他指斥：

> 夫大逆不道，不能不重其辟者，所以定一尊而禁邪谋也。故胜则为王，败则为寇，古今通义。今西人则于其败者，并不指为寇焉，人孰不思侥幸以希神器哉……欧美诸国若此类者，不胜枚举，此不知《春秋》大义之故也。②

因而，薛福成指称：

> 夫各国当勃兴之际，一切政教均有可观；独三纲之训，究逊于中国。即洋人亦或推中国为教化最先之邦，似未尝不省悟及此；然一时未能遂改者，盖因习俗相沿之故。③

陈炽也积极主张设议院。但陈炽在为《盛世危言》作序时，明确讲道："至于传教之师，用夏变夷之嚆矢；民主之制，犯上作乱之滥

---

① （清）薛福成：《出使英法义比四国日记》，岳麓书社1985年版，第272页。
② （清）薛福成：《出使英法义比四国日记》，岳麓书社1985年版，第507—508页。
③ （清）薛福成：《出使英法义比四国日记》，岳麓书社1985年版，第273页。

觞。他日我孔子之教将大行于西，而西人之所以终底灭亡者，端兆于此。"①

在薛福成、陈炽眼里，各国政教虽有可观之处，究不如中国。王韬、郑观应虽无明确反对民权的言论，但他们也没有明确反对君权，对于作为君权基础的三纲，则极力坚持。因此，这些人主张的君民共主，或设议院，重在改善君主专制，通上下之情，而非设置西方议院，具有不可剥夺的立法权。况且他们之中，没有一个主张民选议员的。他们心目中的议员并非国民代表，而是君主决策的咨询者，这与一般洋务派并无实质性区别。我们知道，张之洞在《劝学篇》中明确反对民权，也不主张设议院，但也并非认为一切决策应该君主独断。他说："民权不可僭，公议不可无。"②民众可以通过上书的方式，表达意见，"但建议在下，裁择在上"。③ 双方都认为，君主决策应该广泛咨询，只不过咨询形式有别，即通过议院或上书的管道实现咨询功能，因此二者没有重大差异。况且，张之洞反对设议院，并非指议院不好，而是认为中国还不具备条件。他说：

> 将立议院欤？中国士民至今安于固陋者尚多，环球之大势不知，国家之经制不晓，外国兴学、立政、练兵之要不闻，即聚胶胶扰扰之人于一室，明者一，暗者百，游谈呓语，将焉用之？④

郑观应认为，要设民选议院，也必须等到学校广兴、人才辈出之后。

对中体的坚持，并不意味着对西用的轻视。洋务派常以本、末、道、器来区分中学与西学。这里面虽然含有价值的判断，但并不因西学是末或器，就不予重视。相反，他们认为本、末、道、器是相通的、相辅相成的。薛福成说：

---

① (清)陈炽:《盛世危言序》，赵树贵编:《陈炽集》，中华书局1997年版，第305页。

② (清)张之洞:《劝学篇·正权第六》，中国史学会编:《戊戌变法》第3册，上海人民出版社2000年版，第223页。

③ (清)张之洞:《劝学篇·正权第六》，中国史学会编:《戊戌变法》第3册，上海人民出版社2000年版，第224页。

④ (清)张之洞:《劝学篇·正权第六》，中国史学会编:《戊戌变法》第3册，上海人民出版社2000年版，第221页。

> 格致之学，在中国为治平之始基，在西国为富强之先导，此其根源非有殊也。古圣人兴物以全民用，智者创，巧者述，举凡作车行陆、作舟行水、作弧矢之利以威天下，所谓形上形下，一以贯之者也。后世歧而二之，而实事求是之学不明于天下，遂令前人创述之精意，潜流于异域。①

王韬指称："形而上者曰道，形而下者曰器。道不能即通，则先假器以通之，火轮舟车皆所以载道而行者也。"②郑观应也说："非举小不足以见大，非践迹不足以穷神……道非器而无以显其用，器非道则无以资其生。"③一物不知，儒者之耻。凡是学问都应该研究，无论形上形下。"所谓人学者，以方言文字为纲，而一切政教、刑法、食货、制造、商贾、工艺诸技，皆由人学以推至其极者也。皆有益于国计民生，非奇技淫巧之谓也。"④不能因西学属器数之学，就可以轻视，相反它是得之则存、失之则亡之学。陈炽警告：

> 中国自格致无传，典章散佚，高明沉潜之士，皆好为高论，而不知自蹈于虚无，遂使万古名邦，气象慕然，将为印度之续。⑤

其实，洋务派在谈论西学时，也会出现道器之间的矛盾。如陈炽说："形而下者谓之器。是道之粗迹，先王遗意之所存，经秦政之酷烈熏烁而迁流于西域者。"⑥而作为形而上的道，"自黄帝孔子而来，至于今未尝废也"。⑦然而他在论述西方议院制度时称："泰西议院之法，本古人悬鞀建铎、闾师党正之遗意，合君民为一体，通上下为一心，即孟子所称'庶人在官'者，英美各邦所以强兵富国、纵

---

① （清）薛福成：《出使英法义比四国日记》，岳麓书社1985年版，第71—72页。

② （清）王韬：《原学》，《弢园文录外编》，上海书店出版社2000年版，第2页。

③ （清）郑观应：《道器》，《盛世危言》，中州古籍出版社1998年版，第57—58页。

④ （清）郑观应：《西学》，《盛世危言》，中州古籍出版社1998年版，第74页。

⑤ （清）陈炽：《庸书外篇》卷下《格致》，赵树贵编：《陈炽集》，中华书局1997年版，第126页。

⑥ （清）陈炽：《庸书内篇》卷上《自强》，赵树贵编：《陈炽集》，中华书局1997年版，第8页。

⑦ （清）陈炽：《庸书内篇》卷上《自强》，赵树贵编：《陈炽集》，中华书局1997年版，第7—8页。

横四海之根源也。”[①]显然，议会被视为国家富强之道。王韬、薛福成、郑观应等也称议会符合中国上古三代之遗意和先王之道。王韬说：

> 三代以上，君与民近而世治；三代以下，君与民日远而道遂不古若。至于尊君卑臣，则自秦制始，于是堂廉高深，舆情隔阂，民之视君如仰天然，九阍之远，谁得而叩之……《书》有之曰：“民惟邦本，本固邦宁。”苟得君主于上，而民主于下，则上下之交固，君民之分亲矣。内可以无乱，外可以无侮，而国本有若苞桑磐石焉，而英国政治之美，实为泰西诸国所闻风向慕，则以君民上下互相联络之效也。夫尧、舜为君，尚赖有禹、皋陶、益、稷、契为助，而天下乃治。今合一国之人心以共为治，则是非曲直之公，昭然无所蒙蔽，其措施安有不善者哉？窃以为治国之道，此则犹近于古也。[②]

薛福成亦称：

> 若夫夏商周之世，虽君位皆世及，而孟子“民为贵，社稷次之，君为轻”之说，犹行于其间，其犹今之英、义诸国君民共主之政乎？夫君民共主，无君主，民主偏重之弊，最为斟酌得，所以三代之隆，几及三千年之久，为旷古所未有也。[③]

郑观应也肯定：

> 议院之设，原以示大公无我，上下一体也。西国以公议堂为政事之根本，既有议院，君不得虐民，而民自忠于奉上。猗欤休哉，此三代以上之遗风也。[④]

议院既是符合三王之遗意，绝非器数之学所能概括，而是形而上的道。其实，早在1861年冯桂芬在《校邠庐抗议》中就没把西学仅作

---

① （清）陈炽：《庸书外篇》卷下《议院》，赵树贵编：《陈炽集》，中华书局1997年版，第107页。

② （清）王韬：《重民》（下），《弢园文录外编》，上海书店出版社2000年版，第19—20页。

③ （清）薛福成：《出使英法义比四国日记》，岳麓书社1985年版，第538页。

④ （清）郑观应：《议院》（下），《盛世危言》，中州古籍出版社1998年版，第102页。

为器数之学。他说:“(中国)人无弃材不如夷,地无遗利不如夷,君民不隔不如夷,名实必符不如夷。”①

综上所述,洋务派所谓西用并非仅限于西方的语言文字、工业生产、自然科学。在中体西用的原则下,他们也主张介绍、引进和借鉴西方的经济制度、法律制度、政治制度等。而且,中体西用的原则亦非仅是为了抵御顽固派以夷变夏的攻击。在洋务派看来,保中学与兴西学,几乎具有同等重要的价值。中学包含有中国人几千年信奉并引以为豪的价值观念。然而不兴西学无以保中学。所以说无论是坚持中体,还是引进西用,洋务派都是真诚的,并不是为了一时的功利目的。

(二)自强求富:现代化的初步尝试

在中体西用原则指导下,洋务派进行了现代化的初步尝试。下文拟从求强、求富、育才、西学输入、工商体制的创建五个方面展开论述。

1. 求强运动

求强,一直是洋务实践活动的重中之重。甚至可以这样说,甲午战争前,洋务派官僚兴办的洋务事业,几乎都是以求强为中心展开,其实践主要体现在三个方面:练兵、制器、创设近代海防。笔者将集中论述制器与创设近代海防。

(1)近代军事工业的建立

第二次鸦片战争结束不久,洋务派就提出了仿制西洋武器的主张。1861年,曾国藩就提出:

> 凡恃己之所有,夸人以所无者,世之常情也;忽于所习见,震于所罕见者,亦世之常情也。轮船之速,洋炮之远,在英、法则夸其所独有,在中华则震于所罕见。若能陆续购买,据为己有,在中华则见惯而不惊,在英、法亦渐失其所恃……购成之后,访募覃思之士,智巧之匠,始而演习,继而

---

① (清)冯桂芬:《校邠庐抗议·制洋器议》,郑大华点校:《采西学议——冯桂芬、马建忠集》,辽宁人民出版社1994年版,第75页。

试造，不过一二年，火轮船必为中外官民通行之物，可以剿发捻，可以勤远略。①

李鸿章率淮军到上海后，目睹西洋武器的威力，惊为神技，一再给其师曾国藩写信，希望他登高倡导，着手仿制西洋武器。1863年，李氏致函曾国藩称：

西洋炸炮重者数万数千斤，轻者数百数十斤，战守工具，天下无敌。……若火器能与西洋相列，平中国有余，敌外国亦无不足。俄罗斯、日本从前不知炮法，国日以弱。自其国之君臣卑礼下人，求得英法秘巧，枪炮轮船渐能制用，遂与英法相为雄长。中土若于此加意，百年之后，长可自立，仍祈师门一倡率之。②

同年，再函告曾国藩说："洋务最难着手，终无办法。惟望速平贼氛，讲求洋器。中国但有开花大炮、轮船两样，西人即可敛手。"③1864年，李鸿章致函总理衙门，系统阐述了仿制主张。他说：

伏查泰西各国，明于制器尚象之理，而得其用，所凭借以横行海外者，尤以轮船与火器为最……其中皆有至当一定之理，非可浅尝而得。鸿章窃以为天下事"穷则变，变则通"……中国欲自强，则莫如学习外国利器；欲学习外国利器，则莫如觅制器之器，师其法而不必尽用其人。欲觅制器之器与制器之人，则或专设一科取士。士终身悬以为富贵功名之鹄，则业可成艺可精，而才亦可集。④

李鸿章体认到西方船坚炮利背后，有近代科学的支撑。不但要学习西方技术，更要学习西方科学。为此，必须改革科举制度。主持朝

---

① (清)曾国藩：《复陈购买外洋船炮折》，中国史学会编：《洋务运动》第2册，上海人民出版社1961年版，第225页。

② (清)李鸿章：《上曾相》，同治二年三月十一日，(清)吴汝纶编：《李鸿章全集》第5册，海南出版社1997年版，第2418页。

③ (清)李鸿章：《上曾相》，同治二年四月初四日，(清)吴汝纶编：《李鸿章全集》第5册，海南出版社1997年版，第2419页。

④ (清)李鸿章：《李鸿章函答制火器》，《筹办夷务始末》(同治朝)第4册，中华书局1979年版，第1084—1089页。

政的奕䜣的见解与其大致相同,他奏称:

查治国之道,在乎自强,而审时度势,则自强以练兵为要,练兵又以制造为先。……是宜趁南省军威大振,洋人乐于见长之时,将外洋各种机械火器,实力讲求,以期尽窥其中之秘。有事可以御侮,无事可以示威……我能自强,彼此相安,潜慑其狡焉思逞之计;否则我无可恃,难保无轻我之心,设或一朝反复,诚非仓猝所能筹划万全。今既知其取胜之资,即当穷其取胜之术,岂可偷安苟且,坐失机宜?[1]

于是,清廷将仿制西洋武器定为国策,由洋务派积极推动和实施,创办了一批近代军事工业,艰难启动了中国现代化进程。

1861 年 8 月,清军攻占安庆不久,曾国藩即着手创办安庆内军械所,制造西式枪炮。因生产仍以手工为主,从严格意义上还不是新式军事工业,但它毕竟是仿制西洋武器的起点。洋务派创建的第一个近代大型军工企业是江南制造总局。之后,李鸿章、左宗棠、张之洞等洋务官僚,相继在各重要城市兴办军工企业,及至 1890 年,共建成 21 个局(厂)。其中江南制造总局、金陵制造局、福州船政局、天津机器局、湖北枪炮厂等 5 个企业规模较大,技术先进。

洋务派创办的军工企业,不仅在中国首次移植了近代机器生产,开风气之先,也培养了一批科技人才和近代技术工人,促进了西方科学的引进,也催生了民营企业的兴起,并为此提供了必要的物质与技术基础。曾国藩、李鸿章会奏江南制造局开办情形称:

洋机器于耕织、印刷、陶埴诸器皆能制造,有裨民生日用,原不专为军火而设。妙在借水火之力以省人物之劳费,仍不外乎机括之牵引,轮齿之相推相压,一动而全体俱动,其形象固显然可见,其理法亦确然可解。惟其先华洋隔绝,中土机巧之士莫由凿空而谈;逮其久风气渐开,凡人心智慧之同,且将自发其覆。臣料数十年后,中国富农、大贾必有

---

① (清)奕䜣:《奏请派京营弁兵学制火器折》,《筹办夷务始末》(同治朝)第 4 册,中华书局 1979 年版,第 1081—1083 页。

仿照洋机器制作以求利益者,官法无从为之区处,不过铜铁、火器之类仍照向例设禁,其善造枪炮在官人役,当随时设法羁縻耳。①

事实表明,曾国藩、李鸿章的预见符合时代潮流,颇有前瞻性。

(2)创设近代海防

事实上,第一次鸦片战争后,就有人提出购置或雇洋匠制造西洋船炮,以建设近代海防。第二次鸦片战争刚结束,1861 年,奕䜣重新提出购买外国军舰,组建新式水师的建议,得到曾国藩等地方洋务大员的支持。清廷遂委托英国人总税务司李泰国在英国订购兵船,并拟每船酌用外人三四人,担任司舵、司火。待中国官兵掌握了驾驶、海战技术后,立即上岗,取代外人,舰队指挥权则归清军将领。1863 年,舰队驶抵中国。但是李泰国却擅自在英国与英国退休海军上校阿思本签订合同,授予其舰队指挥权。阿思本只听命由李泰国传达的皇帝命令,并在英国雇水手 600 余人,宣布成立中英联合舰队。这种肆意践踏中国主权的行径,遭到清廷断然拒绝,最后以舰队解散而告终。

于是,洋务派决心自行建造近代军舰,福州船政局应运而生。左宗棠力主设局造舰、兴办新式水师。他奏称:

窃惟东南大利,在水而不在陆。自广东、福建而浙江、江南、山东、直隶、盛京以迄东北,大海环其三面,江河以外,万水朝宗。……臣愚以为欲防海之害而收其利,非整理水师不可;欲整理水师,非设局监造轮船不可。泰西巧而中国不必安于拙也;泰西有而中国无不能傲以无也。②

在清廷支持下,船政局前后共计造成兵船 14 艘,铁胁木质兵船 5 艘,钢胁木质兵船 1 艘,铁甲快碰船 3 艘,铁甲兵船 1 艘,钢甲钢胁鱼雷快船 6 艘,钢胁拖船 1 艘,练船 1 艘,商船 8 艘,凡 40 艘。这些船舰

① (清)曾国藩、李鸿章:《置办外国铁厂机器折》,中国史学会编:《洋务运动》第 4 册,上海人民出版社 1961 年版,第 77—78 页。

② (清)左宗棠:《拟购机器雇洋匠试造轮船先陈大概情形折》,《左宗棠全集·奏稿》第 3 册,岳麓书社 2009 年版,第 61 页。

对早期中国海军的建设和发展做出了重要贡献。1874 年,日本侵略台湾,对清廷造成巨大震动。为什么一个东洋小国敢于侵略中国台湾呢?当时在清廷形成了一场关于建设海防的大讨论。总理衙门大臣奕䜣等奏陈清廷:"现在日本之寻衅生番,其患之已见者也。以一小国之不驯,而备御已苦无策,西洋各国之观变而动,患之濒见而未见者也。倘遇一朝之猝发,而弭救更何所凭。及今亟事绸缪,已属补苴之计;至此仍虚无准备,更无求艾之期。惟有上下一心,内外一心,局中局外一心,自始至终,坚苦贞定。且历之永久一心,人人皆洞悉底蕴,力事讲求,为实在可以自立之计,为实在能御外患之计,庶几自强有实,而外侮潜消。"[①]总理衙门提出六条海防建设意见,要求下发沿海沿江各督抚、将军讨论。讨论结果是,一致同意总理衙门的意见,特别是认为购置铁甲舰为当务之急,日本之所以敢于侵略台湾,正是恃有铁甲舰。"日本兵扰台湾,正恃铁甲船为自雄之具。"[②]1875 年,清廷分别任命沈葆桢、李鸿章为南、北海防大臣,并经户部会议每年拨南北洋海防经费各 200 万两。从此,购买铁甲舰成为关心海防者孜孜以求的目标。丁日昌说:"伏查铁甲船为目前第一破敌利器,泰西各国皆视铁甲船之多寡以为强弱。即如日本蕞尔小国,尚且罄其全力购成铁甲船数号以壮国势。"[③]李鸿章说:"近来日本有铁甲三艘,遂敢藐视中国,耀武海滨,至有台湾之役,琉球之废。彼既挟所有以相陵侮,亦当觅所无以求自强。"[④]中国如不尽快购铁甲舰,"若机会一失,中国永无购铁甲之日,即永无自强之日"。[⑤] 虽

---

① 《总理各国事务衙门奏拟筹海防应办事宜折》,中国史学会编:《洋务运动》第 1 册,上海人民出版社 1961 年版,第 26—27 页。

② (清)奕䜣:《光绪元年六月二十三日奕䜣折》,中国史学会编:《洋务运动》第 2 册,上海人民出版社 1961 年版,第 337 页。

③ (清)丁日昌:《福建巡抚丁日昌奏请将议拨台湾办理轮路经费变通购办铁甲船而于台湾先行举办马车路以利师行折》,光绪三年五月初四日,中国史学会编:《洋务运动》第 2 册,上海人民出版社 1961 年版,第 369 页。

④ (清)李鸿章:《议购铁甲船折》,光绪六年二月十九日,中国史学会编:《洋务运动》第 2 册,上海人民出版社 1961 年版,第 440 页。

⑤ (清)李鸿章:《议购铁甲船折》,光绪六年二月十九日,中国史学会编:《洋务运动》第 2 册,上海人民出版社 1961 年版,第 441 页。

然对购铁甲舰有高度共识，但购铁甲舰之款却遥遥无期。户部指定的协济海防款，由于各省态度消极，成为画饼。李鸿章说：

讵知议拨以后，未几而抽分洋税一半抵还西征借款矣，未几而另立招商局轮船货税名目改解部库矣，又未几而议准广东厘金截留本省，福建税厘留抵台防矣。在部臣屡改已拨之款，若以北洋切近畿辅防务尤要，则改一款必须议增一款以符初议；乃只议抽拨未议添拨，致使外省视海防为无足轻重，解款日少一日。……其浙江、江西、湖北三省厘金及各海关四成税，实解北洋者，分年匀计，不过三十余万两，视原拨每年二百万之数尚不及十成之二。臣添购利器，添练劲旅之志，寝馈不忘，终因款不应手，多成画饼。①

南洋海防款更不如北洋。直至1881年，北洋购置铁甲舰才付诸实际行动。起初，准备在英国订购。后因英国不愿出售，又改购德国铁甲舰。为纾解财政压力，采取分年付款方式。但船到中国已是1886年。它们是定远舰、镇远舰、济远舰。定远舰、镇远舰为主力战舰，济远舰为钢甲快船。此时距1874年创议购置铁甲舰已整整12年。

1884年的中法战争，又把中国的海军建设推进到一个新的阶段。清廷通过检讨中法战争，又提出“大治水师”的战略，1886年，光绪帝谕称：

现在和局虽定，海防不可稍弛，亟宜切实筹办善后，为久远可恃之计。……自海上有事以来，法国恃其船坚炮利，横行无忌。我之筹画备御亦尝开立船厂，创立水师；而造船不坚，制器不备，选将不精，筹费不广。上年法人寻衅，叠次开仗，陆路各军屡获大胜，尚能张我军威；如果水师得力，互相应援，何至处处牵制。当此事定之时，惩前毖后，自以大治水师为主。②

① （清）李鸿章：《请拨海防经费折》，光绪六年三月初一日，中国史学会编：《洋务运动》第2册，上海人民出版社1961年版，第444页。

② 《光绪十一年五月初九日上谕》，中国史学会编：《洋务运动》第2册，上海人民出版社1961年版，第559—560页。

趁此机会,李鸿章提出了创建四支海洋水师的设想。他奏称:

夫中国七省洋面广袤万里,南须兼顾台湾孤岛,北须巡护朝鲜属邦,非有四枝得力水师,万不敷用。北洋合直、东、奉为一枝,南洋苏、浙合为一枝,闽台合为一枝,广东自为一枝。每枝必有铁甲船两艘,快船四艘,捷报舸两艘,鱼雷艇二十只,运兵轮船两只,以先立根基,徐图充拓。①

但建议没有得到清廷同意。因为按照国家财力,不可能同时建立4支现代化海军,清廷遂采取优先建设北洋海军的策略,于1886年成立海军衙门,醇亲王奕谖为督办,奕劻、李鸿章为会办,善庆、曾纪泽为帮办。李鸿章利用这一机遇,购军舰,建军港,买枪炮,办学校,加快了北洋海军建设。1888年,北洋海军正式成军,拥有大小舰船22艘,总排水量41200余吨,炮火250余门。其中包括巨型铁甲舰2艘、巡洋舰8艘、炮舰6艘、练习舰2艘、补助舰4艘。另有鱼雷艇12艘。这些舰船基本上购自国外。其他3支舰队虽拥有大小舰船56艘、鱼雷艇16艘,但大多是中国自己制造的旧式小船,缺乏巨型铁甲舰、巡洋舰,不堪任战。应该说北洋舰队刚成军时,其实力在亚洲各国还是首屈一指,清廷又认为可以高枕无忧了。成军以后,北洋舰队未再添一舰。1891年以后,户部又以经费支绌为由,奏请海军停购外洋枪炮、船只两年。而这一时期,正是日本海军加速发展的时期。李鸿章对此有清醒的认识,但又有苦难言。1894年,李鸿章校阅海军后,曾上疏清廷,对北洋海军的建设滞后表示忧虑:

西洋各国以舟师纵横海上,船式日异月新。臣鸿章此次在烟台、大连湾亲诣英、法、俄各铁舰详加查看,规制均极精坚,而英尤胜。即日本蕞尔小邦,犹能节省经费,岁添巨舰。中国自十四年北洋海军开办以后,迄今未添一船,仅能就现有大小二十余艘,勤加训练,窃虑后难为继。②

---

① (清)李鸿章:《光绪十一年七月初二日直隶总督李鸿章奏》,中国史学会编:《洋务运动》第2册,上海人民出版社1961年版,第566页。

② (清)李鸿章:《校阅海军竣事折》,光绪二十年四月二十五日,中国史学会编:《洋务运动》第3册,上海人民出版社1961年版,第193页。

2. 求富活动

19世纪70年代开始，洋务派在继续兴办军事工业的同时，开始兴办民用企业，开展求富活动。当时，洋务派把目光转向民用企业，是有深刻原因的。

（1）洋务派对自强运动认识的提高，先富而后能强

薛福成说：“欲图自治，先谋自强，欲谋自强，先求致富。致富之术，莫如兴利除弊。”[①]李鸿章说：“古今国势，必先富而后能强，尤必富在民生而国本乃可益固。”[②]怎样才能国富呢？李鸿章认为应该效仿西方，振兴商务。李鸿章说：“惟中国积弱，由于患贫。西洋方千里，数百里之国，岁入财赋动以数万万计，无非取资于煤铁五金之矿，铁路、电报、信局、丁口等税。酌度时势，若不早图变计，择其至要者逐渐仿行，以贫交富，以弱敌强，未有不终受其敝者。”[③]

（2）军事工业的内在要求

近代军事工业，需要一个近代工业体系的支撑，不可能单独存在。比如“船炮机器之用，非铁不成，非煤不济”。[④] 军工企业的原材料、部件等都需要民用企业的支撑。洋务派创办起军工企业后，一个现实的问题凸显出来：大至机器、煤、铁，小至枕木、砖头、铁丝、螺丝钉，都不得不依靠进口，维持企业生产；一旦外国停止进口，洋务企业随时都有停工歇业的危险。正如李鸿章所说：“闽沪各厂，日需外洋煤铁极多，中土所产多不合用，即洋船来各口者亦须运用洋煤。设有闭关绝市之时，不但各铁厂废工坐困，即已成轮船无煤则寸步不行，可忧孰甚。”[⑤]兴办民用企业，也是为了军事工业免于受制于

---

① （清）薛福成：《筹洋刍议·商政》，徐素华选注：《筹洋刍议——薛福成集》，辽宁人民出版社1994年版，第154页。

② （清）李鸿章：《试办织布局折》，（清）吴汝纶编：《李鸿章全集》第3册，海南出版社1997年版，第1339页。

③ （清）李鸿章：《复丁稚璜宫保》，（清）吴汝纶编：《李鸿章全集》第5册，海南出版社1997年版，第2695页。

④ （清）李鸿章：《筹议制造轮船未可裁撤折》，同治十一年五月十五日，中国史学会编：《洋务运动》第5册，上海人民出版社1961年版，第123页。

⑤ （清）李鸿章：《筹议制造轮船未可裁撤折》，同治十一年五月十五日，中国史学会编：《洋务运动》第5册，上海人民出版社1961年版，第123页。

人。所以洋务派兴办的一些民用企业，比如煤矿、钢铁厂、电报局、铁路等，都有为军事工业服务的目的。

(3)纾解财政困难，挽救军事工业

经过两次鸦片战争和国内农民起义的打击，清廷的财政已十分困难。新式军工企业的创建，也耗费不赀。于是，清廷中就有人对新式军工企业的存在提出异议。1872 年内阁学士宋晋就提出停止福州船政局制造轮船。他奏称：

闽省连年制造轮船，闻经费已拨用至四五百万，未免羁縻太重。此项轮船将谓用以制夷，则早经议和，不必为此猜嫌之举，且用之外洋交锋，断不能如各国轮船之利便。名为远谋，实同虚耗。将谓用以巡捕洋盗，则外海本设有水师船只，如果制造坚实，驭以熟悉沙线之水师将弁，未尝不可制胜，何必于师船之外更造轮船转增一番浩费！将欲用以运粮，而核其水脚数目，更比沙船倍费。每年闽关及厘捐拨至百万，是以有用之帑金，为可缓可无之经费……殊为无益。[①]

宋晋的主张遭到左宗棠、沈葆桢、李鸿章等人的反对，他们认为，这是自强根本，不可半途而废。李鸿章说：

自强之道在乎师其所能，夺其所恃耳。况彼之有是枪炮、轮船也，亦不过创制于百数十年间，而侵被于中国已如是之速。若我果深通其法，愈学愈精，愈推愈广，安见百数十年后不能攘夷而自立耶？日本小国耳，近与西洋通商，添设铁厂，多造轮船，变用西洋军器，彼岂有图西国之志，盖为自保计也。日本方欲自保而逼视我中国，中国可不自为计乎？士大夫囿于章句之学而昧于数千年来一大变局；狃于目前苟安，而遂忘前二三十年何以创巨而痛深，后千百年之何以安内而制外，此停止轮船之议所由起也。臣愚以为国家诸费皆可省，惟养兵设防，练习枪炮，制造兵轮船之费万

① (清)宋晋：《同治十年十二月内阁学士宋晋片》，中国史学会编：《洋务运动》第 5 册，上海人民出版社 1961 年版，第 105—106 页。

不可省。求省费则必屏除一切，国无与立终不得强矣。[1]

军工企业不可停，那么如何解决财政困难呢？李鸿章提出了官督商办，兴办民用企业的主张。他说：

近来西人屡以内地煤铁为请，谓中土自有之利而不能自取，深为叹息。……诚能设法劝导，官督商办，但用洋器洋法而不准洋人代办，此等日用必需之物，采练得法，销路必畅，利源自开。榷其余利，且可养船、练兵，于富国强兵之计，殊有关系。此因制造船械而推广及之，其利不仅在船械也。[2]

以民养军，寓强于富，是洋务派兴办民用企业的一个重要目的。军工、民用之关系，正如李鸿章所称："夫欲自强，必先裕饷。欲浚饷源，莫如振兴商务。"[3]

(4)夺回利权，开拓内地人民生计

洋务派在创办军工企业之初，就有以军促民的指导思想。左宗棠在奏请设立福州船政局时就说："无事之时，以之筹转漕，则千里犹在户庭，以之筹懋迁，则百货萃诸廛肆。"[4]不仅如此，通过设立机器局，更重要的是学习技术，培养人才，于军于民大有益处。"兹局之设，所重在学造机器，以成轮船，俾中国得转相授受，为永远之利……海疆非此，兵不能强，民不能富；雇募仅济一时之需，制造实无穷之利。"[5]曾国藩、李鸿章在奏请设立江南制造局时，也认为机器非仅造枪炮，也可造民生日用之物。"无论何种机器逐渐依法仿制，即用以制造何种之物，生生不穷，事事可通。"[6]虽然洋务官僚在洋务运动兴办之初

---

① (清)李鸿章:《同治十一年五月十五日李鸿章折》,中国史学会编:《洋务运动》第5册,上海人民出版社1961年版,第119—120页。

② (清)李鸿章:《筹议制造轮船未可裁撤折》,同治十一年五月十五日,中国史学会编:《洋务运动》第5册,上海人民出版社1961年版,第124页。

③ (清)李鸿章:《复议梅启照条陈折》,(清)吴汝纶编:《李鸿章全集》第3册,海南出版社1997年版,第1220页。

④ (清)左宗棠:《拟购机器雇洋匠试造轮船先陈大概情形折》,中国史学会编:《洋务运动》第5册,上海人民出版社1961年版,第5页。

⑤ (清)左宗棠:《详议创设船政章程购器募匠教习折》,中国史学会编:《洋务运动》第5册,上海人民出版社1961年版,第24页。

⑥ (清)李鸿章:《置办外国铁厂机器折》,同治四年八月初一日,中国史学会编:《洋务运动》第4册,上海人民出版社1961年版,第13页。

就提出军民结合，但并未施诸行动。其原因，正如李鸿章所说："经国之略有全体有偏端，有本有末，如病方亟，不得不治标。"①19世纪70年代后，由于苏伊士运河的开通，电报的架设，西方新的工业革命的展开，输华商品大幅增加，中国传统的手工业、航运业等受到很大冲击，夺回权利，开拓内地人民生计，也成为洋务派考虑的重要问题。李鸿章说：

> 臣叠奏请开煤铁各矿，试办招商轮船，皆为内地开拓生计起见。盖既不能禁洋货之不来，又不能禁华民之不用。英国呢布运至中国，每岁售银三千万，又铜、铁、铅、锡售银数百万，于中国女红匠作之利，妨夺不少。曷若亦设机器自为制造，轮船、铁路自为运输。但使货物精华与彼相埒，彼物来自重洋，势不能与内地自产者比较，我利日兴，则彼利自薄，不独有益厘饷也。②

这种自兴实业、抵制外洋的思想，在洋务人士中非常普遍。徐承祖说："数十年后，各省厂商林立，出产丰足，则外国运来之货，成本既昂，销路自减，彼贩运而来者，不特无利可图，并有亏本之患。泰西人以谋利为先，不得利者不来，更无须闭关拒客，而财源可聚矣。"③张之洞持有同样见解，称：

> 近数年来，洋货洋药进口价值，每岁多于土货出口价值约二千万两。若再听其耗漏，以后断不可支。现在洋货洋药之来源无可杜遏，惟有设法多出土货，多产土货以救之。此乃王道养民立国之本源，并非西商争利会计之小数。④

总之，洋务派认为兴办民用企业，于国于民皆有大利，是富民强国之

---

① （清）李鸿章：《置办外国铁厂机器折》，同治四年八月初一日，中国史学会编：《洋务运动》第4册，上海人民出版社1961年版，第14页。

② （清）李鸿章：《筹议海防折》，（清）吴汝纶编：《李鸿章全集》第2册，海南出版社1997年版，第830页。

③ 《徐承祖呈》，中国史学会编：《洋务运动》第1册，上海人民出版社1961年版，第236页。

④ （清）张之洞：《请缓造津通铁路改建腹省干路折》，中国史学会编：《洋务运动》第6册，上海人民出版社1961年版，第251页。

本。他们兴办的民用企业，涉及船运、纺织、矿业、电信、交通等，为中国建立起初步的近代工业体系。其主要产业及企业有：

(1)轮船招商局

轮船招商局是洋务派由军工转向民用的第一个企业，也是从官办转向官督商办的第一个企业。外国轮船取得我国沿海和内地船运权后，垄断运价，利润惊人。19世纪60年代前，上海到汉口货运每吨运费达25两，往返一次即可收回轮船成本。其后虽因轮船公司之间竞争，运费下降，但1864年达成的垄断价格，每吨运费仍维持在4—5两。船运的高利润引起寻求求富之道的洋务派的注意。传统沙船业的衰落，影响到清廷的漕运。由于运河淤塞，道光以来，漕粮即靠沙船海运。外国轮船航行沿海后，沙船遭受打击，由3000余只减至数百只，漕运日益困难。张树声说："伏查苏省起运漕运，漕粮递年增多，全恃商辘轳转运，方可及时交兑，而承运商船，因连年生意亏折，歇业居多，以至沙船日见其少。"①为了解决这个问题，有人建议由官收买沙船以济漕运，后又提出官买洋船的主张。中国商人也多次提出成立商办轮船公司的主张。但因漕运是很多官僚的利薮所在，遭到强烈反对。当时的一些商人、买办或附股外国轮船公司，或自备轮船经营，诡寄在洋行名下。这也给清廷的管理带来困难。到了19世纪70年代，洋务派目光转向求富。这就给中国自办轮船公司提供了政治条件。1872年，轮船招商局正式成立。李鸿章在谈到轮船招商局成立目的时说："庶使我内江外海之利，不致为洋人占尽，其关系于国计民生者，实非浅鲜。"②

(2)中国近代采矿业

进入19世纪60年代后，外国船运势力从中国沿海向长江内河渗透。外国轮船来往的数量，日见其增，它们需要的燃料数量也不断扩大。这就使他们对中国的煤矿产生了觊觎之心。洋务派虽然

---

① (清)张树声：《军机处录副奏折》，同治十一年十二月十三日，中国史学会编：《洋务运动》第6册，上海人民出版社1961年版，第7页。

② (清)李鸿章：《试办招商轮船折》，同治十一年十一月二十三日，中国史学会编：《洋务运动》第6册，上海人民出版社1961年版，第6页。

拒绝了外国人开挖煤矿的请求，但认为中国应该自行试办。1867年，曾国藩就向清廷表示："挖煤一事，借外国开挖之器，兴中国永远之利，似尚可试办。"①随着洋务派军工、民用企业的兴办，燃料问题凸显出来。1875年，洋务派着手磁州、台湾煤矿的筹建。但李鸿章试办磁州和兴国煤铁矿没有成功。

开平煤矿是洋务派开办的规模最大、成效最为显著的煤矿。1876年，李鸿章派唐廷枢会同矿师马立士去唐山开平勘察。1877年，开平矿务局正式成立。李鸿章称：

> 窃维天地自然之利，乃民生日用之资。泰西各国以矿学为本图，故能争雄竞胜。英之立国在海中三岛，物产非甚丰盈，而岁出煤铁甚旺，富强遂甲天下。中国金、银、煤、铁各矿胜于西洋诸国，祇以风气未开，精华秘而不发，利源之涸日甚一日，复岁出巨款购用他国煤铁，实为漏卮之大宗。②

他乐观地表示，开平煤矿一旦竣工开挖，"从此中国兵商轮及机器制造各局用煤不至远购于外洋，一旦有事，庶不为敌人所把持，亦可免利源之外泄，富强之基，此为嚆失"。③ 据严中平先生统计，从1875年到1891年，中国共开办近代化煤矿16座。

19世纪70年代，煤矿开采的初步成功，刺激了近代金属采矿业的发展。从1881年热河平泉铜矿总局的成立，至1894年汉阳铁厂的开工，这14年中，人们对金、银、铜、铁、锡、铅各矿的采冶都做了尝试。但除了极少数单位，如漠河金矿外，绝大多数亏损，不能生存发展。

（3）纺织业

纺织品一向是洋货进口的大宗，又是与民众生活关系最密切的日用品之一。为了堵塞漏卮，开拓利源，洋务派开始筹办近代纺织

---

① （清）曾国藩：《预筹修约事宜疏》，《筹办夷务始末》（同治朝）第6册，中华书局2008年版，第2226页。

② （清）李鸿章：《直境开办矿务折》，光绪七年四月二十三日，中国史学会编：《洋务运动》第1册，上海人民出版社1961年版，第138页。

③ （清）李鸿章：《直境开办矿务折》，光绪七年四月二十三日，中国史学会编：《洋务运动》第1册，上海人民出版社1961年版，第139—140页。

业。上海机器织布局是洋务派筹建的第一个近代纺织企业。1878年开始筹办，到1890年才投入生产，从筹建到开工，前后经历了12年之久。织布局投产后，营业兴盛，利润很高。据杨宗濂统计："织布局每日日用五百两，获利约五百两，每月可得一万二千两。"①李鸿章决定扩大规模。正当急图扩充时，织布局于1893年10月19日发生大火，被焚烧殆尽。但是当时纱布市场正旺，织布工业又是外国资本尚未染指的有利事业，李鸿章认为不能就此中止，决定在旧址上重设机器纺织总局。他说：

惟查洋货进口，以洋布、洋纱为大宗，光绪十八年洋布进口值银三千一百余万两，洋棉纱进口值银二千一百余万两，中国出口茶、丝价值不能相抵。布缕为民间日用所必需，其机器所纺织者轻软匀净，价值尤廉，故远近争购。岂知多销一分洋货，即少用一分土产，是以因势利导，不得不用机器仿造，必使所纺之纱与洋纱同，所织之布与洋布同，庶几华棉有销路，华工有生机，华商亦沾余利，此事断难中止，亦难缓图，应仍在上海另设机器纺织总局，筹集款项，官督商办，以为提倡；并厘订章程，号召华商多设分厂，以资推广，方可以土产抵洋货，力保中国商民自有之利权。②

于是，李鸿章委派盛宣怀、聂缉椝重建织布局。1894年，织布局开车重新生产，李鸿章更其名为华盛纺织总厂。

19世纪80年代后期，外国棉纺织品大量输入，也引起两广总督张之洞的注意，遂决意在广州设立织布官局。鉴于上海织布局享有10年专利特权，他以"粤设官局，本与商局有别"为理由，与李鸿章洽商，取得同意。后张之洞调任湖广总督，继任两广总督李瀚章对设纺织厂兴趣不高，就由湖北单独筹办。1893年，湖北织布官局才在武昌文昌门外建成投产。之后，张之洞认为纺纱利润更厚，立意增

① (清)翁同龢：《翁文恭公日记》，光绪十九年三月二十五日，商务印书馆影印本1925年版，第32册，第21页。

② (清)李鸿章：《重整上海织布局片》，光绪十九年十月二十六日，中国史学会编：《洋务运动》第7册，上海人民出版社1961年版，第453页。

设纱厂。最初计划在织布局附近成立南、北两纱厂。北厂于1898年建成，南厂迄未兴建。1894年，还创办缫丝局。

(4)天津电报总局

19世纪五六十年代，欧美的电报线已经四通八达。从19世纪60年代起，西方就要求在中国架设电报线，遭到清廷拒绝。19世纪70年代，西方把电报线架设到通商口岸。中国面临着通信事业的一大变革。1874年，日本侵略台湾，使洋务派认识到电信事业的重要性。沈葆桢认为："台洋之险甲诸海疆，欲消息常通，断不可无电线。"[①]他建议架设福州至台湾的电线，但终因顽固派的反对而中废。顽固派官员或认为电报在中国可有可无，或认为电报可以用于外洋，不可用于中国。1877年直隶总督李鸿章在天津试架由直隶总署至东局子的电报线获得成功。他即刻致书其部属、江西巡抚刘秉璋："日来由东局至敝署电线置妥，仅费数百金，通信立刻往复。即用局内学生习之，神奇可诧，各使均相道贺。执事闻之，将又哑然。数十百年后，必有奉为开山之祖矣。"[②]1879年，李氏又在大沽与天津间架设电报线成功。1880年，他奏请架设天津至上海的电报线，并在天津设立电报总局，奏称：

> 用兵之道，必以神速为贵，是以泰西各国于讲求枪炮之外，水路则有快轮船，陆路则有火轮车，以此用兵，飞行绝迹。而数万里海洋，欲通军信，则又有电报之法。于是和则以玉帛相亲，战则以兵戎相见，海国如户庭焉。[③]

经过十余年的努力，电报线已"布满各省，瞬息万里，官商称便"。[④]由于电报在军事用途中的重要性，洋务派控制的电报局是一家独占

---

① (清)沈葆桢:《会筹台湾大概情形折》，中国史学会编:《洋务运动》第6册，上海人民出版社1961年版，第325页。

② (清)李鸿章:《复刘仲良中丞》，(清)吴汝纶编:《李鸿章全集》第5册，海南出版社1997年版，第2709页。

③ (清)李鸿章:《请设南北洋电报片》，光绪六年八月十二日，中国史学会编:《洋务运动》第6册，上海人民出版社1961年版，第335页。

④ (清)李鸿章:《与俄连接电线定约折》，光绪十八年七月十八日，中国史学会编:《洋务运动》第6册，上海人民出版社1961年版，第451页。

性的企业，排斥了民营电信企业的存在。

(5)钢铁工业

1886年，贵州巡抚潘霨上奏清廷，成立贵州机器矿物总局，筹建清溪铁厂，以其曾在金陵、江南机器局任制造的弟弟潘露为督办。这是中国第一家近代钢铁厂。潘霨称："黔省地瘠民贫，尺寸皆山，矿产极多，煤铁尤盛。各省机器局及大小轮船，每岁所用煤铁以亿万计，现又设立海军，制造铁甲，在在需用，更属不赀。"①青溪铁厂于1890年开工，但不到3年就被迫下马。首先是资金不到位。铁厂原拟招集商股30万两，只招到10万两左右，而购置机器、修造厂房等用款甚巨，以致开工时已借官款21.2万两。开工后，仅有六七万两周转资金。潘霨曾请求将官款作报销处理，清廷不准。为使铁厂维持下去，只好借洋款30万两。其次是贵州铁矿藏量少而分散，煤的供应十分困难。贵州远处深山，转运困难。最后潘霨只得奏请清廷："暂行停工，退还洋款，免为商累。"②江南制造局、天津机器局也分别于1890年、1888年筹建炼钢厂，但都规模不大。

张之洞创设的汉阳铁厂，是中国当时最大型的钢铁企业。

早在1884年春，张之洞任山西巡抚时，就准备在山西开采铁矿，因调任两广总督而中止。1885年，他又向清廷建议用新法开采广东惠州等处铁矿，以制枪炮，因中法战争搁置下来。1889年春，张之洞旧事重提，计划在广州城外珠江南岸凤凰岗建炼铁厂。他奏称：

> 窃以今日自强之端首在开辟利源，杜绝外耗，举凡武备所资枪炮、军械、轮船、炮台、火车、电线等项，以及民间日用，农家工作之所需，无一不取资于铁。两广地方产铁素多，而广东铁质尤良。③

① (清)潘霨:《光绪十一年十一月十八日署贵州巡抚潘霨奏折》，中国史学会编:《洋务运动》第7册，上海人民出版社1961年版，第169页。

② (清)潘霨:《光绪十六年八月初三日署贵州巡抚潘霨奏折》，中国史学会编:《洋务运动》第7册，上海人民出版社1961年版，第184页。

③ (清)张之洞:《筹设炼铁厂折》，光绪十五年八月二十六日，中国史学会编:《洋务运动》第7册，上海人民出版社1961年版，第203页。

提议购买机器，聘请矿师，筹建铁厂。1889年夏，清廷采纳张之洞修筑芦汉铁路建议，并调任他为湖广总督，督办芦汉铁路。继任两广总督李瀚章对炼铁厂事业态度冷淡，主张将铁厂迁往湖北。他疏称：

查合同所订，该厂应设熔铁大炉，日出生铁一百吨，以每吨折合一千六百八十斤计之，每日倾销铁砂为数甚巨，非铁产饶富不足济之。广东出铁之区，以惠州之归善、永安两县属为最，小民开采，日出无多；其余查据各州县禀覆矿厂情形，俱不见旺。将来矿师募到，踩勘辨识者需时，挖凿采取者又需时。倘矿务稍延，即难源源供用。且制造轮船、枪炮、军械、火车、电线及民间日用所需，必先广召工作，分别经营，用费亦难预计。况营建厂房，非数十万金不能。而厂成之后，配设机器，如搅炼炉、锤轧机之属，均须外洋造法仿照安排，更须时日，招商尚未可必，厂用相需甚殷，粤省度支款项向有定数，何能百务停搁常为垫支？……惟火车、铁路为当务之急，现在直隶、湖北正议创办铁路，如将炼铁厂量为移设，事半功倍，较胜于粤省边隅，用与地违。①

张之洞与李瀚章意见一致，并得到清廷首肯。由于建铁厂费用浩繁，技术复杂，张之洞建铁厂的主张遭到许多人的反对。就连洋务运动的旗手李鸿章也敬谢不敏。李鸿章说：

粤既订购采铁机炉，应运鄂试办。大冶铁质好而无煤，须由当阳运煤乃合用，虽滨江已稍费事。此外各省产铁处距水太远，难收实效；且无款无人，从何下手？化学矿学堂为开采根基，知者少，同志亦少，愿公实力提倡，鄙意并无参差，自愧年衰力薄，不获目睹其成耳。②

既设铁厂，就不能不筹产品出路。张之洞最初动机是铸造器物，抵

---

① （清）李瀚章：《光绪十五年十一月十三日两广总督李瀚章奏折》，中国史学会编：《洋务运动》第7册，上海人民出版社1961年版，第208页。

② （清）李鸿章：《寄调鄂督张香帅》，中国史学会编：《洋务运动》第7册，上海人民出版社1961年版，第239页。

制洋铁进口。清廷决定建铁路后，他立即把修铁路与兴办钢铁工业当作一体。钢铁工业是修铁路的基础，铁路是钢铁工业的产品出路，更增加了其建钢铁厂的决心。对于张之洞的这一设想，李鸿章表示了不同意见。李鸿章主要着眼于铁路修造，认为制造钢铁并非易事，而且会影响铁路兴建。他致电张之洞："尊论有铁早办，无铁迟办，已扼要。惟炼铁至成钢轨、铁桥、机车，实非易事。日本铁路日增，至今工料皆用土产，惟钢轨等项仍购西洋，非得已也。"[①]唯张之洞持之甚坚。他说：

> 中国铁虽不精，断无各省之铁无一处可炼之理。晋铁如万不能用，即用粤铁；粤铁如亦不精不旺，用闽铁、黔铁、楚铁、陕铁，皆通水运。岂有地球之上独中华之铁皆是弃物？筹款如能至三百万，即期以十年；如款少，即十二三年；如再少，即十五六年至二十年，断无不敷矣。愚公移山，有志竟成，此无可游移者也。[②]

总之，张之洞认为钢铁工业是工业的基础，期以必成，决心排除万难，创办汉阳铁厂。

张之洞在创办汉阳铁厂时，缺乏全盘计划，走过不少弯路。比如厂址的选择，煤铁不能相辅，对炼钢法一无所知，凭想当然办事。据有关记载，张之洞在广州向英国订购机器时，曾有人建议先将铁石、煤焦寄厂化验，然后决定炼何种钢、配何种炉。张之洞当时尚未找到铁矿，信口回答："以中国之大，何所不有，岂必先觅煤铁而后购机炉？但照英国所用者购买一份可耳。"[③]无论此说是否确实，事实是大冶的铁矿与马鞍山的煤不能相辅为用，所炼钢铁质量不过关，不能制造钢轨。从张之洞创办铁厂至1896年招商承办，共费银

① (清)李鸿章：《寄调鄂督张香帅》，中国史学会编：《洋务运动》第7册，上海人民出版社1961年版，第239页。

② (清)张之洞：《致海署》，中国史学会编：《洋务运动》第6册，上海人民出版社1961年版，第307页。

③ (清)叶景葵：《卷庵书跋》，中国史学会编：《洋务运动》第8册，上海人民出版社1961年版，第526页。

5829629 两。盛宣怀承办汉阳铁厂后,虽然在萍乡找到合适的煤矿,又重新订购炼铁炉,解决了煤铁不符问题,但是铁厂、铁矿、煤矿各在一处,成本居高不下,这就为日本后来吞并汉冶萍公司留下隐患。需要指出的是,我们也决不能因张之洞的种种失误,一概否定其创办汉阳铁厂的行为。当时,张之洞已朦胧认识到西方工业化已由纺织时代进入钢铁时代。钢铁工业已成为一个国家富国强兵的标志。毕竟事属初创,有各种不足也在所难免。刘坤一对张之洞的创举高度肯定:

> 中国理财之术,亦已水尽山穷。欲国富强,惟有开采煤铁一策……近来官场多自了汉,只图和平养禄,安知经国远猷?香帅之才足以振举一世,其所办煤铁独具手眼,实为时务所急需。若因其稍有靡费而合力挠之、挤之,使其功亏一篑,以快外国人之心,谓我无能为役,沮中国人之气,以后不敢担当,似非计之得也。①

曾对张之洞筹建汉阳铁厂种种失策多有揭露的叶景葵也说:

> 假使张之洞创办之时,先遣人出洋详细考察,或者成功可以较速,靡费可以较省。然当时风气锢蔽,昏庸在朝,苟无张之洞卤莽为之,恐冶铁萍煤,至今尚蕴诸岩壑,亦未可知。甚矣!功罪之难言也。②

(6)铁路

在近代中国,议论最激烈、争论时间最长久的,恐怕要算修建铁路。19 世纪 40 年代,就有外国人鼓吹在中国修铁路。到了 19 世纪 60 年代,一些西方商人和驻华领事,游说清廷的官员,希望他们同意在中国修建铁路。1865 年,英国商人杜兰德在北京宣武门外建造一条小铁路,有一里多长。因为群众惊骇,被令拆毁。同年,总税务司赫德作《局外旁观论》,1866 年,英国参赞威妥玛作《新议略论》,都

---

① (清)刘坤一:《复王爵棠方伯》,中国史学会编:《洋务运动》第 7 册,上海人民出版社 1961 年版,第 307 页。

② (清)叶景葵:《述汉冶萍产生之历史》,中国史学会编:《洋务运动》第 8 册,上海人民出版社 1961 年版,第 528 页。

提到中国应修建铁路。清廷上谕沿江沿海各省督抚讨论。结果是齐声反对。反对理由大体是变易山川、伤人田业、毁人坟墓，引起民众不安。1858年的中英《天津条约》订有10年后可以修改的条文。据此，西方各国从1867年起便纷纷进行修约活动。其中一条重要诉求，就是允许外商在中国修建铁路。为即将到来的修约做准备，清廷下令各省的将军、督抚筹划对策，依旧是一片反对声浪。沈葆桢奏称：

秦筑长城，当时以为殃，后世赖之。铜线、铁路，如其有成，亦中国将来之利也。且为工甚巨，目前亦颇便于穷民。然欲朝廷明定条约，许其开工，则大不可。何者？商贾之生计，有力者尚可改图，民间之田庐，贪利者犹可易地；至坏其祖父之坟墓，虽至愚极不肖者，亦必痛心疾首，聚族而争。众愤所加，何所不至……万事皆可从权，民心必不可失……且泰西智巧绝伦，果能别创一法，于民间田庐坟墓毫无侵损，绘图贴说，咸使闻知，百姓退无后言，朝廷便当曲许。①

曾国藩亦称：

军兴以来，中国之民久已痛深水火，加以三五口通商，长江通商，生计日蹙。小民困苦无告，迫于倒悬。今若……听其创办电线、铁路，则车驴任辇旅店脚夫之生路穷矣……就小民生计与之理论，自有颠扑不破之道。②

李鸿章也认为修建铁路有利列强，有害中国。他说：

议电线、铁路一条。此两事有大利于彼，有大害于我，而铁路比电线尤甚……铁路工本，动费千数百万，即各国商众集资，亦非咄咄能办。或谓用洋法雇洋人，自我兴办，彼所得之利，我先得之。但公家无此财力，华商无此巨资。官与商情谊隔阂，势尤涣散，一时难断成议，或待承平数十年

① 宓汝成编：《中国近代铁路史资料》第1册，中华书局1984年版，第23—24页。
② 宓汝成编：《中国近代铁路史资料》第1册，中华书局1984年版，第24页。

以后。然与其洋人在内地开设铁路电线，又不若中国自行仿办，权自我操，彼亦无可置喙耳。①

从曾、沈、李的议论而言，对铁路已不再视若洪水猛兽，简单拒绝，他们的立论中心都是从当时清朝实际利益出发。沈葆桢认为铁路对中国有利，关键是如何解决扰民问题。曾国藩主要是担心铁路有碍民众生计，不利清朝统治。李鸿章虽然也坚持铁路有利于西方，不利于中国，还谈风水之论，但那不是他的立论重心，重心在等时机成熟"自行仿办""权自我操"。到了19世纪70年代，中国官绅一致反对修铁路的状况有所改变。1874年，李鸿章在《筹议海防折》中说：

南北洋滨海七省自须联为一气，方能呼应联通。惟地段过长，事体繁重，一人精力断难兼顾……何况有事之际，军情瞬息变更，倘如西国办法，有电线通报，径达各处海边，可以一刻千里；有内地火车铁路，屯兵于旁，闻警驰援，可以一日千数百里；则统帅当不至于误事，而中国固急切办不到者也。②

1876年，福建巡抚丁日昌极陈在台湾修铁路的好处。一些驻外使节、洋务知识分子也大力宣传修铁路的好处。1877年，郭嵩焘在伦敦致函李鸿章，力陈修铁路无碍民众生计，反而是"道途便利，贸易日繁"，有利民众生计。③ 至于风水之说更是大谬，"世人一哄之议论，无与发其蒙者，何不近据事实征之？"④总之，郭嵩焘认为，修铁路是富强之基，"可以立国千年而不敝"。⑤ 王韬肯定修建铁路利商利国。他说：

今南北道阻，货物贱之征贵，贵之征贱，每苦其贩运之

---

① 宓汝成编：《中国近代铁路史资料》第1册，中华书局1984年版，第25—26页。

② 宓汝成编：《中国近代铁路史资料》第1册，中华书局1984年版，第78页。

③ (清)郭嵩焘：《伦敦致李伯相》，陆玉林选注：《使西纪程——郭嵩焘集》，辽宁人民出版社1994年版，第136页。

④ (清)郭嵩焘：《伦敦致李伯相》，陆玉林选注：《使西纪程——郭嵩焘集》，辽宁人民出版社1994年版，第139页。

⑤ (清)郭嵩焘：《伦敦致李伯相》，陆玉林选注：《使西纪程——郭嵩焘集》，辽宁人民出版社1994年版，第139页。

烦劳，道途之辽远。自有轮车，而远近相通，可以互为联络，不独利商，并且利国。凡文移之往来，机事之传递，不捷而速，化驰若神。遏乱民，御外侮，无不恃此焉。①

至于民众或因风水之说而加以反对，他认为只要中国修铁路，民众就会习以为常，见惯不惊。“呜呼！是殆中国未之行耳，中国之民未之见耳。设使由少以成多，由近以及远，暂行试办，安见其必多窒碍乎？”②民众态度如何呢？视为妖物者大有人在，但也有感到新鲜惊奇的。1874年，英商私自开始修建吴淞铁路，1876年7月修成，即行通车。这是中国境内正式修筑的铁路，遭到沿线人民的反对。尤其是开始运行一个月内，碾毙一人，更引起人们的愤怒。清廷对英商私自筑路十分不满，后经与英使交涉，以28.5万两白银把吴淞铁路赎回，拆毁。但也有亲自试坐火车的人，如潘钟瑞，谈了自身新奇的感受，称：“始徐继捷，愈行愈捷，电发飚驰，盖其轮运于铁路。铁路者，如砥如矢，置铁条两为闲，其间尺寸不差……坐来颇稳。而所过邨庄云树，不翼而飞。桑者间间，其行有若狂奔者。”③

19世纪80年代，清廷内部围绕是否修铁路展开了激烈争论。1880年，刘铭传奏请修筑铁路，疏称：

自强之道，练兵、造器固宜次第举行，然其机括，则在于急造铁路。铁路之利于漕务、赈务、商务、矿务、厘捐、行旅者，不可殚述。而于用兵一道，尤为急不可缓之图。中国幅员辽阔，北边绵亘万里，毗连俄界，通商各海口，又与各国共之。画疆而守，则防不胜防，驰逐往来，则鞭长莫及。惟铁路一开，则东西南北呼吸相通，视敌所驱，相机策应，虽万里之遥，数日可至，虽百万之众，一呼而集，无征调仓皇之过，无转输艰阻之虞。且兵合则强，兵分则弱。以中国十八省计之，兵非不多，饷非不足，然各省兵饷，主于各省督抚，此

① 宓汝成编：《中国近代铁路史资料》第1册，中华书局1984年版，第114页。
② 宓汝成编：《中国近代铁路史资料》第1册，中华书局1984年版，第115页。
③ 宓汝成编：《中国近代铁路史资料》第1册，中华书局1984年版，第39页。

疆彼界，各具一心。遇有兵端，自顾不暇，征调饷兵，无力承应，虽诏书切责，无济缓急，盖国分为十八疆界也。若铁路造成，则声势联络，血脉贯通，裁兵节饷，并成劲旅，十八省合为一气，一兵可抵十数兵之用。将来兵权俱在朝廷，内重外轻，不为疆臣所牵制矣。①

刘铭传的奏折，如一石激起千层浪，在朝内引起强烈反响。反对者所持论调，大多仍是破坏田庐、有碍风水、不利民众生计、利洋不利中等。其中刘锡鸿的言论可说是集反对者之大成。刘锡鸿列举修铁路有不可行者八，无利者八，有害者九。其最荒谬的论点是："西洋专奉天主耶稣，不知山川之神……我中国名山大川，历古沿为祀典；明禋既久，神斯凭焉。倘骤加焚凿，恐惊耳骇目，群视为不祥。山川之灵不安，即旱潦之灾易召。"②内阁学士张家骧则提出铁路将会与轮船发生恶性竞争，他说：

若铁路既开，则由上海、汉口入京者，大半归于陆行，天津码头即将从此而衰。盖南北运转之物，来往之人，只由此数，水便则由水，陆便则由陆，此赢彼缩，势所必然。窃恐所购轮船，渐归无用，从前资本无处取偿，是铁路之利未兴，而招商局数百万款项弃于一旦，即以利言，亦已自相矛盾。③

其实，张家骧对铁路茫无所知，妄言：

火轮车电掣风驰，易于冲突，必至贻害民间；即使设法绕越，善为布置，将来造成之后，寻常一切行人以及来往车马，将准其同行乎？抑不准其同行乎？若准其同行，则拥挤磕碰，在所不免，伤人坏物，易启争端。若不准其同行，则必须另开一条孔道，俾之行走。窃恐此令一下，民间必不乐从。势迫形趋，徒滋扰攘。④

他甚至主张，宁可贫穷，也不可修铁路。因为一旦铁路造成，商旅辐

---

① 宓汝成编：《中国近代铁路史资料》第1册，中华书局1984年版，第87页。
② 宓汝成编：《中国近代铁路史资料》第1册，中华书局1984年版，第98页。
③ 宓汝成编：《中国近代铁路史资料》第1册，中华书局1984年版，第88页。
④ 宓汝成编：《中国近代铁路史资料》第1册，中华书局1984年版，第88页。

辏,外人就会觊觎,要求通商。即使不开为口岸,也不能禁洋人不往。类似这些荒谬无知的言论在顽固派中颇为流行。

刘铭传的建议,得到李鸿章的大力支持。李鸿章认为修铁路利有九端。除了军事上的用途,铁路还有利赈灾,有利漕粮运输,有利商品流通,有利民富国强。他以清朝税收的实际情况,说明有无铁路的差别:

> 江淮以北,陆路为多,非若南方诸省,河渠贯注而百货流通。故每岁所征洋税厘金二三千万两,在南省约十之九,在北方仅十之一。倘铁路渐兴,使之经纬相错,有无得以懋迁,则北民必化惰为勤,可致地无遗利,人无遗力,渐臻殷阜之象;其铁路扼要之处,征收厘税,必渐与南方相列。①

但由于反对者众,赞成者寡,1881年,清廷以毋庸议结束这场争论。

中法战后,铁路争议重起。当时,清廷认为海防不可松弛,召臣工筹善后之策。李鸿章乘机提出借洋款筑路的主张。他奏称:

> 开源之道,当效西法采煤铁,造铁路,兴商政。矿藏固为美富,铁路实有远利,但招商集股,难遽踊跃,官又无可资助。若轻息假洋款为之,虽各国所恒有,乃群情所骇诧,非圣明主持于上,谁敢破众议,以冒不韪。②

左宗棠在覆奏海防事宜时,也提出修铁路的主张:

> 外洋以经商为本,与中国情形原有不同,然因商造路,治兵转运灵通,倍盛。有利无害,固有明征。天下俗论纷纷,究不必与之辩白,所谓民可使由,不可使知也。如电报、轮船,中国所素无者,一旦有之,则为断不可少之物;倘铁路造成,其利尤溥。③

一贯反对造铁路的奕譞也转变立场,支持修铁路,疏云:

> 窃查铁路之议,历有年所。毁誉纷纷,莫衷一是。臣奕

---

① 宓汝成编:《中国近代铁路史资料》第1册,中华书局1984年版,第89页。
② 宓汝成编:《中国近代铁路史资料》第1册,中华书局1984年版,第106页。
③ 宓汝成编:《中国近代铁路史资料》第1册,中华书局1984年版,第107页。

谡向亦习闻陈言，尝持偏论。自经前岁战争，复亲历北洋海口，始悉局外空谈与局中实济，判然两途。①

洋务派修铁路之议，自然又遭到顽固派的反对。不过在反对意见中，风水迷信之说已少见。他们重点从修铁路，夺脚夫车马之生意，害民生计；坏人田产、房屋、迁坟，扰民生活；有利于敌人进攻等方面立论。夺民生计、扰民生活都是反对者的一贯立场。资敌，算是一个较新的论点。延茂警告：

今泰西各国屡请中国修建铁路，其蓄志接修，不待智者而决策。即使永保和局，不过于泰西商务极有裨益；倘一旦狡焉思逞，势将长驱直入，何以御之？议者或谓设有他变，我将铁路撤毁一二段，彼之兵轮全成齑粉。不知彼若接修，断非一国。设使一国开衅，彼局外各国之铁路，我安得干预而拆毁之？况万国公法本有假道过兵之例，彼若阳托局外之名，暗作东道之计，使我跋前蹇后，坐受其困，彼时悔之已无及矣。②

他们还提出修铁路，工料皆用洋人，是洋人得利，中国伤财。更有甚者，搬出夷夏大防、义利之辨。延茂诡称：

议者又谓铁路之惠商通旅可以获重利，奴才窃以为不然。常考欧洲各国，无君臣父子夫妇之伦，鸡鸣而起，孳孳为利，利之所在，君臣父子不相顾，是以欧洲之商务获利倍于中国，而欧洲之兼并祸患亦速于中国者此耳。若夫中国之道则不然。我朝深仁厚泽，培养数百年，藏富于民，何尝厉民以自利哉？今开铁路者，只知获利，不知病民；纵云惠商，岂能获利？③

---

① （清）奕谡：《请准建津沽铁路折》，中国史学会编：《洋务运动》第6册，上海人民出版社1961年版，第186页。

② （清）延茂：《光绪十一年十月初五日太仆寺少卿延茂奏》，中国史学会编：《洋务运动》第6册，上海人民出版社1961年版，第180页。

③ （清）延茂：《光绪十一年十月初五日太仆寺少卿延茂奏》，中国史学会编：《洋务运动》第6册，上海人民出版社1961年版，第181页。

徐致祥也说：

夫倡导此说（开铁路，笔者注）与赞成此说者，非奸即谄，而置国家之大害于不顾也。借夷之款，以增夷之利；即借其款矣，则工匠、器具一一皆取资于夷。夷惟利是视，精良之器，必不肯与我，明矣，势必以朽败之物，作昂贵之价，则我之借款只属空言，而夷之弃物均为奇货。当局者竟未一思耶！①

由于徐致祥采取人身攻击，清廷下旨，将其交部议处，结果以降三级调用。虽然争议未获定论，但清廷对修铁路的态度渐趋明朗。一是对徐致祥的处分，可以反映出朝廷意向。二是1887年，清廷批准津沽铁路的建设。1880年10月，津沽铁路建成通车。李鸿章立即书致奕譞，请求把铁路延长至通州。随即以海军衙门的名义，奏请建设津通铁路。这又在清廷内部引起一场争论。反对者除重申以前反对的理由外，又提出造铁路不利保持淳朴民风，有利传教士传教惑众等。清廷把这些意见下发给沿江沿海各督抚讨论。赞成与反对修铁路者均有。其中，张之洞的观点最为鲜明，力陈修铁路之益。李鸿章、刘铭传等主张修铁路，重点从军事、税收角度立论，以打动统治者。这就有点不能服士大夫之心。因为在传统儒家观念中，这与王道有点不符。如果单因税收之利，修铁路是与民争利；如果看重的是军事，这似乎有点霸道而非王道，更重要的是他们认为心防最重要。张之洞深谙此中消息，所以略去军事、饷源等不谈，重点从养民角度立论。他奏称：

臣之愚见，窃以为今日铁路之用，尤以开通土货为急。盖论中外通商以后之时局，中国民生之丰歉，商务之息耗，专视乎土货出产之多少，与夫土货出口较洋货进口之多少以为断。近数年来，洋货洋药进口价值每岁多于土货出口价值者，约二千万两，若再听其耗漏，以后断不可支。现在洋货洋药之来源无可杜遏，惟有设法多出土货，多销土货以

① 宓汝成编：《中国近代铁路史资料》第1册，中华书局1984年版，第104—105页。

救之。此乃王道养民立国之本源，并非西商争利会计之小数。中国物产之盛，甲于五洲，然腹地奥区，工艰运贵，其生不蕃，其流不广。且土货率皆质粗价廉，非多无利，非速不多，非用机器、化学不能变粗贱为精良，化无用为有用。苟有铁路，则机器可入，笨货可出，本轻费省，土货旺销，则可大减出口厘税以鼓舞之。于是山乡边郡之产，悉可致诸江岸海壖而流行于九州四瀛之外。销路畅则利商，制造繁则利工、山农、泽农之种植，牧竖、女红之所成，皆可行远，得价则利农。内开未尽之地宝，外收已亏之利权，是铁路之利首在利民。[①]

张之洞阐述了铁路与养民的关系，从而驳斥了铁路不利于民众生计之论。经过争论，1889 年，清廷终于下诏做出修建铁路的决策，旨称：

前因筹议铁路事宜，谕令沿江沿海将军督抚各抒所见，以备采择……此事为自强要策，必应通筹天下全局。海军衙门原奏，意在开拓风气，次第推行，本不限定津通一路，但冀有益于国，无损于民，定一至当不易之策，即可毅然兴办，毋庸筑室道谋。[②]

诏书结束了高层多年来关于铁路的争议，给修铁路一个政治合法性。

中国自办铁路始自 1881 年唐胥铁路。当年，开平矿务局为了外运煤炭，经李鸿章奏请，修建一条从唐山至胥各庄的铁路。后因顽固派极力反对，清廷被迫收回成命。李鸿章仍以修马路的名义令工程继续进行，1881 年 6 月，唐胥铁路通车。中法战争后，李鸿章又奏请试办由胥各庄至芦台阎庄的铁路，1886 年完工。1887 年，他再奏请将铁路延长至大沽，这就是津沽铁路。在修建阎庄至天津一线的同时，台湾巡抚刘铭传也提出了修建台湾铁路的计划。1888 年，津

---

① （清）张之洞：《请缓造津通铁路改建腹省干路折》，中国史学会编：《洋务运动》第 6 册，上海人民出版社 1961 年版，第 251 页

② 宓汝成编：《中国近代铁路史资料》第 1 册，中华书局 1984 年版，第 170—171 页。

沽铁路完工,李鸿章提出建津通铁路,遭到反对。后来清廷采纳张之洞的建议,改修芦汉铁路。正在紧张筹备之际,沙俄加速建造西伯利亚铁路,其扩张远东的野心昭然若揭。为了加强东北边防,清廷决定缓建芦汉铁路,责成李鸿章修建关东铁路。关东铁路1892年施工,1894年7月因甲午中日战争爆发而中止。至1895年,全国铁路只有447公里,加上大冶铁矿所修矿路,不过477公里。

3. 育才活动

第二次鸦片战争后,清廷慑于列强的船坚炮利锐不可挡,深感非兴西学、造就翻译与制造船械及海陆军人才,不足以图强。于是,从19世纪60年代起,以培养新式外交、军事、科技人才为核心的洋务教育逐渐开办起来,全国各地相继创办了一批“西文”“西艺”两种类型的学堂,总数不下三四十所。所谓“西文”学堂,一般是指培养外国语言文字和外交人才的西式学堂;所谓“西艺”学堂,一般是指培养近代科学技术(包括军事技术)人才的科技学堂和军事学堂。除了在国内创办新式学堂,洋务派还派遣学生赴欧美和日本留学。中国传统的科举制度,已不能适应培养新式人才的需要。为了改变所用非所学、所学非所用的状况,洋务派也提出了改革科举制度的主张。

(1)设立洋务学堂

中国近代教育事业是从洋务派创办培养翻译和外交人才的外国语学校开始的。第二次鸦片战争后,洋务派深感了解外国的重要性。李鸿章说:

> 中国与洋人交接,必先通其志,达其欲,周知其虚实诚伪而后有称物平施之效。互市二十年来,彼酋之习我语言文字者不少。其尤者,能读我经史,于朝章宪典,吏治民情,言之历历。而我官员绅士中绝少通习外国语言文字之人。①

于是,当时中外交往,主要靠“通事”传递消息。而所谓的通事,大多

---

① (清)李鸿章:《请设外国语言文字学馆折》,(清)吴汝纶编:《李鸿章全集》第1册,海南出版社1997年版,第110页。

外语水平有限。“仅通洋语者十之八九，兼识洋字者十之一二。所识洋字亦不过货名价目与俚浅文理。”①依靠如此的人办交涉，自然难保有理想的效果。所以为了培养外语和外交人才，洋务派奏请朝廷成立外国语学堂。奕䜣称：“欲悉各国情形，必先谙其言语文字，方不受人欺蒙。各国均以重资请中国人讲解中文，而中国迄无熟悉外国语言文字之人，恐无以悉其底蕴。”②1862 年，他奏请设立北京同文馆。1863 年，李鸿章奏请设立上海广方言馆。比较有名的外国语学堂还有广州同文馆、台湾西学堂、珲春俄文书院等。外国语学堂不仅是为了培养外交人才，也是为引进西学打基础。李鸿章说：

> 彼西人所擅长者，测算之学、格物之理、制器尚象之法，无不专精务实，泐有成书，经译者十才一二，必能尽阅其未译之书，方可探赜索隐，由粗显而入精微，我中华智巧聪明，岂出西人之下。果有精熟西文者转相传习，一切轮船火器等巧计，可当由渐通晓，于中国自强之道似有裨助。③

西文学堂不只学习西文，还兼学西学。上海广方言馆创办之初就设有算学。北京同文馆历经扩充，兼学西方史地、万国公法、富国策等；其算学馆就以学习西方自然科学为主。

随着洋务运动的开展，洋务派在各地相继开办了一批科学技术学堂和军事学堂，专门培养科技、工程、制造和军事等方面的专门人才。这类学堂大多是洋务派创办的洋务事业的附属品。也就是说，洋务派创办一些洋务事业，附设与之有关的学堂。如福州船政学堂、江南制造局的炮学馆、工艺学堂、天津电报学堂、天津北洋水师学堂、天津武备学堂、广东陆师学堂、广东水师学堂、南京水师学堂等。另外，洋务派还创办有医学堂、铁路学堂、矿务学堂等。张之洞

---

① （清）李鸿章：《寄季弟论国内译界现状，言办外国语言馆之重要性》，（清）吴汝纶编：《李鸿章全集》第 1 册，海南出版社 1997 年版，第 110 页。

② （清）奕䜣：《同治元年七月二十五日总理各国事务奕䜣等折》，中国史学会编：《洋务运动》第 2 册，上海人民出版社 1961 年版，第 7 页。

③ （清）李鸿章：《请设外国语言文字学馆折》，（清）吴汝纶编：《李鸿章全集》第 1 册，海南出版社 1997 年版，第 110 页。

创办的湖北自强学堂，也是著名的洋务学堂，分设方言、格致、算学、商务四科。

西学堂不仅成为传播西学、培养新式人才的基地，也冲击了中国传统教育体制，改变着人们的思维方式和观念。中国人以前除四书五经外，不承认还有其他学问。西学给中国人开辟了另一种学问天地。中国人以前不知道实验为何物，西学也让国人深深了解了实验在寻求新知中的重要性。两广总督张树声在创办广东实学馆时说：

> 伏惟泰西之学，覃精锐思，独辟户牖，然究其本旨，不过相求以实际，而不相骛于虚文。格物致知，中国求诸理，西人求诸事；考工利用，中国委诸匠，西人出诸儒。求诸理者，形而上而坐论易涉空言；委诸匠者，得其粗而士夫罕明制作。故今日之西学，当使人人晓然于斯世需用之事，皆儒者当勉之学，不以学生步鄙夷不屑之意，不使庸流居通晓洋务之名，则人才之学，庶有日也。①

(2)派遣留学

由官方派遣留学生分赴欧美和日本留学，是洋务派培养人才的又一主要途径。中国留学事业的开展，与第一个赴美留学毕业生容闳的努力有密不可分的关系。1847年，19岁的容闳随美国人布朗夫妇赴美留学。1855年，他在阔别祖国8年后回国，目的是实现其教育计划，即派遣中国幼童赴美留学。容闳说：

> 予既远涉重洋，身受文明之教育，且以辛勤刻苦，幸遂予求学之志……予意以为予之一身，既受此文明之教育，则当使后予之人，亦享此同等之利益，以西学之学术，灌输于中国，使中国日趋于文明富强之境。②

但计划进展并不顺利。容闳寻求的三条途径，即寻求达官贵

---

① 《张树声建造实学馆工竣延派总办酌定章程片》，朱有瓛主编：《中国近代学制史料》第1辑(上册)，华东师范大学出版社1983年版，第477页。

② (清)容闳：《西学东渐记》，湖南人民出版社1981年版，第22—23页。

人、求太平天国推行、经商致富自派留学生，都遭到失败。1863年，偶然机遇，使他结识了曾国藩。因为曾国藩想建立现代军事工业，派人赴美购机器，却无适当人选。有人向曾国藩推荐容闳。他赴美成功采购机器，遂获得曾国藩的信任。但容闳并未贸然向曾国藩提出教育计划，而是向交往较密切的丁日昌谈了自己的理想，得到赞同。丁日昌让容闳将其计划写成条陈，由他转交给当时的协办大学士文祥，转奏皇帝。但事有不巧，文祥因丧母守制，容闳的条陈也就石沉大海。丁日昌也等待时机，向曾国藩、李鸿章力荐容闳的教育计划。1870年，曾国藩、李鸿章联衔上疏朝廷派幼童赴美留学，疏云：

> 设局制造，开馆教习，所以图振奋之基也；远适肄业，集思广益，所以收远大之效也。西人学求实际，无论为士、为工、为兵，无不入塾读书，共明其理，见习其器，躬亲其事，各致其心思巧力，递相师授，期于日异而岁不同。中国欲取其长，一旦遽图尽购其器，不惟力有不逮，且此中奥巧，苟非遍觅久习，则本源无由洞澈，而曲折无以自明。古人谓学齐语者，须引而置之庄岳之间，又曰百闻不如一见，此物此志也。况诚得其法，归而触类引申，视今日所为孜孜以求者不更扩充于无穷耶？①

清廷准奏，从1872年到1875年，按照计划，共派遣四批120名幼童赴美留学。

派遣留学生学习造船、驾驶，也是洋务运动的一项重要内容。1873年，为探究造船、驾驶之精奥，船政大臣沈葆桢奏请派遣船政学堂学生赴欧留学考察。1875年，他乘船政局监督日意格回国之便，派遣前学堂学生魏翰、陈兆翱、陈季同和后堂学生刘步蟾、林泰曾5人前往法国和英国留学考察。1876年，李鸿章乘洋员李励协回国之便，派令武弁卞长胜等7人赴德国军营学习兵技。这两次游学欧洲，是近代中国官费生徒赴欧洲留学与考察的前奏。1877年，清廷正式

---

① （清）曾国藩：《论幼童出洋肄业》，中国史学会编：《洋务运动》第2册，上海人民出版社1961年版，第154页。

派遣李凤苞为华监督，法国人日意格为洋监督，率福州船政局前后堂学生 30 人和随员马建忠、文案陈季同、翻译罗丰禄分赴英、法留学。这是中国首批赴欧留学生。1882 年、1886 年清廷又派两批学生赴欧留学。

留学不仅费用不赀，也遭到顽固派的反对。1886 年，御史朱一新奏请清廷永停出洋留学。他说：

> 臣窃以为出洋一途，流弊滋大。黠者多染夷风，甚或私习洋教，浸假海疆多故，其不为汉奸者几希。夫战事以胆识为上，技艺次之，巧滑奸伪之徒断难得力。与使技艺优而鲜忠诚之意，不若技艺绌而有勇往之风。选将练兵，其必于此加之意矣。此后出洋学习之例，拟请普行停止，专以实力整顿学堂。①

这就使得留学事业难以为继。1886 年后，一直中断了十多年没有续派。直到 1896 年，驻日公使裕庚派员到江浙招收了 13 名学生赴日留学，才使派遣留学生的事业恢复起来。20 世纪初形成了留学日本的高潮。

(3)呼吁改革科举制度

鸦片战争后，中国传统科举制度不能适应时代需要的矛盾日益凸显。1841 年，第一次鸦片战争尚未结束之际，两广总督祁𡏖就上疏请改文武科试。他主张武科不能只考骑射，还应当选拔博通历史的有见识之才，精熟兵书的知兵之才，善于制器通算的制造兵器之才，洞知天文气象之才，以及精通地理、了解"外域之夷情"的人才，以改变学非所用的状况。1852 年，魏源提出设水师科的建议。他说：

> 国家试取武生、武举、武进士，专以弓马技勇，是陆营有科而水师无科。西洋则专以造舶、驾舶，造火器、奇器，取士抡官。上之所好，下必甚焉，上之所轻，下莫问焉。今宜于闽粤二省，武试增水师一科，有能造西洋战舰、火轮舟，造飞

① 《陕西道监察御史朱一新奏》，朱有瓛主编：《中国近代学制史料》第 1 辑（上册），华东师范大学出版社 1983 年版，第 586 页。

炮、火箭、水雷、奇器者，为科甲出身。能驾驶飓涛、能熟风云沙线、能枪炮有准者，为行伍出身……凡水师将官必由船厂、火器局出身，否则由舵工、水手、炮手出身，使天下知朝廷所注意在是，不以工匠、舵师视在骑射之下，则争奋于功名，必有奇材绝技出其中……水师者不能舍船械而空谈韬略，武备不能舍船炮而专重弓马。①

随着洋务运动的开展，要求改革科举的呼声逐渐高涨。1864 年，李鸿章致函奕䜣，建议"欲觅制器之器与制器之人，则或专设一科取士。士终身悬以为富贵功名之鹄，则业可成，艺可精，而才亦可集"。② 1874 年，他疏奏开设洋务科称：

抑臣更有陈者，用人最是急务，储才尤为远图。洋人入中国已三十余年，驻京已十余年，以兵胁我，殆无虚岁，而求练达兵略精通洋法者恒不数见，由于不学之故，下不学由于上不教也。军务肃清以后，文武两途，仍舍章句弓马末由进身，而以章句弓马施于洋务，隔膜太甚，是以沈葆桢前有请设算学科之奏，丁日昌前有武试改枪炮之奏，皆格于部议不行，而所用非所学，人才何由而出？近时拘谨之儒，多以交涉洋务为浼人之具，取巧之士，又以引避洋务为自便之图。若非朝廷力开风气，破拘挛之故习，求制胜之实济，天下危局，终不可支。日后乏才，且有甚于今日者。以中国之大，而无自强自主之时，非惟可忧，抑亦可耻。臣愚以为科目即不能骤变，时文即不能遽废，而小楷试帖，太蹈虚饰，甚非作养人才之道。似应于考试功令稍加变通，另开洋务进取一格，以资造就。现在京师既设同文馆，江省亦选幼童出洋学习，似已辟西学门径，而士大夫趋向犹未尽属者何哉？以用人进取之途全不在此故也。拟请嗣后凡有海防省分，均宜

① 魏源：《筹海篇》(三)，朱有瓛主编：《中国近代学制史料》第 1 辑(下册)，华东师范大学出版社 1983 年版，第 1 页。

② 萧一山：《清代通史》第 3 册，华东师范大学出版社 2006 年版，第 694 页。

设立洋学局，择通晓时务大员主持其事，分为格致、测算、舆图、火轮、机器、兵法、炮法、化学、电气学数门，此皆有切于民生日用军器制作之原……如有志趣思议，于各种略通一二者，选收入局，延西人之博学而精者为之师友，按照所学浅深，酌给薪水，俾得研究精明，再试以事……如有成效，分别文武，照军务保举章程，奏奖升阶，授以滨海沿江实缺，与正途出身无异。①

此后，也有官员奏请开算术科、艺学科者。1884年，国子监司业潘衍桐上疏开设艺学科。疏称：

臣愚谓求才不若储才，求才者但供一日之需，储才者可备数世之用。近世士大夫操守廉洁材略开敏者尚不乏人，所难者边才耳。夫边才莫要于知兵，而知兵莫先于制器。自泰西各国专以船坚炮利为长雄，于是谈兵者，苟炮不利，船不坚，虽韩白之才亦不能折冲御侮。迩来各直省之机器局、船政局、出洋局、同文馆、实学馆，皆欲讲求制造，然费帑千百万，卒无成功。一旦有缓急，辄曰制炮者无人，驾船者无人。议者咸咎疆臣之虚糜无实，要亦非尽疆臣之咎也。各省地方官晓制造者寥寥无几，所雇请之洋教习，未必尽工制造之人。此其无成效者一。立局之始，原取资质聪颖者试之，无如世俗骛于科名，凡子弟聪颖者必使攻时文、习帖括，其肯送入机器局者第中下顽劣之资耳。此其无成效者二……今天下书院义学有名无实者十居八九……为今之计，莫如仿照翻译例，另开一艺学科，凡精工制造，通知算学，熟悉舆图者，均准与考。②

除了要求增设算学科、艺学科、洋务科、西学科外，也有人直接对八股取士制度提出质疑。1861年，冯桂芬就提出废八股，改考经解、古

---

① 李鸿章：《筹议海防折》，朱有瓛主编：《中国近代学制史料》第1辑（下册），华东师范大学出版社1983年版，第17—18页。

② 《国子监司业潘衍桐奏请开艺学科折》，朱有瓛主编：《中国近代学制史料》第1辑（下册），华东师范大学出版社1983年版，第20—21页。

学、策问。1864年,薛福成提出:

> 制艺之盛,已五百年,至今日而穷矣。穷则变,变则通,通则久。为今之计,其必取之以征辟,而试之以策论乎?黜浮靡,崇实学,奖荐贤,去一切防闲,破累朝积习,则庶乎可得人矣。①

王韬也严厉抨击八股取士制度。他说:

> 欲得真才,必先自废时文始……今乃以无用之时文,为进身之阶,及问其何以察吏,何以治民,则茫然莫对也。所习非所用,所用非所长,则何不以有用之时,讲有用之学。大抵必如前代科目法,区为数门,首曰孝悌贤良,次曰孝廉方正,三曰德著行修,四曰茂才异等,此四者,皆由乡举里选,国家不必试其文章,但当优其奖励,以厚风俗,以端教化。至所以考试者,曰经学、曰史学、曰掌故之学、曰词章之学、曰舆图、曰格致、曰天算、曰律例、曰辩论时事、曰直言极谏,凡十科,不论何途以进,皆得取之为士,试之以官。至武科亦宜废弓石而改为枪炮。②

改革科举的主张,遭遇到强大反对力量,洋务派内部也颇多歧义。左宗棠认为艺学虽为自强所必需,但无必要特设艺学一科。"缘古人以道艺出于一,原未尝析而为二,周公以多才多艺自许,孔子以不试故艺自明,是艺事虽所兼长,究不能离道而言艺,本末轻重之分,固有如此。"③他主张在科举考试中,给有志艺学的人留出一定名额。实际上,就是鼓吹学艺学者,都主张时文与艺学兼通。反对者的理由,仍不外夷夏之防,人心风俗,八股取士无碍人才的培养。于凌辰说:

---

① 薛福成:《选举论》(上),朱有瓛主编:《中国近代学制史料》第1辑(下册),华东师范大学出版社1983年版,第5页。

② 王韬:《变法自强》(中),朱有瓛主编:《中国近代学制史料》第1辑(下册),华东师范大学出版社1983年版,第8页。

③ 左宗棠:《艺学说帖》,朱有瓛主编:《中国近代学制史料》第1辑(下册),华东师范大学出版社1983年版,第25页。

学洋学即不能不以洋学之精否为人才之用舍。在创为是议者，原为借以制夷之具，固非欲举所谓礼义廉耻大本大原令人一切捐弃。然师事洋人，可耻孰甚？道之以甚可耻之事，而曰尔之礼义廉耻其守而勿失，此必不能之势。①

王家璧批驳李鸿章称：

李鸿章以我朝取士，惟以章句弓马，所学非所用，无以御敌，遂议变科目以洋学。臣惟本朝以弓马开基，文德武功，远轶前代。枪炮固可兼习，本业岂可全忘？都兴阿、多隆阿等所部马队兼用弓矢，追贼发无不中，贼甚畏之，臣所亲见。且以章句取士，正崇重尧舜周孔之道，欲人诵经史，明大义，以敦君臣父子之论也。人若不明大义，虽机警多智，可以富国强兵，或恐不利社稷。操用人之柄者，苟舍德而专尚才，从古乱臣贼子，何一非当世能臣哉？今欲弃经史章句之学，而尽趋向洋学，试问电学、算学、化学、技艺学，果足以御敌乎？曾国藩、左宗棠、李鸿章皆以科目进身，并非读洋书，习洋技，而其克成大功，洋之枪炮轮船皆足供其用者，正贵深明大义，能用洋人而不为洋人所用也。②

刘秉璋也致书李鸿章，对设洋学局表示异议。他认为，科举无妨人才，天文算学是六艺之一，不必归于洋学。针对刘秉璋的论调，李鸿章毫不客气地驳斥说：

至称制科代有伟人，曾文正与兄等皆科目得之，此论前数年早经辟过，尚记忆否？且即得文正与兄等数十辈，洋务亦断办不好。此微明自照，不敢强饰，正误于当时之时文小楷也。又谓算学比于天文，生为六艺之一，圣人未尝不讲究，兄却未见圣人留下几件好算数器艺来。又谓格致、测算，无非欲其用诸制造，然天地万物万事皆有制造之法之

① （清）于凌辰：《奉旨会议海防事宜折》，中国史学会编：《洋务运动》第1册，上海人民出版社1961年版，第121页。

② （清）王家璧：《会议海防事宜奏折附片》，中国史学会编：《洋务运动》第1册，上海人民出版社1961年版，第129页。

意，何可藐视。又谓统名之洋学局，疑于用夷变夏，名不正则言不顺。是必华学即可制夷，即可敌夷。若尚不足以制敌，则取彼之长益我之短，择善而从，又何嫌乎？故不必以赵武灵王胡服为比，即须综核名实，洋学实有逾于华学者，何妨开此一途？①

由于阻力太大，改革科举主张只能是纸上谈兵。之所以如此，一是其会妨碍很多士人的进身门路；二是其会危及儒家礼法制度的传承。于凌辰说："今日乏才，岂不学洋学之过哉？吏治坏于开捐，人才坏于滥保，寡耻鲜耻之徒日以多，正人君子日以少。"②这实际就是指责洋务人才的保举，妨碍了科甲正途的进身门路。顽固派虽然高谈义利之辨，但他们也非常清楚功名利禄在维持儒学正统地位中的重要性。没有了功名利禄的支撑，儒学就会式微，进而危及儒家礼法制度的传承。"自汉武开利禄之途，而经术始重；历代为科举之具，而文艺愈尊。"③相反，没有利禄，经术不重；没有科举，文艺不尊。

4. 引进西方的科学技术

西方的近代科学产生于17世纪。明末清初，西方传教士曾把西方的一些科技传入中国。但康熙末年禁止基督教的传播，这种文化交流也随之中断。鸦片战争打破了中国闭关自守的局面，西方近代科学技术开始传入中国。在19世纪40年代前期，一些士人开始钻研科学技术，并著书立说，其著名者有郑复光的《火轮船图说》、汪仲洋的《铸炮说·附台炮》、丁拱辰的《演炮图说》、丁守存的《西洋自来水铳制法》、黄冕的《炮台旁设重险说》、陈阶平的《请仿西洋制造火药疏》等。学习先进科学技术，一时成为风气。但当时对西方的科技认识还限于器物层次，也就是技与器混而为一。

---

① （清）李鸿章：《复钱调甫中丞》，（清）吴汝纶编：《李鸿章全集》第5册，海南出版社1997年版，第2665页。

② （清）于凌辰：《会议海防事宜奏折附片》，中国史学会编：《洋务运动》第1册，上海人民出版社1961年版，第121页。

③ 《湖北何通判熙年上张香帅言武备学堂事宜书》，朱有瓛主编：《中国近代学制史料》第1辑（上册），华东师范大学出版社1983年版，第595页。

洋务运动兴起，洋务派在引进西方先进机器的同时，逐渐认识到器的背后是学。科学才是西方发达的根本原因。相对于觅器、购器，求学才是“收远大之效”的根本方法。引进西方科学，就成为洋务运动的重要内容。引进主要通过三种途径：翻译、设立学堂、派遣留学生。从19世纪60年代起，洋务派开始大规模的翻译工作，西方科学译著随之大量出版。在三四十年间主要的出版机构有京师同文馆、江南制造局、广学会。京师同文馆翻译的内容侧重于外交、世界史、时事方面。广学会翻译的内容侧重于宗教、外国史、医学等方面。在科学著作翻译方面，江南制造局的贡献最为突出。这与该局创设之初，李鸿章就非常重视西方科学著作的翻译有直接关系。他说：

> 彼西人所擅长者，测算之学、格物之理、制器尚象之法，无不专精务实，泐有成书，经译者十才一二，必能尽阅其未译之书，方可探赜索隐，由粗显而入精微，我中华智巧聪明，岂出西人之下。果有精熟西文者转相传习，一切轮船火器等巧计，当可由渐通晓，于中国自强之道，似有裨助。①

被翻译介绍到中国的科学著作，内容十分广泛，涉及数学、物理、化学、天文、地学、生物学、医学等学科门类。

新学堂也是引进西方科学的重要基地。除洋务派办的新学堂外，西方教会、中外民间人士也办有新学堂。其中上海的格致书院是当时最有名的、由中外民间人士创办的、以学习西方科技为主的新学堂。徐寿在上李鸿章的条陈中说：

> 窃维格致之学，大之可齐治平，小之可通艺术，是诚尽人所宜讲求，今日所当急务……欲使人人通晓而不虞日久废驰，则必有会集讲论之所，招集深思好学之人，随会学习，讲求参考，以冀将来振兴，预备人材，施诸实用。卑职等筹议及此，拟于上海设立格致书院，使风气渐开，以收致用之效。②

---

① (清)李鸿章：《请设外国语言文字学馆折》，(清)吴汝纶编：《李鸿章全集》第1册，海南出版社1997年版，第110页。

② 《徐雪村先生为上海设格致书院上李爵相禀并条陈》，朱有瓛主编：《中国近代学制史料》第1辑(下册)，华东师范大学出版社1983年版，第165页。

格致书院不仅设有学堂,还建有图书馆、博物馆,发行《格致汇编》杂志,介绍西方科学。格致书院的建立,得到了洋务派官僚、士人的大力支持。

留学也是引进西方科学的重要途径。官派留学生中,绝大部分学习西方自然科学。另外,一些近代报纸杂志,热心宣传西学的中外著名人士,如傅兰雅、徐寿、华蘅芳等都对西学的引入做出了重要贡献。

西方自然科学的引入,对中国产生了巨大影响。它不但为中国人开辟了新的学问天地,也改变了中国人的思维方式、观念,甚至影响到中国政治。

首先,它在一定程度上改变了人们轻视自然科学的态度。中国传统重人事、轻科学。把人事奉为形而上的道,把科学鄙为形而下的器。从事科学的人都被列入方技类,而不入士林类。即使到了近代,这种观念仍然非常强烈。曾经做过驻外使节的刘锡鸿在评价格致书院时说:

> 大学之言格致,所以为道也,非所以为器也。身心家国,天下之理,有各正者,有相因者……不诚其意以自课,斯心无由正,身无由修,而齐、治、平皆失其本矣……物之云者,即身心家国天下也。非谓用功于身心,反先推求夫一器一技之巧也。一器一技,与正心修身奚与?……自西洋以富强称,论者不察其政治之根柢,乃谓其富强实由制造。于是慕西学者如蚁慕膻,建书院以藏机器,而以"格致"名之。殆假大学条目以美其号,而号众以来学也。虽然,此岂可假哉?①

刘锡鸿认为,格致就是格心正意,而非研究一器一技;格致书院以"格致"为名是扯虎皮做大旗。因而,格致书院应改为"艺林堂"。"所谓西学,盖工匠技艺之事也。易'格致书院'之名,而名之曰'艺

---

① 刘锡鸿:《观格致书院后》,朱有瓛主编:《中国近代学制史料》第1辑(下册),华东师范大学出版社1983年版,第229—230页。

林堂'。聚工匠巧者而督课之,使之精求制造以听役于官,犹百工居肆然者,是则于义为当。夫士苟自治其身心,以经纬斯世,则械器之不备,固可指挥工匠以成之,无待于自为。奈何目此为格致乎?"①

传统观念虽然根深蒂固,但自然科学在富国强兵中的功效也不能熟视无睹。所以,开明人士逐渐摆脱这些传统观念的束缚。薛福成提出道器合一说。他说:

> 格致之学,在中国为治平之始基,在西国为富强之先导。此其根源非有殊也。古圣人兴物以全民用,智者创,巧者述,举凡作车行陆,作舟行水,作弧矢之利以威天下,所谓形上形下,一以贯之者也。后世歧而二之,而实事求是之学不明于天下,遂令前人创述之精意,潜流于异域。②

左宗棠虽然坚持道器之分,但也认为器不可废。"窃艺事系形而下者之称,然志道据德,依仁游艺,为形而上者所不废,经称'工执艺事以谏',是其有位于朝,与百尔并无同异。"③左宗棠认为,即使艺事是末,也不能安于落后。他指称:

> 中国之睿知运于虚,外国之聪明寄于实。中国以义理为本,艺事为末;外国以艺事为重,义理为轻。彼此各是其是,两不相逾,姑置弗论可耳,谓执艺事者舍其精,讲义理者必遗其粗不可也。谓我之长不如外国,导其先可也;谓我之长不如外国,让外国擅其能不可也。④

其他洋务派人士,虽然都未从道器、本末高度来论述西方自然科学,但一致认为西方自然科学是富强之基,所宜讲求之急务。

轻视自然科学观念松动的另一个表现,就是一些士人把研究近

① 刘锡鸿:《观格致书院后》,朱有瓛主编:《中国近代学制史料》第1辑(下册),华东师范大学出版社1983年版,第231页。

② (清)薛福成:《出使英法义比四国日记》,岳麓书社1985年版,第71—72页。

③ (清)左宗棠:《艺学说帖》,朱有瓛主编:《中国近代学制史料》第1辑(下册),华东师范大学出版社1983年版,第24页。

④ (清)左宗棠:《同治五年五月十三日左宗棠折》,中国史学会编:《洋务运动》第5册,上海人民出版社1961年版,第8页。

代科学作为终身职志。李善兰、华蘅芳、徐寿父子是其代表。中国古代不乏士人成为大科学家者,如张衡、祖冲之等。不过,在他们心目中,最向往的还是修齐治平,科学只是一种副业。把科学作为终身职志者,李善兰、华蘅芳、徐寿等开其风气。对于这一点,清末时就有人给予高度评价,称许他们"于举世不为之日,冥心孤往,发明学理,独开风气之先"①,不愧为"实学界之阶梯,士林之模范"。②

其次,近代自然科学的传入改变了中国人的传统思维方式。有人把中国传统思维方式称为混沌思维方式,不求精确实证。圆与通被视为最高智慧。这就是说一个观念的提出,最高境界是弥之六合,缩之无间,无处不适。近代科学建立在三大基础之上:数学、实验、逻辑。在甲午战争前,国人对西方的数学、实验思维方式已有了较为深入的了解。中国人首先认识到了数学是西方自然科学的基础。总理衙门奏请同文馆增设天文算学馆时称:"盖以西人制器之法,无不由度数而生,今中国议欲讲求制造轮船、机器诸法,苟不借西士为先导,俾讲明机巧之原,制作之本,窃恐师心自用,徒费钱粮,仍无裨于实际。"③李鸿章在创设上海广方言馆时,也把数学置于首要地位。"孔门六艺不废书数。况西人制造日新月异,俱从算学而出。"④洋务派创设的新学堂都如此定位数学。西方的实验方法也令中国人印象深刻。新学堂都注重培养学生的实验能力。购置实验仪器,让学生动手操作,也是新学堂办学的重要一环。"查西人言理必显诸迹象,即有各类操习者,但能识别,必强为分明。中国素未讲求,故言理终涉空疏,反借口于玩物丧志,其目所未见者,又以为荒诞而不足凭……夫工欲善事,必先利器,彼格致之学,假象以

---

① 《故选同衔升用府候选同知直隶州知州华蘅芳事略》,中国史学会编:《洋务运动》第8册,上海人民出版社1961年版,第31页。

② 《上学部公呈》,中国史学会编:《洋务运动》第8册,上海人民出版社1961年版,第16页。

③ 《奏拟同文馆学习天文算学章程折》,中国史学会编:《洋务运动》第2册,上海人民出版社1961年版,第23—24页。

④ 《计呈酌拟广方言馆课程十条》,朱有瓛主编:《中国近代学制史料》第1辑(上册),华东师范大学出版社1983年版,第223页。

明其理，借器以显其象。中国虽有覃精之士，苦心思索，而器有未备，终觉拟议之俱穷。”[①]甲午战争后，严复把逻辑方法引入中国。这些新方法的引入，使中国人有了精确、实证、分析的思维方式，而不再是传统上的朴素经验、主观师心自用，或所谓的圆通。

再次，西方自然科学的引入，也深深改变着中国人的政治思维。康有为依照几何公理编著《人类公理》。西方自然科学对中国人政治思维影响最深的莫过于“变”的观念。儒家虽然也讲时中，也讲“穷则变，变则通，通则久”，但是对于变还是持慎重态度。所谓“利不百不变法，功不十不易器”。即使有变，也不能突破“天不变，道亦不变”的原则。道又被长期具体定格为儒家的纲常伦理。一切不合，或有可能危及这个道体的变革，都不被允许。这就造成了中国人的保守性格。政治上谈“变”色变。西方自然科学的引入，大大冲击了“天不变，道亦不变”的观念。古地质学、古生物学、天文学等显示了地球、人类、天体都是从无到有，由简至繁。既如此，还谈什么“天不变，道亦不变”？因为事实是天地万物无不在变。谭嗣同说：“天地以日新，生物无一瞬不新也。今日之神奇，明日即已腐臭，奈何自以为有得，而不思猛进乎？”[②]政治变革成了当时先进士大夫的重要政治共识，也主导了他们的政治思维。

最后，西方自然科学的输入，一定程度上改变了中国人的迷信观念，提高了国人的科学素质。据记载，徐寿一生“无谈星命风水，无谈巫觋谶纬。其见诸行事也：婚嫁丧葬概不用阴阳择日之法；四时祭祀专奉祖先而不祭外神；治丧不用僧道忏醮以及乐工鼓吹；营葬不用堪舆家言；居恒与人谈议，所有五行生克之说，理会肤浅之言，绝口不道”。[③] 清末，一位官员上书清廷，要求废除迷

① 《再拟开办学馆事宜章程十六条》，朱有瓛主编：《中国近代学制史料》第1辑（上册），华东师范大学出版社1983年版，第231页。

② （清）谭嗣同：《上欧阳中鹄》，蔡尚思、方行编：《谭嗣同全集》（下册），中华书局1981年版，第458页。

③ 《徐玉村先生像序》，中国史学会编：《洋务运动》第8册，上海人民出版社1961年版，第33—34页。

信的祀典。“学堂广设,科学日明。地球掩月而月蚀,月球掩日而日蚀;水汽上蒸而为云,遇冷下坠而为雨。学部审定教科书中,诠发至明。五尺之童,靡不灼知其故。而救护日月之典,祈雨祝晴之事,官吏犹循成例举行,其子弟斥为怪诞不经。”如果不破除,就有可能“新旧隐相激战,实足以启无形之冲突”。[①] 这就说明,随着自然科学的输入,人们的科学素质得到提高,一些迷信风俗开始受到质疑与唾弃。

甲午战争后,科学在国人的心目中不仅是富强的工具,而且成为一种价值标准。一切理论、主张,要想取得合法性,就必须贴上科学、公理的标签。正如胡适所说:

> 这三十年来,有一个名词在国内几乎做到了无上尊严的地位;无论懂与不懂的人,无论守旧和维新的人,都不敢公然对它表示轻视或戏侮的态度。那个名词就是“科学”。这样几乎全国一致的崇信,究竟有无价值,那是另一问题。我们至少可以说,自从中国讲变法维新以来,没有一个自命为新人物的人敢公然毁谤“科学”的。[②]

5. 探索建立近代工商体制

工业化生产体系需要一套与之相适应的制度。洋务派在引进西方大机器生产制度的同时,也在探索支撑大机器生产的工商体制。

(1)企业经营形式:官办、官督商办、商办

洋务派在引进西方大机器生产制度之初,一是由于风气未开,二是由于首先引进的是军工生产,所以很自然地采取了官办形式。

首先,洋务派从政治上限制民间资本进入此领域,以免威胁清廷的统治。李鸿章称:

> 抑犹有虑焉者,中国残寇未灭,外国不拘官民,窃售利

---

① 沈云龙主编:《近代中国史料丛刊续辑》第 81 辑《清末筹备立宪档案史料第一编》,台北文海出版社 1981 年版,第 281 页。

② 张君劢等:《科学与人生观》(一),辽宁教育出版社 1998 年版,第 9 页。

器，倘山陬海隅，有不肖之徒，潜师洋法，独出新意，一旦辍耕太息，出其精能，官兵陈陈相因之兵器，孰与御之？①

其次，采取官办形式，也含有官方为民倡导的作用。军工生产由官方垄断，这是清廷坚定不移的方针。对于民用企业，洋务派还是希望由民间参与兴办。在创办军工企业之初，洋务派就希望是军民并举，主张在官方的带动下，民间参与民用企业的兴办。曾国藩、李鸿章在创办江南制造局时称：

抑臣尤有所陈者，洋机器于耕织、印刷、陶埴诸器皆能制造，有裨民生日用，原不专为军火而设。妙在借水火之力以省人物之劳费……惟见先华洋隔绝，虽中土机巧之士莫由凿空而谈。逮其久，风气渐开，凡人心智慧之同，且将自发其覆，臣料数十年后，中国富农大贾必有仿照洋机器制作以自求利益者，官法无以为之区处，不过铜钱、火器之类仍照向例设禁，其善造枪炮在官人役，当随时设法羁縻耳。②

这就是说，从一开始，洋务派就没想垄断机器生产，也不单单注重军工。最初之所以采取官办形式，既是由于军工生产的特殊性，也是形势所驱。

官督商办是洋务派创办民用企业采取的最主要形式。这也是历史的选择。从民间而言，创办新式企业需要官方的政治支持。从官方而言，需要民间资本的支持。19世纪70年代，中国风气未开。创办新式企业无论从政治上还是民间舆论上，都没有取得合法性。况当时吏治腐败，创办新式企业也面临着官员的勒索问题。洋务派欲创办民用企业，但依靠政府财政难以为继。官督商办就成了洋务派官僚和有志创办新式企业的民间人士的共同选择。郑观应说：

全恃官力，则巨费难筹；兼集商资，则众擎易举。然全归商办，则土棍或至阻挠，兼依官威，则吏役又多需索。必

---

① 《同治三年四月二十八日总理各国事务衙门奏折附江苏巡抚李鸿章函答制火器》，《筹办夷务始末》（同治朝），中华书局2008年版，第1088页。

② （清）曾国藩、李鸿章：《置办外国铁厂机器折》，同治四年八月初一日，中国史学会编：《洋务运动》第4册，上海人民出版社1961年版，第14页。

官督商办，各有责成：商招股以兴工，不得有心隐漏；官稽查以征税，亦不得分外诛求。则上下相维，二弊俱去。①

官督商办虽是洋务派与新式商人的共同选择，但二者对官督商办的理解与期待并不一样。新式商人对官督商办的希望是政治支持与稽查征税；洋务派对官督商办的理解是扶持与控制并重。应该说每个官督商办企业的创办，都得到了官方的大力支持。官方对官督商办企业的扶持包括：

一是垫借官款。大多数官督商办企业由于创办时股本招收不足，往往由政府先垫借一部分官款。汪熙对此有一个统计：

官督商办开办时清廷垫借官款情况　　单位：两

<table>
<tr><th>年份</th><th>企业名称</th><th>垫借官款金额</th></tr>
<tr><td>1872</td><td>轮船招商局</td><td>135000</td></tr>
<tr><td>1877</td><td>开平矿务局</td><td>100000</td></tr>
<tr><td>1887</td><td>漠河金矿</td><td>130000</td></tr>
<tr><td>1882</td><td>中国电报总局</td><td>178780</td></tr>
<tr><td>1883</td><td>上海机器织布局</td><td>265390</td></tr>
<tr><td>1896</td><td>汉阳铁厂</td><td rowspan="2">5586416</td></tr>
<tr><td>1896</td><td>大冶铁矿</td></tr>
<tr><td>1897</td><td>中国通商银行</td><td>1000000</td></tr>
</table>

有时因业务上企业资金周转困难，也常由政府借垫款项。同时为了“纾商力”，对政府借款，有时采取分年还本、缓付利息等。

二是免税、减税。官督商办企业享有免税特权虽非定例，但根据李鸿章、张之洞的奏请，在很多方面确实取得了免税和减税的优厚待遇。

三是营业特权。官督商办企业可以通过官方渠道获得很多排他性的营业特权。轮船招商局从开办之日起就享有承运漕粮的特权。1877 年，李鸿章又替招商局奏准承运各省官物的特权。上海机

① （清）郑观应：《开矿》（上），《盛世危言》，中州古籍出版社 1998 年版，第 378 页。

器织布局开办时，李鸿章即奏准“酌定十年以内只准华商附股搭办，不准令行设局”。[①] 官方的这些扶持政策，对官督商办企业的创办、生存、发展至为重要，但是官府的扶持并不是无条件的，它是需要回报的。这就是报效。轮船招商局要以年盈利的20%作为报效。电报局以官报免费作为报效。上海机器织布局每出纱一包捐银一两。漠河金矿从开办之日起就规定以年盈利30%呈交黑龙江将军衙门报效军饷。除规定的常年报效外，如赈灾、兴学、兴办海军、皇太后生日等都要报效。一些地方大吏也是需要企业孝敬的。除了对企业的勒索，官权过大也是突出问题。“商民虽经入股，不啻途人，即岁终分利亦无非仰他人鼻息。而局费之当裁与否，司事之当用与否，皆不得过问。虽年终议事亦仿泰西之例，而股商总办分隔云泥，亦第君所曰可据亦曰可，君所曰否据亦曰否耳。”[②]另外，由于洋务官僚将企业作为衙门开办、人浮于事的现象十分严重，甚至坐领干薪者也不为少数，官权与商利的矛盾越来越突出。早期积极倡导官督商办的郑观应，晚年也哀叹：“名曰保商实剥商，官督商办势如虎。”[③]

商办也是早期民族企业的一种创办形式。郭嵩焘早就指出，发展经济应该以民间为主。“国于天地，必有与立，亦岂有百姓困穷而国家自求富强之理？今言富强者，一视为国家本计，与百姓无与。抑不知西洋之富专在民，不在国家也。”[④]王韬说：“若开掘煤矿五金诸矿，皆许民间自立公司，视其所出繁旺与否，计分征抽，而不使官吏得掣其肘。又如制造机器，兴筑铁路，建置大小轮船，其利皆公之于民。”[⑤]事实上，甲午战争前，在缫丝、轧花、制茶、面粉、火柴、榨油、

① （清）李鸿章：《试办织布局折》，（清）吴汝纶编：《李鸿章全集》第3册，海南出版社1997年版，第1339页。

② （清）吴佐清：《中国仿行西方纺纱织布应如何应筹办俾国家商民均获利益论》，陈忠倚辑《皇朝经世文三编》第26卷，光绪二十七年上海书局石印本，第7页。

③ （清）郑观应：《商务谈》，夏东元编：《郑观应集》（下），上海人民出版社1988年版，第1370页。

④ （清）郭嵩焘：《与友人论仿行西法》，陆玉林选注：《使西纪程——郭嵩焘集》，辽宁人民出版社1994年版，第154页。

⑤ （清）王韬：《重民》（中），《弢园文录外编》，上海书店出版社2002年版，第18页。

造纸、印刷、机器修造、电灯等行业，都有民间资本涉足。不过，总体而言，此时商办企业在中国近代企业中并不占主导位置。

(2)股份制——近代企业的根本形式

西方资本主义发展，得益于创造股份制度。中国人也很快认识到股份制在经济发展中的重大作用。薛福成就多次谈到公司的重要作用。他说：

> 西洋各国之所以致富强者，以工商诸务之振兴也。工商诸务之无阻，以各项公司之易集也。凡事独立则难支，众擎则易举；势孤则气馁，助多则智周。西洋公司资本之雄，动以数千百万计，断非一人一家之力所能就。然苟有当办之事，可兴之利，则风声一播而富商立集，股票一出而巨款立致。①

因此，如果中国不能行公司之法，则工商业终难振兴。“是故风气不变，则公司不举，公司不举，则工商之业无一能振，工商之业不振，则中国终不可以富不可以强。”②马建忠也认为西洋商务制胜之道在于股份公司。“外洋商务制胜之道，在于公司。凡有大兴作、大贸易，必纠集散股，厚其资本，设有亏累，则力足持久，不为外商牵制。”③

设立股份公司，不但方便筹集资本，更重要的是引进公司治理制度。官督商办企业从资本组成形式而言，也是股份制，为什么难以取信于人呢？就是因为缺乏公司治理制度。郑观应身处其中，所以也深有感受。他说：

> 按西例，由官设立者谓之局，由商民设立者谓之公司。总理公司之人即由股商中推选，才干练达股份最多者为总办。初未尝假于官，官特为之保护耳。今中国禀请大宪开

---

① （清）薛福成：《出使日记续刻》，《筹洋刍议——薛福成集》，辽宁人民出版社1994年版，第126—127页。

② （清）薛福成：《论公司不举之病》，丁凤麟等编：《薛福成选集》，上海人民出版社1987年版，第480页。

③ （清）马建忠：《富民说》，中国史学会编：《洋务运动》第1册，上海人民出版社1961年版，第406页。

> 办之公司，皆商民集股者，亦谓之局，其总办或由股份人公举，或由大宪札饬。（凡大宪札饬者，无论有无股份，熟识商务与否，只求品级高，合大宪之意者）皆二三品大员，颁给关防，要以札副，全以官派行之。位尊而权重，得以专擅其事；位卑而权轻者，相率而听命。公司得有盈余，地方官莫不思荐人越俎代谋。试问外洋公司有此办法乎？且历观商务由官专办者终鲜获利……其故何哉？窃恐各委员不免仍拘官场积习，非但不知商务利弊，不通权变而已也。①

（3）专利制度——企业创新的动力

西洋工艺能够日新月异，专利制度是重要原因。薛福成把西方的专利制度称作“励新法”。“有能创一艺者，给以凭单，俾得专享其利，则才智之士无不殚精竭能矣。”②郑观应也呼吁实行专利制度。他说：

> 凡有新出奇巧之物，绘图贴说，进之当事，验其确有实用，即详咨执政，予以专利之权，准给执照，并将名姓图说刊入日报，俾遐迩周知。所以有美必彰，无求不得，殚精竭虑，斗巧争夺，莫能测其止境也。③

因此，只有实行专利制度，才能激发人的创新热情。“智巧聪明之士，无不孤诣冥心，孑孑独造，而人才辈出，日出靡穷。且有一器一物也，务求其成，守愚公移山之志，历世相继，父以诏子，子以诏孙，至再至三，改造仿制，虽虚靡巨费以贫其家弗顾也。更有乞之同辈，请之朝廷，助其资财，以竟全功，务底于精纯无憾而后已。”④

（4）银行——国民经济的血液

如果把石油喻为工业生产的血液，银行就是整个国民经济的血液。丁日昌是比较早提出创设近代银行的人。1875年，李鸿章复丁

---

① （清）郑观应：《商务》（二），《盛世危言》，中州古籍出版社1998年版，第306—307页。

② （清）薛福成：《出使英法义比四国日记》，岳麓书社1985年版，第599页。

③ （清）郑观应：《技艺》，《盛世危言》，中州古籍出版社1998年版，第391页。

④ （清）陈炽：《精技艺以致富说》，赵树贵编：《陈炽集》，中华书局1997年版，第335页。

日昌函称：

惠示议复总署六条大稿。披续再四，逐条皆有切实办法。大意似与拙作一鼻孔出气。而筹饷条推及陆路电报公司、银行、新疆、铁路……此皆鸿章意中所欲言而未敢尽情吐露者。①

遗憾的是《丁中丞政书》及中国史学会所编《洋务运动》均未收集丁日昌此稿，未得丁氏关于银行言论的详情。甲午战争前，对银行阐释最详细的是郑观应。他说：

夫洋务之兴莫要于商务，商务之本莫切于银行。泰西各国多设银行，以维持商务，长袖善舞，为百业之总枢，以浚财源，以维大局。兹略举其利国利民之大要言之：银行之盛衰隐关国本，上下远近，声气相通。聚通国之财，收通国之利，呼应甚灵，不形支绌，其便一。国家有大兴作，如造铁路、设船厂，种种工程可以代筹，其便二。国家有军务、赈务缓急之需，随时通融，咄嗟立办，其便三。国家借款不须重息，银行自有定章，无经手中饱之弊，其便四。国家借款重叠，即或支应不敷，可以他处汇通，无须关票作押，以全国体，其便五。中国各殷实行家、银号、钱庄或一时周转不灵，诸多窒碍，银行可力为转移，不致败坏市面，商务借可扩充，其便六。各省公款寄存银行（各海关官银号岁计入息约共数十万两），需用之时支应，与库存无异，而岁时入息仍归公项，不致被射利之徒暗中盘算，其便七。官积清俸，民蓄辛资，存款生息，断无他虑，此便八。出洋华商可以汇兑，不致如肇兴公司为洋人掣肘，其便九。市面银根短绌，可借本行汇票流通，以资挹注，其便十。有此种种便益，是民生国计所交相倚赖者也。②

---

① （清）李鸿章：《复丁雨生中丞》，（清）吴汝纶编：《李鸿章全集》第5册，海南出版社1997年版，第266页。

② （清）郑观应：《银行》（上），《盛世危言》，中州古籍出版社1998年版，第360—361页。

甲午战争后，创设银行进入实际操作阶段。1896年，盛宣怀奏请创设银行说：

银行昉于泰西，其大旨在流通一国之货财，以应上下之求给。法既善于中国之票号钱庄，而国家任保护，权利无旁挠，故能维持不敝。各国通商以来，华人不知务此，英法德俄日本之银行乃推行来华，攘我大利。近年中外士大夫灼见本末，亦多建设银行之议。商务枢机所系，现又举办铁路，造端宏大，非急设中国银行，无以通华商之气脉，杜洋商之挟持。①

陈炽也提出，中国不设银行，犹涉水而无桥梁。“中国既无银行，又不思急行创立，故上欲筹饷，则人易我难，下欲经商，则人通我塞。譬之一身，他人则百脉贯通，血脉同流，精神焕发，无论登高履险，无难色无戚容。我则手足惰窳，筋络痿痹，血多之处积而成痈疽，血少之方枯而为瘫痪，不和不活，不均不平，如以病夫敌壮夫，岂能与之絜长而较短哉。故中国自问此后而果能不与通商亦已耳，通商而不设银行，是犹涉水而无梁，乘马而无辔，登山而无屐，遇飘风急雨而无寸椽片瓦以栖身，则断断乎其不可矣。”②正是基于对银行在国民经济中巨大作用的认识，1897年中国通商银行在上海成立。其后，中国的银行业逐渐发展起来。

保险是国民经济中的重要服务行业。洋务派官绅也积极呼吁引进保险制度。中国轮船招商局成立后，王韬就提出设保险以广招徕。他说：

西商贸易之利，首在航海，顾风波之险，有时不可测料。于是特设保险公司，以为调剂。于百中取二三，无事则公司得权微利，有失则商人有所借手，不至于大损。此其法诚至善也。中国既设轮船招商局，虽至于运粮北上，而客商货物亦赖以转输。其中岂能尽占利涉，而招商保险二者，要当相

① (清)盛宣怀：《条陈自强大计附奏请设银行片》，中国史学会编：《戊戌变法》第2册，上海人民出版社2000年版，第442—443页。

② (清)陈炽：《续富国策》卷四《商书·创开银行说》，赵树贵编：《陈炽集》，中华书局1997年版，第264页。

辅以并行。夫运粮不过在春时数月耳，其余专恃载客附货，以相流通。则必有取信于货客者，乃可行之久远。不有保险，则货客且为之中馁，今惟赖西人保险，则徒寄人篱下，权自彼操，无以独立门户。且其言曰：必以西人为船主，则保险乃可行。是则将来不无多所挟持……保险公司例可二三年间创行。以中国之人，保中国之货，不必假手于外洋，而其利乃得尽归于我。①

王韬只是就事论事谈论保险。钟天纬、郑观应、陈炽等更从整体国民经济、民生福祉高度展开论述。钟天纬说："外国经营商务，不外两端，有公司而力量始厚，有保险而意外无虞，而商务乃有恃无恐。"②陈炽说：

男子弧矢四方，远适异国，水则有覆溺风涛之险也，陆则有车翻马逸，盗贼劫掠之险也，然此就寻常行旅言之耳。至于巨贾富商，挟资运货，水则连樯接舳，陆则结驷联骑，稍有疏虞，一蹶多难复振，然此犹就昔日之水程陆道言之耳。至于今日，水则轮舟，陆则轮车，电掣风驰，日行千里，其速固不可思议，偶有蹉跌，其险亦不可限量，即有救生救命之圈，而资本千万金全归乌有，一商受亏，群商失色，于本国商务大有所妨。③

化解风险之道，当然是行保险之法。陈炽希望由官方设立商政局，自立保险公司。"只收华人保险之费，每岁亦数千百万金，开诚布公，通力合作，保众人之物业，收各埠之利权，即此保险一端，而华商之大势成，中国之全局振矣。"④保险不但具有经济意义，也有社会意

① （清）王韬：《代上广州冯太守书》，《弢园文录外编》，上海书店出版社2002年版，第250页。

② （清）钟天纬：《扩充商务十条》，郑振铎编：《晚清文选》（一），西苑出版社2003年版，第170页。

③ （清）陈炽：《续富国策》卷四《商书·保险集资说》，赵树贵编：《陈炽集》，中华书局1997年版，第255—256页。

④ （清）陈炽：《续富国策》卷四《商书·保险集资说》，赵树贵编：《陈炽集》，中华书局1997年版，第257页。

义。他说:“保险之物日益繁,保险之利日益广,保险公司亦日益多,而其保人寿险之法,尤有合于先王恤老济贫,衷此茕独之意。”①仁和保险公司是中国人创设的第一家保险公司,经营业绩也相当不错。据张培仁记载:

仁和保险公司计股本银三十五万两,按年给息一分五厘外,余俱存为公积。以年来生意平顺,获利较丰,即开拓新加坡、旧金山等处生意。利益渐多,复公同商议,除照本给息外,令派余利一分五厘。自光绪元年十二月起,至六年年底止,已共给息二十五万三千余两,而本局所派之余息尚不在内,其获利厚矣。②

(5)立法——经济发展的制度保障

洋务运动兴起后,发展工商业逐渐为国人所接受。但如何发展工商业,人们议论更多的是一些具体事项,比如开矿、通商船、修铁路、办银行、立公司、实行专利保护、裁厘金、变税则等。但如何从法律上创造一个有利于工商业发展的环境,人们考虑得并不多。比较早提出以立法振兴工商业的是薛福成。薛福成在1892年提出要振兴工商,很重要的一环是“兴公司”。“兴之之术,不外立保护公司之法,议整顿公司之规而已。”③郑观应也认为中国商务不能振兴,就是缺乏法律保护。“窃闻华商公司不能振兴,由于有剥商之条,无保商之政。”④由于没有立法,人们的经济行为无法规范,投资人利益难以保护。“中国不重商务,不讲商律,于是市井之徒彼此相欺,巧者亏逃,拙者受累,以故视集股为畏途,无怪乎不能与洋商争衡也。”⑤因缺少商律,商人的正当权利不能保障,官府盘剥,墨吏勒索,无赖敲

---

① (清)陈炽:《续富国策》卷四《商书·保险集资说》,赵树贵编:《陈炽集》,中华书局1997年版,第256页。

② (清)张培仁:《西人集股之易》,中国史学会编:《洋务运动》第1册,上海人民出版社1961年版,第477页。

③ (清)薛福成:《出使日记续刻》(节选),徐素华选注:《筹洋刍议——薛福成集》,辽宁人民出版社1994年版,第135页。

④ (清)郑观应:《致招商局总办叶顾之观察书》,夏东元编:《郑观应集》(下),上海人民出版社1988年版,第573页。

⑤ (清)郑观应:《商务》(三),《盛世危言》,中州古籍出版社1998年版,第312页。

诈。故郑观应强烈呼吁:“仿西法颁定各商公司章程,俾臣民有所遵守,务使官不能剥商,而商总商董亦不能假公济私,奸商墨吏均不敢任性妄为,庶商务可以振兴也。”①陈炽说:“商律也,保商之政也。以泰西商律,译出华文,情形不同者,量为删改,通行遵守,以杜奸欺。”②汪康年也认为,只有“正商法,保商权”,才能解决以官剥商、以官病商的问题。③

洋务运动是中国现代化的起始。它不但引进了大机器生产、科学技术、新式教育,也对政治、经济制度的变革进行了探索。作为一场现代化运动,它也深刻改变了人们的经济伦理观念。总之,洋务运动是一场现代化的社会变革,不能将其仅仅局限于经济方面。

二、反洋教斗争:民族危机刺激的宗教及文明之冲突

鸦片战争后,清廷迫于西方压力,弛禁基督教的传播。随着基督教的传播,教案也伴之而生。第二次鸦片战争前,清廷对传教采取的是模糊政策,虽然不明令禁止,但也没有公开宣布弛禁,且把传教的范围仅限于通商口岸。朝廷指示耆英与法国谈判方略称:

> 谕以我朝于该国天主教本未严申禁令,且近年来中国亦无传习此教之人,现在该国条约内既经载明,只于通商五口地方建堂礼拜,断不越界传教,即许以开禁,亦无不可。惟此事大有关系,万无明降谕旨通谕中外之理。④

清廷密谕各省督抚:“各该督抚惟当于地方官谒见时面饬,随时体访,有传习此教而不滋事者毋庸查拿,但不得宣扬于外,致刁徒得

---

① (清)郑观应:《商务》(五),《盛世危言》,中州古籍出版社1998年版,第317页。

② (清)陈炽:《庸书内篇》卷上《商部》,赵树贵编:《陈炽集》,中华书局1997年版,第80页。

③ (清)汪康年:《商战论》;汪诒年编:《汪穰卿康年先生遗文》;沈云龙主编:《近代中国史料丛刊》,台北文海出版社1966年版,第35页。

④ 《著两广总督耆英如法使坚持不移可相机办理弛禁天主教事密谕》,中国第一历史档案馆、福建师范大学历史系编:《清末教案》第1册,中华书局1996年版,第7页。

以影射煽惑，别滋流弊。”[①]可见，官方采取的是明不禁暗限制的方针。所以第二次鸦片战争前，教案成因多是地方官员阻止传教或传教人违约潜入内地传教而引起纠纷。第二次鸦片战争之后，中外订约允许西方人内地游历、传教，进入中国传教的教士及其信众也越来越多，教案也进入高发期。教案原因，也至为复杂。文化冲突、利益冲突、政治冲突兼而有之。

1. 种族优越感的冲突

中国人自古以来有根深蒂固的优越感，欧洲人也有白种优越论。西方的种族优越感无疑冲击着中国人的优越感。“在列强的侵略行径引起普遍敌忾之后，他们的种族特征更进一步化为令人厌恶的表征。”[②]德平县李家楼反洋教揭帖说：“鬼子其形，与中大有不同，羊眼、猴面、淫心、兽行，非人也。”[③]《湖南阖省反洋教公檄》中称：“其种半人而半畜。山书所谓保虫，汉译所谓鳀人也。”[④]既然把西方人视作鬼，视作非人，当然也就不会有什么人格。“嘴说传上天善道，心内不然，一味奸淫妇女。小孩子用蒙乐（原文如此，引者注）迷心，用小孩子眼心配蒙乐迷人。见鬼子面蒙乐其心，男女不顾羞耻以为美事。口说如教行善，嘴说邪礼，心里淫坏，脸面无耻，身穿人衣行狗事，人人可恨。自言是先生，心里图财，全是无耻狗也。”[⑤]另一反洋教揭帖中这样描写西方人：

> 生女不嫁，留待教主，无夫妇也。不分贫富，入教给钱，无廉耻也。不分男女，赤体共浴，无羞恶也。剖心剜目，以遗体为牛羊；饵药采精，以儿童为蝼蚁。采妇女之精血，利

---

① 《直隶总督纳尔经额奏报盘获法国传教士牧若瑟咨送广东酌办折》，中国第一历史档案馆、福建师范大学历史系编：《清末教案》第1册，中华书局1996年版，第31页。

② 程啸、张鸣：《晚清乡村社会的洋教观》，《历史研究》1999年第5期。

③ 《德平县李家楼反洋教匿名揭帖》，中国第一历史档案馆、福建师范大学历史系编：《清末教案》第2册，中华书局1996年版，第22页。

④ 《江西巡抚沈葆桢为省城法国教堂被毁事致军机处咨文》附件一《湖南阖省反洋教公檄》，中国第一历史档案馆、福建师范大学历史系编：《清末教案》第1册，中华书局1996年版，第219页。

⑤ 《德平县李家楼反洋教匿名揭帖》，中国第一历史档案馆、福建师范大学历史系编：《清末教案》第2册，中华书局1996年版，第22页。

己损人;饮蒙汗之迷汤,蛊心惑志。总其权者,白鬼子;行其事者,黑老爷。种种所为,牢不可破。①

总之,西方人非人类,淫、恶、邪是他们的本质。他们无可理喻,只有驱逐净尽。"丑夷、丑夷,尔试揽镜自照,尔不过是能言之畜生,与禽兽无异。我众百姓与尔讲情讲理讲法,尔俱冥顽不能解晓。惟有将尔等一尽斩而杀之,即可完结了事。"②这种概括虽然不正确,但当时的老百姓却深信不疑。西方人之所以在中国老百姓中留下如此印象,当然有种族优越感滋生的盲目排外情绪、迷信无知等,但它也是对西方列强侵略中国的一种情绪反应。一份名为《大清国忠义众百姓义士号令通知丑夷告白》写道:"自尔等入内地通商以来,妄作妄为,肆横无忌,以烟土害我们性命,以夹板夺我们利源,鲸吞蚕食,得一步,进一步,强租硬占。"③1871 年,美国驻上海总领事西华分析中国人仇外的原因时,也认识到列强的一些行为引起中国人的义愤和仇恨。他列举了四种行为。一是鸦片贸易。西华说:

该帝国的有价值的出口产品的七分之六,就这样被白白地消耗在对其人民绝对有害的毒品之中。让有关人们爱怎么掩盖鸦片贸易就怎么掩盖吧,让英国政府和人民去辩称鸦片是中国人食品中的必要助餐剂吧,事实始终是,洋人同鸦片纠缠在一起是他们文化中的一个污点,也是中国人深恶痛恨洋人的一个起因。④

二是治外法权制度。西华评价治外法权称:

这样一种交往条件自然不能不为中国人所厌恶。它所根据的是这样一种不加掩饰的看法,即外国不相信中国会

① 沈葆桢:《江西巡抚沈葆桢为省城法国教堂被毁事致军机处咨文》附件一《湖南阖省反洋教公檄》,中国第一历史档案馆、福建师范大学历史系编:《清末教案》第 1 册,中华书局 1996 年版,第 220 页。

② 《在沪闽人所贴抗议洋人侵华告白》,中国第一历史档案馆、福建师范大学历史系编:《清末教案》第 1 册,中华书局 1996 年版,第 130 页。

③ 《在沪闽人所贴抗议洋人侵华告白》,中国第一历史档案馆、福建师范大学历史系编:《清末教案》第 1 册,中华书局 1996 年版,第 130 页。

④ [美]西华:《美国驻上海总领事西华致戴维斯函第 478 号》,中国第一历史档案馆、福建师范大学历史系编:《清末教案》第 5 册,中华书局 1996 年版,第 55 页。

公正地对待洋人。这对中国人是一种持久的耻辱，是恶感的成因。这个政府在许多方面是骄傲的政府。这个民族对自己的优越性抱有根深蒂固的信心。因此，当西方国家凭借武力，将他们自己绝不会向别人让步而接受的这样一种不寻常的制度强加于中国时，引起人们深深的反感，杰出的政治家们宣称他们绝不会长久忍受这种侮辱，就不足为奇了。很难说这种治外法权制度不会对中国人经常产生不公正的事情。在我们的东方机构里，我们不可能始终拥有明智的、正直的和无偏见的法官，他们懂得什么是真正的公正，在涉及外国人及其利益的时候，他们准备将公正给予被轻视的中国的起诉人。①

三是在华西方官员和民众的行为。西华说：

商人社团要求领事们要有魄力。这些领事除向当地官吏表示不满时使用飞扬跋扈的方式外，常常没有办法显示魄力。在领事的要求之下，炮舰被用来解决争端，财产被剥夺，还有人被杀头。在外国租界里，欺负性情较温顺的华人是司空见惯的事。来华时间较长的居留者和文雅的洋人对待本地人有相同的体谅心情。新来者、较年轻的人和那些社会地位低下的人则不同，人们常看到他们在大街上把中国人粗暴地推来搡去，在骑马或驾车时用皮鞭抽打他们。在过去的一段时间内（我希望以后不再发生），大船和轮船的船主毫不在乎地把本地人的船只撞沉，有时甚至不停下来把不幸遇难的人救起。就这样，我们的名誉在当地政府和人民的心目中大受影响。许多洋人的仁慈、慷慨、对人尊重等高尚品质，敌不过另一些人表现出来的粗暴和凶残所产生的更明显更有力的相反影响。②

---

① ［美］西华：《美国驻上海总领事西华致戴维斯函第478号》，中国第一历史档案馆、福建师范大学历史系编：《清末教案》第5册，中华书局1996年版，第56页。

② ［美］西华：《美国驻上海总领事西华致戴维斯函第478号》，中国第一历史档案馆、福建师范大学历史系编：《清末教案》第5册，中华书局1996年版，第57页。

四是媒体的言论。西华希望媒体发表对华言论时能表现出尊重。他指出：

> 在华外人的整体倾向是偏向敢作敢为的办法。我以前曾对此做过解释，并坚持认为这是自然的和值得称赞的。我不佩服这样的人，尽管他们看到了中国制度的许多缺陷和国家的不发达状态，却还要认为在中国一切都好。我但愿西方文化的代表们既要有紧迫感，又要尊重人。……我认为这可以用不引起敌对情绪的方式来做。①

西华的评论是否中肯暂且不论，但他至少看到了列强的侵略行径，以及以征服者自居的傲慢言行引起中国人的恶感。同样具有优越感的中国人遂极力丑化西方人。通过揭帖、歌谣、图画、书籍等广泛宣传，中国人特别是乡村民众就形成一种心理共识——外国人是淫、邪、恶的化身，传教士就首当其冲。因为他们是和民众最亲密接触的一群人。让中国民众对西方人做出理性区分，是不现实的。外国人都一样。西方人对经过文人、乡绅，甚至一些官员宣传而强化的这种西方人形象，是既愤怒又无力，就通过教案等事件借机报复、惩罚中国官民。这无异于火上加薪。中国民众对洋人的恶感自然也要波及教民身上。民教冲突，也就是不信教民众与信教民众的冲突占了近代教案的绝大部分。当时人们把教民称为“二鬼子”，认为他们非我族类，与洋鬼子站在一起。既然把教民作为另类看待，就不免在心理上、行为上歧视他们。御史袁华在一份奏折中说：

> 夫人虽至愚，未有自弃其祖父者，人虽甚不肖，未有自居于夷鬼者。相传夷人初来传教，凡从教者每月例给资财，故穷苦无告之民，间为其所诱惑，若稍能自立类，无不笑骂而贱之。②

清廷官员的奏折也多把信教者称为愚民。最能反映人们对教民看

---

① ［美］西华：《美国驻上海总领事西华致戴维斯函第478号》，中国第一历史档案馆、福建师范大学历史系编：《清末教案》第5册，中华书局1996年版，第57—58页。

② （清）袁方城：《御史袁方城奏为密陈心腹隐忧禁约教民折》，中国第一历史档案馆、福建师范大学历史系编：《清末教案》第1册，中华书局1996年版，第683页。

法的是把信教称作“吃教”。这种对教民的歧视，是种族优越感的一种延伸。既然心理上有歧视，遇到争端，就难有理性判断。教民感觉受到不公正待遇，就会找教士出头。这又引起民众及官员的反感。冤冤相报，民教冲突就不断。

2. 宗教冲突

中国有自己固有的信仰。一个外来宗教，想改变中国人固有的信仰，遭遇抵抗是自然不过的事情。西华说：“完全有把握地说，中国有她固有的信仰。如果是这样，那么外来的人想要改变中国人的宗教信仰，就必然会受到极大的冷遇。”①在近代中国，这种宗教冲突表现在多方面：

(1) 宗教优越感的冲突

中国传统上虽是多种信仰，但儒学具有独特的优越地位。中国的文化优越感或说宗教优越感，就主要表现在对儒学的崇信与维护上。不但一般百姓、士绅，就是对西方文化持开放态度的官绅，也大多坚信儒学具有不可比拟的优越地位。王韬说：

> 天下之道，一而已矣，夫岂有二哉？道者，人人所以立命，人外无道，道外无人，故曰：圣人，人伦之至也。盖以伦圣而非以圣圣也。于以可见，道不外乎人伦。苟舍人伦以言道，皆其歧趋而异途者也，不得谓之正道也。是以儒之为言，析之则为需人，言人不可以须臾离者也。②

薛福成对儒教和基督教做了鲜明的对比，称：

> 西人恪守耶稣教者，其居心立品，克己爱人，颇与儒教无甚歧异。然观教会中所刊新旧约等书，其假托附会，故神其说，虽中国之小说，若《封神演义》《西游记》等书，尚不至如此浅俚也。其言之不确，虽三尺童子皆知之。余偶遇西国积学之士，与谈耶稣教旨，似皆已觉之而不肯明言；亦竟

---

① ［美］西华：《美国驻上海总领事西华致戴维斯函第478号》，中国第一历史档案馆、福建师范大学历史系编：《清末教案》第5册，中华书局1996年版，第54页。

② （清）王韬：《原道》，《弢园文录外编》，上海书店出版社2002年版，第1页。

有言一二百年后，西国格致之学日精，必多鄙弃教会诸书者。及论孔子之教，则皆同声推服，并无异言，虽西人雅善酬应，然余察其辞色，似出于中心之诚然。盖圣人之道，不偏不倚，深入人心。以耶稣之说比儒教，不仅如水晶之比玉，虽洋人未尝不知。从前中国之杨墨佛老，非不鼓动一时，积久已自衰息；孔子之教，则如日月经天，阅万古而益明。欧亚诸洲，不与中国相通则已，通，则其教未有不互行者。余是以知耶稣之教之将衰，儒教之将西也。①

黄遵宪也认为孔子之道是人道，为人极、为师表而非教主。相比其他神道，孔子之道有无可比拟的优越性。他说：

各教均言天堂、地狱，独孔子于事鬼神曰："未能事人，焉能事鬼！"于明器曰："人生而致死为不仁，之死而致生为不智。"而其教人则曰："朝闻道，夕死可矣。"曰："死而后已，不亦远乎！"天之生人，自古及今未有异也。谓将来禀赋胜于前人，竟能确知天堂、地狱之确有可凭，此未必然，均之不可知。古之人愚，非天堂不足以劝，非地狱不足以诫，故彼教以孔子为不知天道，而陋之为小。后之人智，知天堂之不可求，于耶稣冉冉升天之说，今既之不信，何况于后来。后来格致日精，教化日进，人人知吾为人身，当尽人道于一息尚存之时，犹未敢存君子止息之念，上不必问天堂，下不必畏地狱，人人而自尽人道，真足以参赞天地。世界至此，人理大行，势必舍一切虚无元妙之谈，专言日用饮食之事，而孔子之说胜矣。②

这三位洋务派精英的立论都是相同的——孔子之道是人道，相比神道，更具人文理性。所以人类不灭，孔子之道必昌。

基督教当然也认为自己是正道，其他宗教或信仰是异端。马士在《中华帝国对外关系史》中写道："基督教所固有的纯洁性，它是很

① （清）薛福成：《出使英法义比四国日记》，岳麓书社1985年版，第125页。
② 《致梁启超函》，陈铮编：《黄遵宪全集》上册，中华书局2005年版，第427页。

多相与竞争的教派的唯一信仰，它使人们的和个人的道德成为首要的。"[①]传教士们更相信只有上帝才能拯救中国。他们宣称：

在我们之中，魔鬼作为主宰一切者而占据了统治地位，可以将其魔军推进到他们希望的任何地方去。……谁会消除我们将会遇到的极大困难呢？谁会驱散异教的愚昧呢？谁会使许多盲人睁开双眼呢？……一种善良的灵魂应拥有一种特殊的秘密，以便触动上帝的心，打开心扉并从中得到拯救的圣宠。[②]

在传教士看来，异教就等于愚昧。中国人认为基督教鄙俚无经，西方传教士认为中国传统信仰是愚昧。这必然要引起冲突。情况正如马士所说：

他破坏了家庭；他干涉了祭祖仪节；他把已经深入他们生活中的佛教和道教的仪礼说成是邪教，而对于他们传统的先师孔子的训迪并不称之为"圣"；他要求他的教徒们，对于本乡村和家庭的祀典的维持，停止贡献；这一切都是为着一个"外国的宗教"，而这个外国宗教，除了那些入教的信徒之外，没有人承认它在任何方面比那些在中国流行的各种宗教更见好些。[③]

基督教以高等宗教自居，把中国传统信仰视为异端邪教的做法，引起中国上至士绅、官员，下至乡村民众的反感。王韬说：

杨、墨之徒不敢与孔子为敌，而孟子犹且距之。佛生西土，其道虽悖孔子，而不敢毁孔子。今天主、耶稣二教，居然以孔子为不足法，圣教为不足尊，倡言于众中而莫敢谁何，此真生民以来所未有也。顾出自西人之口，犹可言也，甚有

---

① ［美］马士：《中华帝国对外关系史》第2卷，张汇文等译，上海世纪出版集团2006年版，第251页。

② 《中国川西传教区的巴黎外方传教会洪广化主教致教廷传信部枢机们的书简摘录》，中国第一历史档案馆、福建师范大学历史系编：《清末教案》第4册，中华书局1996年版，第298页。

③ ［美］马士：《中华帝国对外关系史》第2册，张汇文等译，上海世纪出版集团2006年版，第234页。

儒冠而兽行者，一为衣食所驱，遂至随声吠影，恬然不知耻，悍然罔所顾，此不独名教之罪人，实民心之蟊贼，为王法所必诛。①

于是，拒异端，成为中国士民的宗教共识和自觉行为。正如一揭帖所说："吁！耶稣之说流行，孔圣之道不作，尚复成何世界也。凡我士农工商，拔剑同仇，有不合志者，即同异类。"②

(2)教义冲突

与佛教不同，基督教传入中国并没有经过中国化。当时的形势也不可能使传教士自觉地对基督教进行中国化的改造。这就使基督教与当时中国社会和文化环境格格不入。这也是它遭到异常激烈反抗的原因。基督教教义与中国传统社会的冲突表现在以下几个方面：

——祖先崇拜与一神崇拜的冲突

中国是一个宗法社会。祖先崇拜是维持宗法社会的核心价值。祖先是人之本，不慎终追远就是忘本，忘本就是非人。因而几乎所有的反洋教揭帖中，都把无父无母无人伦作为基督教的一大罪状。《湖南阖省反洋教公檄》中说："至其害之切肤，则尤有不可穷极者，不扫墟墓，不祀墓主，无祖宗也。父称老兄，母称老姊，无父子也。生女不嫁，留待教主，无夫妇也。"③1867年的河南《南阳绅民公呈》中称：

夫人所持为人者，纲纪伦常与夫廉耻礼义也。彼教无君无父之尊亲，惟耶稣之是奉，是无纲纪也。无骨肉之亲爱，惟主教之是从，是为无伦常也。且己有妻女任与其主教亵淫，是廉耻丧。只敬天主而不祀神祇祖考，则礼义亡。④

---

① (清)王韬：《代上广州府冯太守书》，《弢园文录外编》，上海书店出版社2002年版，第253页。

② 《江西巡抚沈葆桢为省城法国教堂被毁事致军机处咨文》附件二《抄录天主教十害公檄》，中国第一历史档案馆、福建师范大学历史系编：《清末教案》第1册，中华书局1996年版，第223页。

③ 《江西巡抚沈葆桢为省城法国教堂被毁事致军机处咨文》附件一《湖南阖省反洋教公檄》，中国第一历史档案馆、福建师范大学历史系编：《清末教案》第1册，中华书局1996年版，第220页。

④ 《南阳绅民公呈》，王明伦：《反洋教书文揭帖选》，齐鲁书社1984年版，第17页。

基督教是一神崇拜，主张上帝面前人人平等。这种教义上的平等是否就可引申为现实社会人人平等虽大有讨论余地，但是这种人格上的平等观也冲击着中国的礼法制度。所以反洋教群体攻击基督教无父无君无人伦，并不仅仅是因为基督教不祀祖先。

——性善论与原罪论的冲突

性善论是中国传统文化的主流。“自天子以至于庶人，一是皆以修身为本。”修身的目的，就在于“穷则独善其身，达则兼济天下”。主体人格的完善，精神上的超越都能通过个人修身来实现。只要人伦无亏，人人皆可以为圣人。正是因为主张性善，每个人都可以通过修身实现超越，所以中国人对来世关怀淡薄。这并不是因为中国人缺乏超越感，而是他们认为现世即可实现超越，无待来世。这就造就中国人文理性的文化——道不远人，远人非道，道就存在于百姓日常生活中。因为主张性善，也就无待他救。

基督教主张原罪论，认为人生来就带有罪恶。因为人性不完美，所以人只有通过上帝来救赎。人的最高理想就是灵魂入天堂，人只有在彼世才能得救。

两种文化对人性的看法有根本的差异，这也是形成冲突的深刻根源之一。一则反洋教公启称：“彼教言一切罪过，惟天主一人可赦，凡入其教者悉升天堂。无论苍苍之表，谁见其有堂，即有之而不问良莠，概登其中，上帝何启宠纳侮之甚耶?”①这突出表明了信上帝与重修身的冲突。借用基督教术语就是“因信称义”与“因行称义”之间的冲突。所谓因信称义就是因信上帝而得救，因行称义就是因为自己的品行而得救。在基督教历史上也发生过两种教义之间的冲突。不过，因行称义被当作异端，因信称义遂成为正统教义。因信称义固然是要强调上帝权威，要人信上帝，但它也不能不给很多人疑问，如人是否得救上帝早就做好了安排，与现世善恶无多大关

① 《江西巡抚沈葆桢为省城法国教堂被毁事致军机处咨文》附件一《湖南阖省反洋教公檄》，中国第一历史档案馆、福建师范大学历史系编：《清末教案》第1册，中华书局1996年版，第220页。

系，只有信上帝才可能获救，那么如何看待现世善恶？这与儒家的通过现世修身成为圣人，或佛教所说的轮回报应大异其趣。这就使那些对基督教教义理解不深或有误的人产生怀疑：如果无论善恶只要信上帝就可得救，上帝还显得伟大吗？

——自然神与人格神的冲突

中国诸子百家，除墨家有一定宗教倾向外，基本上是把天当作一种神秘的自然。老子讲道法自然。孔子说："天何言哉？四时行焉，百物生焉，天何言哉？"[①]即使是佛教，经过中国改造而形成的禅宗也否认西天别有乐土，佛就是一种清净心，佛在心中。而基督教的上帝、耶稣都是具有人格神意义的。这也是中国士绅认为基督教鄙俚无经的重要原因。"天一而已，以主宰言之，则曰上帝，乃变其名，曰天主即耶稣，以寔之孝之，耶稣生于汉哀帝元寿贰年，不知元寿以前之天果虚位以待耶，抑别有一人圣之如六朝之禅代耶？"[②]

——多神崇拜与一神崇拜的冲突

中国是一个泛神论的国家，传统的敬天、祀孔、祭祖等多神崇拜普遍存在。无论哪一座城市，几乎都有孔庙、庵院和寺观；即使数十户集居的小村落，亦必有一座混合式的庙宇，供奉着观音、关帝、财神、阎王等牌位或塑像；尤其在普通家庭之中，更莫不有土地神、门神、灶神、祖先等神牌，应时按节地焚香烧纸，顶礼膜拜。多神崇拜习俗在中国世代相传，根深蒂固。基督教的一神信仰与中国的多神崇拜本身就存在着不可调和的矛盾。事实上，中国人对宗教并非狂热。只要基督教愿作为多种信仰的一种加入进来，冲突就会减少很多。中国人对宗教的理解就是劝人为善，异途同归。然而这对于想传播纯正基督教的传教士而言，又是不可能的。这样冲突就在所难免。一则反洋教公启说：

> 该教不敬祖宗及诸神灵，所奉之神，惟吖氏而已……奉

---

① 《论语·阳货篇》第十七，杨伯峻、杨逢彬注：《论语》，岳麓书社 2000 年版，第 171 页。

② 《江西巡抚沈葆桢为省城法国教堂被毁事致军机处咨文》附件一《湖南阖省反洋教公檄》，中国第一历史档案馆、福建师范大学历史系编：《清末教案》第 1 册，中华书局 1996 年版，第 219—220 页。

教之时，令人自誓其身，为吣氏所出，必先毁其祖考、神主，以示归心。噫！自绝其本也。①

保守派也痛批基督教为毁弃神道的邪教。1863年，王炳燮致函倭仁指出：

今天主教则谓自天之上，至于天下，但有耶稣为之主张，一切神道，皆为毁弃。夫四海之大，人物之众，王法所不及治者，幸有神道默助至教。今天主教抹去神道，使人心无忌惮，而惟教之是从，与诸邪教实出一辙，此其居心安可问乎？”②

这种多神与一神的冲突，并不仅仅表现在教义上，还体现在民众日常生活中。最常见的冲突就是民间的迎神赛会活动，教民该不该参加，该不该出钱？教民认为，这与其信仰不符，自然不参加，不出钱。而非教民则认为，这是乡村公益活动。公益活动教民不参加，就是对非教民的不公平。由此而引起的民教冲突比比皆是。传教士也出面亲自干预，不准教民出钱。总理衙门对此颇感困扰，称：

查演戏酬神，乡社常规，例所不禁，乃该教士欲令奉教者概不摊派，且斥不奉教者为异端，是显分奉教者与不奉教者为两类。其奉教者，必因此依恃教众欺侮良民，而不奉教者亦必因此轻视教民，不肯相下。为地方官者，又或以甫定和约，惟恐滋生事端，遂一切以迁就了事，则奉教者之计愈得，而不奉教者之心愈不能甘。③

后经法国公使的一再交涉，清廷同意教民不参加迎神赛会等事。奕䜣奏称：

臣等伏查各省习教民人，虽习天主教，犹是中国之民，

① 《江西巡抚沈葆桢为省城法国教堂被毁事致军机处咨文》附件二《抄录天主教十害公檄》，中国第一历史档案馆、福建师范大学历史系编：《清末教案》第1册，中华书局1996年版，第221页。

② （清）王炳燮：《上协揆倭艮峰中堂书》，王明伦：《反洋教书文揭帖选》，齐鲁书社1984年版，第26页。

③ 《总署奏为请旨饬下各省督抚于交涉天主教事件持平办理片》，中国第一历史档案馆、福建师范大学历史系编：《清末教案》第1册，中华书局1996年版，第204页。

并据法国钦差大臣布尔布隆声称，该教劝人道理无非尊崇君上，谨守中国法度等语。自应一律体恤，以示一视同仁之意。况祈神赛会等事，并非正项差徭可比，该教民既不愿摊派，自未便过为勉强，以致重拂舆情。臣等业已行文各省，以后凡习教之人，于一切应出钱文之事，除正项差徭外，其余祈神、演戏、赛会等费，该教民既不愿与不习教者一律同出，即可免其摊派。①

虽然朝廷明令教民可以不参加迎神赛会等事，但民间并不认同。教民既然演戏酬神等可以不出钱，那么是否应该看演出呢？如果可以，不免在不奉教民众心中造成一种印象——教民是搭便车、占便宜。直到义和团运动以后，为泯除民教冲突，清廷一些大员还专门提出此问题。1902年，山西巡抚岑春煊呈报给外务部的“教案善后章程”指出：

至乡社春秋报赛演戏，例所不禁，该教民各守教规，向无出演戏钱之理。其间亦有狡黠之徒，吝于出钱，勇于观剧，以致平民指摘，种怨愈深。此后各牧师、教士应传知各教民，不得观戏。如有逾违，准该乡社报明教士等议罚，以为违背教规者戒……各家属有愿观戏者，一律摊派戏钱，以昭公允而免隔阂。盖演戏虽因敬神，然亦怡目悦耳之具，究与敬神拜跪非可同论。②

实际上，问题还不止于此。儒学在中国具有官方正统地位，修文庙教民该不该出钱呢？按照传教士理解当然不应该出。但很多中国官员始终认为，文庙不同于一般庙宇，是国家正大有益之事，与迎神赛会及一般民间庙宇不同。李鸿章称：“文庙实系地方极正大有益

① （清）奕䜣：《恭亲王奕䜣等奏为请旨再饬各督抚持平办理教民事件折》，中国第一历史档案馆、福建师范大学历史系编：《清末教案》第1册，中华书局1996年版，第215页。

② （清）岑春煊：《山西巡抚岑春煊为请将教案善后章程第十一条内容照知各使事咨外务部文》附件《拟订山西教案善后章程粘单》，中国第一历史档案馆、福建师范大学历史系编：《清末教案》第3册，中华书局1996年版，第236页。

之公事，迥非迎神赛会可比。若教民恃教抗捐不加惩办，则地方公事亦将无所措手。”①但对于文庙修葺、祭祀，习教之人应不应参与，清廷并没有明文，多是地方官自行斟酌。丁日昌就说：“惟文庙及各项修庙工程向来只派百姓，不派教民。”②有的官员就提出习教生员应助祭文庙，在他们看来：

士为四民之首，言论举动，乡愚多信之敬之。欲融化民教门户之见，当先自士人始。查学中最要之典礼，莫若文庙之祭祀。应令此后习教生员，由学官派其一律助祭，使不习教之士人可泯排斥之见，习教之士人，亦以有事为荣。此尤辑和民教之枢纽。至教民向虽专奉一教，然既入中国之学，断无弁髦先圣，自外生成之理。且此后筮仕入官，名教纲常更宜遵守。该生员如果深明大义，必无不乐襄盛典，否则日讽六经而傲视先圣，非特吾华所不取，当亦西教所不容也。③

习教之人不参加迎神赛会等事，使他们在广大乡村民众中成为另类。习教之人不参加文庙修葺、祭祀之事，使他们在清廷官员心目中留下刁民形象。这种心理上的不睦，是教案形成的又一重要原因。

——宗教仪式与民俗的冲突

任何一种宗教都有一套特定的仪式，基督教也不例外。基督教传入中国后，传教士的语言、服饰、举止、操行与中国的伦理风俗相去甚遥，人们对此咂舌不已。尤其是基督教特有的做礼拜、吃圣餐、唱圣歌、撒圣水、搽圣油、念祷文、受洗礼等仪式，更被人们视为离奇古怪、荒诞不经。这样，基督教的宗教仪式与中国伦理风俗的差异与矛盾，导致了一系列民教冲突的发生。

---

① （清）李鸿章：《论教民抗捐文庙》，（清）吴汝纶编：《李鸿章全集》第6册，海南出版社1997年版，第2943页。

② （清）温廷敬编：《丁中丞政书》，沈云龙主编：《近代中国史料丛刊续编》第761辑，台北文海出版社1980年版，第21页。

③ 《拟订山西教案善后章程粘单》，中国第一历史档案馆、福建师范大学历史系编：《清末教案》第3册，中华书局1998年版，第236页。

男女无别，是西洋风俗。男女有别，是中国传统礼教之大防。加入基督教的信徒不分男女，混杂集会；男女同行，四处传教；非婚非偶，同宿一处。这种宗教形式传入中国后，在广大民众中引起强烈反响。1891 年山东《滋阳县士民公呈》指称："盖中国礼法自持，首重男女之别。而教士开堂传教，男女并收，嫌疑所在，众愤难堪。"[①]清廷很多官员在处理教案时，也提到这一问题。1884 年，署贵州巡抚李用清称："查教堂最易滋事者有二。一教民时常出入，恃教为符，易犯众怒。一妇女在彼礼拜住宿，内外无别，易起人言。"[②]正是西方传教不考虑中国人所注重的男女有别，所以有关传教士奸淫妇女，教民群交、乱伦的说法流传广泛，并为人普遍相信。

基督教的撒圣水、搽圣油、洗礼等仪式也遭到中国民众的严重曲解。洗礼被说成是男女同浴。"不分男女，赤体共浴，无羞恶也。"[③]撒圣水、搽圣油、吃圣餐等被认为施以迷幻药，变人心志。"初入教者，誓毕即以水滴其头，并滴少许于白水，令饮之，名曰清水心。自是胸腹中有一小竖子依附其心，虽严刑苦劝，邪祟把持，甘死不改。"[④]"从教之人，先本清白，自立誓吃水后，必作发狂，先将祖宗牌位劈碎，次及诸神像，以后见庙宇即毁坏无遗。尤可怪者，其发狂之迟速，必如其人归家之远近。有一二日归途者，即发狂在一二日之外，或止有一日归途者，则发狂在一日之外也。必令其至家数时而发，亦巧于惑人者也。"[⑤]至于认为传教士在传教时，授妇

---

① 廉立之、王守中编：《山东教案史料》，齐鲁书社 1980 年版，第 244 页。

② （清）李用清：《署贵州巡抚李用清奏报遵义等处教民安谧并妥筹缉绥情形折》，中国第一历史档案馆、福建师范大学历史系编：《清末教案》第 2 册，中华书局 1996 年版，第 412 页。

③ 《江西巡抚沈葆桢为省城法国教堂被毁事致军机处咨文》附件一《湖南阖省反洋教公檄》，中国第一历史档案馆、福建师范大学历史系编：《清末教案》第 1 册，中华书局 1996 年版，第 220 页。

④ 《江西巡抚沈葆桢为省城法国教堂被毁事致军机处咨文》附件二《抄录天主教十害公檄》，中国第一历史档案馆、福建师范大学历史系编：《清末教案》第 1 册，中华书局 1996 年版，第 222 页。

⑤ 《江西巡抚沈葆桢为省城法国教堂被毁事致军机处咨文》附件二《抄录天主教十害公檄》，中国第一历史档案馆、福建师范大学历史系编：《清末教案》第 1 册，中华书局 1996 年版，第 222 页。

女以药丸(即春药，笔者注)，让妇女甘与其通奸的传说更比比皆是。

(3)宗教慈善活动与民俗的冲突

基督教传入中国后，为扩大上帝的影响，传播耶稣的仁爱，在教会下广设育婴堂、施粥场、学校、医院等慈善事业。这些慈善事业的运营，扰乱了中国的传统秩序和观念，由此引发了一系列民教之争。在基督教慈善事业引起的冲突中，尤以育婴堂引起的冲突最多。在中国近代社会，一方面由于重男轻女的传统观念作祟，另一方面也由于家境贫寒抚养不起，有的女婴出生后即被遗弃，也有一些不健康的男婴儿遭到遗弃。基督教为扩大影响，也本着博爱的教义，往往设育婴堂和医院，专门收养这些弃婴以及无法养活的婴儿。一些教会为收养更多的婴儿，还时常动员人们送婴入堂。有的甚至走街串巷，从民间收买一些被遗弃的婴儿。从传教士的角度而言，这是博爱的体现，同时也实现宗教目的。1870年美国驻华公使在一封书信中写道："我本人相信确有其事——神父或修女，一向惯于利诱人们将病入膏肓的幼孩送到他们那里，借以达到临终末刻付洗的目的。"①基督教的育婴慈善事业之所以在中国民间引起强烈冲突，原因如下：

其一，用钱买婴儿，引起人们拐卖儿童的联想。天津教案就是民众相信迷拐儿童、采生折割之谣言引起激愤所致。这种谣言在当时流传很广。正如曾国藩所说："惟此等谣传，不特天津有之，即昔年之湖南、江西，近年之扬州、天门及本省之大名、广平，皆有檄文揭帖。"②教堂有无拐卖儿童之事呢？连曾国藩也认为难保其必无。为什么呢？不能排除少数中国人为了图利，拐卖儿童，并将其转卖给教堂。美国驻华公使的一封信函中也说："一段时间以来，中国人断言——住在这里的大多数非天主教居民同样相信——这种付予酬

---

① ［美］镂斐迪：《美驻华公使镂斐迪致美国务卿斐士函第12号》，中国第一历史档案馆、福建师范大学历史系编：《清末教案》第5册，中华书局1996年版，第2页。

② (清)曾国藩：《直隶总督曾国藩等奏为查明天津教案滋事情形折》，中国第一历史档案馆、福建师范大学历史系编：《清末教案》第1册，中华书局1996年版，第809页。

金的做法,引诱人们为了获得酬金而替这些机构去拐掠幼孩。"①不但民间相信基督教育婴堂迷拐幼儿,一些官员也对此深信不疑。御史常润奏称:

> 奴才愚以为迷拐之案,惨毒异常,天地不容,神人共愤,无论民教,均宜于讯明时立置重典,以伸民怨。且各国通商,与民交易,必须公平正大,始能两受其益。乃该国传教之人,不原通商之本意,不计各国之买卖,妄杀无辜,贻害地方,与百姓为仇敌。百姓以迷拐之故而怨教堂,以教堂之故而疑买卖之商人。则此等之奸徒,不惟有害于中国,亦且有害于各国商人。②

其二,采生折割之流言所致。育婴堂大量收养幼儿。其中,不健康者,或奄奄一息之病儿也不在少数。加之育婴堂设备落后,护理不善,常有婴儿死亡,于是引起种种猜测。流传最广的就是采生折割。所谓采生折割,也就是剜眼剖心,采阴补阳。1863 年,沈葆桢曾微服私访,调查百姓对基督教的看法。"问:我等从上海来,彼处天主堂甚多,都说是劝人为善。譬如育婴一节,岂不是好事?答云:我本地育婴,都是把人家才养出孩子抱来乳哺,他堂内都买的是十几岁男女。你们想是育婴耶还是借此采生折割耶?"③这种采生折割的流言通过各种反洋教檄文、揭帖、公启而广泛流传。《江西士民扑灭异端邪教匿名揭帖》中说:"乃有奸民罗安当、方安之倡行邪教,煽惑愚民,甚至采生折割,奸淫妇女,锢蔽幼童,行踪诡秘,殊堪痛憾。"④

---

① 中国第一历史档案馆、福建师范大学历史系编:《清末教案》第 1 册,中华书局 1996 年版,第 2 页。

② (清)常润:《御史常润奏为请饬曾国藩及总署交涉撤去条约中传教条款折》,中国第一历史档案馆、福建师范大学历史系编:《清末教案》第 1 册,中华书局 1996 年版,第 807 页。

③ 《江西巡抚沈葆桢奏陈江西民情激愤教案处理不宜强压折》附件二《密访问答》,中国第一历史档案馆、福建师范大学历史系编:《清末教案》第 1 册,中华书局 1996 年版,第 297 页。

④ 《江西巡抚沈葆桢奏陈江西民情激愤教案处理不宜强压折》附件一《江西士民扑灭异端邪教匿民揭帖》,中国第一历史档案馆、福建师范大学历史系编:《清末教案》第 1 册,中华书局 1996 年版,第 296 页。

《抄录天主教十害公檄》还揭露采生折割的残忍情节，说：

> 该教有吸取童精者，迷骗十岁以外童男，以濂水滴诸顶门，或作膏药贴诸眉额，其童之精即从下部流出。彼则如吮乳然，尽情取之，彼童瘦软，数日而死。又或以药贴足心，以针破泥丸处。脑浆并通身骨髓自顶涌出，伊收取入瓶，余则舐而食之，彼童即死。似此贻害，能不悲哉?①

民众之所以相信采生折割之事，一是育婴堂用金钱收买幼儿，启人疑窦。二是育婴堂婴儿死亡率偏高，让人怀疑买幼儿是为了采生折割。三是采生折割之说在中国流传已久。薛福成说：

> 愚民之莫释疑忿者，信迷拐幼孩之说也。按旧说谓天主教徒迷拐幼孩，挖眼剖心，用以制药。此论不知始于何时，前儒顾炎武所著《郡国利病书》亦已有烹食小儿之说。彼时中外悬隔，偶得传闻，并非事实。然是说之流传也久，则人心之笃信者众。②

四是教堂整日大门紧闭，高窗严合，人们由于对其内部活动不了解而产生误解。“许多奄奄一息的病孩，便被送到这些机构去受洗礼，而抬走后很快就死去。所有这些做法，加上各地这类机构管理规章中，作为其重要成分的保密制度，以及这类机构与世隔绝的性质，便在中国人心目中产生了怀疑，并引起了住在教会附近的所有老百姓对修女们的深恶痛绝。而且关于修女们或她们的行为的谣言，不管是多么的不可能和荒谬绝伦，都会在无知和迷信的人们当中找到无数乐意倾听和信以为真的人。”③

清廷官员对于采生折割的流言，态度不一。一些顽固反对西方的人，当然是宁信其有，不信其无。即使一些对西方比较开明的人，

---

① 《江西巡抚沈葆桢为省城法国教堂被毁事致军机处咨文》附件二《抄录天主教十害公檄》，中国第一历史档案馆、福建师范大学历史系编：《清末教案》第1册，中华书局1996年版，第223页。

② 中国第一历史档案馆、福建师范大学历史系编：《清末教案》第2册，中华书局1996年版，第490页。

③ ［美］镂斐迪：《美驻华公使镂斐迪致美国务卿斐士函第12号》，中国第一历史档案馆、福建师范大学历史系编：《清末教案》第5册，中华书局1996年版，第2页。

也是将信将疑,认为难保其无。薛福成在其出使日记中录有李鸿章关于此事的一封信,信中称:

洋人入内地传教,民教往往构衅……其尤难者,民间纷纷传说,谓教堂惯用邪术,挖眼剜心,迷拐幼孩,诱奸妇女,种种藐法之事。官既无从得其确有此事之实据,以折服彼族;亦无从得其确无此事之实据,以解释群疑。唯有忍心害理,专用刑罚,只求目前了事,不顾日后隐忧。官吏岂尽无良?盖势有不得已也。①

只有少数官员,要求清廷明降谕旨,宣示采生折割之事为谣传,以释群疑。曾国藩说:

盖杀孩坏尸采生配药,野番凶恶之族尚不肯为,英法各国乃著名大邦,岂肯为此残忍之行?以理决之,必无是事……今既查明根原,惟有仰恳皇上,明降谕旨,通饬各省,俾知从前檄文揭帖所称教民挖眼剖心戕害生民之说,多属虚诬。布告天下,咸使闻知,一以雪洋人之冤,一以解士民之惑。②

但曾国藩这样做也承受了很大压力。用他自己的话说就是"外惭清议,内疚神明"。反洋教的官绅认为,基督教采生折割不但是一个三人市虎的问题,也是一个态度的问题。只有认定基督教采生折割,才符合将其打造成邪教的宗旨。

西方当然对采生折割的流言非常愤怒,认为这是对他们文化、人格的侮辱。英使威妥玛说:

夫仁慈堂守真童之设,究其实意,初在法国于明末十年以前建立善会,其中不止一国之人,无论富贵贫贱,一经出家,俱似无亲可依,无友可恃,专以自承重任至终。司理其事,不分何国何类,凡有疾病困苦人类,均归。更有婴儿,或

① (清)薛福成:《出使英法义比四国日记》,岳麓书社 1985 年版,第 461—462 页。

② (清)曾国藩等:《直隶总督曾国藩等奏为查明天津教案滋事情形折》,中国第一历史档案馆、福建师范大学历史系编:《清末教案》第 1 册,中华书局 1996 年版,第 809—811 页。

系富民亡故无靠，或系父母无钱养赡，或系父母因贫弃掷，皆为守真童抚育，此不但在中华为然，即在各国亦见每年不下数百婴儿收入各堂。存者入门奉教，亡者按礼埋葬，由来如此，毫无别情。忖思杀孩坏尸，虽在野番理亦不能以此凶恶举动见疑。彼守真童始终务此仁业，独可以此疑之乎？设小民谬怀此疑，而官长不能设法为之解释，其贻害于中华，伊于胡底。盖出诸学问深沈者，乃以一心救苦之女，指为忍心害理之徒，则百姓于凡属远人何免一律相看，岂非视为仇敌？既视为敌，焉得不思乘机以敌待之。①

正是因为育婴堂引起太多的民教冲突，有清廷官员提出是否让基督教停办育婴堂，以释群疑。监察御史高燮认为，停办育婴堂有三大好处，不停办育婴堂有三大危害。他奏称：

臣尝代为计之，停止育婴有三便，不停三不便。何谓三不便？慕善举而被恶名，一不便也；集重资而贾实祸，二不便也；附者一而仇者千百，三不便也。一旦幡然停止，使百姓咸知，则为善之忱可白也，其便一。收养之资可省也，其便二。民教之仇怨可消也，其便三。去三不便以就三便，彼亦何为而不罢乎？②

3. 现实利益冲突

反洋教固然最重要的是文化冲突，但文化冲突也不能解释一切。因为传统上中国就是多种宗教并存。儒、释、道三教可共而论道。回教传入中国，也没有引起太大冲突。唐朝时基督教在中国就有流传，明末清初也有著名士人信仰基督教，都没有引起广泛的民教冲突。为什么在近代有那么多教案出现呢？这有民族危机造成的刺激，也不能否认有许多教案是由实际利益引起的。概括起来有

---

① [英]威妥玛：《英署威妥玛为天津教案内英女露义萨被杀事致奕䜣照会》，中国第一历史档案馆、福建师范大学历史系编：《清末教案》第1册，中华书局1996年版，第798—799页。

② （清）高燮：《河南道监察御史高燮曾奏请筹止教士育婴以释群疑折》，中国第一历史档案馆、福建师范大学历史系编：《清末教案》第2册，中华书局1996年版，第484页。

两大类：一是因教产纠纷而引起；二是传教士介入民教纠纷、包揽词讼所致。

(1)教产纠纷

清初禁教时，曾没收基督教会财产。近代传教开禁，基督教会就索还原有财产。但历年久远，有些教产已成为民产，况且当时教产有多少，特别是牵涉到不动产，房屋几间，土地多少亩，界址在什么地方，很难考究清楚。教士往往凭一己之言，要求退还，难免引起纠纷。一些清廷大员也不敢擅自做主。如1861年，法国教士江类思、莫若望、杨若瑟等要求退还在山东历城县教产。当时署山东巡抚清盛不敢做主，请清廷予以指示。他奏称：

> 查法国续增条约第六款内开，将前谋害天主教者之时所充之天主堂、学堂、茔坟、田土、房廊等件，应赔还交法国驻扎京师之大臣，转交该处奉教之人，并任法国传教士在各省租买田地，建造自便等语。臣复查从前废毁天主堂一案，臣衙门无卷可稽，既据历城县查明基址属实，似应按照条款分别交换。第该处久经改造民房，转相承买，执有契据，势难责令退还。其究系何人侵占，何年搭盖房屋，无从根究。且人俱物故播迁，若纷纷查传追价，徒多扰累。今该夷既有在他处另还基地之语，自可通融办理。但尺地莫非王土，应否按其亩数另查官地抵给？如无官地，必须买自民间，价值如何支销？①

对于这种有据可查且同意置换土地的索产事件，清廷都是拨官地或买民田予以解决。但对于无据可查，传教士指某地为旧教堂基址所在，且不同意调换的，就难免引起民教冲突。如陕西西安教堂、河南南阳教堂就属此类。1866年，奕䜣曾照会法国公使：

> 本爵查陕西省城张绅房屋，据称系天主堂旧基，经该地

① (清)清盛：《署山东巡抚清盛陈法天主教索还省城天主堂地基请旨遵办折》，中国第一历史档案馆、福建师范大学历史系编：《清末教案》第1册，中华书局1996年版，第194页。

> 方官令张姓腾出房屋以作教堂，因张姓要该教士呈出实在凭据，至今凭据毫无。张绅买自费、张、王等姓，有契可据。该地方官以该教士果系安分传教，自可酌拨空闲地亩，听其自便，庶为两便。乃该教士仍执意坚索张姓房屋，遂致与地方官相持数载，其不能凭空结案者，并非无故。至河南查还教堂一案，查南阳府城内江浙会馆，实系商民价买之产，修造至八千五百余串。该主教指为天主堂旧基，委无确据。又欲抵换县署旁老盐店，此地系历任县令暂住办公之地，并作抚部阅兵行台及往来星使停骖公廨，未便抵还。经该地方官择有高真观一所，既宽且静，该主教延不收领，以致牵涉数年，案悬莫结。①

此外，也有教会以少报多，越界多占者。有一案，教堂旧址本是11.39亩土地，传教士圈地竟多至73亩多。县官多圈给其18亩多地，传教士仍不服。教产纠纷另一种表现形式就是借教堂被毁大肆勒索，动辄索要几万两、几十万两白银。这难免让中国人觉得是借此渔利。

（2）民教纠纷，传教士包揽词讼

教民与非教民难免有一些民事冲突。传教士往往代教民出头，欺压民众，引起公愤，酿成教案。1865年，四川酉阳县的教士纠集教民横行霸道，在光天化日之下奸污一名妇女，并将其致死。广大民众怒不可遏，径直去找传教士玛弼乐说理。玛弼乐竟然偏袒教士及教民，训斥广大民众。民众气愤至极，奋起拆毁教堂和教民房屋，杀死玛弼乐，打死教民一人，结果酿成震惊中外的酉阳教案。1876年的皖南教案也是一些教民恃教横行，引起争斗，爆发教案。

教民在与非教民发生财产纠纷时，也往往找教士出头。1861年，山西教民段振会租佃别人田地，业主欲增加租钱，段氏不愿，让传教士代为出头。总理衙门就此案表态称：

---

① （清）奕䜣：《恭亲王奕䜣等奏为法国来照情词叵测并现在办理情形折》附件二《恭亲王奕䜣为驳斥来照不符事实覆法署使照会》，中国第一历史档案馆、福建师范大学历史系编：《清末教案》第1册，中华书局1996年版，第560页。

惟前据法国公使哥士耆来函称,有山西教民段振会,因租种荒地,业主议欲加增租钱,该教民不愿加租,自定交纳钱粮数目,请为代求总理衙门行文山西巡抚转饬照办等语。查各省地丁钱粮,自有定额,岂容该教民擅自定数?今段振会辄敢悬定,显系恃教妄为。推其弊之所极,则霸地抗粮,其势亦将不免。又据山西巡抚来文,内称有传教士梁多明、副安当,每以民间琐事前来干预,致奉教与不奉教之人讦讼不休。①

传教士干预词讼不是个别现象,而是普遍现象。清廷一再要求地方官在处理民教纠纷时,要持平办理。谕称:

嗣后各该地方官于凡交涉习教事件,各须查明根由,持平办理。如习教者果系安分守己,谨饬自爱,则同系中国赤子,自应与不习教者一体抚字,不必因习教而有所苛求。倘或倚恃教民,不守本分,干预别项公私事务,或至作奸犯科,霸地抗租,欺侮良民,则不独为中国之莠民,亦即系伊教中之败类,断难宽恕,必应照例治罪,决不能因习教而少从宽假。②

但因教案或民教冲突,西方驻华使节或教士往往出头干预,地方官怕酿成外交争端,希图了事,压制民众、曲贷教民之事也不少。正如沈葆桢所说,凡涉教案很少办到教民者。这就引起不信教民众极大不满,往往又酿成更大冲突。御史潘庆澜对教案迭出有较为深刻的分析,称:

以各教之入中国,释道最久,回教次之,阅千百年未闻不安,独于洋教不相安者何也?他教既入中国,即遵中国之法,洋教则恐人轻视而教不行,借入教者为羽翼,而入其教者,半皆素无营业不甚安分之人,求借其教为护符,此不相

① 《总署奏为请饬下各督抚于交涉天主教事件持平办理片》,中国第一历史档案馆、福建师范大学历史系编:《清末教案》第1册,中华书局1996年版,第204页。

② 《著内阁宣布嗣后各地方官于习教事件务须持平办理上谕》,中国第一历史档案馆、福建师范大学历史系编:《清末教案》第1册,中华书局1996年版,第205页。

安之根所伏也。小民无知，但思食毛践土之恩，岂识柔远睦邻之道。于是见其通商也，则以为占我土地也。见其贩运也，则以为夺我利权也。积愤填胸，已非一日，忽又来此教堂之逼处，教民之杂居，趋向各殊，耰锄召衅。一有争讼，地方官恐负办理不善之责，务扶教而抑民，民愈不甘而愤愈深矣！然良善守分之民，犹且隐忍退让，不敢为地方生事也。有狡黠不逞之徒出，知民情之积愤如此，教情之隔阂如彼，从旁唆激，于中取利。犹积薪然，火遏已久，一挑拨之，而燎原之势成矣！积愤一纾，遂有置性命身家于不顾者。蚩蚩之氓，良可悯也。及祸乱既形，督抚就事论事，执祸首而罪之，法所难逭。然所罪者，果为首祸之人，罪亦允当。第恐狡黠者善于趋避，转得逍遥法外，而被罪者反为愚戆之良民，则愤愈积而唆激愈易，民且欲得而甘心。此毁教堂之案所以叠出而不已也。臣愚以为欲弭其患，先在断狱之得其平，欲得其平，先在洋人之不袒庇教民。①

传教士干预词讼、袒庇教民的行为，也助长了一些不良教民的非法行为。“未入教，尚如鼠；既入教，便如虎”是广大民众对这些不良教民行为的形象概括。成都将军崇实说：

伏查和约未定以前，各省传教不乏其人。即以四川而论，传教者来此已数十年，入教者已数千户，何以相安无事？彼时教人皆深自敛戢，与齐民为伍，故渐习而相忘。迨至弛禁以来，彼教之士未免夸张，辄自尊大，而奸民入教者亦凭借其势，得以招摇，甚至欲与本地官员抗礼，每以口角细故，动辄成讼不休。且有匪徒假冒，横行无忌，乡愚积不能平，官绅亦渐嫉怨。复有识见拘墟持论迂腐者，罔顾时艰，倡为屏黜异端之说，小民附和，致起争端。亦由教人激成众忿，而主持大吏既欲顾全和议，复欲将顺舆情，调剂为难，动多

① （清）潘庆澜：《御史潘庆澜奏陈民教不能相安宜折》，中国第一历史档案馆、福建师范大学历史系编：《清末教案》第2册，中华书局1996年版，第652—653页。

扞格。非触官绅之望,即失远人之心,措置稍一失宜,遂于大局有碍。①

郑观应在《传教》一文中写道:"莠民以入教为护符,嗜闻作奸犯科,讹诈乡愚,欺凌孤弱,占人妻,侵人产,负租项,欠钱粮,包揽官事,击毙平民,种种妄为,擢发难数。"②

传教士出于各种目的偏袒教民,教民中又良莠不齐。这不仅不利于基督教在中国广大民众中的形象,更无助于缓解民教冲突。正如郑观应所说:"平心而论,彼教士亦当自愧,岂止非上帝之心,亦大悖交邻之道。"③传教士无原则地干预词讼,结果只能是民愤愈深,群思报复,怨怨相报,恶性循环。"不知教士之势愈张,则平民之愤愈甚。民气遏抑太久,川壅则溃,伤人必多。"④

4. 政治利益冲突

教案的背后,也夹杂着政治利益的冲突。这种政治利益冲突表现为:一方面,西方列强借教案猎取政治利益。最为典型的就是德国借巨野教案兴起瓜分中国的狂潮。另一方面,清廷认为西方到中国传教有培植政治势力,争夺中国人心的图谋。早在清初,雍正帝就有这样的疑虑。他曾坦诚地对一些传教士说:

> 你们想让所有中国人都成为基督徒,这是你们宗教的要求,朕很清楚这一点。但这种情况下我们将变成什么呢?变成你们国民的臣民。你们培养的基督徒只承认你们。若遇风吹草动,他们可能惟你们之命是从。朕知道目前还没有什么可以担心的,但当成千上万的船只到来时就可能出乱子。⑤

鸦片战争后,基督教弛禁,传教士大规模到中国传教,更引起统

---

① (清)崇实:《成都将军崇实奏为接奉专办教案密旨先陈大概情形折》,中国第一历史档案馆、福建师范大学历史系编:《清末教案》第1册,中华书局1996年版,第273页。

② (清)郑观应:《传教》,《盛世危言》,中州古籍出版社1998年版,第165页。

③ (清)郑观应:《传教》,《盛世危言》,中州古籍出版社1998年版,第165页。

④ 《光绪二十四年闰三月二十八日张汝梅折》,故宫博物院明清档案部编:《义和团档案史料》上册,中华书局1979年版,第13—14页。

⑤ [法]杜赫德编:《耶稣会士中国书简集》第2集,郑德弟译,大象出版社2001年版,第338页。

治者的警觉。御史袁方奏称：

独有几伏于至微，祸深于异日，害中于人心，而实为国家心腹之隐忧者，则莫如夷人传教一事。臣按天主一教，由来已久，所以不厉禁之者，原因彼不过劝人为善，犹僧道之自守戒律，而从教者自视等于齐民，无不谨守法令。或有稍滋事端，亦皆照例惩办。故其时从教者稀，而地方亦相安于无事。乃近年以来，平民从教者，一县之中多至数千人，一府之中多至数万人，且与平民寻衅构争，几至无地不有，无时不然。同一夷教也，何以昔少今多，昔驯而今肆若此哉？臣尝深推其故，恍然于夷人之传教，并非劝人为善，其意欲借此以广聚党羽。平民之从教，亦非能守戒律也。其实皆假此以显傲王章，若不明发其覆而力遏其流，数年之后，害有不可胜言者。①

袁方的担忧和警告表达了朝廷官员普遍的心声。由于对西方传教者培植势力、争夺人心的警惕，清廷虽不愿教案发生，但民教保持适当紧张，恐也是清廷所愿。因为官方认为这代表着民心的忠诚。如天津教案发生后，不少高官纷纷表态，民气不可挫，反对惩处反洋教的官民。醇郡王奕譞奏称：

津民亦加拊循，勿加诛戮，以鼓其奋发之志也。民为邦本，载在圣经。此次衅端，自夷而开，我民茹痛含仇，非一朝夕，一旦激于义愤，致成巨案，正宜加意拊循，激其忠义之气，则藩篱既固，外患无虞，非禁遏刁风可同日语者也。②

袁保恒认为，民气不可散，要能发能收，以当作制夷之本。他说：

查此次民夷构衅，虽属惑于讹传，实系激于义愤。自列祖列宗以来二百余年，深恩厚泽所涵濡，薄海臣民，均知同仇敌忾，目视夷人之欺侮中国，实有不平，一旦触事而发，不能

① （清）袁方：《御史袁方奏为密陈心腹隐忧禁约教民折》，中国第一历史档案馆、福建师范大学历史系编：《清末教案》第1册，中华书局1996年版，第683页。

② （清）奕譞：《醇郡王奕譞奏拟思患预防培植邦本四条折》，中国第一历史档案馆、福建师范大学历史系编：《清末教案》第1册，中华书局1996年版，第790页。

自已。此正民情之可见,邦本之不摇,堪用之势,制夷之资也。查夷人向来所畏者,中国民心之固结。故每遇拆毁教堂,杀毙教民之案,不敢与民较,而极力与官争,欲借官抑民以泄其忿,其不敢轻犯吾民可知矣。诚恐办理夷案者,顾虑太多,优容夷人过甚,不暇曲体民心,使民志不伸,其心必散。一旦涣然解体,夷人益无顾忌,愈肆鸱张,虽欲再用民力,而民气不可复振矣。……臣愚以为当益鼓其忠义,而力镇其嚣张,使之能发能收,可静可动,常有凛然不可犯之意。夷人有所忌惮而不敢恣纵,亦足隐夺他族之气,而增重中国之威。①

袁保恒对教案的心态,可以说反映了大多数官员乃至朝廷对教案的复杂微妙心态——教案出于民众义愤,是忠诚的表现,民气不可散,民心不可失,但边衅同样不可轻启,适度紧张但不至于无可收拾是清廷最希望的。但这种平衡并不是容易保持的。正因为一直存在着以民制夷的理念,所以当西方对清廷勒索过甚之时,理念就会转化为行动。当发现以民制夷之策不能维持其统治利益之时,就会采取严厉镇压手段。

5. 清廷消弭教案之策

为了维护统治,清廷虽然希望民教适度紧张,但也确实不愿有教案发生。因为教案的发生,同样不符合其利益。“每一教案出,小则杀数小民,赔数万银,建一二处教堂以谢之。大则如胶州之事,朝廷深受其害。”②为此,清廷官员也为消弭教案提出了各种对策。

(1)政治对策

清廷官员认为,教案之所以频繁发生,传教士恃强勒索、激起民愤是一个重要原因。而传教士敢于恃强勒索,则是因为列强政治力量的介入。特别是法国,充当着天主教的保护国角色。如果能与罗马教廷直接联系,让教廷派员专门管理传教事务,遇事或可持平办

---

① (清)袁保恒:《翰林院侍讲学士袁保恒奏陈民气不可挫等五条折》,中国第一历史档案馆、福建师范大学历史系编:《清末教案》第1册,中华书局1996年版,第883页。

② (清)张元奇:《御史张元奇奏为请饬各省疆吏慎选牧令遇事持平折》,中国第一历史档案馆、福建师范大学历史系编:《清末教案》第2册,中华书局1996年版,第872页。

理，因为罗马教廷没有军队，遇有事端不会武力威胁。基于这样的认识，清廷曾积极运作，让罗马教廷派专人到中国管理教务。李鸿章具体操作此事。他说："至罗马派使驻华专管教务一节，近年明白洋务时局者多持此论。原以分法人借教胁制之权。"①但由于法国从中阻挠，此事无果而终。清廷也想制定一套传教管理章程，对传教士的行为进行约束，但由于列强反对，也是无疾而终。还有清廷官员提出，整顿吏治，增加民众的向心力。丁日昌奏称："推原百姓入教之由，皆由亲民之官惟利是图，不独劝农兴学视为迂阔，即钱漕词讼亦任听书差之浮收凌虐，甚或借端捐派，无所不至……故百姓冤抑无告，桀黠之徒，无不欲借教以为逋逃之数。"②

（2）经济对策

教民不分摊一些传统祀典的费用，也是民教冲突的重要根源。关键不在于钱财多少，而在于不奉教民众心理不平衡。所以有人提出也应取消不奉教民众的摊派，而由政府在别项收入中支出。丁日昌建议：

> 至兴修水利帑项不足，照章由百姓按亩分派，民教一律，亦无偏枯。惟文庙及各项修庙工程向来只派百姓，不派教民，愚民计较锱铢，便不免为所煽惑。臣现饬各州县凡不载祀典之庙宇一律停修。载在祀典之庙宇被毁未兴者应俟一二年后协饷稍松，再议于厘捐项下支取，兴工亦不许按亩派捐。③

对于教民，除与信仰有冲突的费用之外，地方公事及有益之事，应一律分摊。"使平民视之，知官与民教不分厚薄，即可默化畛域之见。出钱有限，消患无穷。"④

---

① （清）李鸿章：《致译署论罗马派使管教》，（清）吴汝纶编：《李鸿章全集》第5册，海南出版社1997年版，第2823页。

② 温廷敬编：《丁中丞政书》，沈云龙主编：《近代中国史料丛刊续编》第761辑，台北文海出版社1980年版，第210页。

③ 温廷敬编：《丁中丞政书》，沈云龙主编：《近代中国史料丛刊续编》第761辑，台北文海出版社1980年版，第211页。

④ （清）岑春煊：《山西巡抚岑春煊为请将教案善后章程第十一条内容照知各使事咨外务部文》附件《拟订山西教案善后章程粘单》，中国第一历史档案馆、福建师范大学历史系编：《清末教案》第3册，中华书局1996年版，第236页。

(3)文化对策

增强儒学文化影响，也是清廷抵制基督教文化的一项措施。早在1851年，就有人提出广兴义学，昌明正学，抵制基督教传播。浙江学政吴钟骏称：

> 窃惟邪不胜正，夷不乱华。惟有昌明正学，俾人人知有大义，则圣贤道理心中已先入为主，而异端邪说自无可施其计。宋臣欧阳修所谓操其本以胜之者此也……饬令于乡村市镇劝谕集资，广立义学。①

后来，又有许多人提出这一问题。1861年，刑科给事中高延祜就奏请广宣圣谕，以抵天主教。他说：

> 窃思外洋各国换约通商，事止逐利，彼似可相安。然其深谋诡计，专在传教，将来为中国患者必在于此，不可不虑……弟诗书经训，词旨渊微，颛蒙不能尽晓。钦惟圣祖仁皇帝上谕十六条，专以晓谕兵民，世宗宪皇帝寻绎推衍，复为圣谕广训，谆谆教诲，不啻如家人父子。其诱人甚善，其感人易入……昔释老盛行，昌黎韩愈尚惧其惑人辞而辟之，今天主等教非二氏比也。其心叵测，又非仅如僧道之聚徒坐食已也。然而禁之则不能，听之则不可。臣以为正教兴则邪说废，况教为治本，政所宜先，当令各省官绅于学宫书院，将圣谕广训各条认真宣讲，晓谕兵民，并选各学生员分赴城市乡镇，每逢朔望，为人讲说。务使家喻户晓，耳濡目染，咸知礼义，庶惶然于外教之非，而不为所惑。②

(4)化解绅民对基督教的歧见

在近代中国，基督教被国人普遍当作邪教，特别是在广大乡

---

① (清)吴钟骏：《浙江学政吴钟骏奏查看洋人情形并请昌明正学广立义学片》，中国第一历史档案馆、福建师范大学历史系编：《清末教案》第1册，中华书局1996年版，第126页。

② (清)高延祜：《邢科给事中高延祜奏为请饬直省州县认真宣讲圣谕广训以防天主教折》，中国第一历史档案馆、福建师范大学历史系编：《清末教案》第1册，中华书局1996年版，第210页。

村，邪、恶、淫更被认定为基督教的本质。为了化解歧见，清廷一些官员，特别是总理衙门，也多次发布告谕，说明基督教旨在劝人为善。如曾国藩在处理天津教案时，就说："天主教本系劝人为善，圣祖仁皇帝时久经允行，倘戕害民生若是之惨，岂能容于康熙之世？"①并奏请朝廷明降谕旨，宣布基督教并无采生折割之事。薛福成说：

出洋之后留心访察，大抵天主教徒所崇奉者惟耶稣。耶稣之说，亦以仁慈为宗旨。近者禁黑奴有会，禁鸦片有会，彼于虐人之事，害人之物尚欲禁之，岂有残酷至挖眼剖心而欧洲各国习不为怪者？即彼之精于化学医学者，亦谓无心眼入药之理。斯必灼知旧说之讹传，然后此案乃可下手，否则在事大小官员，先怀疑虑，葛藤不斩，轇轕滋多，将何以晓谕愚民？②

庆郡王奕劻也奏请下旨让各督抚晓谕民众，基督教并非邪教。奏称：

查泰西之教，本是劝人为善，遍行于西国，由来已久……其教中施医育婴，皆属善举。近年各省被灾地方教士等捐资助赈者，颇不乏人，其乐善好施，亦属可嘉……是民教本可相安，乃好事者，往往捏造无根之言，转相传播，致启群疑，不逞之徒又复借端滋事，意图抢掠……应请旨饬下各直省将军督抚，出示晓谕居民，切勿轻听谣言，妄生事端。③

清廷确也曾几次颁旨，为基督教洗冤正名。旨称：

至泰西之教，本是劝人为善。即从教之人，亦系中国子民，仍旧归地方管辖，民教本可相安。总因不逞之徒捏造无根之言，借端滋事。此等奸民所在多有，著各直省将军督抚

---

① （清）曾国藩：《直隶总督曾国藩等奏为查明天津教案滋事情形折》，中国第一历史档案馆、福建师范大学历史系编：《清末教案》第1册，中华书局1996年版，第810页。

② （清）薛福成：《光禄寺卿薛福成奏陈处理教案治本治标之计折》，中国第一历史档案馆、福建师范大学历史系编：《清末教案》第2册，中华书局1996年版，第490页。

③ （清）奕劻：《庆郡王奕劻等奏陈各省教案叠出请旨饬各督抚迅筹办法折》，中国第一历史档案馆、福建师范大学历史系编：《清末教案》第2册，中华书局1996年版，第478页。

> 出示晓谕居民，切勿轻听浮言，妄生事端。①

除了晓谕基督教非邪教，也有人提出地方官应端正对传教士的态度，不要争虚名，受实祸。御史张元奇说：

> 夫丧心昧良，挟夷自重者，固罪无可逭；其矫枉过正者，则以不礼洋人便为道学痛绝。教士既非汉奸，下车伊始，或来拜而不答，或授意以相难。愚民无知，以为官先仇教，群起攻之，遂成巨案。所争者，无谓之虚文；所受者，不了之实祸。②

地方官应该平时劝诫百姓，礼遇教士，融洽感情。这样才能“平时无菲薄之心，随事有通融之益”。③

匿名揭帖、檄文、公启是反洋教的重要宣传形式。为消弭教案，清廷及其官员，也多次发布谕旨、告谕，严禁匿名揭帖等。清廷谕旨：“倘有匿名揭帖，造言惑众，即行严密查拿，从重治罪。”④

缺乏相互了解，也是教案产生的重要原因。流言、谣言之所以能使人信以为真，盖因民众不了解实情。所以，义和团运动后，就有地方官组织绅士参观教堂，增进了解，以息浮言。岑春煊任山西巡抚时的做法是：

> 并令地方官到任时，于循例阅城后，即订期约同二三明达绅士，赴城厢教堂拜访教士，将教堂内外履勘一周，可使绅士无疑洋人有地窖害人诸隐事。其距城窎远之教堂，到任后可先通函。遇因公下乡时便道拜访。平时既相孚以诚，则有事商办，自不至于隔阂。大事可化小，小事可化无矣。⑤

---

① 《著内阁通谕各省将军督抚迅饬查拿各教案首要各犯事上谕》，中国第一历史档案馆、福建师范大学历史系编：《清末教案》第2册，中华书局1996年版，第479—480页。

② （清）张元奇：《御史张元奇奏为请饬各省疆吏慎选牧令遇事持平折》，中国第一历史档案馆、福建师范大学历史系编：《清末教案》第2册，中华书局1996年版，第872页。

③ （清）张元奇：《御史张元奇奏为请饬各省疆吏慎选牧令遇事持平折》，中国第一历史档案馆、福建师范大学历史系编：《清末教案》第2册，中华书局1996年版，第872页。

④ 《著内阁通谕各省将军督抚迅饬查拿各教案首要犯事上谕》，中国第一历史档案馆、福建师范大学历史系编：《清末教案》第2册，中华书局1996年版，第480页。

⑤ （清）岑春煊：《山西巡抚岑春煊为请将教案善后章程第十一条内容照知各使事咨外务部文》附件《拟订山西教案善后章程粘单》，中国第一历史档案馆、福建师范大学历史系编：《清末教案》第3册，中华书局1996年版，第231页。

化除歧见，应是双方之事。故有些清廷官员也促请传教士对自己的行为有所约束，尤其不宜干预词讼，以减少冲突。除此之外，清廷希望传教士在传教时不要诋毁儒教，处理教案时，不要乘机勒索，甚至不要有睚眦必报的报复心态。沈葆桢说：

> 窃思传教与用兵不同，用兵则以力屈人，传教则以心服人。人何以服？信之斯服之矣。人何以信？示之以可信斯信之矣！……使传教士徐示以可信，不强以遽信，久焉断无不信之理。①

怎样才能使民众渐为信服呢？沈葆桢认为，既然基督教是劝人为善，许多教士为传教可舍弃家产，乐善好施，那么在教产赔偿方面就不应过分强人为难，应该充分发扬爱人如己、释仇不报之胸怀，取得民众信服。他说：

> 其一时未能遽信者，勿与较量；教民倚势结怨者，晓谕禁止。勿听一偏之词，致开嫌隙。俾百姓欣然相告曰，彼教之爱人如己，诚如斯也；彼教之释仇不报，诚如斯也。有不从之恐后哉！……若谓慑之以兵威，期收效于旦夕，则匹夫不可夺志，万众同心，背城借一，惟天所授，胜负何常。劝人为善者，当不出此。②

(5)自办慈善事业

兴办慈善事业，是基督教的传统，也是中国官绅所关注的事业。如今，为了与基督教争夺民心，有官员就提出自办新型的现代慈善事业。丁日昌说："其育婴、掩埋、施药、施粥诸端，凡教士所恃以煽诱恃恩者，均饬令地方官次第举行，使愚民之遁入天主教者，毫无所利，庶可以夺其外向之心。"③各类慈善事业，最为清廷官员重视的是

---

① （清）沈葆桢：《江西巡抚沈葆桢奏陈江西民情激愤教案处理不宜强压折》，中国第一历史档案馆、福建师范大学历史系编：《清末教案》第1册，中华书局1996年版，第294—295页。

② 《江西巡抚沈葆桢奏陈江西民情激愤教案处理不宜强压折》，中国第一历史档案馆、福建师范大学历史系编：《清末教案》第1册，中华书局1996年版，第295页。

③ （清）温廷敬编：《丁中丞政书》，沈云龙主编：《近代中国史料丛刊续编》第761辑，台北文海出版社1980年版，第211页。

育婴。因为基督教的育婴堂引起了太多的民教冲突。有的官员提出让基督教停办育婴堂，但不可能为西方接受。于是，自办育婴堂就成为一种选择。御史恩溥说：

> 窃各省教案繁兴，由于会匪之肇事。会匪构衅，起于教堂之育婴。……故为教士计，非停止育婴，不能释百姓之疑心。而为国家计，非广劝育婴，亦无以杜教民之借口。[①]

他认为，弃婴恶习，缘于民生艰难，非章程所能禁止。“盖本朝户口之众，亘古所无。嘉庆时版籍所存，合各省计之，已逾四万万，中间两经寇乱，未久仍复其初。百产之菁英不足供生民之日用，于是贫民始而溺女，继且溺男。虽严定章程，不能概行禁绝。”[②]为禁止溺婴，清廷也曾提倡设育婴堂。但由于各种原因，效果不彰。恩溥指称：

> 列圣相承，无不以爱民为首务。自嘉庆以后，生齿日众，贫民日多，故圣人因时制宜，于育婴一端尤三致意。徒以发捻交哄，遗制渐湮，非无锐意兴复之人，总缘经费不敷，推行未广。其旧有之处，或限于额数之有定，或误于经理之非人。地方有司，不能仰体圣慈，奉宣德意。彼教中之黠者乃得乘隙抵间，行其术而售其奸。所谓木必先腐而后虫生之者，此也。[③]

育婴事业的落后，不但有伤国体，贻笑邻邦，而且成为民教冲突的重要根源。恩溥奏请朝廷谕令各疆臣，认真办理育婴事业。“庶广全生命，即以预杜乱源，下顺舆情。实以隐培国脉，化薄海贪残之俗，绝强邻轻侮之萌，一举而数善备焉。”[④]清廷对恩溥的主张相当重视，

---

① （清）恩溥：《御史恩溥奏为教案起于育婴请饬各省广设育婴堂折》，中国第一历史档案馆、福建师范大学历史系编：《清末教案》第2册，中华书局1996年版，第500页。

② （清）恩溥：《御史恩溥奏为教案起于育婴请饬各省广设育婴堂折》，中国第一历史档案馆、福建师范大学历史系编：《清末教案》第2册，中华书局1996年版，第500页。

③ （清）恩溥：《御史恩溥奏为教案起于育婴请饬各省广设育婴堂折》，中国第一历史档案馆、福建师范大学历史系编：《清末教案》第2册，中华书局1996年版，第501页。

④ （清）恩溥：《御史恩溥奏为教案起于育婴请饬各省广设育婴堂折》，中国第一历史档案馆、福建师范大学历史系编：《清末教案》第2册，中华书局1996年版，第501页。

接到奏折当日，即让军机处下旨，要各直省将军督抚妥为筹划，实力执行。

(6)法律措施

中西法律不统一，也是教案形成的一个很重要原因。西方在中国享有治外法权，这就造成异罪同罚的局面。中国刑律重，西方刑律轻，遇到冲突，难免使中国人感到西方包庇教士。所以就有人提出修改律例，减少冲突。伍廷芳说：

> 近来边衅之开，每起于教案，而教案所以多者，则由昔年与之订立条约，许以遍地传教，不许以内地通商，殊为失策。今欲豫弥其变，惟在内治有权。查各国条例，凡他国人在本国者，皆归地方官管束，犯案皆归地方官讯办。惟中国商民往他国者，受治于他国之官，而他人来我国者，则不受治于我。彼所借口，盖有两端。一则谓我限以通商口岸，民人应就近归彼领事管束。二则谓我刑律过重，彼实不忍以重法绳其民……若其法律，原以齐民，轻典重典，时为损益。应请饬下部臣，采各国通行之律折中定议，勒为通商律例一书，以降谕旨，布告各国。所有交涉词讼，彼此有犯，即以此为准。此律一定，则教民、教士有所儆而不敢妄为。治内防外，有所遵而较若划一。①

给事中胡俊章认为，由于民教礼俗不同，教民与非教民往往由于婚丧大典引发冲突，应制定一部专门法律，加以规范和约束，各自遵行，避免事端，俾可“消患未萌”。他奏称：

> 查各国传教，载在约条，而教案罪名尚无律例。庶民入教之后，与不入教之家，每有交涉，多起争端。其最易启衅者，莫如婚丧大故，人命重情。缘教民婚丧多按西例，往往订姻于未入教之先，结亲在已入教之后。礼节有异，每致参

---

① (清)奕䜣：《恭亲王奕䜣奏为议得伍廷芳请变通成法摺均为探源握要之论折》，中国第一历史档案馆、福建师范大学历史系编：《清末教案》第2册，中华书局1996年版，第738—739页。

商。妇人病故，敛葬不同，其母家不习教规，更多扞格。且西例于人命重犯，罪仅羁囚，而中例则须论抵。教民遇犯人命杂案，每有逃于省会之总教堂，即不易拿获。罪名定拟，轻重既殊，人犯潜藏，传呼难及，各国条约尚少明文……可否饬下总理衙门，会同各国驻京使臣及西国律师，详细酌议，于民教之婚丧大故、人命重情，暨地方官差传教民听审，事事妥定例章，宣示中外。总期情理得平，明白易晓，庶教案易结，民志不易，自可消患未萌矣。①

虽然朝廷及其官员为消弭教案提出多种对策，但对抑制教案的发生并没有起多大作用。其中原因，一是很多措施难以执行。比如清廷想制定一个章程，约束传教士的一些行为，但得不到西方列强的同意。想收回内治权，也是纸上谈兵。西方列强借教案谋取政治利益的行为不但得不到遏止，反而变本加厉。二是对民族危机、文化危机的忧虑，使教案发生有深厚的土壤。西方列强的侵略行为，使基督教所宣称的劝人为善大打折扣。很难使民众把基督教传教士与西方列强区分开来，况且，传教士良莠不齐，言行卑劣和危害乡里者为数不少，因此产生劣币驱良币的负面效应，令民众对整个传教士群体滋生仇怨。同时，基督教传播带来的文化危机，使反洋教在广大绅民当中具有神圣的正义性。义愤、民心成为人们对反洋教行为的一个基本评价。在这种社会氛围下，很难想象教案会被几个公开的谕旨、告示所消除，反而是反洋教的揭帖、檄文、公启更具生命力。

① （清）胡俊章：《给事中胡俊章奏陈各省教案宜会议例章折》，中国第一历史档案馆、福建师范大学历史系编：《清末教案》第2册，中华书局1996年版，第784—785页。

第三章 从甲午到庚子：中国在国际体系中继续沉沦

一、世纪之交国际体系的剧烈演变：大国争霸格局的形成

（一）甲午战争前列强在远东的角逐

1. 英俄制造朝鲜危机

19 世纪末，资本主义列强向帝国主义阶段过渡，兴起争夺世界霸权和瓜分殖民地的狂潮。远东是列强激烈争夺的重要地区，各大国纵横捭阖，激烈角逐远东霸权，其中，衰弱的中国成为它们急欲抢夺和瓜分的主要对象。

俄国本是欧洲国家，但 16 世纪后期，它越过乌拉尔山进入亚洲，不断向东扩张。清军入关之际，沙俄乘机强占了我国雅克萨和尼布楚等地区。1689 年，中俄《尼布楚条约》规定了以格尔必齐河、额尔古纳河和外兴安岭往东至海一线为中俄两国边界。19 世纪 50 年代以来，沙俄加紧了对远东地区的侵略扩张。早在 1858 年，英法联军侵略中国时，沙俄借口调停有功，趁火打劫，强迫清廷签订了《中俄瑷珲条约》，侵占了中国东北外兴安岭以南、黑龙江以北 60 多万平方公里的领土。1860 年，沙俄又强迫清廷签订《中俄北京条约》，又侵占我国乌苏里江以东，包括库页岛在内的 40 多万平方公里领土，从而使沙俄实现了在远东争夺出海口的目标，借此向太平洋扩张。19 世纪 80 年代初，沙俄更加关注在远东的势力扩张，在海参崴设移

民局，加速向远东地区移民。1883 年，沙俄在宫廷特别会议上，决定把东西伯利亚总督辖区中的远东各省划归阿穆尔地区专设的总督管辖。1885 年，《中日天津条约》规定，中日两国均从朝鲜撤退驻军。俄国认为有机可乘，企图以毗邻大国的资格伸手保护朝鲜。俄国军舰云集海参崴，要求租借在朝鲜北部的永兴湾。当时，英俄争夺霸权。为防止沙俄远东海军南侵，英国竟派军舰强占朝鲜的巨文岛，两国在朝鲜剑拔弩张。由于中国对朝鲜拥有宗主国的名义，交涉的责任遂落到清廷的头上。经交涉，英国答复清廷：

> 此岛之占领，并不伤害中国及其属国之权利利益，英亦无占领该岛之意。惟此岛若归他国，则必招中、英两国之不利。以是中国若保证不使任何国占领该岛，则英国可以安心撤兵。①

清廷转而向俄国交涉。俄国自忖，如果立即占领朝鲜，当时在远东的实力还不够，反而会使俄国同中、英、日关系尖锐化。最后，俄国保证不占领朝鲜，但却为干涉朝鲜内政埋下伏笔。俄方声称：

> 日后如有意外难以预料之事，与朝鲜现在情形大有关系，或与俄国在朝鲜之利益有碍，致使不得不变朝鲜现在情形，中俄两国，或由彼此政府，或由彼此驻韩大员，共同商定办法。②

英国在得到俄国不占领朝鲜的保证后，退出巨文岛。

俄国虽然保证不占领朝鲜领土，却加强了在朝鲜的势力渗透。当时朝鲜高层出现了引俄拒华派，立即得到俄国支持和援应，甚至一度传出俄朝有保护密约。俄朝的结盟动向引起中、日、英的警觉和制衡，难以遂愿。

同时，俄国从 1891 年开始修筑西伯利亚大铁路，以便向远东输送大量人力和物资，加快在远东的侵略扩张步伐。这对英日争夺远

---

① 王芸生编：《六十年来中国与日本》第 1 卷，生活·读书·新知三联书店 2005 年版，第 300 页。

② 王芸生编：《六十年来中国与日本》第 1 卷，生活·读书·新知三联书店 2005 年版，第 305 页。

东霸权无疑是严重的挑战与威胁。

英国是老牌殖民国家，在远东具有极大利益。其中，在中国南方、长江流域以及东北地区的经济利益，先于沙俄。1893年，英中贸易额已超过3500万英镑，英日贸易额为930万英镑。为了巩固并扩大在中国、日本的权益，英国极力抵制沙俄势力通过西伯利亚铁路伸向中、朝。甲午战争前，英国舆论主张与中、日合作，共同抵制沙俄，甚至企图建立远东反俄三国同盟。英国的主要目标就是阻止沙俄势力南下，保持其在远东的霸权。英国曾对日本明确表示：英国对朝鲜并无奢望，只希望不被俄国占领。[①]

2. 其他列强的侵略动向

(1)德国

德国是后起的欧洲强国，其势力进入远东晚于英、俄。1861年9月，以艾林波伯爵为首的普鲁士王国使团在天津与清廷签订条约，取得了与英、法在华同样的特权。1867年，巴德兰曾建议普鲁士政府侵占台湾，建立侵略中国的殖民地。1869—1870年，德国地理学家李希霍芬曾建议俾斯麦侵占中国舟山岛。1872年，巴德兰又主张德国海军占领厦门港。同年，德国在北京设立使馆。1882年，德国以武力相威胁，曾在中国汕头取得一块租地。[②] 1884年，中法战争期间，德国出于削弱法国军事力量的目的，在外交上未支持中国。俾斯麦声称："即使有10万法国人向北京进军，德国也要稳住不动。"[③]以前，有学者认为，德国在远东除若干经济需求，在政治上并无直接利害关系，所以战争之初对中日问题抱旁观态度。事实并非如此。在远东取得一个侵略据点一直是德国的梦想。但是，30余年来，德国在远东攫取据点的夙愿始终未能实现，而中日甲午战争的爆发却为此提供了前所未有的机会。后起的德国，终于有机会在远东争霸的舞台上野蛮亮相。

① 王春良：《甲午战争前后的远东国际关系》，《烟台大学学报》1994年第4期。
② 王春良：《甲午战争前后的远东国际关系》，《烟台大学学报》1994年第4期。
③ 《德国外交文件》第3卷，第700案卷，柏林，1922年。

(2)法国

法国作为仅次于英国的老牌殖民强国,在世界各地与英国争夺殖民地。在欧洲大陆,德法又为世仇。法国早就有侵占东亚的野心,并通过支持天主教的传教事业,来加强其在东亚的影响。及至1885年,通过中法战争,法国终于在东南亚确立了有利地位。战争期间,法国军队一度占领台湾基隆和澎湖列岛。但在中法战争后,英国竭力阻挠法国在中国两广与越南取得超过其他列强的特权。法国虽然对中国台湾一直有垂涎之意,但是却得不到任何一个大国的支持。中日甲午战争爆发后,法国自然也不会放过分一杯羹的机会。

(3)美国

早在1844年7月,美国就迫使清廷签订了《中美望厦条约》,从而取得了在中国的侵略特权。之后,美国曾图谋攫取台湾。1854年,佩里就曾建议美国政府:

> 我们必须……对一切足以改变中国、日本及更南的国家,特别是台湾的政治及内务的任何具有实际意义的建议,予以鼓励。美国应该单独采取这个主动……台湾在海军及陆战上的有利位置,是值得考虑的另外一点,该岛直接地面对着中国的许多主要商业口岸,只要在该岛驻泊足够的海军,不但可以控制这个口岸,并且可以控制中国海面的东北入口。①

1867年,美国曾入侵台湾,但被台湾民众击退。美国碰壁后,就转而支持日本侵略台湾。这样既可以离间中日,也避免日本回到闭关自守的老路。"应当是鼓励日本采取一种行动路线,使日本朝廷与中国及朝鲜政府相疏隔,使它成为西方列强的一个同盟者。"②

美国还垂涎朝鲜领土,曾于1868年、1871年两次入侵朝鲜,均

---

① 王芸生编:《六十年来中国与日本》第1卷,生活·读书·新知三联书店2005年版,第105页。

② 王芸生编:《六十年来中国与日本》第1卷,生活·读书·新知三联书店2005年版,第106页。

未得逞。朝日《江华条约》签订后，朝鲜的闭关局面被打破。西方各国，特别是美国，都迅速跟进进入朝鲜。1882 年，美朝签订“通商条约”。美国成为第一个进入朝鲜的西方国家。在朝美签约时，中国鉴于朝日《江华条约》确认“朝鲜为自主之邦”的失算，曾希望在《朝美通商条约》明定“朝鲜为中国属邦”，遭到美国的拒绝。[①] 日本和美国之所以坚持朝鲜为自主之邦，并非为朝鲜争取独立自主，而是借自主之名，割断中国与朝鲜的宗属关系，以便于放手侵略朝鲜。在这一点上，美日有共同利益。不过，直到 1899 年占领菲律宾之前，美国在远东还没有一个立足的基地。由于在远东缺乏强大的军事力量，美国遂采取隐蔽手法，支持日本替其远东侵略政策开路。它看到日本正在东方迅速崛起，“持有开启东方的钥匙”，所以一直视日本“不亚于一个同盟”。[②]

甲午战争前，朝鲜成为各方利益的焦点。因为朝鲜位于中、日、俄之间，北与中国为邻，东南隔朝鲜海峡与日本相望，东北与俄国接壤，其南端堪称日本海的锁钥，具有重要的军事战略价值。如果俄国和日本占有朝鲜，就完全掌握了进出日本海和黄海的航路，并可以进一步占领中国东北，使之成为征服全中国的前进基地。这不仅使英国在远东的经济贸易蒙受巨大损失，而且将危及英国在中国和远东的优势。因此，英国决不容许俄国插足朝鲜这一战略要地。同时，各国对中国基于历史传统而形成的朝鲜宗主国地位也不满意，也想借日本之手打破这一局面。这就是列强对日本在朝鲜的侵略行为采取包容态度的原因。

（二）日本的崛起与甲午战争后东亚局势的演变

1. 明治维新和日本的崛起

近代，日本也遭到西方列强的侵略。但日本通过明治维新，很

---

① 王芸生编：《六十年来中国与日本》第 1 卷，生活 · 读书 · 新知三联书店 2005 年版，第 197 页。

② ［美］丹涅特：《美国人在东亚》，姚曾广译，商务印书馆 1959 年版，第 387、408 页。

快崛起，成为一个强国。之所以如此，在于日本在政治、经济、军事、文化等方面进行了全面的现代化变革。

(1)废藩置县，建立现代中央集权的民族国家

推翻幕府统治后，明治政府最紧要的任务就是取消封建诸侯领地，改变藩国割据局面，建立中央集权的统一国家。1868 年年初，鸟羽、伏见之战结束后，明治政府首先没收京畿地方的幕府领地。之后，江户献城投降后，又没收关东一带的幕府领地。继之，通过戊辰战争，平定了东北，控制了北海道，没收全国幕府领地的工作宣告完成。但是，对于明治政权来说，这个地盘显然太小了，而且更重要的是牵涉到财源问题。虽然没收了幕府领地，却并非全部幕府领地收入都能充作明治政府的财源。明治政府在全国大约 3000 万石的幕府领地收入中只掌握大约 900 万石。政治上，明治政府没收幕府领地及其直辖 8 个城市后，改设 8 府 21 县，但绝大多数诸侯的藩国领地依然如故，政令无法统一。因此，为了充实财政基础和消除封建割据，实行中央集权的政治统一，明治政府决定实行“奉还版籍”政策。“版籍”，也叫“藩籍”，就是各藩国的版图(领地)和户籍(人民)。“奉还版籍”，就是诸侯向明治中央政府交出对土地和人民的封建领有权。经过酝酿动员，由萨摩、长州、土佐、肥前等 4 藩的藩主率先请求中央政府允许交出领地。戊辰战争结束后不久，1869 年六月(阴历)，明治政府表示允许(其实是迫使)各藩“奉还版籍”，同时任命诸侯为藩知事。

奉还版籍后，诸侯内改任原领地藩知事，成为明治政府地方官。但这种改革还是初步的。尽管强调藩政基本方针必须服从中央，但藩政仍握在诸侯手里。1871 年七月(阴历)，明治政府又发出“废藩置县”的命令，最终取消诸侯封建领主的统治权。废藩置县就是废除藩国制度，打破藩界，全国行政区重新划分为 3 府(东京、京都、大阪)72 县，概由中央政府任命的府、县知事管理。旧藩主迁居东京，从国家领取俸禄。1888 年，确定为 3 府 43 县。通过废藩置县，日本实现了中央集权的国家统一。① 这对日本的崛起有重大意义。正如

---

① 万峰:《日本近代史》，中国社会科学出版社 1984 年版。

伊藤博文所云：

> 对于海外的强大势力，如欲表明国民联合之抵抗力，结成强固坚实之一体，以维持国家之存在，则必须在强大之中央政府下，统一国家。然而，同时消灭拥有自治权之封建诸侯地方分权势力，当然是达到此目的之必要手段。①

建立具有现代性的国家政体，也是明治维新的重要政治举措。明治维新虽然以“尊王”“王政复古”为旗号，强调天皇的神圣性质，但是并非要建立封建主义的绝对王权国家。即使是非常强调天皇权威的岩仓具视，也是排斥君主专制的。他说：

> 政体应基于建国之体而建之，其目的乃明君臣之道上下之分，以巩固富强之根基，隆盛国家之运势。虽以臣子之分应避而言之，然不可不确立不待明君贤相出自身即能保持国家之制度。②

大久保利通认为，君主专制政体难以长治久安。他指出：

> 若夫君主之政，对蒙昧无智之民不可不以命令约束治之。于是乎，擢拔才力出众者委之以威力权威，束缚其自由，压制其通议，以驾御之。此方为一时适用之至治。然上有明君，下有良弼之时，虽民不蒙其祸，国不取其败，但内外之政犹不免朝令夕改百事涣散之蔽。若暴君污吏一旦擅其权力之日，生杀予夺恣意行之。故众怒国怨归于君主一人之身，动辄有废立篡夺之变。其法政概出于人为，不以天理，此于人情时势不可长久持守。③

为了避免这种情况，应该实行君民共主。大久称：

> 建祖宗之国，岂有置斯民于外而为其政。行民之政，亦

---

① ［日］依田憙家：《近代日本的历史问题》，雷慧英等译，上海远东出版社2004年版，第30页。

② ［日］依田憙家：《近代日本的历史问题》，雷慧英等译，上海远东出版社2004年版，第53页。

③ ［日］依田憙家：《近代日本的历史问题》，雷慧英等译，上海远东出版社2004年版，第54页。

岂有置斯君于后而保其国。故定律国法即君民共治之制，上定君权，下限民权，至公至正君民而不得私。①

不过，大久并不主张设置民选议院，而是“以定宪法为确乎不拔之本”，即不以君主的恣意而依法的政治。由于受到自由民权运动的压力，制定宪法，开放权力不可避免。制定一部什么样的宪法呢？大隗重信希望制定一部英国式的君主立宪的宪法。岩仓具视、伊藤博文等人坚决反对，认为不适合日本国情。他们希望既要限定君权，也要限制民权，不希望实行政党政治。这样，日本建立了以天皇为中心的具有军国性质的现代精英政体。伊藤博文对保持天皇权威的解释是：

在我国，宗教者，其力微弱，而无一可为国家之机枢。佛教虽一度有隆盛之势，维系上下之人心，然至今日，已倾于衰替。神道基于祖宗之遗训，虽祖述之，但作为宗教，已无力使人心归向。在我国可成机轴者，唯独皇室。②

因为明治政权的掌权者要压制民权，其掌权的合法性只能源于天皇。天皇、内阁、议会、元老院各有一定的权力。天皇在宪法上具有任免国务大臣的权力，但总理大臣人选是由元老院推荐，各国务大臣由总理提名，天皇对军队的统帅权独立于内阁之外，通过军部实行。天皇虽有对国务大臣的任免权，但内阁决定的事情，天皇也难以改变。日本国会权力有限，只管审议预算、咨询和追认内阁等各种事务程序。至于国会的召开、休会和解散等，悉听命于天皇。元老院在日本政治中具有举足轻重的地位。甄选元老不由宪法或其他法令规定，而由天皇任命，一般是由退休的重臣担任，对政治决策有很大的发言权。后来，军部取代元老院的地位，成为日本政府中最强势的力量。日本的政治精英通过限制民权、君权确立了自己的权力地位。他们利用天皇抵制民权，并使政府的决定神圣

---

① ［日］依田憙家：《近代日本的历史问题》，雷慧英等译，上海远东出版社 2004 年版，第 54 页。

② ［日］依田憙家：《近代日本的历史问题》，雷慧英等译，上海远东出版社 2004 年版，第 45 页。

化，又通过限制天皇直接干预政治，扩大自己的政治领域。日本比亚洲其他国更早地确立了现代国家体制，在政治现代化方面走在亚洲前列。

(2)文明开化

文明开化是明治政府的一项重大政策。所谓文明开化，就广义说来，是包括现代资本主义的科学技术、文化教育、思想风尚和生活方式等在内的现代社会启蒙运动。为了实现文明开化，明治政府大力普及国民教育、广泛摄取西洋文明。1872年，明治政府颁布学制，认为“学问堪称立身之资本”，“国之所以富强安康，无不缘于世间文明人才艺之巨大发展。而文明之为文明者，实有赖于一般人民之文明。”①物质上应实现“人人自立其身，治其产，昌其业，遂其生”，必须提升国民的精神和文化素质，提倡“修身、开智、长才艺”。② 办教育首先注重普及小学教育，“必能期待邑无不学之户，家无不学之人”③。1879年，日本小学入学率达到41%，其中，男子57%，女子34%。④

重视科学技术教育，是明治时期教育的另一特色。西方的科学技术给日本人留下了深刻印象。“西国之学科，各有其书，其事尚实，其文务精……理科之义理最为重要，可为诸科之纲要。实在足可以与圣贤之书并传也。”⑤正是由于对西方科技的敬畏，明治政府着手在中小学的普通教育中加强技术教育，在小学和师范学校中因地制宜添设农业科、商业科、工业科，小学普遍设手工科，中学则设实业科。日本文部省认为，科学技术教育是“与国家富强、国家命运攸关的事情”。“国家如欲充实未来的实力，必须努力向国民之子弟

---

① [日]神田修、山住正已编：《史料日本的教育》，学阳书房1980年版，第80—87页。

② [日]安冈昭男：《日本近代史》，林和生、李心纯译，中国社会科学出版社1996年版，第193页。

③ [日]安冈昭男：《日本近代史》，林和生、李心纯译，中国社会科学出版社1996年版，第193页。

④ [日]安冈昭男：《日本近代史》，林和生、李心纯译，中国社会科学出版社1996年版，第195页。

⑤ 靳丛林、陈泓、张福贵译：《外来文化摄取史论》，吉林教育出版社1990年版，第122页。

施以科学技术和实业一致并适当结合的教育。”①

广泛摄取西方文明，是文明开化的重要途径与标志。福泽谕吉说：

> 开国之初，我等洋学者们之愿望是千方百计将多数国民引入到真正开国之途，欲将西洋文明变作东道之主。一面排斥汉学之固陋，一面亦谋求申明洋学之实在利益，输入其无限之方便。②

日本对西洋文明的摄取远远超出了功利主义，而是怀着敬畏膜拜的心态，全面学习和吸收西学。“以衣食住及其他日常风俗为主，从政治组织、法律制度、产业设施、教育机构，到构成其思想基础的文化科学、社会科学、哲学、宗教等西方文化大量被移植，明治以后的日本文化都是在这条线上被重新编成的。”③日本还谋求对国民精神进行根本改造，提倡积极进取的乐观精神，反对少年老成；提倡百折不挠，反对慷慨悲愤，等等。

教育与全面摄取西方文明的做法，使文明开化的风气迅速扩张开来，有力推进日本社会的现代化进程，从而建构了具有日本传统特色的现代性社会，结果产生了“在欧美看不到的日本式与西洋式相结合的生活方式，而且渐渐在日本落地生根”④。

(3)殖兴产业

通过实行废藩置县、地税改革等措施，日本具备了全国范围的经济流通，初步形成了岛内的市场体系，为发展资本主义经济提供了有利的环境。当时日本民间和政府都对殖兴产业有高度认识。横井小楠说：

> 观当今洋人之所为，精心研造以火轮船、蒸汽车、电报

---

① [日]玉城肇著：《日本教育发展史》，东京三一书房1956年版，第49—50页。

② 靳丛林、陈泓、张福贵译：《外来文化摄取史论》，吉林教育出版社1990年版，第123页。

③ 靳丛林、陈泓、张福贵译：《外来文化摄取史论》，吉林教育出版社1990年版，第62页。

④ [日]安冈昭男：《日本近代史》，林和生、李心纯译，中国社会科学出版社1996年版，第205页。

机、水车、棉花等为首之民生日用之便利之物，近来又掘红海海峡为航海通路，确成大利也。此外，又因交通万国扩展交易之利之故，彼等国家国富兵强，民用利厚，至于租税等也至轻至宽。真可谓经纶之伟业，圣人之作用也。[①]

涩泽荣一曾“实地见闻法兰西进步之工商业，痛感欲使日本兴盛，无论如何必须制订大力发展工商业之计划”[②]。明治年间，奉命出使欧美的使节们也深切感受到西洋工商业的发达，表现出对西洋产业的强烈向往和赞叹。大久保利通归国后，立即建议：

外国政府保护其人民，奖励其工业之事，概多类似如此。……君臣一致，以其国天然之利为基础，盛大其财用，以成巩固国家根基之伟业。我国当今正值大有作为之际，宜应以此为规范……诱导促激我国人中气性薄弱者，勉励工业，应为当朝执政者之义务也。[③]

对于以富国强兵为目标的明治政府来说，导入和培植近代产业是当务之急。明治初期，因为民间经营产业的能力和意愿还不充分，所以首先是从官营事业起步兴办现代产业。政府先后成立了工部省和内务省，成为推进殖兴产业政策的中心。工部省主导的初期殖兴产业政策中，以军事部门为中心。内务省以劝业寮为中心，在各地设立官营模范工厂，推进振兴国产化企业、扶植民业的政策。应该说这些军事工业和官营模范工厂，对引进西方产业和技术起了巨大作用。但是由于官营企业经营不善，所以要求发展民间资本主义的呼声高涨。有人说：“（官营模范工厂）根本不可能作为模范工厂。而且官设之厂必须遵官衙之法规。故与我公司之工厂相比时，人员多，因而冗费亦不少，只能表明把棉变成棉纱的形式，它能做的只是

---

① 靳丛林、陈泓、张福贵译：《外来文化摄取史论》，吉林教育出版社 1990 年版，第 162 页。

② 靳丛林、陈泓、张福贵译：《外来文化摄取史论》，吉林教育出版社 1990 年版，第 162 页。

③ 靳丛林、陈泓、张福贵译：《外来文化摄取史论》，吉林教育出版社 1990 年版，第 165 页。

如此而已。""何谓劝业？是谓政府从事制造乎？此乃实际阻碍民间同种之业起，决不能达到劝业之目的。"①1880年，明治政府在采取紧缩财政开支方针的同时，决定将以国营事业带动和示范的方针改为"处理"国营企业，直接对私人资本实行扶植和保护的方针。11月，颁布处理国营企业的条例，除因军事上的需要及其他原因，必须保留一部分军工企业外，将大部分国营企业以廉价处理方式交给一大批资本家。之后，日本也开始出现了自己的产业革命。私人投资非常活跃，纷纷开办近代企业，有力推动日本经济走上了资本主义蓬勃发展的道路。

(4)近代兵制的建立

1871年，明治政府发布建立近卫军的法令，组建专门保卫天皇的近卫部队。1872年，颁布征兵诏书，取消武士特权，四民皆可当兵，决定男子年满20岁皆编入兵籍。1873年，颁布征兵令，正式着手组建近代国家的常备军。但是，日本在明治维新时期建立的近代常备军与西方国家的军队存在颇多差异。这种常备军不称国防军而称皇军，即天皇的军队，强调效忠天皇。为此，明治政府实行严格的军事教育，向军队灌输绝对尊崇天皇的思想。1878年，以当时陆军卿山县有朋名义发布的《军人训诫》，第一条就要求军人必须把天皇当作超人的"神"来崇拜，而且，将这一条定为一切日本军纪的根本。《军人训诫》特别提倡封建的"武士道"精神，说军人精神的根本在于"忠诚""勇敢""服从"等。1882年，明治政府又以天皇名义发布了以《军人训诫》为基础的《军人教谕》，重申军人应该绝对遵守"武士道"的"忠节""武勇""礼仪"等。武士道成为日本军国主义的灵魂。为统一军令，1878年，明治政府设立了军令机关参谋本部，直属于天皇，从而实现了统帅权的独立。同时，日本还建立了近代的宪兵、警察。

2. 日本对外扩张与挑起甲午战争

(1)明治维新前的侵略构想

日本国内早有侵略中国、朝鲜的声浪。早在1855年，明治维新

---

① [日]依田憙家:《近代日本的历史问题》，雷慧英等译，上海远东出版社2004年版，第103页。

精神领袖吉田松阴就提出了日本当时近期的侵略计划：

俄美肯定讲和，我等决不能违此而失信于戎狄（欧美各国）。唯应严章程、笃信义。乘其间培养国力，换取易取之朝鲜、满洲、中国，使失之于俄美者，可取偿于朝鲜、满洲。①

佐田信渊也主张将中国东北确定为首选侵略目标，之后再吞并中国腹地和朝鲜。他说：

凡侵略他邦之法，必自弱而易取始。当今世界万国中，我日本最易攻取之地，无有过于中国之满洲者。何则？满洲之地，与我日本之山阴、北陆、奥羽、松前等处，一衣带水，遥遥相对，距离不过八百里，其势之易于扰乱可知也。故我帝国何时方能征讨满洲，取得其地，虽未可知，然其地之终必为我有，则无可疑也。夫岂但得满洲而已哉？支那全国之衰微亦由斯而始，既取得鞑靼以后，则朝鲜、中国皆次第可图矣。②

1868 年，木户孝允提出首先发动侵朝战争，并设计了具体实施方案："命遣使节赴朝鲜，问彼无礼。彼如不服，则责其罪，攻其土，大张神州之威。"③明治维新后，日本就开始逐步实施其侵略计划。

（2）日本吞并琉球

日本的对外扩张，首先自琉球问题发难。琉球自明洪武五年（1372）与中国建立朝贡册封关系，以中国之藩属国自居，迄光绪元年（1875）最后一次遣贡使来华，五百年间，两年一贡，从未间断。1609 年，日本萨摩藩以武力迫使琉球国王同时亦称臣于日本，于是形成所谓"两属"局面。萨摩藩为从琉球对华朝贡贸易中获取利益，并畏惧中国向其问罪，故允许琉球继续与中国保持宗藩关系。1871 年，有琉球船遇飓风，漂至台湾避风，与当地高山族人发生冲突，死 54 人。1872 年，明治天皇悍然宣布琉球为"藩"，与日本府县

① ［日］依田憙家：《近代日本与中国》，卞立强等译，上海远东出版社 2004 年版，第 4—5 页。

② ［日］藤田省三：《日本思想大系》（45），岩波书店 1980 年版，第 426 页。

③ ［日］依田憙家：《近代日本的历史问题》，雷慧英等译，上海远东出版社 2004 年版，第 146 页。

同列，受内务省管辖。这是日本吞并琉球的第一步。接着，日本政府就以琉球渔民遇害为借口，借题寻衅，企图侵占台湾。1873 年 5 月，日本外务卿副岛种臣到北京请求觐见时，遣副使柳原前光以此事质问总理衙门大臣毛昶熙、董恂等。毛昶熙认为，琉球、台湾都是中国属土，二岛之人相杀，裁决之权在中国，与日本无关，不承认琉球人是日本臣民。但毛昶熙等不谙外交，对琉案推诿失责称："杀人者皆属生番，故且置之化外，未便穷治。"[①]日本就把这句话作为借口，悍然出兵侵略台湾，其强盗逻辑是，既是"生番"，是"化外"之民，他们居住的地方就是无主的化外之地，和清廷不相干。1874 年，日本武装侵台，引起清廷朝野震动。于是，清廷立即着手处理危机，一面派沈葆桢带兵赴台抗日，一面进行外交交涉。1874 年 10 月，双方签订《北京专条》，11 月又互换会议凭单。在《北京专条》序言中，公然写道："台湾生番曾将日本国属民等妄加为害"，第一条又承认日本的行为是"保民义举"，"中国不指以为不是"。[②]而且，日本还获得清廷补偿 50 万两白银。这无异于承认琉球渔民是日本臣民，致使日本吞并琉球和侵略台湾合法化。日本认为，清廷既承认日本侵台是"保民义举"，就是承认琉球属于日本版图。为断绝琉球与中国的关系，日本首先阻止琉球向清廷朝贡。1879 年，又对琉球下废藩置县令，正式吞并琉球。琉球不愿臣服日本，曾向清廷求救。驻日公使何如璋主张强硬对待。李鸿章却主张放弃宗主权，以息事宁人，他说：

> 琉球以黑子弹丸之地，孤悬海外，远于中国，而迩于日本……中国受琉球朝贡，本无大利，若受其贡而不能保其国，固为诸国所轻；若专恃笔舌，与之理论，而近今日本举动，诚如来书所谓无赖之横，瘈狗之狂，恐未必就我范围。若再以威力相角，争小国区区之贡，务虚名而勤远略，非惟

---

① 王芸生编：《六十年来中国与日本》第 1 卷，生活·读书·新知三联书店 2005 年版，第 65 页。

② 王芸生编：《六十年来中国与日本》第 1 卷，生活·读书·新知三联书店 2005 年版，第 98 页。

不暇，亦且无谓。[1]

李鸿章还寄希望于依靠所谓万国公法，促请各国的外交斡旋，阻止日本吞并琉球，结果都是一厢情愿。日本吞并琉球，也是对中国的初次示威。正如美国前总统格兰特随员杨越翰所说：

日本人心中，每视中国弱，自家强，所为无不遂者。彼既看不起中国，则无事不可做，日人既如此，他国亦难保无轻视欺凌之事。据日本人以为，不但琉球可保，即台湾及各属地动兵侵占，中国亦不过笔墨口舌支吾而已……中国如愿真心与日本和好，不在条约，而在自强，盖条约可不照办，自强则不敢生心矣……中国之大害在"弱"之一字。[2]

(3)日本侵朝与甲午战争的爆发

朝鲜是中国山水相连的邻邦，长期是中国的藩属国。自丰臣秀吉侵朝失败后，平静了200多年。及至明治维新初期，新兴的日本要向大陆扩张，目标首先锁定朝鲜，其次便是中国。1868年，日本遣使到朝鲜，希望建立邦交关系。朝鲜政府以日本文书中有"皇上"字样，违背旧例。朝鲜官方只承认清朝皇帝，不承认日本天皇，遂拒绝接受文书，也不接待来使。日本认为朝鲜态度无礼，掀起了"征韩论"。1870年，又派佐田白茅赴朝鲜，再请通使，复遭拒绝。佐田回国后，向日本政府上书，叫嚣征韩称：

朝鲜知守不知攻，知己不知彼，其人深沉狡狞，固陋傲顽，觉之不觉，激之不激，非断然以兵莅之，则必不为我用也。况朝鲜蔑视皇国，谓文字有不逊，以与耻辱于皇国，君辱臣死，实不戴天之寇也，必不可不伐之。不伐之，则皇威不立也，非臣子也。[3]

---

① 王芸生编：《六十年来中国与日本》第1卷，生活·读书·新知三联书店2005年版，第157—158页。

② 中国人民大学清史研究所编：《清史编年》第11卷，中国人民大学出版社2004年版，第149页。

③ 王芸生编：《六十年来中国与日本》第1卷，生活·读书·新知三联书店2005年版，第117页。

当时，以西乡隆盛为首的急进派军人，坚决主张出兵侵朝；以岩仓具视、大久保利通为首的缓进派，主张先整顿内政，暂缓对外兴兵。1875 年，日本海军少佐井上良馨乘军舰“云扬号”，驶抵朝鲜江华岛附近测量海口。朝方以日舰无故侵入领水，江华岛炮台发炮警告。日舰立即发炮还击，将炮台轰毁，并登陆烧杀，陷永宗城。江华岛事件发生后，日本国内征韩声浪高涨。木户孝允主张一面派使节前往朝鲜问罪，一面与中国交涉。他说：

> 朝鲜之与中国，现奉其正朔，遂于其互相交谊之亲密，患难之互相关切情况，未可明知；然而其有羁属关系则可必是。我不可不举朝鲜事件之始末，质诸中国政府，以请其居中代办。中国政府如能本其属邦之义，代我责罪，向我帝国道歉，讲求至当之措施，则我亦可适度而止。如中国政府不允居中代办，任我帝国自行处理，我始可举其事由，责询朝鲜，要求其妥善处分。彼若始终不肯，则不得不问其罪。[①]

日本政府接受了木户孝允的主张，任命森有礼为特命全权公使，与清廷交涉。奕䜣等却推卸宗主国责任，回复日使称：“朝鲜虽隶中国藩服，其本处一切政教禁令，向由该国自行专主，中国从不与闻，今日本国欲与朝鲜修好，亦当由朝鲜自行主持。”[②]日本就抓住这几句话，认定朝鲜是独立国。中国虽反对日本这样解释，但日本却认为中国对朝鲜如不能自任其责，虽云属邦，亦是空名。从此，日本就以朝鲜是独立国之名，与朝鲜直接交涉。日本之所以热心把朝鲜作为独立国，并非是为了朝鲜，而是为了割断朝鲜与中国的关系，便于其侵朝。1876 年，朝日签订《江华条约》。第一条即规定：“朝鲜国自主之邦，保有与日本国平等之权。”[③]日本意图很明显，朝鲜既是与日

---

① 王芸生编：《六十年来中国与日本》第 1 卷，生活·读书·新知三联书店 2005 年版，第 12 页。

② 王芸生编：《六十年来中国与日本》第 1 卷，生活·读书·新知三联书店 2005 年版，第 125 页。

③ 王芸生编：《六十年来中国与日本》第 1 卷，生活·读书·新知三联书店 2005 年版，第 136 页。

本平等，也就与中国平等。因为1871年签订的《中日修好条规》确立了中日平等，这样，就否认了中朝的宗藩关系。而且，《江华条约》宣称朝鲜与日本平等，却又明确规定日本在朝鲜享有领事裁判权、买卖土地、货物免税等特权。显然，这是一个不折不扣的不平等条约。

日本侵略势力进入朝鲜后，清廷为了制衡日本扩张势力，劝朝鲜开放门户，与各国通商，以期形成均势，以夷制夷。日本则先后制造了壬午事变、甲申事变，借此反制中国，排挤中国在朝鲜的影响。由于日本侵略势力的扩张，朝鲜统治集团发生分化。以国王生父大院君李昰应为首的一派亲中，当政的闵妃集团亲日。闵妃集团企图借助日本力量实行改革。第一步是军事改革。1882年，聘请日本使馆武官堀本礼造帮助朝鲜训练新军。由于负责军务的闵谦镐克扣军饷，米中掺沙，引起士兵不满。闵谦镐下令逮捕为首的士兵并公开处决，引起士兵哗变。士兵一路围攻闵谦镐住宅并将其杀死，一路围攻日本使馆，一路围攻日人执教的新兵军营，堀本等七人被杀死。事变发生在壬午年，被称为壬午事变。事变发生后，中国曾表示愿居中调停，遭到日本拒绝。日本认为朝鲜是自主之邦，无须中国参与。日本国内征韩声浪再次甚嚣尘上。为了避免日本借机要挟，中国迅速派兵平定了事变，并将李昰应软禁在保定。日本政府乘机逼迫朝鲜签订《仁川条约》，勒索赔款55万元，还取得在朝鲜京城驻兵的特权，进一步加强了日本在朝鲜的侵略地位。

壬午事变后，清廷以袁世凯办理驻朝通商交涉事务，屯兵于朝鲜京城，加强了在朝鲜的存在感。事变后，朝鲜朝廷也发生新的分化。当政的闵妃集团转而与中国亲近，被称为事大党。一部分朝鲜贵族青年，游历日本，看到日本崛起，羡慕明治维新。日本政府遂刻意拉拢和扶植他们结成亲日政治集团。经由日本策动，亲日派发起革新运动，故被称为开化党，主要首领有朴泳孝、洪英植、全玉均等。开化党成员比较年轻，有改革热情，但缺乏政治经验。而且，企图依靠日本，却未能察觉日本正急于向朝鲜扩大侵略势力，他们只是日本棋盘中的棋子。1884年，中法开战，清廷无暇顾及朝鲜。朝鲜开化党见有机可乘，乃密谋采取行动。1884年12月，汉城邮政总局新厦落成，朝鲜政府开庆祝典礼。开化党就联合日本公使竹添进一郎乘机发动政变，组成亲日政府，要求废止与中国的宗藩关系。袁世凯带兵平乱。竹添进一郎逃出皇宫，自焚使馆，遁至仁川。开化党人渡海避难日本。这就是甲申事变。

甲申事变后，日本乘机进行外交讹诈。中日双方经过谈判，签订《中日天津条约》。规定中日在4个月内从朝鲜撤兵，并明定："将来朝鲜国若有变乱重大事件，中、日两国或一国要派兵，应先互行文知照，及其事定，仍即撤回，不再留防。"①于是，日本借此诱使中国从朝鲜撤军，还取得了日后出兵侵朝的权利。

之后，日本国内要求对中国开战的呼声增高。其军界元老黑天清隆请求日本天皇"在一二年中即速夺朝鲜而与中国开战"。日本自由民权的代表人物福泽谕吉也在此时发表了《脱亚论》称：

> 我日本国土虽位于亚洲东边，但其国民精神已摆脱亚洲之固陋而转向西方文明。但还有不幸之近邻国家，一为支那，一为朝鲜……在支那、朝鲜对我日本不仅不会有丝毫帮助，而且在西方文明人看来，因三国地理相连，有时还会将这三国等同视之，把对支、韩的评价加到我日本头上……我国不要犹疑等待邻国开明，共兴亚洲。而应该脱离这一队伍，与西方文明国家共进退；对待支那和朝鲜之办法，不能因是邻国因而特别顾虑，也应该按西方人对待之办法对付之。亲恶友者难免被冠恶名。我从心里谢绝亚洲东方之恶友。②

《脱亚论》为侵略朝、中制造理论依据，升高了向中国开战的声浪。但伊藤博文认为时机不成熟，主张暂勿刺激中国，抓紧时机发展经济，扩充军备，取得全面优势，再发动战争，俾可一战而胜。他说：

---

① 王芸生编：《六十年来中国与日本》第1卷，生活·读书·新知三联书店2005年版，第281页。

② ［日］依田憙家：《近代日本的历史问题》，雷慧英等译，上海远东出版社2004年版，第116—117页。

我国现当无事之时每年出入国库尚短1000万元左右，若遽与中国、朝鲜交战，款更不敷，此时万难冒昧。至云三年后中国必强，此事直可不必虑。中国以时文取文，以弓矢取武，所取非所用，稍为变更，则言官肆口参之。虽此时外面于水陆各军俱似整顿，以我看来，皆是空言。缘现当法事甫定之后，似乎发奋有为，殊不知一二年后，则又因循苟安，诚如西洋人形容中国所说“又睡觉矣”。倘此时我与之战，是催其速强也……此时只宜与之和好，我国速节冗费，多建铁路，赶添海军……三五年后我国官商皆可充裕，彼时看中国情形再行办理。[①]

这样，日本加紧了对华战争准备。早在1880年，日本参谋本部就编制了《邻邦兵备略》呈送天皇。这是在福岛安正（陆军步兵中尉）实地考察的基础上，从日本的对中、俄政策出发而编撰的备战方略。1886年，小川又次大佐编制了《征讨中国策》。当年，进行兵制改革，改行德国兵制，撤销镇台，实行师团制；制定和整顿旅团条例，便于作战指挥。除了由战列队和补充队组成的常备军，还设置了与战列队同样数量的后备军。这样，战时可动员的兵力迅速增加到原来的2.5倍。着力推进海军造舰计划，由原来的每年3艘倍增为6艘。日本对制海权有深刻的认识。“大凡偏处海国或领有海疆之邦，苟不顾国防，不问兵事则已，否则，必其先能渡海，而后始可对敌。其无能掌握海权者，斯不克制敌以操胜算，此古今东西莫易之义。”[②]

为了备战，日本还大肆收集有关中国的各类情报，对清廷的政治腐败有深刻了解。日本人宗方小太郎在《中国大势之倾向》中揭露：

中国为四千年来之古国，文物制度粲然俱备，但其岁入与土广人众相比较则又甚少，不过90749643两及米

① 中国人民大学清史研究所编：《清史编年》第11卷，中国人民大学出版社2004年版，第410页。

② 归于辑：《中日海战史资料·阁议中山本之大讽刺与制海权论》，戚其章主编：《中国近代史资料丛刊续编·中日战争》第6册，中华书局1993年版，第29页。

> 5234346石而已。然据实际调查，自人民征集者为表面岁入额之四倍。且定额以外之收入，一钱不入国库，均由地方官吏所私有。该国历来贿赂之风盛行，地方官肆意刮削民众膏血，逞其私欲。①

他指出，中国虽有丰富物产，但由于政治腐败，难以走向富强之路。但中国一旦觉醒，锐意变革和建设，就会迅速富强。宗方小太郎深入分析清廷的洋务运动绩效说：

> 若至他年该国气运大开，扩大修筑铁路、电线、道路，以便交通运输，开采各种矿产，丰富财源，保护诱掖殖立兴业贸易，刷新腐朽之官制、学制，大力振兴陆海军之日，成为世界最大强国，雄视东西洋，风靡四邻，当非至难之业。而中国之现势似正向此一方向前进。如海陆军及制造业逐年兴盛，物质上之进步较之前数年决不能一同视之。于是，世人之论中国者，均以为可畏或汲汲于得其欢心。依予之见，此仅系形式上之观察，见其形而下而未见其形而上者也。盖善观人之国者，必先洞察其心腹，然后及其形体。观内而不察外，或知外而不量内，则不能谓得其真相……今日中国外形之进步，犹如老屋废厦加以粉饰，壮其观瞻，外形虽美，但一旦遇大风地震之灾，则柱折栋挫，指顾之间即将颠覆。而导致此种老朽之大原因，则基于人心之腐败。盖此种腐败决非生成于一朝一夕。②

他进一步论证，由于政治腐败造成的道德丧失，导致中国人心离散：

> 中国本以德教为建国之基础，而德教之腐败亦无有甚于今日者。虽然尊崇孔孟之学，而今日只不过作为科举之材料而已。满天下之书生日夕汲汲于诵读四书五经以应举业。为官果何所为乎？盖得其位不行其道，而谋营私者也。

---

① 冯正宝译，吴绳海校：《宗方小太郎日记》附《中国大势之倾向》，戚其章主编：《中国近代史资料丛刊续编·中日战争》第6册，中华书局1993年版，第126—127页。

② 冯正宝译，吴绳海校：《宗方小太郎日记》附《中国大势之倾向》，戚其章主编：《中国近代史资料丛刊续编·中日战争》第6册，中华书局1993年版，第127页。

> 中国人之脑中无天下国家,无公义之心。上至庙堂大臣,下至地方小吏,皆以利己营私为事,朝野滔滔,相习成风,其势不知所底……清国之大害在于上情不能下达,下情不能上达,中间壅塞不通……政府之措施日益陷于因循支绌,对民心之向背甚不留意,恬然粉饰太平。自前年以来,每省裁撤兵员十分之一,以充饷银充作修缮圆明园。又因明年为皇太后六旬诞辰,拟效乾隆之盛时举行庆典。内外大小官吏以至兵卒,均献年俸之二成五以营此贺典。而负有言责之官吏,竟无一言一辞谏争此一弊政。谄谀百出,丑状实不忍见。①

日方对于清军状况也了如指掌:

> 清国自号有兵百万,而八旗者有名无实,练军、勇军可以用者,实则不过三四十万……如渤海沿岸之备,则仅仅二三万人耳。北有马贼,南有哥老……彼何暇出大军乎?②

其实,所谓的练军、勇军也早已腐败不堪。日本比清廷更了解中国综合国力之衰弱。在日本人眼中,中国就是一个腐朽贫弱的庞然大物。

沙俄在东亚的积极侵略行为,也促使日本急于寻找借口,同中国开战,以实现其争霸远东的扩张计划。1891 年,沙俄宣布开始修筑西伯利亚铁路的乌苏里江段。一旦建成,对于沙俄大举向朝鲜和中国东北的扩张,将会提供极为有利的条件。而这对日本侵略计划的实施,则是重大的障碍。早在 1888 年 1 月,山县有朋草拟的《军事意见书》认为,西伯利亚铁路等运输通信手段的发展,使欧洲对东洋的侵略变得容易起来。日本必须把阻止俄国对朝鲜的侵略作为政治策略。1890 年,他在日本国会第一次发表的施政方针中强调,"国家独立自卫之道"第一是守卫主权线,第二是保卫利益线。所谓利

---

① 冯正宝译,吴绳海校:《宗方小太郎日记》附《中国大势之倾向》,戚其章主编:《中国近代史资料丛刊续编·中日战争》第 6 册,中华书局 1993 年版,第 128—129 页。

② 《帮办吉林军务珲春副都统恩泽为咨报金禹铉之子谈汉京情形并抄送其所带文稿》,戚其章主编:《中国近代史资料丛刊续编·中日战争》第 4 册,中华书局 1993 年版,第 97 页。

益线就是朝鲜。西伯利亚大铁路对日本的利益线构成严重威胁，震动了日本朝野。大石正已在《日本的两大政策》中称，西伯利亚铁路带有这样一种性质，即是“席卷日清韩并把英国赶出太平洋之武器”，在其完工之时，俄国将“不费一兵一卒”而合并朝鲜，随着铁路的延伸，日本的寿命将与之按比例缩短。① 可以说，在1893年，日本已完成了对华作战准备，只是在等待时机。朝鲜的东学党起义正好给日本提供了发动战争的机会。

1894年1月，东学党起义爆发后，日本立即浑水摸鱼，积极介入朝鲜内战。首先，由驻朝鲜代理公使杉村剌探清廷态度。杉村派译员会见袁世凯，劝诱中国出兵，并假惺惺地表白：“我政府必无他意。”接着杉村亲自会见袁世凯，敦促清廷出兵。6月3日，袁世凯致电李鸿章说：“杉与凯旧好，察其语意，重在商民，似无他意。”②李鸿章对日本“必无他意”的谎言信以为真，就答应了朝鲜政府的请求，决定派兵赴朝，镇压东学党农民起义。6月6日，清军东渡。同时根据1885年的《中日天津条约》，命令驻日公使汪风藻照知日本外务省。事实上，6月2日，日本内阁就作出了出兵朝鲜的决定。6月5日，成立战时最高指挥部——大本营。当天，以保护朝鲜使馆为名，派部队赴朝鲜。天皇批准向朝鲜派遣一个混成旅团约7000人，并下达了扩充兵员的命令。这绝不是为了保护朝鲜使馆。

日本大规模向朝鲜派兵，其野心已是昭然若揭。清廷遂向日本提出交涉，要求其减少派军人数，勿进入朝鲜内地，但遭到日本政府的断然拒绝。日本内阁还通过一项决议：“无论在任何情况下日军也不能撤退。”③因为出兵朝鲜是日本精心策划的一个战争阴谋。时任日本外相陆奥宗光回忆：

> 他（大鸟圭介）一进入汉城就已感到和从本国出发时所预料的情况有所不同，朝鲜国内出乎意外地平稳，中国派去

---

① ［日］藤村道生：《日清战争》，米庆余译，上海译文出版社1981年版，第22页。

② （清）李鸿章：《寄译署》光绪二十年五月初一日巳刻，顾廷龙、叶亚廉主编：《李鸿章全集·电稿》（二），上海人民出版社1986年版，第685页。

③ ［日］陆奥宗光：《蹇蹇录》，伊舍石译，谷长青校，商务印书馆1963年版，第24页。

> 的军队只是驻扎在牙山并未进驻内地；至于其他外国人的情况，亦如上述，所以该公使曾一再致电政府建议："目前若向朝鲜派遣过多军队，就会引起朝鲜政府和人民尤其是第三者外国人产生不必要的怀疑，在外交上实非得计。"然而，我国国内情况，已成骑虎之势……我政府一方面认为大鸟公使的建议非常恰当，另一方面又实难预料何时发生不测的变化……因此我便训令大鸟公使："即使外交上稍有纷议，亦须使大岛少将所率领的本队（即混成旅团）全部进驻汉城。"①

中日两国军队进入朝鲜后，东学党起义自动平息。中国就要求中日同时撤军，也遭到了日本拒绝。当时朝鲜内乱已平息，中日两国军队又相隔甚远，日本一时找不到开战借口。为使日军长期驻扎在朝鲜，并寻找与中国开战的借口，日本需要新的理由。正如陆奥宗光所说：

> 目前既无迫切的原因，又无表面上适当的借口，双方还不可能开战。因此，要想使这种内外形势发生变化，除去实施一种外交策略使局势改观以外，实在没有其他方法。②

为达到自己的军队赖在朝鲜不走，同时抓住中国的军队不放的目的，日本由首相伊藤博文提出了共同干涉朝鲜内政的所谓"改革朝鲜内政方案"。外相陆奥宗光附带了两项条件："不问与中国政府的商议能否成功，在获得结果以前，我国决不撤回目下在朝鲜的军队；若中国政府不赞同日本提案时，帝国政府当独立使朝鲜政府实现上述之改革。"③方案得到天皇裁可。其实，日本并不真正关心朝鲜内政改革，它所需要的只是促使朝鲜与清朝的决裂，从而切断双方的宗藩关系。陆奥宗光供认：

---

① 王芸生编：《六十年来中国与日本》第2卷，生活·读书·新知三联书店2005年版，第32—33页。

② 王芸生编：《六十年来中国与日本》第2卷，生活·读书·新知三联书店2005年版，第33页。

③ 王芸生编：《六十年来中国与日本》第2卷，生活·读书·新知三联书店2005年版，第35页。

以此次事件来论,所谓朝鲜内政的改革,毕竟不过为打开中日两国间难以解决的僵局而筹划出来的一项政策。后因事态的变化,以致形成不得不由我国单独承担的局面。所以我从开始时就对朝鲜内政之改革并不特别重视……因此,我便想借此好题目,或把一度恶化的中日关系重加协调;或终于不能协调,索性促其彻底决裂。总之,想利用这一问题使阴霾笼罩的天气,或者一变而为暴风骤雨,或者成为明朗晴天。①

面对日本的步步紧逼,清廷认为朝鲜内政改革是朝鲜内政,中日两国不能干预,即使要谈内政改革,也应该先撤兵。主持外交的李鸿章把逼迫日本撤兵的希望寄托在列强的调停上。他认为俄、英两国在远东利益最大,所以对俄、英的调停寄予厚望。当东学党起义时,列强并未在意,及见中日相继出兵,俄、英等国才感到惊异,相继起而干预调停。其中以俄国最为积极。俄国驻华公使喀西尼正休假回国,路过天津,于1894年6月20日访晤李鸿章。李鸿章请他转请俄国出面干涉,喀西尼出于俄国利益的考虑,也颇为热心。他对日本出兵朝鲜的野心了解不足,认为只要俄国出面干涉,不难使日本撤兵。这样,既可不付出任何代价,以加强俄国在朝鲜和远东的地位,又可避免中国舍俄而求英,致使英国有插手朝鲜问题的机会。特别是西伯利亚大铁路尚未建成,远东战备不足,消弭远东战祸是符合俄国利益的。因此,喀西尼欣然同意李鸿章的调停请求。当日即致电俄外交大臣吉尔斯:

我认为我国决不应错过目前中国要求我们担任调停者的机会;况且此事对我方既无任何牺牲,又能大大增加我国在朝鲜以及整个远东的势力,并足以消除在朝鲜发生不可避免而对我方甚为不利的武装冲突之可能。②

① 王芸生编:《六十年来中国与日本》第2卷,生活·读书·新知三联书店2005年版,第39页。

② 王芸生编:《六十年来中国与日本》第2卷,生活·读书·新知三联书店2005年版,第44—45页。

俄国政府也确实接受了喀氏请求,并向日本递交了措辞严重的照会称:

朝鲜政府已将内乱业已平定之意通知驻该国之各国使节,并请各国使节协助要求中日两国同时撤兵,因此,俄国政府劝告日本政府接受朝鲜之请求,若日本政府拒绝与中国政府同时撤退其军队,则日本政府应自负重大责任,特此忠告。①

但俄国政府内部意见不一。喀西尼一直积极主张干涉,认为日本绝非俄国在大陆上的好邻居,不能容忍日本独占朝鲜。这给李鸿章带来许多幻想,他判断:"日本忌英不如畏俄,有此夹攻,或易就范。"②6月25日,俄驻华公使参赞巴福禄又告诉李鸿章:"俄皇已电谕驻日俄使转致日廷,勒令与中国商同撤兵,俟撤后再会议善后办法。如日不遵办,电报俄廷,恐须用压服之法。"③李鸿章闻言大喜,立即电令袁世凯转嘱叶志超:"静待无妄动。"④并斥责丁日昌过于急躁:"日虽添军,谣言四起,并未与我开衅,何必请战。"⑤但他寄希望于俄国武力干涉,只是一厢情愿。俄国驻日公使希特罗渥并不同意强硬干涉。事实上,俄国最关心的是日本是否独占朝鲜。日本算准俄国的意图,并清楚知道俄国在远东的力量也难以单独武装干涉,所以采取拖延办法。日本一面拒绝了俄国的照会,一面向俄国公使保证:

日本政府除希望确立朝鲜独立及和平外,决无他意;将来中国政府不论采取如何举动,日本政府绝不作进攻性之挑战,万一不幸此后中日两国间不得不交战时,日本亦必立

① 王芸生编:《六十年来中国与日本》第2卷,生活·读书·新知三联书店2005年版,第46页。

② (清)李鸿章:《寄译署》,光绪二十年五月十七日午刻,顾廷龙主编:《李鸿章全集·电稿》(二),上海人民出版社1986年版,第713页。

③ (清)李鸿章:《寄译署》,光绪二十年五月二十二日酉刻,顾廷龙主编:《李鸿章全集·电稿》(二),上海人民出版社1986年版,第726页。

④ (清)李鸿章:《复朝鲜袁道》,顾廷龙主编:《李鸿章全集·电稿》(二),上海人民出版社1986年版,第727页。

⑤ (清)李鸿章:《复刘公岛丁军门》,顾廷龙主编:《李鸿章全集·电稿》(二),上海人民出版社1986年版,第727页。

于防御地位。①

希特罗渥听信了日本的谎言，立即电告外交大臣称：

我本人相信：现内阁对于在日本认为非常迫切的朝鲜问题上已做得太过分，所以如果没有如何漂亮的借口，或表面的成功，它已骑虎难下。但看来谁也不要战争，即使没有第三方面的调停，战争或者也可避免。另一方面，根据很多迹象来观测，若干其他强国倒很乐于见到我们牵连到远东问题中去。因此，并且可能预料到可能的发展，我向阁下请示：是否必须继续坚持干涉？是否应将我们的劝告以书面形式提出，抑或仅作口头建议？②

这个报告对吉尔斯的决心产生了影响，积极干涉的想法动摇。至于俄国驻朝临时公使韦贝甚至暗中唆使日本早日对中国开战。在韦贝看来，中朝之间的宗藩关系影响了俄国利益，正可借日本之手摧毁这种关系。这样，俄国的调停转向消极。吉尔斯电告喀西尼：

我们努力的目的，在于消除中日两国间发生冲突的可能性。我们要求日本由朝鲜撤兵是友谊的劝告，我们完全珍视李鸿章对我们的信任，然而我们认为不便直接干涉朝鲜的改革，因为在这建议下的背后显然隐藏着一个愿望，即把我们卷入朝鲜纠纷，从而取得我们的帮助。③

英国在朝鲜的直接利益不大，其对朝政策主要是防止俄国南犯。为此，英国历来就有中英结盟的倡议。1885年，当占领朝鲜巨文岛而遭到俄国抗议时，英国曾向当时驻英公使曾纪泽暗示与中国结盟的意向。其后，《时报》特派记者科尔克豪也倡议英中结盟。他说："俄国是所有政治家的噩梦。在将来尤其如此。俄国又是当前

---

① 王芸生编：《六十年来中国与日本》第2卷，生活·读书·新知三联书店2005年版，第46页。

② 《驻东京公使致外交大臣电》，一八九四年六月二十五日，中国史学会编：《中日战争》第7册，新知识出版社1956年版，第233页。

③ 王芸生编：《六十年来中国与日本》第2卷，生活·读书·新知三联书店2005年版，第49页。

满洲排除不掉的烦恼。中国将会热情欢迎与英国结成同盟以对付俄国。”[①]出于防俄的需要，英国对中国在朝鲜的宗主权一直持肯定的态度。海关总税务司英国人赫德说：“关于朝鲜的一切问题，可以成为其前提的一点，就是朝鲜是中国的属国。”[②]曾于1890年前后赴远东考察、后来成为英国外交大臣的格索说：“我确信，朝鲜作为一个国家继续存在的希望，就在于维持与清国的关系，这是历史、政策与自然的共同要求。而且只有如此，才能为维护和平提供保障。”[③]由于英国支持中国在朝鲜的宗主权，日本一度以为中英结有某种秘密同盟。日本为了把英国拉到自己的一边，可说是处心积虑。明治维新以后，日本曾经与欧美各国进行过几次有关修改条约的谈判，希望缔结在法权上完全对等的条约，但都未能实现。但1891年后，英国的态度出现松动。其原因是沙俄宣布修建西伯利亚大铁路，对英国在亚洲的霸权构成威胁。由于地理因素，英国要迅速而长期地向远东地区派遣大批军队是困难的，因而越来越感到要在铁路完成之前找到合作者。日本遂成为其拉拢的对象，故而英国同意与日本修改条约。1893年，英日展开修约谈判。此时，日本制订了对华作战计划。为了对英谈判成功，日本不惜作出重大让步。在甲午战争前夕（1894年7月16日），日英达成最后方案：条约批准5年后生效；开放日本本土（土地所有权不包括在内）；废除治外法权；相互平等享受最惠国待遇；有效期为12年。关税自主权问题，没有得到解决。在中日严重对立的情况下，英日缔结条约，无疑是日本外交的重大胜利，表明英国在外交上支持日本。英国首相金伯利对日本驻英公使青木周藏说：“这个条约的性质，对于日本来说，比打败清国的大军更为有利。”[④]它不但加强了日本的国际地位，也消除了日本对欧洲大国干预中日战争的顾虑。

为了使英国支持日本同中国开战，日本在防俄问题上大做文章。

---

① ［日］清夫信三郎：《甲午日本外交内幕》，中国国际广播出版社1994年版，第71页。
② ［日］清夫信三郎：《甲午日本外交内幕》，中国国际广播出版社1994年版，第71页。
③ ［日］清夫信三郎：《甲午日本外交内幕》，中国国际广播出版社1994年版，第125页。
④ ［日］藤村道生：《日清战争》，米庆余译，上海译文出版社1981年版，第77页。

本来日本出兵朝鲜后,李鸿章首先请英国出面干涉,但正值英日缔约谈判的关键期,英国态度消极。后来英国看到俄国出面干预,担心有损其在远东的利益,遂对调停转趋积极。英驻华公使欧格讷通知清总理衙门,表示英国外交部同意调停,出发点则是防俄。为了促成中日谈判,英国劝说日本不要提宗主权问题,同时也不赞成朝鲜独立的主张,以为这样会削弱中日两国对朝鲜的控制和保护,为俄国提供更多的干涉机会。英国希望中日两国共同保护朝鲜,保证朝鲜的领土完整,并试图迫使中国让步,同意日本提出的中日共同改革朝鲜的内政;共同保护朝鲜,不许他国占其土地;日本商民与在朝鲜的中国商民一律看待。但当时清廷坚持日本先撤兵,不同意放弃宗主权。欧格讷调停无效,非常愤慨,认为是中国不愿商量。日本为了拉住英国,遂大谈防俄南犯的问题。青木周藏亲赴英国外交部游说,称:"中国是无力与俄国抗衡的。如果朝鲜落入俄国手中,日本将不惜代价保卫朝鲜。"[①]此外,日本还以担任驻英公使秘书德国人西博尔德的名义提出一份备忘录,进一步劝诱英国。备忘录称:

> 如果俄国南侵,中国自顾不暇之际,还能顾及俄国人入侵朝鲜吗?……无疑,中国会把永兴湾,甚至是更多的朝鲜领土让给俄国,而不会拿大清帝国江山去冒险……但对于日本来说,俄国占领朝鲜却是个至关重要的问题……在这一点上,英国和日本的利益可以说是一致的……如果日本参与保护朝鲜,问题就完全不同了。从日本对马岛的外围军事哨所到朝鲜南部港口,轮船数小时便可到达。由英国人帮助组建起来的日本海军,装备上威力巨大的维多利亚型战舰(尚在英国建造),将在太平洋上独霸一方。[②]

---

① *British Document on foreign affairs—reports and papers from the foreign office confidential print*, part 1, series E, vol. 4, *sino-Japanese War*, 1894, bethasda. University Publication of America, 1989, pp. 27 – 28.

② *British Document on foreign affairs—reports and papers from the foreign office confidential print*, part 1, series E, vol. 4, *sino-Japanese War*, 1894, bethasda. University Publication of America, 1989, pp. 26 – 28.

为了促使调停破裂，日本还变本加厉，提出一些清廷难以接受的条件。7月14日，陆奥宗光向驻日英使巴柴特声明：

> 朝鲜问题，今已大有进展，局势绝非昔日可比，日本政府已不能依据先前与中国约定会商之条件，即使中国政府同意互派改革朝鲜内政之委员会，亦须约定对于日本政府迄今以独立进行之事项，不容置喙干涉。而使朝鲜局势达到如斯紧张，完全由于中国政府采取阴谋手段，因循方法使诸事稽延所致。故对我国此次提议，中国政府如不能自本日起于五日内以适当手续表明态度，日本政府将不再与中国政府进行会商。此外，中国如在此期内再向朝鲜增派军队，日本政府即认为是威胁之行为；中国政府如能本此宗旨与日本会商，日本政府当不拒绝。①

这种无理条件连英国也觉得难以接受。但为了防俄，英国决定采取绥靖日本的政策，以牺牲中国与朝鲜，满足日本的扩张野心。因日本战争决心已定，英国遂递交了一份措辞强硬的照会，声明："今后中日两国若发生战争，中国的上海为英国利益的中心，希望取得日本政府不在该地区及其附近作战的保证。"②这无异于默许日本发动战争。

除英、俄两国外，法、德、美等国也进行了调停，但都是做表面文章。据陆奥宗光自述：

> 德法两国公使最初在表面虽有"迅速寻求妥协办法，解决中日两国争议，实为维持东亚和平之良策"云云，但在与我私人会见时却说："为使中国从过去的迷梦中觉醒过来，到底非有人给以当头一棒不可"云云，以暗示倾向我国之意。③

---

① 王芸生编：《六十年来中国与日本》第2卷，生活·读书·新知三联书店2005年版，第57页。

② 王芸生编：《六十年来中国与日本》第2卷，生活·读书·新知三联书店2005年版，第58页。

③ [日]陆奥宗光著：《蹇蹇录》，伊舍石译，谷长青校，商务印书馆1963年版，第48—49页。

显然,法德调停只是敷衍李鸿章,实际上,私下怂恿日本开战。李鸿章上当受骗,却茫无察觉。因为他过于相信万国公法和“以夷制夷”,缺乏充分的战备,不仅导致外交失败,更造成军事上的不利地位。其实,1876年,日本就表明了对万国公法的态度。当时日本特使森有礼说:“据我看来,和约没甚用处。”李鸿章说:“两国和好,全凭条约,如何说没用?”森有礼回答:“和约不过为通商事可以照办。至国家举事,只看谁强,不必尽依着条约。”李鸿章说:“此是谬论。恃强违约,万国公法所不许。”森有礼回答:“万国公法亦可不用。”① 朝鲜问题发生后,李鸿章认为中国一切均按万国公法行事,无一错处,列强会在道义上站在中国一边。其实各国态度,是根据对自己国家利益判断做出的。“以夷制夷”是李鸿章外交思想的核心。这一理论是建立在均势理论基础上的。李鸿章认为可以利用列强的均势,达到以夷制夷。他一开始就认为,英俄在朝鲜问题上有重大利益,不会坐视,因而对列强的调停寄予厚望。李鸿章给总理衙门的电报中称:

> 顷喀使遣巴参赞来称,已与欧商明,欧在京请署议,喀在津与鸿议。欧、喀皆奉国家训条,令商驻东使,告日廷限令退兵再议。德法意皆有国家公请。此亦如昔年土耳其攻某国,英俄法诸大国勒令退兵,不能不遵。②

李鸿章致电驻英公使龚照瑗称:“倭不允,各国自有办法。”③龚照瑗则提醒李鸿章:“英未如此言,俄与商时亦未如此言,各国亦不愿出此重言。”④但李鸿章并未理会,而是一味寄希望于列强调停,所以一再要求前线将领守静勿动,“两国交涉,全论理之曲直,非恃强所能

---

① 《日本使臣森有礼署使郑永宁来署晤谈节略》,(清)吴汝纶编:《李鸿章全集》第4卷,海南出版社1997年版,第3015页。

② 《复议署》,光绪二十六年二十四日午刻,顾廷龙主编:《李鸿章全集·电稿》(二),上海人民出版社1986年版,第811页。

③ 《龚使来电》,光绪二十六年二十七日申刻,顾廷龙主编:《李鸿章全集·电稿》(二),上海人民出版社1986年版,第821页。

④ 《龚使来电》,光绪二十六年二十七日申刻,顾廷龙主编:《李鸿章全集·电稿》(二),上海人民出版社1986年版,第821页。

了事”[1]。可见,李鸿章的外交能力缺乏国际视野和国际关系常识,只看到列强不愿破坏均势,没看到各国最关心的只是自身核心利益,根本不在乎中朝的安全和利益。对俄国而言,最关心的一是防英,二是朝鲜不能落入日、英之手,以损害它对朝鲜的渗透。对英国而言,最主要是为了防止俄国南犯。日本清楚地看到了这点。所以对俄交涉,就以保证朝鲜的独立为诱饵;对英交涉,大谈防俄。赫德对此事有中肯的评价:

> 所有国家均向中国表示同情,并说日本这样破坏和平是不对的……他们之所以同情中国,只是因为战争会使他们自己受到损失而已……外交把中国骗苦了,因为信赖调停,未派军队入朝鲜,使日本一起手就占了便宜。[2]

如同赫德所言,在李鸿章主导下,中国外交失败,军事实力处于弱势和被动地位,以致在遭到日军突然攻击时,缺乏临战准备,仓促应战,酿成一路溃败的恶果。

3. 甲午战争后东亚局势的演变

(1)关于甲午惨败之反思

甲午中日战争爆发后,中国一败涂地,原因是多方面的,但最主要者有:

——中国没有建立起现代国家体制

《日本每日邮报》发表时论,评价清王朝的状况称:

> 中国政府没有确立的立国之策。尽管中央政府理论上拥有统驭全国的绝对权力,但它的实权是有限的。连中央政府的行政都不是哪一两个负责的总理大臣管理的……换言之,在北京的政府里,并没有在战争状态下负责指导国家重大事务的一个大臣。紧要关头,原先应该掌管其事的大臣们纷纷规避,有事而不议是经常发生的事……其唯一的

① 《寄朝鲜成欢交叶提督》,光绪二十六年六月初六日午刻,顾廷龙主编:《李鸿章全集·电稿》(二),上海人民出版社1986年版,第761页。

② 中国近代经济史资料丛刊编辑委员会编:《中国海关与中日战争》,中华书局1983年版,第59页。

目标就是怎样能权宜行事，混过目前的危机。①

①就权力体系而言，不但中央政府内部权责不清，互相推诿，中央对地方的指挥能力也大为下降。太平天国后，清廷中央集权迅速弱化，形成外重内轻的权力格局。中央对军权财权的掌控能力大为削弱，导致权力下移，督抚权力大增，出现“督抚专政”的局面。维系清王朝的主要军事支柱湘军、淮军都是半私人性质的武装，中央难以直接指挥。虽然湘、淮系的统帅李鸿章、刘坤一等能节制各军，但各军统领之间地位大致相等，难于形成一个垂直的指挥系统。

②缺乏现代化军队。湘军、淮军早已腐败衰朽，当初的活力已经丧失。军纪颓废，军官克扣军饷，都成了军营常态。淮军统领卫汝贵就长期谎报兵额，从中克扣巨额军饷，连李鸿章也骂其“材庸性贪”。以前大名鼎鼎的“铭军”，也是“承平廿年，已非旧日士卒，近悉为刘氏族邻少年子弟，饷精过厚，踵事增华。既骄且怠，不听约束”②。湘军、淮军虽然使用西式武器，但缺乏近代军事组织。有评论称：

> 由是观之，很清楚，尽管它屡战屡败，中国还是没有认识到这是因为它缺乏军事的组织，部队腐败，战时国家管理的混乱，而是以为这些失败，是因为一时不走运和将领的胆怯。③

③军事后勤体制滞后，运作机制不灵。太平天国运动期间，朝廷及户部逐渐失去了掌控全国财政的能力，遇有大的军事行动，军饷就靠各省协济，军事后勤的协饷体制因此形成，但缺乏有效的运作和监管机制，往往凭地方督抚意愿决定，遂造成协饷进程障碍重重。各省督抚有时出于本位主义，虽严旨切责，不能按时足额协济

---

① 《日本每日邮报》文摘，1895年3月22日，戚其章主编：《中国近代史资料丛刊续编·中日战争》第11册，中华书局1993年版，第819页。

② 《宋宫保来电》，顾廷龙主编：《李鸿章全集·电稿》（三），上海人民出版社1986年版，第190页。

③ 《日本每日邮报》文摘，1895年3月22日，戚其章主编：《中国近代史资料丛刊续编·中日战争》第11册，中华书局1993年版，第819页。

或无动于衷者时时有之，这就严重影响后勤供应。刘坤一在被任命为钦差大臣时曾说：

兵则各省凑拨，强弱莫知，饷则各省分承，赢绌莫必，查问枪炮，均属阙如。臣徒拥虚名，以临诸将，所有一切钱粮，无不仰给于人。万一应付稍迟，前敌诸军，何能枵腹荷戈？徒手搏贼？①

尤其是临时招募的壮勇，常常是无饷无械。李鸿章的一封电报揭露："添招新勇过多，无械无饷，有损无益。"②

④缺乏现代爱国主义。缺乏现代国家体制，不仅表现在有形的组织上，民众缺乏现代爱国主义也是一个重要表现。日本学者安冈昭男指出，中日开战后，日本是举国一致，中国大多数人还茫然无知。他说：

开战后，三井、岩崎、涉泽等实业家组成了报国会，积极筹集军费；妇女们则从事恤兵运动。和政府严重对立的议会，在开战后也通过了巨额预算，做出了协助战争的决议，各报纸向战地派遣记者报道战况……佛教各宗随军布教，慰问军队（基督教各派也参加了）。《雪的进军》《妇人从军歌》等军歌在国民中广泛流传，使军队斗志高昂。同时还出现了义勇兵志愿者……中国不仅在军备的近代化方面落后，而且也谈不上举国参战，根据《下关条约》，堀口九万一赴沙市开设领事馆并设置居留地时，当地的中国官员竟不知发生了中日战争。③

蒋廷黻证实了安冈昭男的说辞，他回忆说：

我出生那年适逢中日战争，中国战败，签订《马关条

---

① 刘坤一：《钦差大臣刘坤一奏为遵旨出驻榆关并陈事宜八条折》，戚其章主编：《中国近代史资料丛刊续编·中日战争》第2册，中华书局1989年版，第161页。

② 《寄蒋希夷》，光绪二十年十一月二十七日，顾廷龙主编：《李鸿章全集·电稿》（三），上海人民出版社1986年版，第297页。

③ [日]安冈昭男：《日本近代史》，林和生、李心纯译，中国社会科学出版社1996年版，第327—328页。

约》,被迫将台湾割给日本。后来我从族人那儿获悉,邵阳乡下的老百姓若干年之后,才知道中日间发生了战争。①

可以说,整个中国仍处在浑浑噩噩的麻木状态,比起鸦片战争时的昏聩腐朽,没有实质性的进步。

——政治腐败

关于中国的政治腐败,前文已引用了宗方小太郎的描述。这里引用一段赫德在战争爆发前20年对清廷的直言:

爱臣已发现清国政府衰弱之原因,今观行政机构外观虽甚完善,但实际诚为可叹。官吏任职时间虽短,善良者颇少。反之,不顾廉耻之徒甚多……政府不发士兵薪饷,屡屡长达数月之久。名册上士兵人数虽有数百万,但实际乃乌合之众……文武政事皆作伪,执法者唯图利己,理财者尽饱私囊,对权势者竭尽阿谀奉承,以图瞒其耳目。②

军中腐败现象更加令人触目惊心。一份英国报纸的通讯员评论:

清国军队是清国虚假系统中最为虚假的,其人名册和薪饷与实际完全相反。陆军不适于作战毋庸说,海军亦然。一言以蔽之,可称为废兵院。其他大将、长官皆以陆海军费肥私,对部下的腐败亦毫不过问。国民也默许之。③

这样的一个贪腐政府,怎能凝聚军心民心。

——对于敌国形势严重无知

无论是战前还是战争初期,清廷官员对日本极度轻视,认为以中国实力,直如摧枯拉朽。1877年,日本阻止琉球人贡时,驻日公使何如璋就认为:"日本国小而贪,自防不暇,何暇谋人?"④主张对日强硬。至于朝内清流派官员更加气盛。日本废琉球时,陈宝琛等人指

---

① 蒋廷黻:《蒋廷黻回忆录》,岳麓书社2003年版,第10页。

② 《西方人士对中日战争的评论》第十一《论日清战争》,戚其章主编:《中国近代史资料丛刊续编·中日战争》第7册,中华书局1993年版,第374页。

③ 《西方人士对中日战争的评论》第十一《论日清战争》,戚其章主编:《中国近代史资料丛刊续编·中日战争》第7册,中华书局1993年版,第374页。

④ 王芸生编:《六十年来中国与日本》第1卷,生活·读书·新知三联书店2005年版,第155页。

称："日本兵单饷绌，债项累累，党人争权，自顾不暇。"①壬午事变发生后，给事中邓承修上疏，主张对日慑以兵威。疏称：

夫以中国土地之广，人民之众，物产之富，贤才之秀，甲于地球，微论日本蕞尔之区不足与抗，即英、法、德、俄诸邦，亦且逡巡退让，自谓弗如。②

甲午战争前，清廷主战气氛浓厚，认为朝鲜是势所必争之地。志锐痛批历次中日交涉的外交软弱，力主积极备战，争取主动。他说：

统计中日交涉以来，于台湾则酬以费；于琉球则任其灭，朝鲜壬午之乱，我又代为调停；甲申之役，我又许以保护。我愈退则彼愈进，我益让则彼益骄，养痈遗患，以至今日，夷焰鸱张，贪婪无已，一误再误，则我中国从此无安枕之日，可不虑哉？以势所必争之日本，与绝不可失之朝鲜，彼则着着占先，我则面面受制。为今之计，应请速饬李鸿章厚集兵力，分驻高境，克期进发，迅赴事机……敌情本有虚实，边患更有轻重，壮我之气，而后可以讲和；充我之力，乃亦无妨言战。③

志锐所说虽属实情，但他的主战决心并非出于对日本的了解。即使清军一再败绩之后，多数官员还是认定败绩由李鸿章一人造成，并非国力不如日本。因此，35位翰林联名参奏李鸿章称：

窃闻倭人国势兵力，不能与西洋各国同年而语；国债重而民力困，则根本未坚也。有快艇而无巨艇，则武备不足也。兵出于猝募，非训练之师也；权纷于党论，非画一之政也。兵事之兴，凡曾经战阵之士，通达夷情之人，莫不以为螳臂当车，应时立碎，虽西人亦凿凿言之。而事竟由大谬不

① 王芸生编：《六十年来中国与日本》第1卷，生活·读书·新知三联书店2005年版，第187页。

② 故宫博物院编：《清光绪朝中日交涉史料》(142)第4卷，故宫博物院1932年版，第1—2页。

③ 王芸生编：《六十年来中国与日本》第2卷，生活·读书·新知三联书店2005年版，第64—65页。

然者，韩城失矣，未几复败于牙山；仁川弃矣，未几复溃于平壤。汉江之沉舰不归，鹿岛之战船复毁。威、旅为海门锁钥，今则游弋不禁矣。义州为奉天屏蔽，今则藩篱尽撤矣……此不能不太息痛恨于昏庸骄蹇、丧心误国李鸿章也。①

清廷重臣也对日本缺乏认知。南洋大臣刘坤一在战争刚开始时，也建议清廷：

日本计吞朝鲜，乃先与我为难。前此曲示羁縻，自系老成持重；而日本不审是非利害，竟大肆披猖。现在兵端已开，务在痛斥惩创，即使刻难得手，亦可以坚忍持之，日本国小民贫，并力一举，其势断难支久，将来待其困毙，自易就我范围。如果抚局将成，所有现议各条，似不可稍有迁就。朝鲜为我藩属，实同内地，与东三省辅车相依，倘任日本得步进步，万一朝鲜有失，东三省亦属可危。且以此等岛夷凌逼至此，而我不能与争，尚复成何中夏，将为西洋各国所轻视矣。②

李鸿章对日本颇多了解，对日本大力学习西方，国势日上一直有戒心。1885 年，签订《中日天津条约》后，李鸿章曾致函总理衙门，密陈伊藤博文有治国之才。函称：

该使久历欧美各洲，极力摹仿，实有治国之才，专注意通商睦邻富国强兵诸政，不欲轻言战事，并吞小邦。大约十年内外，日本富强必有可观。此中土之远虑，而非目前之近忧。尚祈当轴诸公及早留意是幸。③

然而即使是李鸿章，在甲午战争前也没到过日本。这就使他对日本缺乏细致深刻的了解。战前，李鸿章之所以对列强调停寄予厚望，不愿及早向朝鲜派遣重兵，恐怕也是认为日本会慑于列强压力，不

① （清）文廷式：《联衔纠参都臣植党疏》，郑振铎编：《中华传世文选·晚清文选》，吉林人民出版社 1998 年版，第 298—299 页。

② （清）刘坤一：《刘坤一奏现与日本所议各条不可稍有迁就片》，中国史学会编：《中日战争》第 3 册，新知识出版社 1956 年版，第 49—50 页。

③ （清）李鸿章：《密陈伊藤有治国之才》，（清）吴汝纶编：《李鸿章全集》第 6 册，海南出版社 1997 年版，第 3323—3324 页。

敢轻易动兵。可见,他对日本的真正意图及对战争的充分准备缺乏了解。

正是朝野对日本的轻视,所以清廷在中日交涉中坚持强硬立场,坚持日本先撤兵后谈判。光绪帝谕令:“撤兵可讲,不撤不讲。”①而且,他对李鸿章促成英俄以武力威胁迫使日本撤兵的主张也不以为然。光绪帝称:

> 倭人肇衅,挟持朝鲜,倘致势难收束,中朝自应大张挞伐,不宜借助外邦,到异日别生枝节……李鸿章此议非但示弱于人,仍贻后患,殊属非计,著毋庸议。②

这位年轻皇帝对日本也认知鲜少,一心只想对日本大加挞伐。慈禧太后也是反对对日本妥协的,她更加不明敌情。据《翁同龢日记》,光绪帝曾转述:“皇太后谕不准有示弱语。”③这样就大大限制了中国在中日交涉中外交斡旋余地,也未能给列强调停留下有弹性的空间,因此陷于外交被动。由于过于轻视日本,在没有充分准备的条件下应战,其结果只能是战前积极主战,战时败绩,实出朝野意外,于是抗日意志全无,迅速言和,重蹈鸦片战争覆辙。事实上,清廷也难以决心持久作战,决不愿冒京城被日本占领、可能导致清廷垮台的危险。

(2)战后东亚国际关系之重组

甲午战争使东亚格局发生了重大改变。

——中国国际地位急剧衰落,列强兴起瓜分中国狂潮

战争开始时,“中国除千分之一的极少数人外,其余九百九十九人都相信大中国可以打败小日本”④。就是很多西方人士,也认为中

---

① 王芸生编:《六十年来中国与日本》第2卷,生活·读书·新知三联书店2005年版,第89页。

② 故宫博物院编:《清光绪朝中日交涉史料》(1069)第14卷,故宫博物院1932年版,第3页。

③ 王芸生编:《六十年来中国与日本》第2卷,生活·读书·新知三联书店2005年版,第89页。

④ 中国近代经济史资料丛刊编辑委员会主编:《中国海关与中日战争》,中华书局1983年版,第50页。

国战争潜力比日本大。比如赫德在战前指出:“日本在这场新战争中,料将勇猛进攻,它有成功的可能……但是只要它(指中国,笔者注)能经得住失败,就可以慢慢利用持久的力量和人数上的优势转移局面,取得最后胜利。”战争爆发后,他仍然坚持认为:“在战争开始阶段中,日人必可处处获胜。假如中国能勇敢地坚持,不因一时挫败而灰心,我相信它有可能在结局时获得胜利。”①在他们看来,中国自鸦片战争后虽国势衰落,但仍不失为东亚大国。中日相较,就土地与人口论,中国占绝对优势;就军力而论,中国武器装备水平并不比日本差。但是战争的结果,跌破了很多人的眼镜。他们立即由看好中国转而轻贱中国。“中国昔日自夸之处,至此而扫地殆尽……总而言之,中国至今日,实已一败涂地,不可收拾。”②“吁嗟乎悲哉!予亦不知夫中国之懦弱孱怯,竟至于斯也。”③英国公使欧格讷说:

> 中国的虚弱军力与其说是解决东方政治困境的一个因素,不如说是招致侵略的罪魁,通过与这样的国家达成亲密、真诚的谅解,是否能得到什么政治利益,尚难预料。我冒昧地认为,如果他们不认真地努力革除我们曾耳闻目睹的种种弊端,避免全面瓦解,我们就应该重新考虑对帝国政府的立场和政策。④

中国国际地位衰落招致的最直接后果就是列强兴起瓜分中国的狂潮。德国首开祸端。德国在19世纪90年代已成为世界第二的工业强国。但它的经济实力与其在东亚获得的殖民利益的份额却不相称,是一桌筵席上后到的客人,其急于分一杯羹的心情是显而易见的。德国参加干涉还辽是一个挤上筵席的难得契机。当三国干

① 中国近代经济史资料丛刊编辑委员会主编:《中国海关与中日战争》,中华书局1983年版,第50、49页。

② 《满招损谦受益时乃天道论》,《万国公报》(23)卷72,第14910页。

③ 《乱朝纪六》,《万国公报》(23)卷70,第14811页。

④ 欧格讷:《欧格讷致金伯利函》,戚其章主编:《中国近代史资料丛刊续编·中日战争》第11册,中华书局1993年版,第467页。

涉还辽之后，德国急切索取回报，要求设立天津、汉口两处租界，清廷答应了其要求。但德国并不满足，犹思扩张领土。德国推广土地会上书首相：

> 德国近在中国天津、汉口新设租界二处，惜尚不能负本国臣民所望得推广本国利权之益。德国应在中国得一合宜可靠地方，或一海口，或数岛，专为保护本国商务，特请宰相设法商办此事，并须不顾他国嫉忌之心。①

驻德公使许景澄遂向德国外交部交涉此事，认为："中国如允德国，则在东方有权之数大国必援照要索。若不见允，必致与我为难。"②德国外相马沙尔回复：

> 德国此事极愿与中国情商，既虑他国口实，但请暂借数年。若中国果有为难，德国或亦可想法，烦代达总署为托。又云：中国仇人现在门内，将朋友关在门外，恐亦无益。③

1896年年底，德驻华公使海靖正式向总理衙门指明索借胶州湾，遭到拒绝。1897年10月，德国以巨野教案为借口，出兵强占胶州。1898年2月，中德双方签订《中德胶澳租界条约》。德国正式把山东划归为自己的势力范围。

德国强占胶州湾后，清廷以与俄有同盟关系，颇希望俄国派军舰前往监视德军行动。但沙俄趁火打劫，认为德国的行为，为俄国取得旅顺、大连制造了最好的机会，立即派军舰占领旅顺、大连。1898年3月，中俄双方签订《旅大租地条约》，东北遂成俄国势力范围。德国占胶州湾，俄国占旅大，各国纷纷跟进，要求割让土地。日本逼迫清廷把福建划为其势力范围。法国租借广州湾，把两广划为其势力范围。英国租借威海卫，把长江流域划为其势力范围，中国

---

① 王芸生编：《六十年来中国与日本》第3卷，生活·读书·新知三联书店2005年版，第173页。

② 王芸生编：《六十年来中国与日本》第3卷，生活·读书·新知三联书店2005年版，第174页。

③ 王芸生编：《六十年来中国与日本》第3卷，生活·读书·新知三联书店2005年版，第174页。

面临瓜分豆剖之势。在列强瓜分中国的狂潮中,美国不甘落后,遂提出了所谓"门户开放"政策。总统麦金莱于1899年12月宣布:

> 正在中国发生着的重大事件,美国并不是一个漠不关心的旁观者……我们的目的,是要用一切适当的合于美国政府传统的手段,来促进美国在该地区的巨大利益。[①]

国务卿海约翰随即推出门户开放政策,主要内容是:美国承认列强取得的势力范围,但是要求列强在各自的势力范围内,对于通商口岸装载一切之货物,无论属于各国,均照中国现行的关税率,由中国政府征税。对于势力范围内任何口岸,对他国之船舶不得课以较对本国船舶为高之码头税。[②] 因为美国当时已是世界第一经济大国,企图通过承认列强的势力范围,换取美国的同等地位,并凭借其经济竞争力,在中国取得最大利益。

——日本国力骤增,国际地位迅速提升,跻身列强行列

通过甲午战争,日本割占台湾,夺取朝鲜。战后最初几年内,朝鲜表面上独立,其实完全受制于日本。正如朝鲜刑曹参议李南珪所说:

> 一守旧规(即保持与清廷的宗藩关系——引者注),则名虽属人,而实则自主;若从彼言(即朝鲜独立——引者注),则名虽自主,实则属人也……外若尊我,内实卑我;外若强我,内实弱我;外若伸我,内实屈我;外若助我,内实孤我。伺我之变,乘我之弊,以收渔人之利。[③]

不久,日本正式吞并朝鲜。通过侵略战争,日本取得了2.3亿两白银的战争赔款,借此加快扩充军事实力,也为其经济发展提供巨额资金。这笔赔款是以有黄金作保证的英镑提取的,被日本作为建立金

---

① 卿汝辑:《美国侵华史》第2卷,生活·读书·新知三联书店1953年版,第440页。

② 王芸生编:《六十年来中国与日本》第3卷,生活·读书·新知三联书店2005年版,第243页。

③ 《刑曹参议李南珪上书》,戚其章主编:《中国近代史资料丛刊续编·中日战争》第4册,中华书局1993年版,第100页。

本位制的保证基金，成为日本经济发展和国际地位提高的重要开端。战争强烈刺激了日本军国主义恶性发展。战争可以发财，可以提高国际地位，遂成为日本国民信奉的信条，导致其对外侵略的野心恶性膨胀。福泽谕吉的弟子尾崎行雄狂妄宣称：

世界各国中如有反对我吞并中国者，是为反对人类之幸福也，亦反对世界之利益也。如此狂暴无道之国，宜等闲视之，断行我之天职可也。今虽等闲视之，他日中国果能踏上开明革新之途，列国皆能分享其福利，则会豁然感悟，惟感谢我之恩泽而不遑也。①

为了中国的进步，必须由日本使其殖民地化，成为军国主义分子甚至国民的共识。就连日本中小学中也灌输着污蔑中国的歌谣："支那佬，拖辫子。打败仗，逃跑了，躲进山里不敢往外跑。"②

在强权即是公理的帝国主义时代，日本国力的上升，也使列强对日本刮目相看，并承认日本成为东亚的区域强国。英日同盟就是最直接的表现。战前，英国把中国视为它与沙俄之间的缓冲国，甚至一度考虑过缔结中英同盟的问题。甲午战争中，清廷腐败无能，清军不堪一击，使得英国的舆论和官方政策发生明显变化。驻华公使欧格讷就提出重新考虑对华政策。英国舆论态度逆转，由亲中转向蔑视中国。《泰晤士报》一篇社论称：

我们绝不会想到……中国的友谊是值得去培植的，更用不着因为它的友谊去迁就它的虚荣心。关于中国的潜力以及中国迷梦已醒的种种神话，已被这次战争完全澄清了……中国是一盘散沙，它只有通过外力才有可能打起精神组织起来。我们必须注意不使别的国家来完成这种事情，而使我们受损失。③

① ［日］依田憙家：《近代日本与中国》，卞立强等译，上海远东出版社 2004 年版，第 20 页。

② ［日］依田憙家：《近代日本与中国》，卞立强等译，上海远东出版社 2004 年版，第 22 页。

③ 《泰晤士报》1894 年 9 月 30 日。

就连日本人也惊叹于英国舆论的变色龙行为。“昨日为清国之亲友或称誉者，今日则反其表里忽而阿谀战胜者。作为英国大报记者，竟有如此变节行为，虽甚为可惜，但亦为巧智。”①在选择东亚的盟国时，英国把目光转向了日本。1902 年，英日同盟出台，不仅提高了日本的国际地位，更为其夺取东亚霸权提供了有力的国际支持，加快了日本侵略扩张的步伐。英国遂成为日本军国主义的重要盟友。

——中国东北一时成为列强争夺的焦点

甲午战争中，俄、德、法三国干涉还辽，对争取东亚霸权的日本是个不小的打击。俄国之所以出面干涉，主要是因为日本割占辽东半岛，严重影响到它在东亚的利益。俄国清楚地看到，如果允许日本占领朝鲜，割占辽东，日本就会在东亚大陆建立侵略基地，不仅不利于俄国在辽东的扩张（俄国早就想在远东有一个不冻港，早就想占领朝鲜巨济岛和永兴湾，并攫取中国的东北地区），而且直接威胁到俄国远东领土的安全。对此，英国驻俄公使拉塞尔分析说：

> 一旦日本在大陆上得到一个立足点，它就会得寸进尺，直到形成与俄国接壤之势。这当然是俄国所不愿看到的……俄国一向企图在世界上某一个地方拥有不冻港。它还建议，西伯利亚大铁路应该拐个弯经过满洲。凡此种种，都令人疑心总有一天，俄国会谋求打开一条通道，或者在朝鲜东海岸，或者就在渤海湾本身。如果是后者，那就不难理解它何以会坚决反对像日本这样一个充满活力、组织良好的国家获取一块领土，因为它自己就希望有朝一日获取这块地盘。②

正是出于这一考量，俄国强硬要求日本退还辽东，并联合德、法一起行动。法国出于俄法同盟的关系，德国为了离间俄法同盟，并趁机在远东谋求立足之地，遂参与联合干涉行动。但干涉的理由则是日

---

① 《驻俄公使致陆奥大臣函俄各报关于日清战争评论的报告》，戚其章主编：《中国近代史资料丛刊续编 · 中日战争》第 9 册，中华书局 1993 年版，第 428 页。

② 《拉塞尔斯致金伯利函》，戚其章主编：《中国近代史资料丛刊续编 · 中日战争》第 11 册，中华书局 1993 年版，第 764—765 页。

本割占辽东,威胁朝鲜的独立自主,不利于欧洲的商业利益。英国虽然没有参加干涉,但也没给日本强有力的支持。英国外相对日驻英公使加藤说:"台湾因土地与贵国岛屿相连,暂且不论,但满洲因与贵国隔绝甚远,一旦受海军强国攻击时,岂非反而成为贵国之弱点。"①很明显,英国也不支持日本占领辽东,也不希望日本在东亚占主导地位。加藤对此颇有感触地说:

> 英国之报界对此事持不同意见,总的来说是不利的。许多报纸表达了忧虑之情,担心日本人会在将来中国的政治和经济中起支配作用,从而损害欧洲人的利益。②

三国干涉还辽后,日本决意卷土重来。明治天皇明确宣称:"为期不远,一定会从朝鲜或其他地方有再战的时机到来。"③官方也提出"卧薪尝胆"的口号,要求国民勒紧裤带,节衣缩食,为10年后再战做准备,其目标锁定俄国。为此,日本政府在战后一再实行大增税,继续积极扩军备战。日本每年财政预算中,直接军费开支占40%—50%,并制订新的扩军计划,陆军从7个师团扩大到13个师团,平时兵力从7万增为15万,战时兵力从21万增为60万。海军按六六舰队(即以6艘战舰和6艘装甲巡洋舰为主力组成的一支舰队)计划进行扩充。总计战舰是113艘、26.5万吨。及至1903年,新一轮扩军计划全面实现。

其间,俄国也为战争做积极准备。干涉还辽后,日俄终将一战的局面已洞若观火。沙俄为了压倒日本,进一步在远东推行殖民扩张,也不断增强远东的兵力。一面加紧修建西伯利亚大铁路,并在中国东北境内建造支线铁路;另一面从1897年起,大力建造战舰和不断向远东增兵。自租借旅大后,抓紧修建旅顺要塞,欲图建成远

① 《驻英国加藤公使致陆奥大臣探知英国政府对日清讲和条约的意见》,戚其章主编:《中国近代史资料丛刊续编·中日战争》第10册,中华书局1993年版,第85页。

② 《驻英国加藤公使致陆奥大臣函关于英国新闻对日清战争讲和条约的意见》,戚其章主编:《中国近代史资料丛刊续编·中日战争》第10册,中华书局1993年版,第107—108页。

③ 万峰:《日本近代史》,中国社会科学出版社1984年版,第327页。

东头号军事要塞。

日俄双方磨刀霍霍,战争大有一触即发之势。义和团运动期间,沙俄乘乱大举出兵中国东北,妄图建立"黄色俄罗斯"。清廷向俄国提出交涉,其他列强,特别是英、日、美对俄国侵占中国东北均表示强烈不满。英国还邀德国共同干涉俄国的行为,被德方拒绝。日本为了对抗俄国,积极拉拢英国,英日结盟时机成熟。1902 年 1 月,双方签订同盟条约。主要内容是:(1)针对沙俄的扩张,双方标榜承认中国和朝鲜的"独立",声明两国在中、朝无侵略意向。但是鉴于两国的特殊利益,"英国之利益以关于中国者为主,日本利益除在中国者外,尚有在朝鲜之政治上、商务上及工业上之利益",倘这些利益因他国之侵略行为受到损害,或因中国、朝鲜发生扰乱而受到损害,两国为保护利益可采取必要措施。(2)若英国或日本之一方,为保护上述利益与他国开战,则另一方应严守中立,并努力阻止其他方参战攻击其同盟国。(3)如果另一国或数国参加对于该同盟国的战争,则另一缔约国应予以帮助。[①] 这个同盟条约显然针对俄国。俄国接到英日结盟的通告后,极为震动。为对付英日,俄法也发表同盟宣言,远东局势日趋紧张。

面对中国人民的强烈反对和列强的沉重压力,1902 年 3 月,俄国与中国签订《交收东三省条约》,规定俄国分三期撤出在中国东北的占领军。

> 在签字画押后,限六个月撤退盛京省西南段至辽河所驻俄国各官军,并将各铁路交还中国;再六个月,撤退盛京其余各段之官军及吉林省内官军;再六个月,撤退其余之黑龙江所驻俄国各官军。[②]

但是,沙俄完成第一阶段撤军后,不但不再撤军,反而提出无理要求,主要是中国不得将东三省之地让与他国或租贷给他国,企图

---

① 王芸生编:《六十年来中国与日本》第 4 卷,生活·读书·新知三联书店 2005 年版,第 147 页。

② 王芸生编:《六十年来中国与日本》第 4 卷,生活·读书·新知三联书店 2005 年版,第 137—138 页。

将东三省变成俄国的禁脔。消息传出，各国大愤。美国首先以其有违门户开放政策，向俄国提出抗议，日英继之。1903 年 7 月，日本在英美的支持下，对俄国提出直接交涉。日本外相训令驻俄公使称：

> 若使俄国于满洲任意行事，且永久占据，其结果必损帝国之安宁利益。所谓机会均等主义，当因此破坏，保全中国领土之说，亦因之毁损，而于我日本之关系尤为重大。盖俄国扼守韩国之边境，则韩国被其侵略，即难独立。俄于朝鲜半岛若竟占取优势，是大不利于我也。夫韩国为我国防护线上之紧要前哨，其独立于帝国之康宁安全为绝对的必要。且帝国在韩国政治上及工商业利益实优于他国。①

日本的交涉要点是：俄国承认日本在韩国的特殊利益；日本承认俄国于满洲铁路有特殊利益；将来韩境铁路延伸至满洲南部与中东铁路对接，俄国不得阻挠。俄国答复，有限度承认日本在朝鲜的利益；日本则承认满洲及其沿岸一带，均在日本利益范围之外。双方几经交涉，谈判破裂。1904 年 2 月，日本向俄国宣战，日俄战争爆发。结果，俄国惨败，但日本也无力再战。在美国的调停下，双方于 1905 年 9 月签订《朴茨茅斯条约》，主要内容是：俄国承认日本对朝鲜的完全保护国地位；俄国放弃在满洲领土之利益，或优先让与，或专属让与；俄国将旅顺口、大连湾并且附近领土与领水之租界权让与日本。接着，日本又逼迫清廷承认俄国根据《朴茨茅斯条约》让与日本的权利，并声明中国政府非经日本国应允不得将东三省土地让与别国，或允其占领。此后，日俄又三次密约，划分两国在东北的势力范围。前两次密约主要是俄国承认日本在朝鲜的利益，日本承认俄国在外蒙古的利益；日俄将满洲划为南北两部分，南满属于日本势力范围，北满属于俄国势力范围，辛亥革命爆发后，日俄第三次密约划定内蒙古各自的势力范围。经过三次密约，

---

① 王芸生编：《六十年来中国与日本》第 4 卷，生活 · 读书 · 新知三联书店 2005 年版，第 164 页。

日俄把满蒙地区当作两国的禁脔，不容他国插手。日俄在远东的关系由冲突变为合作。日俄战争后，东三省地位危在旦夕。清廷为巩固边防，取消了禁止汉人在东北垦殖的政策。同时，为打破日俄的垄断，开放欧美资本进入东北，以造成均势。美国最为积极，多次活动在东北修铁路，并提出满洲铁路中立计划，但都因遭到日本反对而未能得逞。

——列强在远东的力量对比发生变化

甲午战争后，日本越来越成为侵华主角。第一次世界大战前，日本侵略重点在东北。大战期间，日本又把魔爪伸向山东。俄国十月革命后，日本乘机独占东北。以后，对中国是步步紧逼，妄图全面侵占中国。德国虽然在甲午战争后取得山东作为势力范围，但一战败北，被日本挤出山东。英国在远东的地位相对下降。英国本来在华拥有最多的利益，美、日往往充当英国配角，但随着美国势力增大，美国不再追随英国。甲午战争后，为了抗俄，英国一再纵容日本。日本羽毛渐丰后，为了独占中国，也开始排挤英国。英国也因一战损失惨重，对中国的影响减弱。法国在华势力也是日渐衰落。与日本崛起同时，美国也异军突起。19 世纪 90 年代，美国成为世界第一经济强国。一战后，美国又向军事大国迈进，并加强了它在远东的存在。美国企图凭借其经济实力，贯彻门户开放主义，扩大在华利益和影响，势必与日本独占中国的野心发生激烈冲突，因此，越来越遭到日本反对，美英与日本在中国及远东的矛盾也越来越深。

二、沉沦中的抗争：义和团运动的兴衰

19 世纪与 20 世纪之交，中国北方爆发了大规模的义和团运动，“上至王公卿相，下至倡优隶卒，几乎无人不团”①。义和团运动的爆

---

① 柴萼：《庚新纪事》，中国史学会编：《义和团》第 1 册，神州国光社 1951 年版，第 306 页。

发，原因复杂，可说是民族危机、统治危机、反洋教，以及黄河流域特有的生态环境、社会结构、经济、民间文化等诸多因素交织而成。

1. 民族危机

八国联军统帅瓦德西在论述义和团运动时称：

> 中国排外运动之所以发生，乃由于华人渐渐自觉……近年以来，瓜分中国之事，为世界各国报纸最喜讨论之题目，复使中国上流阶级之自尊情感，深受刺激。最后更以欧洲商人时常力谋损害华人以图自利，此种阅历又安能使华人永抱乐观？至于一二牧师，做事毫无忌惮，以及许多牧师为人不知自爱，此固吾人不必加以否认疑惑者。①

蔡锷认为甲午战争后的亡国危机是维新运动和义和团运动兴起的原因。他说：

> 甲午一役以后，中国人士不欲为亡国之民者，群起以呼啸叫号，声撼大地，或主变法自强之议，或吹煽开迪民智之说，或故立危词以警国民之心，或故自尊大以鼓舞国民之志。未几而薄海内外，皆惧为亡国之民，皆耻为丧家之狗，未几而有戊戌变法自强之举，此振兴之自上者也。未几有长江一带之骚乱，此奋起之自下者。未几而有北方诸省之乱，此受外族之凭陵，忍之无可复忍，乃轰然而一爆者也。②

山东巡抚李秉衡身处义和团的发源地，他在奏报大刀会缘起时称：

> 臣查大刀会即金钟罩邪教，由来已久，虽经地方官示禁，根株总未能绝。上年海疆不靖，民间以此教可避枪炮，传习愈多，几乎无处不有。③

1898 年，余栋臣在四川大足县发动反洋教起义，发布檄文指控：

> 今洋人者，海舶通商，耶稣传教，夺小民农桑衣食之计，

---

① 瓦德西：《瓦德西拳乱笔记》，中国史学会编：《义和团》第 3 册，神州国光社 1951 年版，第 69—70 页。

② 蔡锷：《军国民篇》，曾业英编：《蔡松坡集》，上海人民出版社 1984 年版，第 15 页。

③ 《山东巡抚李秉衡折》，光绪二十二年六月二十四日，故宫博物院明清档案部编：《义和团档案史料》上册，中华书局 1978 年版，第 4 页。

煽惑我人民，侮慢我朝廷，把持我官府，占据我都会，巧取我银钱……既占我上海，又割台湾，胶州强立埠，国土欲瓜分。①

檄文逾出以往控诉传教士罪恶的模式，将民族存亡视为起义的主要缘由。大量的义和团文献都提出“灭洋”口号，正是为了救亡图存而揭举反帝义旗。“最恨新约，一误至今，割国赔款，害国殃民。”②从当时中外各类人士和群体的论述不难看出，义和团的兴起，主因是甲午战争后深重的民族危机，表达了以农民为主体的基层民众对列强长期蹂躏中华民族的愤怒情绪和反侵略反瓜分的正义诉求。

2. 瓜分狂潮下清王朝统治危机

列强的瓜分狂潮，也使清王朝深切感受到统治危机。教案频发，一直是清廷一块心病。列强借教案敲诈勒索，“种种要挟已不胜其弊”③。最后竟发展到借教案出兵掠地的地步。这不能不使清廷又怕又恨。义和团运动初起时，清廷希望能够迅速平息义和团，息事宁人。慈禧太后曾严旨申斥毓贤镇压不力称：

近闻山东地方有大刀会、红拳会各种名目，多系不逞之徒，借闹教为名，结党横行，欺压良善……巡抚毓贤又固执成见，以为与教民为难者即系良民，不免意存偏袒。似此因循日久，必致滋生事端。该抚身任封圻，遇事总须持平办理，消患未萌。岂得沽一己之名，竟至大局于不顾。著即督饬所属地方文武，查明各种会匪名目，严行禁止。倘敢仍前来聚集，借闹教为名，结党滋事，并著从严惩办，以靖地方。④

但随着列强的步步紧逼，迫使她对大清王朝的统治产生严重的危机感，抗争图存遂成了必要的选择。1899 年 11 月，清廷发给各省督抚的上谕明确指出：

现在时事日艰，各国虎视眈眈，争先入我堂奥。以中国

① 徐庆坚：《余栋臣与四川农民反帝运动》，《近代史资料》1955 年第 4 期，第 29 页。
② 程英：《中国近代反帝反封建历史歌谣选》，中华书局 1962 年版，第 479 页。
③ 《清实录·德宗景皇帝实录》第 57 册，中华书局 1986 年影印版，第 403 页。
④ 《山东巡抚毓贤折》，光绪二十五年十一月初四日，故宫博物院明清档案部编：《义和团档案史料》（上），中华书局 1978 年版，第 38 页。

> 目下财力兵力而论，断无衅自我开之理。惟是事变以来，实逼处此。万一列强凭陵，胁我以万不能允之事，亦惟有理直气壮，同敌仇忾，胜败情形，非所逆计。①

清廷还给袁世凯下旨，对义和团不能一味全剿，“总以弹压解散为第一要义”②。这清楚反映了清廷面对列强压迫导致的统治危机的两难选择：既不愿因义和团与列强闹翻，又不愿一味镇压而失去民心，并企图利用所谓民心，做到缓急可恃。1898年，山东巡抚张汝梅就提出对义和团“化私会为公举，改拳勇为民团”的主张。③ 继任巡抚毓贤也提出：“际此时艰日亟，当以固结民心为要图。”④1900年5月21日，刑部尚书兼顺天府尹赵舒翘也向朝廷建议：

> 拳会蔓延，诛不胜诛，不如抚而用之，统以将帅，编入行伍，因其仇教之心，用作果敢之气，化私愤为公义，缓急可恃，似亦因势利导之一法。⑤

列强借传教培植亲西方群体，也被清廷视为威胁。德国公使海靖坦言：

> 随着我们在山东从事的经济活动的发展，我们需要在地方民众中培植一批追随者……而这些教徒、会众便是我们最好的一批人选……所以不能对反对他们的暴乱和以暴力驱逐他们的行动等闲视之。⑥

对于这种状况，清廷不可能无动于衷。如果中国民众都成了外国的

---

① 《军机处寄各省督抚上谕》，光绪二十五年十月十九日，故宫博物院明清档案部编：《义和团档案史料》（上），中华书局1978年版，第37页。

② 《军机处寄署理山东巡抚袁世凯电旨》，光绪二十五年十一月二十七日，故宫博物院明清档案部编：《义和团档案史料》（上），中华书局1978年版，第46页。

③ 《山东巡抚张汝梅折》，光绪二十四年五月十二日，故宫博物院明清档案部编：《义和团档案史料》（上），中华书局1978年版，第15页。

④ 《山东巡抚毓贤折》，光绪二十五年十一月初四日，故宫博物院明清档案部编：《义和团档案史料》（上），中华书局1978年版，第40页。

⑤ 《刑部尚书兼顺天府尹赵舒翘等折附片》，故宫博物院明清档案部编：《义和团档案史料》（上），中华书局1978年版，第110页。

⑥ ［德］J. E. 塞莱克：《反教会暴乱和德国的干涉——保守派的崛起》，中外关系史学会、复旦大学历史系编：《中外关系史译丛》第四辑，上海译文出版社1988年版，第329页。

追随者,清王朝统治将会瓦解。许多士人认为,传教不仅“夷其人”,而且“夷其心”,“夷其人犹可言,夷其人并夷其心何可言”①。翰林院侍讲学士朱祖谋说:

> 洋人以助剿为名,干预军事,小则索偿兵费,大则占据城池,操纵两难,为祸益烈。即不至此,而诛戮过重,拳会之势虽戢,教堂之气益张,彼无告之民,不敢入拳会,势必入教堂。夫拳会仇洋,犹是朝廷赤子也,既入洋教,则蚩蚩者氓,岂复为朝廷有哉!②

即使主张镇压义和团的荣禄,也不赞成一味严剿,担心会失去民心。他说:

> 近来拳教滋事,论拳民本意不过自卫家身。其仇教嫉洋,尤乃心向中国。若因有教案一味严拿,不惟虑失去民心,兼恐激之生变。持平办法,不但于拳民之中当分良莠,而且于匪民之中,当分首从。此不易之理也。③

“民心”平常可以被统治阶级束之高阁,但面对严重的统治危机,遂成为朝廷不得不考虑的政治因素。义和团运动的广泛性、群众性和草根性,显示其深厚的民意基础和强烈的民心取向,迫使清廷必须三思而后行。严厉镇压势必导致民心流失,动摇清廷统治的合法性。而且,义和团的仇教灭洋之说深得人心,其矛头并不指向清朝统治,而是为了保家卫国,甚至还有标榜“扶清灭洋”者。所以,在如何对待义和团的问题上,清廷上下产生了分歧,且摇摆不定。镇压派认为,义和团法术不可恃;招抚派认为,民心不可失。慈禧太后游移莫定,既不想严剿,也不希望因此和外国开战。她企图通过招抚,对义和团有一定控制,又利用义和团的仇教心理,凝聚民心,以民制夷,增强其统治合法性。但洋人不谅解,强硬提出自行出兵,代为剿

---

① 贺弘景:《义和团运动反洋教斗争初探》,中国义和团运动史研究会编:《义和团运动与近代中国社会》,四川省社会科学院 1987 年版,第 245 页。

② 《翰林院侍讲学士朱祖谋折》,光绪二十五年十一月二十四日,故宫博物院明清档案部编:《义和团档案史料》(上),中华书局 1978 年版,第 43 页。

③ 《荣禄集》,《近代史资料》1983 年第 4 期,第 31 页。

除，而且不顾清廷表态，就迅速组建八国联军，大举入侵清廷京畿区域，直接威胁到清廷统治。再者，戊戌政变以后，列强阻止废黜光绪帝，又有假照会要求其归政事件的发生，终于导致慈禧太后决定利用义和团抗击八国联军，以求消解列强威胁。列强欺凌中国，造成颇多朝野人士的仇外心理。义和团的灭洋口号正契合了这些人的心理。利用民心，驱逐洋人就成了他们的政治选择。清廷一位大臣曾振振有词地说："汝看他们是匪，我看他们正是上天打发下来灭洋者，缘庚子至庚子，渠等在中国已搅乱一甲子，此时正天收时也。"①促使清廷高层做出这种选择的主要原因，并不是学界所说的他们深信义和团的法术，而是义和团的坚决反洋教之心。贝勒载濂说："窃查拳民能避火器，虽无确据，其勇猛之气，不顾生死，实为敌人所惮。"②士人左绍佐说："无论有术与否，即其胆气之壮，已足辟易万人。"③慈禧太后也表示：

> 法术不足恃，岂人心亦不足恃乎？今日中国积弱已极。所仗者，人心耳。若并人心而失之，何以立国。④

在这种氛围下，仅仅以义和团法术不足恃为由，想让清廷改变主意，实为难事。所以荣禄慨叹：

> 上至九重，下至庶民，均以受外欺凌至于极处，今既出此义和团，皆以天之所使为词，区区力陈利害，竟不能挽回一二。⑤

慈禧太后日后向吴永谈起义和团时称："我本来执定不同洋人破脸的，中间一段时期，因洋人欺负得太狠了，也不免有些动气。"⑥种种

---

① 《荣禄与奎俊书》，北京大学历史系中国近现代史教研室编：《义和团运动史料丛编》第1辑，中华书局1964年版，第139页。

② 《贝勒载濂折》，光绪二十六年五月二十日，故宫博物院明清档案部编：《义和团档案史料》（上），中华书局1978年版，第146页。

③ 左绍佐：《悟澈源头》，中国社会科学院近代史研究所编：《义和团史料》（上），中国社会科学出版社1982年版，第232页。

④ 恽毓鼎：《崇陵传信录》，中国史学会编：《义和团》第1册，神州国光社1951年版，第48页。

⑤ 中国历史研究社编：《庚子国变记》，上海书店出版社1982年版，第336页。

⑥ 吴永：《庚子西狩丛谈》，岳麓书社1985年版，第89页。

证据表明，清朝统治者利用义和团灭洋，并非是借刀杀人，而是有真诚的一面。它是清王朝统治者在列强压迫下，挽救统治危机的一种本能反应。

3. 反洋教斗争蔓延和发展

自19世纪60年代起，反洋教斗争此起彼伏，绵延不绝。前文已述，反洋教斗争有文化冲突，也有深刻的利益冲突。甲午战争后，西方传教活动更加活跃。山东、直隶一带教堂林立。山东有大小教堂1300余处。兖州是孔子的故乡，士民深受儒学影响，素来深嫉洋教。德国传教士一直想进入兖州传教，都被群众驱逐。1897年，德国借巨野教案占据胶州湾，德国传教士也终于达到了在兖州传教的目的，山东最后的儒学堡垒也被攻破。传教活动扩展，教案也就更加频发。甲午战争中，清廷虚弱暴露无遗。列强在处理教案时，更倾向使用武力。以前发生教案，列强总是强迫清廷将反洋教者绳之以法，现在却动辄自行出兵镇压，德国首开恶例，并频繁使用这一手段。德皇威廉二世公开向中国宣示武力威胁：

> 向那里的每一个欧洲人，向德国商人，而且，最重要的，向那些我们身处其地不得不对付的外国人表明，德国人米歇尔已经拿起了他的盾牌，上面装饰着帝国的鹰徽，坚定地站在大地上。任何向他请求保护的人将永远得到保护……但如果有谁企图伤害我们，侮辱我们的权利，那么，你们应按上帝的意志挥着拳头前进，在你们年轻的额头上扎上桂冠，全德国将无人嫉妒你们。①

列强以教案为借口，对清廷的干预力度加大，动辄要求撤换官员。“四川一教案，至于罢总督；山东一教案，至于罢巡抚，并我官人之柄而夺之。”②为了培植和蛊惑本地追随者，传教士，特别是天主教士，热衷于干预词讼，插手民教纠纷，不但不回避运用世俗权力，而且喜

① ［美］周锡瑞：《义和团运动的起源》，江苏人民出版社1994年版，第148—149页。

② 左绍佐：《悟澈源头》，中国社会科学院近代史研究所编：《义和团史料》（上），中国社会科学出版社1982年版，第231页。

欢在各种俗务中显示其力量。1898年，一位新教传教士揭露：

而今，天主教神父及其教徒又成为老百姓受压的另一个新来源。众所周知，外国神父的行为举止，一般说来，或多或少是仿照中国官员的作风。本地人吃了很多亏以后了解到：这些神父代表着权力……行动的总则看来是，中国人只有当一名天主教徒，才能获得代表着西方权力的外国神父的保护。若遇邻里纠纷，诉讼案件的处理方对他有利，而对他不走运的邻里不利。①

清廷官员彭虞孙说："此案（巨野教案，引者注）结后，教堂日增，教民日众，教焰亦日炽。"②山东巡抚毓贤概述当时近20年来民教之间的势力消长说：

窃维东省民教不和，由来已久。缘入教多非安分良民，在二十年前，平民贱视教民往往有之，并非虐待教民也。迩后，彼强我弱，教民欺压平民者，在所多有。迩来，彼教日见鸱张，一经投教，即倚为护符，横行乡里，鱼肉良民。③

部分西方传教士恶意挑动和扩大民教冲突，欺压城乡绅民，打压地方官员，操纵地方政治，并得到列强官方的鼓励和支持，致使教案继续频发，反洋教斗争不断蔓延和发展，从而形成声势浩大的义和团运动。

4. 列强经济侵略剥夺了中国民众的财产和生计

列强经济侵略使很多人失去生计。特别是铁路的修建，给沿途人民带来巨大灾难。甲午战争后，列强纷纷争夺中国路权。在铁路修建过程中，更是恃强凌弱。"所至之地，尽将村落民家坏拆，遇坟墓建物即拆毁，不惟不迁路避之，且毁坟拆舍亦一文不与"，"其土民田庐皆归乌有，无以饮食，无以栖止，父子夫妇兄弟流离道路，相转死于沟壑不知几人矣"④。连瓦德西在谈到义和团运动起因时

---

① 苏北通讯《北化捷报》第62期，第17页（1899年1月9日）。

② ［美］周锡瑞：《义和团运动的起源》，江苏人民出版社1994年版，第217页。

③ 《山东巡抚毓贤折》，光绪二十五年三月二十一日，故宫博物院明清档案部编：《义和团档案史料》（上），中华书局1978年版，第24页。

④ 《文明国之野蛮行为》，《清议报全编》第18卷，第52页。

亦承认：

筑路之时，漠视坟墓，致有伤居民信仰情感。（瓦氏原注：在中国方面，巨大坟园一如我们公共墓地者，极为罕见。乃系无数单坟，散在田野。因修筑铁路地基之故，未曾常加以重视）①

由于列强在修路时，霸占和毁坏民间田庐、坟墓，而又不加以补偿，它所伤害的不仅是中国广大民众的传统信仰，更是他们的实际利益。

5. 黄河文化与义和团运动

义和团运动在北方的爆发，与这一地区的生态环境、社会结构、经济、民间文化有着密不可分的关系。

华北平原具有特定的生态环境：平坦的土地、以粮为主的农业、稠密的人口和贫穷的村庄。黄河从山西流入豫北平原至入海口，距离550公里，而其落差仅为100米，每公里不足20厘米。黄河是世界上最混沌的河流，淤泥含量达25%。千年的沉积孕育了肥沃的土地，使华北平原成为中国主要的农业区域之一。但如此平坦的平原，排水成了难题。如果不能迅速排除积水，土壤就会盐碱化。频繁的战乱使华北平原水利设施遭到严重破坏，长期未能恢复。大陆性气候使华北降水量不足，且年度变化较大。由于缺乏人工灌溉系统，农民完全靠天吃饭。天气的变幻莫测，造成华北平原自然灾害频仍。尤其是黄河水患，经常威胁民众的生存。据今人不完全统计：1644—1847年，每百年遭受的水灾，山东为22.7次，河南为20.6次，河北为35.5次；每百年遭受的旱灾，山东为15.3次，河南为9.1次，河北为23.6次。② 1897—1899年，华北农村连续3年遭受特大灾害。1897年春天，旱灾摧毁了江苏北部的收成；继旱灾以后，夏季又大雨成灾。1898年5月间，山东西南部发生饥馑。1898年，黄河

① 瓦德西：《瓦德西拳乱笔记》，中国史学会编：《义和团》第3册，神州国光社1951年版，第69页。

② 陈高傭：《中国历代天灾人祸表》卷10附录《中国历史上气候之变迁》，暨南大学出版社1939年版，第17、19页。

发生特大水灾，至少2500平方英里的耕地被水淹没。灾民从山东涌向河南，而河南本身正受困于粮食短缺，遂酿成鲁、豫两省大饥荒。1900年，华北许多地方又发生旱灾，春夏两季雨水稀少，夏粮产量锐减，饥民遍野。贫瘠的土地、频繁的灾害、稠密的人口，形成恶劣的生态环境，导致华北平原生存环境长期恶化。单一的农业经济更加重恶化趋势，而且，华北平原同质性农业经济阻碍了区域市场的发育。华北河流很少通航，也制约了商品经济的发展。这些因素造成华北地区商品化、都市化的水平相当低下。生存环境的恶化导致饥民和流民队伍经常、大量出现，从而为道门、拳会组织的滋生、发展、壮大提供了温床。甓园居士刘治襄认为，大批流民和饥民是义和团的重要社会成分。他说：

> 北方人民，生活省啬，而性多偷惰，谋生之途太仄，稍一不谨，往往不能自振，以至于失业。因惰而游，因游而贫而困，则麇集于都会之地，借傥来之机会以苟图衣食。群聚益众，则机会益难，非作奸宄法，不足以维持其旦夕之命。浸淫已久，而冒险乐祸，恣睢暴戾之心生焉。明知诛责桎梏之在其后，而有势可乘，不问是非利害，姑且呐喊附和，恣意焚掠以餍其所欲，而侥幸于万一之漏网。①

华北小农经济结构，使其缺乏消融流民的机制。华北平原在明代存在过大土地占有形式。及至明末，多数地主因战乱而破产。清朝竭力鼓励小土地占有经济，以此作为皇权基础。大规模土地积累的社会基础比较薄弱。与长江下游，尤其是珠江三角洲相比，华北的宗族关系从未发展成为共同的土地占有关系。同一宗族的人至多共同占有几亩坟地。商业也没有造成财富和土地的积累。华北小农经济的持续性，使其抵抗自然灾害的能力很弱。

频繁的自然灾害，使人感到生命的无常。轻生好斗、崇尚武术成为华北民间文化的一个显著特点。清代史书及地方志中充满了关于北方民风强悍、逞勇好斗的记载。如河南《鹿邑县志》云："孟子

① 吴永：《庚子西狩丛谈》，岳麓书社1985年版，第147页。

谓凶岁子弟多暴。鹿邑自乾隆四年至十六年屡被水灾，老弱死亡，其壮者好斗轻生，结为顺刀会，遇事生风，甚为民害。"[①]山东《曹县志》载："士醇民良，曹邑旧风俗也。明季黄河屡决，盗贼猖狂，兼以连年大祲，饿殍载道。人无家室之乐，而风俗一变。"[②]《临清县志·礼俗志》称："士人习尚技击，临西尤甚。其派别不一：有少林拳、梅花拳及大小宏拳之分。器械则有长枪、大刀、拐子流星等，人专一技，互相比赛。"[③]在河北，武术文化也颇为流行。据今人调查，在直隶南部南宫、曲周、清河、威县和东明等县的广大农村，梅花拳历来非常流行，一般群众都喜爱习拳练武，甚至有一家几代人都曾练过梅花拳。

由于武术文化盛行，华北平原各种武术流派林立，金钟罩、铁布衫、梅花拳、义和拳、红拳等不一而足。林林总总的武术结社，如大刀会、顺刀会、神拳会、红拳会等应运而生。毓贤在谈到大刀会起源时称："大刀会名目，由来已久，俗传能避枪炮，直隶、山东、河南、江苏等省习者颇众。"[④]清朝末年社会动荡，许多地方人民纷纷结社自卫。尤其是民教冲突加剧，使习拳练武在北方，特别是在山东更为普及。很多人为了自卫身家，纷纷加入各种武术团体。

秘密宗教的盛行，是黄河文化的特色。山东作为孔孟之乡，虽是中国儒家正统的根源，但也不乏异端流派。18 世纪中叶，一位巡抚曾称："东省恶习，立教惑众，积渐已久。"[⑤]周朝时，鲁北的齐国以出巫师著称。元末和清代，白莲教是最重要的秘密宗教，华北各省则是白莲教的温床。其他如金丹道、武圣教、黄洋教、玉虚门、混元门、大刀会、一心会等秘密结社和民间教门也在北方广泛流行，教民、游勇、游方僧道、船夫水手和贫困的商贩佣工都是

---

① 乾隆《鹿邑县志》卷一，光绪十年刻本。

② 光绪《曹县志》卷一，光绪十年刻本。

③ 李学勤、徐吉军主编：《黄河文化史》（下），江西教育出版社 2003 年版，第 2070 页。

④ 《山东巡抚毓贤折》，光绪二十五年十一月初四日，故宫博物院明清档案部编：《义和团档案史料》（上），中华书局 1978 年版，第 38 页。

⑤ 故宫博物院明清档案部藏：《军机处录付奏折·农民运动》，卷补二 76，第一号。

它们的传播媒介。在长期的发展过程中，这些民间教门、秘密结社渐与武术结社互相渗透，形成共生结构。民间教门出于自卫和反抗的需要，注重习拳练武。一些武术结社为了扩大声势，吸引群众，也吸收民间教门中的一些巫术，如神灵附体、刀枪不入、喝符念咒等。实际上，神灵附体、喝符念咒等早已成为华北流行的民间文化，基层民众对这些仪式非常熟悉。利用降神的形式展示武艺也是民众喜闻乐见的一种娱乐形式。"刀枪不入"之说在中国由来已久。当起义者和武装精良的官军对抗时，既忧虑自己的安全，又希望能在战斗中增强勇气和力量，就自我幻想产生一种"刀枪不入"的技艺。这种保护的需求也由于17世纪西方火器的出现而变得更加强烈。甲午战争后，民族危机空前严重。只有刀矛棍棒一类简单落后的武器，当然不足以抵抗列强。在物质武器缺乏的情况下，只能求助于精神武器。于是拳会组织的宗教迷信色彩愈来愈浓。"甲午而后强邻肆虐，中国怯弱，人民益忿。因思外洋所恃者枪炮，必有避枪炮之术乃能御之，而金钟罩神拳之说兴矣。"①这就是所谓"愚夫孺子爱国而不知其术，袭取神教设道之意"②。

义和团的多神主义，与华北民间文化也融为一体。华北地区小农经济的持续性和商业经济的滞后，使其居民普遍贫困化，农民无力供养庞大的绅士阶层，因此，严重影响了区域文化发展，与江南文风盛行并成为人文之渊薮不同，华北绅士力量急剧下降。以山东而言，义和团的发源地鲁西南、鲁西北绅士数量在全省所占比重呈逐年下降之势。1368—1400年，鲁西南、鲁西北举人占全省比重为40.8%，1451—1500年为52.4%，而1870—1900年仅为21.7%。③如果把华北作为一个地区与江南相比，其情况也大致相同。因为繁

① 《仕平县志》卷11《灾异志》，中国社会科学院近代史研究所编：《义和团史料》（下），中国社会科学出版社1982年版，第1029页。

② 《阳信县志》卷4《兵事志》，中国社会科学院近代史研究所编：《义和团史料》（下），中国社会科学出版社1982年版，第1033页。

③ 宣统《山东通志》，1915年刻本。

荣的文化需要富庶的经济做后盾。绅士力量的衰落、文风的衰微，使儒家正统文化在乡村中的影响减弱，从而为俗文化甚至“异端文化”在华北广大乡村的盛行提供了土壤。

社戏在传播俗文化甚至是异端文化方面，有不可替代的作用。在华北农村，庙会是一项重要的娱乐活动。庙会的中心活动是演戏。由于这些活动可以使农民从单调乏味的农活和艰苦的生活中得到暂时性的纾解，因此受到农民的欢迎。同样重要的是，许多从历史神话中演化的戏剧人物也变成民间神祇。在很多方面，正是戏台上的人生剧把与义和团有最直接关系的各种民间文化因素结合了起来。这里有对保家卫国的讴歌，有武林高手形象，还有义和团团民祈求附体的众神。随着时间的流逝，异端习俗和普通大众文化的界限越来越模糊。义和团的“灭洋诸神”如关帝、杨业、秦琼、金刚、哪吒、孙悟空、猪八戒等，在文人学士看来鄙俚不经，但早已为广大群众所喜爱。吞符、念咒、神灵附体等仪式，在文人学士看来为异端，但为广大群众所理解和接受。义和团运动能在几个月内席卷华北大地，与华北区域民间文化有密不可分的关系。事实上，也早有人指出了这层关系。刘治襄说：

> 北方人民，简单质朴，向乏普遍教育，耳目濡染，只有小说与戏剧两种观感。戏剧仍本于小说，括而言之，即谓之小说教育可也。小说中之有势力者，无过于两大派：一为《封神》《西游》，侈仙道鬼神之魔法；一为《水浒》，侠义，状英雄草泽之强梁。由此两派思想，混合制造，乃适为构成义和拳之原质。故各种教术之系统，于北方为独盛。自义和团溯之，若白莲、天方、八卦等教，皆不出于直、鲁、晋、豫各境。据前清嘉庆年间那彦成疏中所述教匪源流，盖无虑数十百种，深根固蒂，滋蔓已遍于大河南北，名目虽异，实皆与拳教同一印版。被之者普，而入之者深。[①]

民风闭塞也是义和团运动在北方爆发的一个重要原因。由于

① 吴永：《庚子西狩丛谈》，岳麓书社1985年版，第147页。

地缘及其他原因，在近代，西方文明输入黄河流域远没有长江流域广泛和深入。以义和团的故乡山东而言，在1900年以前，除1875年丁宝桢设山东机器局和19世纪80年代铺设电线以外，其他近代化改革寥寥可数。山东在行政上作出的唯一变动是1898年9月成立一个外务局，负责处理对德关系、有关新租借地的边界问题及海关、矿山、铁路和传教事务。黄河流域其他省的情况也大同小异。当时许多农民能见到的唯一"新事物"，也许就是传教士。有学者在鲁西北调查，据当地老农云，他们在1920年以前没见过洋线。① 洋线是近代外洋输入中国最广泛、最深入的一种商品。洋线尚没见到过，遑论其他。近代文明的缺乏，必然造成民风闭塞。义和团运动后，河南巡抚锡良称："就河南大势而论，风气之开较诸省为迟。"②山西巡抚岑春煊亦称："山西酿祸之重，系民智不开所致。"③事实上，民智不开，并不仅仅指基层民众，也涉及清廷各级官员和亲贵。就慈禧太后而言，她对义和团的法术也半信半疑。当直隶总督裕禄督师与八国联军激战时，曾屡次上书请授"出奇制胜"之策，慈禧太后曾下达谕旨称：

> 天津事机紧迫，闻五台山南山极乐寺僧普济，戒律精严，深通佛法，该僧闻在天津，著裕禄传旨，谕令该僧联属义和团民，设法堵击。④

山东道监察御史刘家模也奏称：

> 闻义和拳由僧授法，本神道设教之意，取八卦方位，分立各门教人，立坛供奉，练习拳勇，诵其咒语，若有神附，至一百零八日而成。其法如掩枪炮、练光为火，几疑于怪诞不经。然以武侯借风、蚩尤作雾之类推之，亦未必毫无凭

---

① ［美］周锡瑞：《论义和拳运动的社会成因》，齐鲁书社编辑部编：《义和团运动史讨论文集》，齐鲁书社1982年版，第581页。

② 《河南巡抚锡良咨盛大臣暨江鄂直三总督文》，朱有瓛主编：《中国近代学制史料》第1辑（下），华东师范大学出版社1987年版，第813页。

③ 《山西巡抚岑春煊奏请将中西大学堂归并山西大学堂作为西学专斋折》，朱有瓛主编：《中国近代学制史料》第1辑（下），华东师范大学出版社1987年版，第816页。

④ 中国历史第一档案馆藏，光绪二十六年六月二十日谕旨单。

借。况夫心者人之神明，神依人而行，随心所用，至诚故能相感。①

例如杨典浩、恽毓鼎等对义和团都持反对态度，但对义和团的法术、迷信也是将信将疑。杨典浩以为义和团中确有具备神力和法术的人，但仅是百分之一二而已。恽毓鼎一向参神拜佛，询问义和团是否“仰邀神佑”，据他所说，得到的签语是：“阴里详看怪尔曹，舟中敌国笑中刀。藩离剖破浑不觉，一种天生惜羽毛。”②意思是利用义和团，不要同室操戈。可以说，当时整个中国文化氛围充满神秘和迷信。民风闭塞，使人们对洋事物难以分辨，遂由反侵略到仇洋文化，到仇洋人，到仇洋物。正如当时一位文人所说：

自台湾之割，日人淫虐残贼，民不堪命；德之在胶州，英之在九龙，俄之在金州、旅顺行径略同，皆使人无男女之别，身家不保，而税又奇重。胶州之洋兵，挖剔先贤仲氏眼目，破毁圣神，百姓饮恨吞声，痛入骨髓，民之所恶，天之所弃。神兵之来，天之所有……其所仇者教民，而推原于洋人，示禁于洋货，皆当乎天理之自然，合乎人心之大同，盖有莫之致而致者焉。③

义和团运动无疑是一场伟大的反帝爱国运动。即使在当时，虽是毁多誉少，但也有人充分肯定其爱国性质。1900 年 11 月 26 日《中国旬报》发表评论《中国轻重论》称：

今支那虽民力已竭，民俗已漓，而民气犹未死也。彼其仇杀洋教，嫉恶外人，如鹰鹯之逐鸟雀者，岂其本心欲滋生事变，以上召忧虞于君国，下贻祸害于闾阎者，毋亦欲杜彼凶焰，伸我主权，则犹是人心自由之公理也。

---

① 《御史刘家模折》，光绪二十六年五月二十七日，故宫博物院明清档案部编：《义和团档案史料》（上），中华书局 1978 年版，第 177 页。

② 《恽毓鼎庚子日记》（辑本），北京大学历史系中国近现代史教研室编：《义和团运动史料丛编》第 1 辑，中华书局 1964 年版，第 52 页。

③ 左绍佐：《悟澈源头》，中国社会科学院近代史研究所编：《义和团史料》（上），中国社会科学出版社 1982 年版，第 232 页。

12 月 26 日，该报在《主权篇》中写道："义和团与外国争权，虽争之事未尽合理，而争权之兆已隐伏于四百兆之方寸间矣。"容闳赞道：

汝以义和团为乱民乎？此中国之民气也。民无气则死，民有气则动，动为生气，从此中国可免瓜分之局。①

毋庸讳言，义和团也带有严重的落后性、愚昧性和盲目排外性。它不仅反洋教，而且反对一切与西洋有关的东西，并把它们当作一切罪恶的根源。如一首揭帖写道：

神助拳，义和团，只因鬼子闹中原。劝奉教，自信天，不信祖，忘神仙。男无伦，女鲜节，鬼子不是人所生。如不信，仔细看，鬼子眼睛都发蓝。不下雨，地发干，全是教堂止住天。神爷怒，仙爷烦，伊等下山把道传。非是邪，非白莲，口头咒语学真言。升黄表，焚香烟，请来各等众神仙。神出洞，仙下山，扶助人间把拳玩。兵法艺，都学会，要摈鬼子不费难。挑铁路，把线砍，旋再毁坏大轮船。大法国，心胆寒，英吉、俄罗势萧然。一概鬼子全杀尽，大清一统庆升平。②

这首揭帖非常具有典型性。它比较全面地反映了义和团的宗旨、思想感情、宗教信仰、仪式，也集中体现了义和团非现代性的弱点，尤其将"扶清"与爱国混同，致使义和团被清廷顽固派所利用，最终酿成惨遭镇压的历史悲剧。

义和团运动失败后，列强逼迫清廷签订了空前屈辱的《辛丑条约》，从政治、经济、军事等方面对中国进行苛酷的勒索。列强派兵保护使馆，还在北京至山海关一线沿途驻兵，所有清军炮台一律撤除。所有通商口岸之常关、盐政各进款，均由外国人管理。列强勒索赔款达白银 4.5 亿两，分 39 年还清，本息合计共达 9.8 亿两。沉重的赔款负担，使中国人民陷入苦难的深渊，社会经济陷入崩溃的边缘。条约中虽然没有割让土地的规定，但沙俄却趁机占领中国东北。日俄战争后，中国东北及内外蒙古遂成为日俄瓜分的势力范

① 刘禺生：《世载堂杂忆》，中华书局 1960 年版，第 114 页。
② 中国史学会编：《义和团》第 1 册，神州国光社 1951 年版，第 112 页。

围。日本则以东北做基地,扩大对中国腹地的侵略。清廷重臣刘坤一警告,中国虽未亡国,实与亡国无异。①

义和团运动后,清廷高层的仇外派被清除殆尽,遂由仇外转成媚外。慈禧太后公开声称,"量中华之物力,结与国之欢心"②,清廷也成为名副其实的洋人朝廷。

义和团运动所表现出的愚昧和落后,也使得开民智,"纳民气于正轨"成为关心中国前途命运的仁人志士们的一个共识。"苟他日民智大开,则义和团党争权之质点,必发为自立自主自由之胚胎,而使支那大陆终成为一民主大国也。"③

① 刘坤一:《复张之洞》,中国社会科学院历史研究所第三所编:《刘坤一遗集》第5册,中华书局1959年版,第2289页。

② 故宫博物院明清档案部编:《义和团档案史料》(上),中华书局1978年版,第945页。

③ 《主权篇》,《中国旬报》第33期。

第四章　维新变法：从变革体制回归体制内改革

一、甲午战争后的中国政局与官僚及知识精英的分化

（一）清廷之政局演变

1. 高层发出改革声浪

甲午战争对中国的冲击是巨大的。甲午战争前，清廷官僚和士大夫，昧于世界形势，虚骄自大，盲目乐观，根本不把日本放在眼里。战争的惨败、日本议和条件的苛刻，都超出了常人想象。愤慨、屈辱之情，油然而生。有人说："所有条款，皆扼我之吭，制我之命，阻我自强之路，绝我规复之机，古今所未有，华夷所未闻。"①有人认为，条约导致列强瓜分狂潮，"法人窥粤，英人窥滇，俄则西窥新疆，东窥三省，四夷交侵，各求所欲"②。这使国人切身感受到亡国灭种的空前民族危机，激起要求变革、救亡图存的声浪迅速高涨。战争刚刚结束，湖广总督张之洞率先提出变革主张，他上疏说：

> 久闻倭人扬言，此次和约意在使中国五十年内不能自振，断不能再图报复。又闻倭人以中国舆图用五色画界，指示西洋各国拟与各国瓜分，宣言十年之外，必可立见此局。

---

① 《清光绪朝中日交涉史料》，中国史学会编：《中日战争》第4册，新知识出版社1956年版，第5页。

② 《署南洋大臣张之洞奏时事日急万难故安请修备储才急国补救折》，光绪二十一年闰五月二十七日，中国史学会编：《中日战争》第4册，新知识出版社1956年版，第13页。

其封豕长蛇之谋,令人发指。今更以我剥夫之痛,益彼富强之资,逐渐吞噬,计日可待。朝廷虽有守约之信,窃料倭人断无永好之心。且西洋各大国以此尽窥中国虚实,更将肆意要挟,事事曲从,则无以立国;稍一支吾,即立见决裂。是日本之和不可恃,各国之和亦不可恃矣。故今日事势,侥幸无事者或以为可以偷旦夕之安,而愚臣独以为不久即将有眉睫之患。①

为此,张之洞疏陈九条改革措施。胡燏棻、盛宣怀、陶模等高官都提出了变法自强的主张。甲午战争前,翁同龢是重要的守旧人物。战后,他也倾向变法。光绪帝也深感统治危机,滋生变法自强的思想。1895 年 7 月 5 日,他发布上谕,令内外诸臣保举人才;7 月 19 日,更宣谕众臣条陈改革意见,旨称:

自古求治之道,必当因时制宜,况当国事艰难,尤应上下一心,图自强而弭隐患。朕宵旰忧勤,惩前毖后,惟以蠲除痼习,力行实政为先。叠据中外臣工条陈时务,详加批阅,采择施行,如修铁路,铸钞币,造机器,开矿产,折南漕,减兵额,创邮政,练陆军,整海军,立学堂,大抵以筹饷练兵为急务,以恤商惠工为本源,皆应及时举办。致整顿厘金,严核官税,稽查荒田,汰除冗员各节,但能破除情面,实力讲求,必于国计民生两有裨益。着各直省将军督抚,将以上诸条,各就本省情形,与藩臬两司及各地方官尽心筹划,酌度办法,限文到一月内,分折覆奏。②

2. 保守势力主导政局

皇帝及部分高官虽然主张革新,但对改革路径仍属隔膜。此时,掌握决策权力的慈禧太后表面退居颐和园,安养晚年,实际在幕后遥执政柄,对于改革却无迫切感受。光绪帝仍须秉太后懿旨行

---

① 《署南洋大臣张之洞奏时事日急万难故安请修备储才急图补救折》,戚其章主编:《中国近代史料丛刊续编·中日战争》第 3 册,中华书局 1991 年版,第 482 页。

② 《清实录·德宗景皇帝实录》第 56 册,中华书局 1986 年影印版,第 838 页。

事，能够改革的空间十分有限。枢臣之中，以恭亲王地位最高，但他年老多病，锐气已尽。军机大臣翁同龢最为光绪帝信任，虽有改革愿望，然其经验认识，仍是传统旧路。吴汝纶对当时执政中枢的评价是：

近来执政诸公，无御侮之才，惟以汲引廉洁自好之士为务，意谓拔本塞源，端在于滋，不知法令繁碎，束缚人才，贤者无可表见，又况强邻环伺，自非高视远览，驰域外之观，岂易坐谈弘济？咫尺之士，焉能为有无轻重哉？[①]

看来，如果没有新的力量崛起，民族危机进一步加深，这股改革声浪势必难以持续，也缺乏实践的可能性。

（二）新兴改革势力的崛起

1. 新型知识群体的出现

梁启超曾言："唤起吾国四千年之大梦，实自甲午一役始也。"大梦觉醒的首要表现，就是新兴改革势力的崛起。梁氏称：

吾国之大患，由国家视其民为奴隶，积之既久，民之自视，亦如奴隶焉。彼奴隶者苟抗颜而干预主人之家事，主人必拂然而怒，非摈斥则谴责尔，故奴隶于主人之事，罕有关心者，非其性然也，势使之然也。吾国之人视国事若于己无与焉，虽经国耻，历国难，而漠然不以动其心者，非其性然也，势使之然也。且其地太辽阔，而道路不通，彼此隔绝，异省之民，罕有交通之势，其相视若异国焉，各不相知，各不相关，诚有如小说家所记巨鲸之体，广袤数里，渔人劘其背而穴焉，寝处于是，炊爨于是，而巨鲸渺然不知也。故非受巨创负深痛，固不足以震动之。昔日本当安政间，受浦贺米舰一言之挫辱，而国民蜂起，遂成维新。吾国则一经庚申圆明园之变，再经甲申马江之变，而十八行省之民，犹不知痛痒，

① （清）吴汝纶：《与桐城令龙替卿》，《吴挚甫尺牍》卷1（中），《近代十大家尺牍》（二），中华书局1937年版，第73页。

未尝稍改其顽固之习；直待台湾既割，二百兆之偿款既输，而酣睡之声，乃渐惊起，此亦事之无如何也。①

梁启超所云大梦惊起，恐怕还不能指广大民众阶层的觉醒，而是官僚、知识精英的分化与新的知识阶层的开始出现。

鸦片战争以后，中国新型知识精英开始出现。但在甲午战争前，这批人数量很少，没有形成一支独立的、有组织的社会力量。早期新型知识精英大多数处在沿海通商口岸或驻外使领馆，无法以群体的面目出现。他们是传统社会中的边际人，其声音犹如空谷足音。甲午战争后，传统知识阶层出现了大的分化。谭嗣同堪称典型。战前，他比较守旧。甲午战争的刺激，使谭氏由守旧转向维新。他说：

平日于中外事虽稍究心，终不能得其要领，经此创巨痛深，乃始摒弃一切，专精致思……详考数十年之世变，而切究其事理，远验之故籍，近咨之深识之士，不敢专己而非人，不敢讳短而疾长，不敢循一孔之见而封于旧说，不敢不舍己从人取于人以为善。设身处境，机牙百出，因有见于大化之所趋，风气之所溺，非守文因旧所能挽回者，不恤首发大难，画此尽变西法之策。②

很多传统知识分子也经历过类似谭嗣同的转化过程。曹聚仁称：

那时候大家觉得样样不如别人，要向上学好。四五十岁的老头子，弯起舌头来念英文；读书种子直着喉咙喊来喊去，把开通民智当作一件大事做。③

这些从传统士人转化的新型知识精英，热心学习和传播西学，办报纸，创学会，开学堂，推动现代性变革，逐渐形成一个自觉的新型知识群体。严复说：

---

① 梁启超：《戊戌政变记》（节录）卷七附录一《改革起源》，中国史学会编：《戊戌变法》第1册，上海人民出版社2000年版，第296页。

② 谭嗣同：《致欧阳中鹄书》（节录），中国史学会编：《戊戌变法》第2册，上海人民出版社2000年版，第566页。

③ 曹聚仁：《再上一回十字架》，《曹聚仁杂文集》，生活·读书·新知三联书店1994年版，第102页。

> 自甲午之后，国势大异，言变法者稍稍多见，先发端于各报馆，继乃昌言于朝，而王大臣每不以为然，于是彼此之见，积不相能，而士大夫渐有分党之势矣。①

新型知识群体开始揭举自己的旗帜——维新变法。他们深刻认识到只有维新变法才能应对列强侵略和奴役，救亡图存。“中国不变法以期振作，使外洋入而代为变之，则养生送死之利权一操之外人，可使四百兆黄种之民胥为白种之奴役。”②

2. 清廷高层改革派的形成

甲午战争后，民族危机加深，促成维新变法由社会思潮转变为政治运动。战后，清廷虽出现一些革新气象，但并无多少实际行动。德国侵占胶州湾，以及由此引起的列强瓜分狂潮，再一次敲响了亡国灭种的警钟。受此刺激，清廷内部派系的分化也愈演愈烈。作为帝师的翁同龢亲自签订《中德胶澳租借条约》时，深感“以山东全省利权拱手让之腥膻，负罪千古矣”。他把这次交涉视为一生中“最憾最辱之事”。从而体认，中国只有变法维新，才能改变被人欺凌的耻辱境地。翁氏在日记中写道：“上颇诘问时事所宜先，并以变法为急。恭邸默然。谓从内政根本起，臣颇有敷对。诸臣亦默然也。”③光绪帝也向太后发出了“若不给我事权，宁愿退位”的警告。于是，清廷高层分化出以光绪帝及翁同龢为核心的改革派，时称“帝党”。变法遂成了新型知识群体和清廷改革派的主要政治共识。

3. 康有为：从维新造势到结交朝廷改革派

胶州湾危机是维新变法升级为政治运动的关键契机。康有为无疑是维新时代的巨人，维新变法运动的主要推手。康有为(1858—1927)原名祖诒，字广厦，号长素，广东南海人，生于地主官僚家庭。他自幼读经，接受传统教育，通晓儒学，19岁拜理学家朱次琦(九江)为师，转向今文经学和经世致用。1879年，康氏思想发生

---

① 严复：《论中国分党》，中国史学会编：《戊戌变法》第3册，上海人民出版社2000年版，第76页。

② 清华大学历史系编：《戊戌变法文献资料系日》，上海书店出版社1998年版，第53页。

③ 高阳：《翁同龢传》，黄山书社2008年版，第253页。

深刻转变。他说：

于是，舍弃考据帖括之学，专意养心。既念民主艰难，天与我聪明才力拯救之，乃哀物悼世，以经营天下为志，则时时取《周礼王制》《太平经国书》《文献通考》《经世文编》《天下郡国利病全书》《读史方舆纪要》，纬划之。俯读仰思，笔记皆经纬世宙之言。既而得《西国近事汇编》、李圭《环游地球新录》及西书数种览之。薄游香港，览西人宫室之瑰丽，道路之整洁，巡捕之严密，乃始知西人治国有法度，不得以古旧之夷狄视之。乃复阅《海国图志》《瀛寰志略》等书，购地球图，渐收西学之书，为讲西学之基矣。①

1882年，康有为游上海，对西学更加倾心。“道经上海之繁盛，益知西人治术之有本。舟车行路，大购西书以归讲求焉。十一月还家，自是大讲西学，始尽释故见。”②从此，康有为在研究中学之外，又广泛涉猎西学。“购《万国公报》，大攻西学书，声、光、化、电，重学及各国史志，诸人游记，皆涉焉。”③通过研究西学，他不仅产生了中西文化平等的观念，还萌发了变法思想。

康有为的政治活动，始于1888年。1885年，中法战争后，他深感国势日蹙，应及时变法。1888年，康氏赴京参加顺天乡试。正值“祖陵山崩千余丈”，清廷下诏求言，遂发愤撰《上清帝第一书》，提出“变成法，通下情，慎左右”。1890年，康有为开始收徒讲学，宣传其变法理论，培养人才。1895年，康有为在京参加会试时，正逢清廷与日本签订丧权辱国的《马关条约》。消息传来，群情激愤。康有为乘机发动著名的“公车上书”，提出“下诏鼓天下之气”，“迁都定天下之本”，“练兵强天下之势”，“变法成天下之治”的主张，虽未呈达光绪帝，但社会反响强烈。它突破了清廷严禁士人集会的禁令，使士人群体议政取得了某种政治合法性，变法救亡遂成为广泛传播的社会

---

① 康有为：《我史》，江苏人民出版社1999年版，第9页。
② 康有为：《我史》，江苏人民出版社1999年版，第10页。
③ 康有为：《我史》，江苏人民出版社1999年版，第10页。

思潮，有力推动了维新运动的开展。康有为中进士后，又第三次上书，上书虽达，却无下文。为了扩大维新运动的社会基础，康氏把精力转向开学会、办报纸等活动。由于在京师所办的《中外纪闻》、强学会遭到顽固派的强烈反对，无疾而终，康有为就着力在南方开展维新运动。1897 年，德国强占胶州湾事件发生后，中国面临亡国灭种的险象。康有为立即第五次上书光绪帝，警告说："自东师辱后，泰西蔑视，以愚顽鄙我。昔视我为半教之国者，今等我于非洲黑奴矣。"[①]胶州湾被强占后，"万国报馆议论沸腾，咸以瓜分中国为言。若箭在弦，省括即发……瓜分豆剖，渐露机牙"[②]。如果再不变法，"自尔之后，皇上与诸臣，虽欲苟安旦夕，歌舞湖山而不可得矣，且恐皇上与诸臣求为长安布衣而不可得矣"[③]。不久，清廷五大臣在总理衙门会见康氏，询问变法事宜，又有旨令条陈所见。康有为深感受到朝廷重视，遂上第六书，全面陈述变法建议，这也是维新派与清廷改革派互动的开始。

此后，康有为等维新派加强了与改革派官僚的联络，通过多种途径，广泛宣传变法，大造舆论。即墨文庙事件，无疑又把本已激荡的士气推向高潮。1898 年 4 月 22 日，到京参加会试的孔孟后裔孔广謇、孟昭武等 17 人和山东举人黄象毂等 103 人向都察院呈递公文称：正月初一日（农历）有德国洋人率领多人，闯入即墨县文庙，将圣像四体毁坏，并将先贤仲子双目挖去，任意作践，要求总理衙门与德国交涉。千百年来，孔子在士人心中占有神圣地位，玷辱孔子圣像无疑是对中国文化的宣战，是对中国人民感情的践踏。消息传播开来，群情激愤。许多士人心中充满了国势衰弱、任人宰割、亡国灭种的屈辱愤懑之情。正在北京的康有为弟子梁启超等

① 康有为：《上清帝第五书》，中国史学会编：《戊戌变法》第 2 册，上海人民出版社 2000 年版，第 189 页。

② 康有为：《上清帝第五书》，中国史学会编：《戊戌变法》第 2 册，上海人民出版社 2000 年版，第 189 页。

③ 康有为：《上清帝第五书》，中国史学会编：《戊戌变法》第 2 册，上海人民出版社 2000 年版，第 190 页。

感到这是鼓动变法救亡的良机，遂分头动员，发动了又一次公车上书。一些下层京官也加入了上书行列。人们既为文庙圣像遭毁而痛心疾首，又因国势不振而产生奋发图强的决心，从而推动维新变法运动持续升温。一些守旧文人也看到了事件背后的意义。御史文悌称：

各省士人，纷纷聚议，传递约单，皆欲陆续呈递，不下数千人之多……中国迩来气机日变，尊侠力、伸民权，兴党会之说日出而不穷，以算学家言之，是殆乱之起点已见，若朝廷并不自收主权，一任伈伈伣伣，诸臣粉饰推延，苟求安静，诚恐有借题行文，假托保教为名，而公然哄斗者。[①]

给事中张仲炘也指出："且西学盛行，邪说纷起，民权之论，充塞于耳，更难保无不逞之徒，乘机煽乱，祸起萧墙。"[②]

民族危机，新型知识群体的兴起，并与朝廷改革派相互结合，这一切都促使了维新运动由社会思潮转变为政治运动。

二、西学的传播与扩展

（一）新型知识精英对西学的新体认

1. 西学升格为"普通学"

甲午战争后，西学得到广泛传播。因为日本通过学习西方迅速富强的事实，不能不给人以强烈的刺激。张之洞深有感触地说：

日本小国耳，何兴之暴也。伊藤、山县、榎本、陆奥诸人，皆二十年前出洋之学生也，愤其国为西洋所胁，率其徒

---

① 文悌：《德人作贱孔庙，中国公理当伸折》，王晓秋主编：《戊戌维新与近代中国的改革——戊戌维新一百周年国际学术讨论会论文集》，社会科学文献出版社2000年版，第52页。

② 张仲炘：《德人无理请旨严行责问折》，王晓秋主编：《戊戌维新与近代中国的改革：戊戌维新一百周年国际学术讨论会论文集》，社会科学文献出版社2000年版，第53页。

百余人，分诣德法英诸国。或学政治工商，或学水陆兵法，学成而归，用为将相。政事一变，雄视东方。①

正是西学对日本富强表现出的强大功效，使得西学在中国的传播不可阻挡。人们对那种笃守旧学、反对西学的人给予猛烈抨击。严复斥责顽固派说：

夫士生今日，不睹西洋富强之效者，无目者也，谓不讲富强，而中国自可以安，谓不用西洋之术，而富强自可致，谓用西洋之术，无俟于通达时务之真人才，皆非狂易丧心之人不为此也。②

文学作品《榴觞醉语》刻画了一个守旧者的形象："服儒服，冠儒冠，手持墨卷一册，眼蒙双镜……髭刺于面，酸秽之气，触鼻欲呕。"③梁启超在《戊戌政变记》中，描述变法期间西学传播的浩大声势称：

八股既废，数月以来，天下移风。数千万之士人，皆不得不舍其兔园册子帖括讲章，而争讲万国之故及各种新学，争阅地图，争讲译出之西书。昔之梦梦然不知有大地，以中国为世界上独一无二之国者，今则忽然开目，憬然知中国以外，尚有许多国，而顽陋倨傲之意见，可以顿释矣。虽仅数月，八股旋复，而耳目既开，民智骤进，自有不甘于谬陋者，旧藩顿决，泉涌涛奔，非复如昔日之可以拼闭抑遏矣。④

维新人士主张"人人有学"，其中，西学知识不可或缺，包括数学、格致、天文、地学、动植物学以及外国历史、官制、法律、外语等学问。洋务运动时，人们把西学当作专门之学（即培养专门人才之学），这一时期，维新派将西学划分为"普通学"和"专门学"两类，并强调普

---

① 张之洞：《劝学篇·游学》（二），苑书义等主编：《张之洞全集》第12册，河北人民出版社1998年版，第9737页。

② 严复：《论世变之亟》，中国史学会编：《戊戌变法》第3册，上海人民出版社2000年版，第74页。

③ 养吾氏：《榴觞醉语》，戚其章主编：《中国近代史料丛刊续编·中日战争》第12册，中华书局1989年版，第342页。

④ 梁启超：《戊戌政变记》，林志钧编：《饮冰室合集·文集之一》，中华书局1989年版，第26页。

通学的重要性，认为西学，如史学、法律学、外语、数学等是应当普及的知识。西学从偶尔有用之学变为中国士人应该掌握的基本知识，“是兴西学活动的深化，是近代文化的一大进步”①。

2. 从中体西用到中西学平等

戊戌维新时期，西学在中国人眼里开始具有价值观、方法论的地位。这也就是说西学不但有富强之术，而且蕴含治乱盛衰之道。梁启超在《上南皮张尚书书》中称：

> 窃维西国学校，种类非一，条理极繁，而惟政治学院一门，于中国最为可行，而于今日最为有用。其为学也，以公理公法为经，以希腊罗马古史为纬，以近政近事为用，其学焉而成之，则于治天下之道及古人治天下之法，与夫治今日之天下所当有事，靡不融贯于胸中……而中国向于西学，仅求皮毛，震其技艺之片长，忽其政本之大法。②

此时，人们不但探讨具体的西学门类，也涉及方法论、认识论等哲理的研究。严复是其杰出代表。他认为学问之道，“不仅求知未知，求能不能已也……其绝大妙用，在于有以练智虑而操心思，使习于沉者不至为浮，习于诚者不能为妄”③。在严复看来，学问有利于培养人的思维方式，从治学角度而言，方法重于具体学问。“其名数诸学，则借以教致思穷理之术，其力质诸学，则假以道观物察变之方，而其本事，则筌蹄之于鱼兔而已矣。”④他认为，中国学问之道，特别是陆王心学，简直就是师心自用，闭门造车；而西方求学，则是验于事，验于理。“一理之明，一法之立，必验之物物事事而皆然，而后定为不易，其所验贵多，故博大。其收效也必恒，故悠久。其究极也，

① 汪林茂：《戊戌兴西学活动与文化结构的更新》，王晓秋主编：《戊戌维新与近代中国的改革——戊戌维新一百周年国际学术讨论会论文集》，社会科学文献出版社 2000 年版，第 117 页。

② 梁启超：《上南皮张尚书书》，林志钧编：《饮冰室合集 · 文集之一》，中华书局 1989 年版，第 105 页。

③ 严复：《救亡决论》，中国史学会编：《戊戌变法》第 3 册，上海人民出版社 2000 年版，第 65—66 页。

④ 严复：《原强》，中国史学会编：《戊戌变法》第 3 册，上海人民出版社 2000 年版，第 56 页。

必道通为一，左右逢源，故高明。方其治之也，成见必不可居，饰词必不可用，不敢丝毫主张，不得稍行武端。”①

因此，人们也逐渐突破中体西用的框架。严复认为体用不能分开，有牛之体就有牛之用，有马之体就有马之用，牛体马用，马体牛用，都是不合逻辑的。对于本末论的二分论，严复也是不赞成的。他说：

> 其曰政本而艺末也，兹所谓颠倒错乱者矣，且其所谓艺者，非指科学乎？名、数、质、力，四者皆科学也，其公例通理，经纬万端，而西政之善者，本斯而起。……中国之政，所以日形其绌，不足争存者，亦坐不本科学，而与公例通理违行故耳。是故以科学为艺，则西艺实西政之本。②

严复认为，学问不应分中西本末，唯以适于中国之用为原则。他主张：

> 继自今，凡可以疗愚者，将竭力尽气，皲手茧足以求之，惟求之为得，不暇问其中若西也，不必计其新若故也。有一道于此，致吾于愚矣，且由愚而得贫弱，虽出于父祖之亲，君师之严，犹将弃之，等而下焉者无论矣。有一道于此，足以疗愚矣，且由是而疗贫起弱焉，虽出于夷狄禽兽，犹将师之，等而上焉则无论矣。何则？神洲之陆沉诚可衰，而四万万之沦胥甚可痛也。③

何启、胡礼垣也指出：

> 本末者，事之始终也。指一事之全者而言，谓其有是本，因而有是末也，非指二事之散者言，谓本在此，其末在彼也，本末有先后而无不同也。其本为嘉禾，则其末必不为稂

---

① 严复：《救亡决论》，中国史学会编：《戊戌变法》第3册，上海人民出版社2000年版，第65页。

② 严复：《论教育书》，张枬、王忍之编：《辛亥革命前十年时论选集》第1卷（上），生活·读书·新知三联书店1978年版，第107—108页。

③ 严复：《论教育书》，张枬、王忍之编：《辛亥革命前十年时论选集》第1卷（上），生活·读书·新知三联书店1978年版，第109页。

> 莠。其本为稂莠，则其末必不为嘉禾。体用者身之全量也，指一身之完者而言，谓其有是体，因而有是用也，非指二之异者言，谓其体各为体，用各为用也，体用有内外而无不同也……泰西之学之有是末也，由其有是本也……是故富强非末也，借曰末矣，亦必其先有是本然后乃有是末也。富强非用也，借曰用矣，亦必其先有是体然后乃有是用也。无富强之本，则纵使其学极高，亦不能为富强。无富强之体，则纵使其才极美，亦不能得富强也。本小则末亦小，本大则末亦大。①

这不仅是反驳中体西用论，而且是指出中学不如西学。因为既然本末体用是一体不可分，本大末大，本小末小，无是体亦无是用，那么从现实情况而言，中国确不如西方富强，之所以如此，并不是末或用造成的，而是本或体造成的。

(二)进化论和民权学说的传播

1. 严复引进和诠释进化论

维新运动时期，西学的传播"泉涌涛奔"，影响最大者，应是进化论与天赋人权学说。把进化论比较完整地介绍到中国的，当首推严复。严复在《论世变之亟》中指出：

> 呜呼！观今日之世变，盖自秦以来，未有若斯之亟也。夫世之变也，莫知其所由，然强而名之曰运会，运会既成，虽圣人无所为力。盖圣人亦运会中之一物，既为其中之一物，谓能取运会而转移之，无是理也。②

在《原强》中，他又提出物竞天择之观念：

> 物竞者，物争自存也；天择者，存其宜种也。意谓民物于世，樊然并生，同食天地自然之利，然与接为构，民民物物，各争有以自存。其始也，种与种争，及其稍进，则群与群

---

① 何启、胡礼垣：《新政安行》，郑大华点校：《新政真诠——何启、胡礼垣集》，辽宁人民出版社 1994 年版，第 301 页。

② 严复：《论世变之亟》，中国史学会编：《戊戌变法》第 3 册，上海人民出版社 2000 年版，第 71 页。

争，弱者常为强肉，愚者常为智役。①

严复著名译著《天演论》更是对社会达尔文主义的一个全面阐发。除了阐述“变”与“物竞天择”，《天演论》还强调两点：一是物竞天择普遍适用于自然与人类；二是强调“与天争胜”的思想。事实上，赫胥黎在《进化论与伦理学》中认为，人类社会的进程，更多遵循伦理进程。他说：

社会进步意味着对宇宙进程的每一步加以控制，并以另一种伦理进程来代替这种宇宙进程。正像园艺中人类艺术与宇宙进程相违背一样，人类道德也与宇宙进程相违背。②

但严复不同意赫胥黎这一观点，他说：

赫胥黎保群之论，可谓辩矣。然其谓群道由人心善相感而言，则有倒果为因之病，又不可不知也。盖人之由散入群，原为安利，其实正与禽兽下生等耳，初非有感通而立也。夫既以群为安利，则天演之事，将使能群者存，不群者灭；善群者存，不善群者灭。善群者何？善相感通者是，然则善相感通之德，乃天择以后之事，非其始之即如是也。其始岂无不善感通者？经物竞之烈，亡矣，不可见矣。赫胥黎执其末以齐其本，此其言群理，所以不若斯宾塞尔氏之密也。③

严复虽崇尚斯宾塞尔，但对其任天为治的学说也不赞同。他在《译〈天演论〉自序》中说：

赫胥黎此书之旨，本以救斯宾塞尔“任天为治”之末流，其中所论，与吾古人有甚合者。且于自强保种之事，反复三致意焉。④

严复《天演论》导言称：

---

① 严复：《原强》，中国史学会编：《戊戌变法》第3册，上海人民出版社2000年版，第41页。

② ［美］本杰明·史华兹：《寻求富强：严复与西方》，叶凤美译，江苏人民出版社1996年版，第94页。

③ 伍杰编：《严复书评》，河北人民出版社2001年版，第18页。

④ 伍杰编：《严复书评》，河北人民出版社2001年版，第6页。

斯宾塞尔氏之言治也，大旨存于任天，而人事为之辅，犹黄老之明自然，而不忘在宥是已。赫胥黎氏他所著录，亦什九主任天之说者，独于此书，非之如此。盖为持前说而过者设也。①

在"导言第十五"中，严复也强调了人力的重要性，他说：

盖恶劳好逸，民之所同。使非争存，则耳目心思之力皆不用。不用则体合无由，而人之能事不进……天惟赋物以孳乳而贪生，则其种自以日上，万物莫不是，人其一耳。进者存而传焉，不进者病而亡焉。②

这就是说，人的自然属性是统一的，能尽人事者存，不能尽人事者灭。进化论的输入，使物竞天择、适者生存、优胜劣汰之概念风行海内，为颇多社会精英所接受，而且成为他们信奉的理念，催促他们觉醒和奋起，掀起救亡高潮。于是，中国知识群体的观念自此发生深刻变化，变法、竞争、合群、新民等新兴话语无不由此派生流行，并主导着新型精英的维新变法实践。

2. 民权学说之兴起

民权学说也是甲午战争后西学输入的重要利器。战前，中国虽有议院之议，但未及民权。严复《论世变之亟》首次向国人介绍天赋人权称：

夫自由一言，真中国历古圣贤之所深畏，而从未尝立以为教者也。彼西人之言曰：惟天生民，各具赋畀，得自由者，乃为全受，故人人各得自由，国国各得自由，第务令相侵损而已。侵人自由者，斯为逆天理，贼人道……故侵人自由，虽国君不能，而其刑禁章条，要皆为此设耳。③

何启、胡礼垣亦鼓吹国民应有"自主之权"。他们说：

是故为国之大道，先在使人人知有自主之权，此不特为

---

① 伍杰编：《严复书评》，河北人民出版社2001年版，第14页。

② 伍杰编：《严复书评》，河北人民出版社2001年版，第20页。

③ 严复：《论世变之亟》，中国史学会编：《戊戌变法》第3册，上海人民出版社2000年版，第73页。

政治之宏规，亦且为天理之至当。盖各行其是，是谓自主，自主之权，赋之于天，君相无所加，编氓亦无所损，庸愚亦非不足，圣智亦非有余，人若非作奸犯科，则此权必无可夺之理也，夺人自主之权者，比之杀戮其人，相去一间耳。[①]

追求民权，以达到国家富强，是当时倡导者的共同目的。何启、胡礼垣指出："人人有权，其国必兴；人人无权，其国必废；此例如日月经天，江河行地，古今不易，遐迩无殊。"[②]而且，他们根据西方"天赋人权"理念，宣传民权是人生存的基本权利：

以大经大法之至正至中者而论，则权者乃天之所为，非人之所立也。天既赋人以性命，则必畀以顾此性命之权。天既备人以百物，则必与以保其身家之权。是故有以至正至中而行其大经大法者，民则众志成城以为之卫；有不以至正至中而失其大经大法者，民则众怒莫压而为之摧；此非民之善恶不同也。民盖自顾性命，自保身家，以无负上天所托之权，然后为是已。[③]

汪康年在《中国自强策》中也呼吁中国宜兴民权。他说：

中国自古独立于亚洲之中，而其外皆蛮夷视之。素以君权为主，务以保世滋大为宗旨，故其治多禁防遏抑之制，而少开拓扩充之意。君恐臣之侵其权，故不使之有丝毫之权；恐臣下之结党，故务散其党。牵掣之使不得行其志，锢蔽之使不得极其聪，以天命怵之，以鬼神惧之。臣下承之，以讳饰为能，以敷衍为工，以趋避诿却为巧。其于民也，但以压制欺吓为事，无复有诚意以相孚，故吏习于弊混，民安于刁顽，士成于陋劣，兵惯于哗溃。其齐民皆以闭户不与外

① 何启、胡礼垣：《劝学篇书后·正权篇辩》，郑大华点校：《新政真诠——何启、胡礼垣集》，辽宁人民出版社1994年版，第419页。

② 何启、胡礼垣：《劝学篇书后·正权篇辩》，郑大华点校：《新政真诠——何启、胡礼垣集》，辽宁人民出版社1994年版，第412页。

③ 何启、胡礼垣：《劝学篇书后·正权篇辩》，郑大华点校：《新政真诠——何启、胡礼垣集》，辽宁人民出版社1994年版，第397页。

事为秘策，以集财遗子孙为得计。故上下之大弊不出四事，曰徇私，曰恶直，曰崇虚，曰耽逸。循习至久，全国之民皆失自主之权，无相为之心。上下隔绝，彼此相离，民视君父如陌路，视同国若途人。夫民之弱与离，君所欲也，积至今数千年乃受其大祸。然则至今日而欲力反数千年之积弊，以求与西人相角，亦惟曰复民权，崇公理而已。①

汪氏在《中国参用民权之利益》中重申兴民权的重要性。“且夫民无权，则不知国为民所共有，而与上相睽；民有权，则民知以国为事，而与上相亲。”②

3. **以西学批判君主专制理论**

欲立民权，须破君权。严复说：

夫自秦以来，为中国之君者，最皆其尤强梗者也，最能欺夺者也。窃尝闻道之大原出于天矣。今韩子务尊其尤强梗，最能欺夺之一人，使安坐而出其唯所欲为之令，而使天下无数之民，各出其苦筋力劳神虑者，以供其欲，不少如是则诛，天之意固如是乎？道之原亦亦如是乎？③

梁启超指称：“三代以后，君权日益尊，民权日益衰，为中国致弱之根源，其罪最大者曰秦始皇，曰元太祖，曰明太祖。”④当时维新人士的私下议论更加激烈。孙宝瑄日记竟将秦朝以来历朝皇帝指为“盗寇”，他写道：

造林乐知庐谈。林论皇帝，谓能以权制人者也，故维多利亚英人谓之君主，印度则尊之曰皇帝。然则皇帝者，实大盗之别名耳。碎佛（即夏曾佑）有云：“贼盗者，其行为；鬼

---

① 清华大学历史系编：《戊戌变法文献资料系日》，上海书店出版社 1998 年版，第 229 页。

② 清华大学历史系编：《戊戌变法文献资料系日》，上海书店出版社 1998 年版，第 251 页。

③ 严复：《辟韩》，中国史学会编：《戊戌变法》第 3 册，上海人民出版社 2000 年版，第 79 页。

④ 梁启超：《西学书目表后序》，林志钧编：《饮冰室合集·文集之一》，中华书局 1989 年版，第 128 页。

> 神者，其体制；鼠窃者，其心术；皇帝者，其名号。”虽然，维多利亚犹不可同日语也。中国自春秋以还，天下之君主多变盗寇。至战国末，诸盗为一盗并。自是而后，或分或合，卒成以盗易盗之天下。而诸儒方争盗统不已，如辨正统及非正统，尤可笑也。①

谭嗣同《仁学》也发出“誓杀尽天下君主，使流血满地以泄万民之恨”的激烈言语。他们不但批判君主专制，而且将矛头直指清王朝。梁启超在时务学堂，借批改学生作业之机，抨击清朝入关时的杀戮行为。“屠城屠邑，皆后世民贼之所为。读《扬州十日记》，尤令人发指眦裂，故知此杀戮世界，非急以公法维之，人类或几息矣。”②谭嗣同《仁学》也控诉：

> 《明季稗史》中之《扬州十日记》《嘉定屠城纪略》，不过列举一二事。当时既纵焚掠之军，又严剃发之令，所至屠杀掳掠，莫不如是……愿吾华人，勿复梦梦，谬引以为同类也。③

他们还把矛头指向君主专制赖以生存的理论基础——名教。谭嗣同说：

> 仁之乱也，则于其名。名忽彼而忽此，视权势之所积……俗学陋行，动言名教，敬若天命而不敢逾，畏若国宪而不敢议。嗟乎！……三纲五伦之惨祸烈毒，由是酷焉矣。④

他逐一痛批“三纲”称：

> 君臣之祸亟，而父子夫妇之伦遂各以名势相制为当然矣。此皆三纲之名为害也。名之所在，不惟关其口，使不敢昌言，乃并锢其心，使不敢涉想。愚黔首之术，故莫以繁其名为尚焉。君臣之名，或尚以人合而破之。至于父子之名，

---

① 清华大学历史系编：《戊戌变法文献资料系日》，上海书店出版社1998年版，第432页。

② 《岳麓书院宾凤阳等上王益吾院长书》，（清）苏舆编：《翼教丛编》，上海书店出版社2002年版，第146页。

③ 谭嗣同：《仁学》，蔡尚思、方行编：《谭嗣同全集》（增订本）下册，中华书局1981年版，第342页。

④ 谭嗣同：《仁学》，蔡尚思、方行编：《谭嗣同全集》（增订本）下册，中华书局1981年版，第299—300页。

则真以为天之所合，卷舌而不敢议。……独夫民贼，固甚乐三纲之名。一切刑律制度皆依此为率，取便己故也！①

何启、胡礼垣指称，“三纲”之说也是秦以后君主专制的产物：

三纲之说，非孔孟之言也。商纣无道者也，而必不能令武王为无道，是君不得为臣纲也。瞽瞍顽嚚者也，而必不能令虞舜为顽嚚，是父不得为子纲也。文王以姒氏而兴，周幽以褒女而灭，是夫亦不得为妻纲也。君臣父子夫妇，谓有尊卑先后之不同则可，谓有强弱轻重之不同则不可。自秦而后，此道不明，而三纲之说出。②

三纲之说出，各种人间不平由此而来。他们指斥：

君臣不言义而言纲，则君可以无罪而杀其臣，而直言敢谏之风绝矣。父子不言亲而言纲，则父可以无罪而杀其子，而克谐允若之风绝矣。夫妇不言爱而言纲，则夫可以无罪而杀其妇，而伉俪相庄之风绝矣……勇威怯，贵凌贱，富欺贫，莫不从三纲之说而推，是化中国为蛮貊者，三纲之说也。③

维新人士以西方的社会契约论，重新解释君臣关系。严复认为，君臣之伦出于不得已，他说：

是故君也臣也刑也兵也，皆缘卫民之事而后有也。民之有待于卫者，以其有强梗欺夺患害也……是故君也者，与天下之不善而同原，不与天下之善而对待。假使仁义道德之说行天下，又安用此高高在上者，朘我以生，出令令我，责所出而诛我，时而抚我为后，时而虐我为仇也哉。④

---

① 谭嗣同：《仁学》，蔡尚思、方行编：《谭嗣同全集》（增订本）下册，中华书局 1981 年版，第 348—349 页。

② 何启、胡礼垣：《劝学篇书后·明纲篇辩》，郑大华点校：《新政真诠——何启、胡礼垣集》，辽宁人民出版社 1994 年版，第 348—349 页。

③ 何启、胡礼垣：《劝学篇书后·明纲篇辩》，郑大华点校：《新政真诠——何启、胡礼垣集》，辽宁人民出版社 1994 年版，第 354 页。

④ 严复：《辟韩》，中国史学会编：《戊戌变法》第 3 册，上海人民出版社 2000 年版，第 80 页。

谭嗣同从君民关系的缘起论证“民本君末”理念称：

生民之初，本无所谓君臣，皆民也。民不能相治，亦不暇治，于是共举一民为君。夫曰共举之，则非君择民，而民择君也。夫曰共举之，则其分际又非甚远与民，而不下侪与民也。夫曰共举之，则因有民而后有君。君，末也。民，本也。天下无有因末而累及本者，亦岂可因君而累及民哉？①

梁启超揭露：

夫臣者也，与君同办民事者也。如开一铺子，君则其铺之总管，臣则其铺之掌柜也……自秦以后君权日尊，而臣之自视，以为我实君之奴隶。凡国事之应兴革，民事之应损益，君之所为应直谏犯颜者，而皆缄默阿谀为能，奴颜婢膝以容悦与其君，而“名节”二字扫地尽矣。至于今日，士气所以萎靡不振，国势所以衰，罔不由是。②

维新人士还从公法、公理的角度，主张界定君民之权限，以保护人民的权利。梁启超《论中国宜讲求法律之学》写道：

有礼义者，谓之中国；无礼义者，谓之夷狄。礼者何？公理而已。义者何？权限而已。今吾中国聚四万万不明公理、不讲权限之人，以与西国相处，即使高城深池，坚革多粟，亦不过如猛虎之遇猎人，犹无幸焉矣。乃以如此之国势，如此之政体，如此之人心风俗，犹嚣嚣然自居于中国而夷狄人，无怪乎西人以我为三等野番之国，谓天地间不容有此等人也。故今日非讲明法律之学，不足以自存矣。③

---

① 谭嗣同：《仁学》，蔡尚思、方行编：《谭嗣同全集》（增订本）下册，中华书局 1981 年版，第 339 页。

② 梁启超：《湖南时务学堂答问》，李华兴、吴嘉勋编：《梁启超选集》，上海人民出版社 1984 年版，第 65 页。

③ 梁启超：《论中国宜讲求法律之学》，林志钧编：《饮冰室合集 · 文集之一》，中华书局 1989 年版，第 93—94 页。

三、维新派对现代化模式的探索与创新

(一)改革理论的创新

维新运动是继洋务运动后,对中国现代化的一次反思。与洋务运动相比,它有着自己鲜明的特色。

1. 基本理论:变法与竞争

洋务运动理论的核心是中体西用,即在不违背封建伦理与君主专制的原则下,引进西学。维新运动的理论基础是西方近代社会理论,其表现形式为直接引进西学,或通过"古经新解"。前者以严复为巨擘,后者康有为堪称典型。实质上,维新运动的理论基础就是进化论与民权学说。维新派以此为理论武器,重新审视中国文化。他们首先对变与争的观念进行新的诠释。《易经》具有变的观念——"穷则变,变则通,通则久",但这种变的观念毕竟是建立在朴素的经验基础上。而且,传统文化同样也认为,"道之大原出于天,天不变,道亦不变"。这个道就是先王之道。这就造成中国文化的保守倾向与循环观念。严复以"天演为体,物竞天择为用"的进化观念,突破了中国传统文化中关于变的看法。变是永恒的。正是中西方关于变之观念不同,造成不同价值取向。严复称:

> 尝谓中西事理,其最不同,而断不可合者,莫大于中之人好古而忽今,西之人力今以胜古;中之人以一治一乱、一盛一衰为天行人事之自然;西之人以日进无疆,既盛不可复衰,既治不可复乱,为学术政化之极则。①

于是,世界万物无所不变,成为人们观察事物的准则,也成了维新变法的理论基础。梁启超说:

---

① 严复:《论世变之亟》,中国史学会编:《戊戌变法》第3册,上海人民出版社2000年版,第71页。

法何以必变？凡在天地之间者，莫不变。昼夜变而成日，寒暑变而成岁。大地肇起，流质炎炎，热镕冰迁，累变而成地球。海草螺蛤、大木大鸟、飞鱼飞鼍、袋兽脊兽，彼生此灭，更代迭变，而成世界。紫血红血，流注体内，呼碳吸氧，刻刻相续，一日千变而成生人。借曰不变，则天地人类，并时而息矣。故夫变者，古今之公理。①

严复认为，要在变中求存，就不得不竞争。西方之所以富强，就在于竞争。“一洲之民，散为七八，争驰并进，以相磨砻，始于相忌，终于相成，各殚智虑，此既日异，彼亦月新，故能用法而不至受法之弊，此其所以为可畏也。”②而中国历代统治者奉行的治术都是愚民息争。他指出：

夫天地之物产有限，而生民之嗜欲无穷，孳乳浸多，镌钱日广，此终不足之势也。物不足则必争，而争者，人道之大患也；故宁以止足为教，使各安于朴鄙颛蒙，耕凿焉以事其上。是故春秋大一统，一统者，平争之大局也……嗟乎！此真圣人牢笼天下平争泯乱之至术，而民智因之以日窳，民力因之以日衰，其究也，至不能与外国争一旦之命，则圣人计虑之所不及也。③

正因为泯争是历代统治者相传之心法，所以严复、康有为等在上清帝书中，都要求光绪帝应以列国并立之势治天下。严复疏称：

臣闻建国立群之道，一统无外之世，则以久安长治为要图；分民分土，地丑德齐之时，则以富国强兵为切计，此不易之理也。顾富强之盛，必待民之智勇而后可几，而民之智勇，又必待有所争竞磨砻而后日进，此又不易之理也

---

① 梁启超：《变法通议自序》，林志钧编：《饮冰室合集 · 文集之一》，中华书局 1989 年版，第 1 页。

② 严复：《原强》，中国史学会编：《戊戌变法》第 3 册，上海人民出版社 2000 年版，第 49 页。

③ 严复：《论世变之亟》，中国史学会编：《戊戌变法》第 3 册，上海人民出版社 2000 年版，第 71—72 页。

……欧洲散为十余国焉，各立君长，种族相矜，互相砥砺，以胜为荣，以负为辱。盖某所争，不仅军旅疆场之间而止，自农工商贾至于文词学问一名一艺之微，莫不如此。此所以始于相忌，终于相成，至于近今百年，其富强之效，遂有非余洲所可及者。虽曰人事，抑亦其地势之华离破碎使之然也。①

而中国长期处于大一统之世，所以政治措施就重在求久安，戒竞争。"其垂谟著诫，则尚率由而重改作，贵述古而薄谋新。其言理财也，则崇本而抑末，务节流而不急开源，戒进取，敦止足……外之无与絜长度大之劲敌，则无事于日讲攻守之方。"②时至今日，中西交通，再坚持以往之治道就无以生存。他说：

而今日乃有西国者，天假以舟车之利，闯然而破中国数千年一统之局，且挟其千有余岁所争竞磨砻而得之智勇富强，以与吾相角，于是乎吾所谓长治久安者，有俯然不终日之势矣。③

康有为也上书皇帝，主张以列国竞争之法治天下，而不应以大一统之法治天下。疏云：

夫治一统之世以静，镇止民心，使少知寡欲而不乱；治竞长之世以动，务使民心发扬，争新竞智，而后百事皆举，故国强。治一统之世以隔，令层级繁多，堂阶尊严，然后威令行；治竞长之世以通，通上下之情，通君臣之分，通心思，通耳目，通身体，咸令无阻阂，而后血脉流注而能强。治一统之世以散，使民不相往来，耕田凿井，不识不知；治竞长之世以聚，令人人合会讲求，然后见闻广，心思扩，有才可用。治

---

① 清华大学历史系编:《戊戌变法文献资料系日》，上海书店出版社 1998 年版，第 489 页。

② 清华大学历史系编:《戊戌变法文献资料系日》，上海书店出版社 1998 年版，第 489 页。

③ 清华大学历史系编:《戊戌变法文献资料系日》，上海书店出版社 1998 年版，第 491 页。

一统之世以防弊，务在防民而互相牵制；治竞长之世以兴利，务在率作兴事以利用成务。①

严复、康有为等之所以反复强调列国并立之世治天下，目的不外乎强调竞争的重要性，期能改变历代统治者愚民息争的心法。

2. 兴民权，促竞争，求富强

维新派倡导民权，固然有人的价值方面的考量，求富求强也是他们提倡民权的目的。他们认为，只有提倡民权，才能做到上下一心。严复说：

臣窃观之西国矣，大抵民主之兵，最苦战而不易散……真实民主之国，其所以最强者，盖其事虽曰公战，实同私争。所保者公共之产业国土，所伐者通国之蟊贼仇仇，胜则皆乐而荣，败则皆忧而辱，此所以临阵争先，虽挫而不溃也。②

汪康年也鼓吹"以民权与外人相持"：

若夫处今日之国势，则民权之行尤有宜亟者。盖以君权与外人相敌，力单则易为所挟；以民权与外人相持，力厚则易于措辞。西人与中国互市，动辄挟我国君之权力以制我之民，中国欲拒之则我权之不足，欲以民为辞则中国久无民权之说，无可措语……夫天下之权势，出于一则弱，出于亿兆人则强，此理之断断然者。③

维新派主张以兴民权动员亿万国民与列强竞争，实现国家富强的目标，体现了进化论与民权的逻辑统一，其终结目标则在于救亡图存，达成中国现代化。

3. 主要理论文本（古经新解，拔本塞源）

(1)《新学伪经考》

维新变法的理论核心是西学的进化论与民权学说，但这并不影

---

① 清华大学历史系编：《戊戌变法文献资料系日》，上海书店出版社 1998 年版，第 715 页。

② 清华大学历史系编：《戊戌变法文献资料系日》，上海书店出版社 1998 年版，第 493 页。

③ 清华大学历史系编：《戊戌变法文献资料系日》，上海书店出版社 1998 年版，第 251 页。

响康有为通过"古经新解"构建变法理论的论述体系。因为经学在中国具有至高无上的地位,又是士大夫最熟悉的语言。通过解经,构建变法理论,对传统观念反戈一击,最容易形成震动。为此,康有为撰写《新学伪经考》,强烈动摇了正统儒学的地位,开启怀疑精神。他指称:

始作伪,乱圣制者,自刘歆;布行伪经,篡孔统者,成于郑玄。阅二千年岁月……咸奉伪经为圣法……凡后世所指目为"汉学"者,皆贾、马、许、郑之学,乃新学,非汉学也;即宋人所尊述之经,乃多伪经,非孔子之经。①

汉学、宋学是清朝占统治地位的正统儒学,竟然被康氏宣布为伪学,立即在思想界引起剧烈震撼。不但汉学、宋学可成为怀疑对象,就连康有为坚持的今文经及孔子本身,都可成为怀疑对象。朱一新说:

自伪古文之说行,其毒中于人心,人心中有一六经不可尽信之意,好奇而寡识者遂欲黜孔学而专立今文。夫人心何厌之有?六经更二千年,忽以古文为不足信,更历千百年,又能必今文之可信耶?欲加之罪,何患无辞。②

正因为看到疑经可能造成的严重后果,颇多儒学家对康著恨之入骨。安维峻痛批:

广东南海县举人康祖诒,以诡辩之才肆狂瞽之谈,以六经皆新莽时刘歆所伪撰,著有《新学伪经考》一书,刊行海内……似此荒谬绝伦,诚圣贤之蟊贼,古今之巨蠹也。昔太公戮华士,孔子诛少正卯,皆以其言伪而辛辣,行僻而坚……今康祖诒之非圣无法,惑世诬民,较之华士,少正卯,有其过之无不及,如此人者,岂可容于圣明之世?若不及早遏炽焰而障狂澜,恐其说一行,危害伊于胡底。③

---

① 康有为著,章锡琛点校:《新学伪经考》,中华书局1956年版,第2—3页。

② 《朱侍御答康有为第三书》,(清)苏舆编:《翼教丛编》,上海书店出版社2002年版,第6页。

③ 《安侍御维峻请毁禁〈新学伪经〉片》,(清)苏舆编:《翼教丛编》,上海书店出版社2002年版,第25页。

梁启超把《新学伪经考》比作“思想界之一大飓风”确为形象生动。

(2)《孔子改制考》

《新学伪经考》重在破,《孔子改制考》重在立。《孔子改制考》的主要内容是:孔子以前的历史,是他为“救世改制”目的而假托的宣传品,都是茫昧无稽的。“六经以前,无复书记,夏殷无征,周籍已去,共和以前,不可年识,秦汉以后,乃得详记。”①正因为书籍已失,周末诸子纷纷假托先王改制。六经就是孔子为改制而作。康有为以今文经的“三统”“三世”说,把孔子打扮为民主教主。他说:

> 尧、舜为民主,为太平世,为人道之主,儒者举以为极者也……孔子拨乱、升平,托文王以行君主之行政;尤注意太平,托尧、舜以行民主之太平。②

《孔子改制考》旨在以孔子的权威,为变法寻找依据。对此,康有为是毫不隐讳的。他奏称:

> 中国当今强敌四逼之时,非变法不能自保,而法之不能变,则惟守旧者阻挠之。故凡臣所著书,或旁采外国,或上述圣贤,虽名义不同,务在变法,期于发明新义,转风气,推行新法,至于自强……即如《孔子改制考》一书,臣别有苦心,诸臣多有未能达此意者……诚以守旧者不欲变法,实为便其私图,而往往陈义甚高,动引孔、孟、程、朱,以钳人口。臣考古先圣人莫大于孔子,而系《易》著穷变通久之义,《论语》有夏时、殷辂之文,盖损益三代,变通宜民,道主日新,不闻泥古。孔子之所以为圣,实在是。故汉以前儒者皆称孔子为改制,纯儒董仲舒尤累言之。改者,变也;制者,法也。盖谓孔子为变法之圣人也。自后世大义不明,视孔子为据守古法之人,视六经为先王陈迹之作。于是守旧之习深入人心,至今为梗。既乖先圣垂教之意,尤窒国家维新之机。

---

① 康有为:《孔子改制考》,中华书局1958年版重印本,第1页。

② 康有为:《孔子改制考》,中华书局1958年版重印本,第284页。

臣故博征往籍,发明孔子变法大义,使守旧者无所借口,庶于变法自强能正其本,区区之意,窃在于是。①

长期以来,儒家把孔子树为“信而好古”、“述而不作”、言必称三代、“世愈远而治愈甚”的形象,陷入了退化论的泥淖。康有为把孔子塑造为“制法之王”、进化论的代表,也是为了拿去守旧者的护身符,以孔子的权威,宣传变法的合理性。

(二)追求人的现代化:培育“新民”

1. 新民的基本内涵:新型的民德、民智、民力

洋务运动重在追求器物的现代化,维新运动则关注人的现代化。所谓人的现代化,也就是全面提高人的素质,使其具有现代观念、素质和能力,维新人士对人的现代化在国家现代化建设中的重要性有明确的认识。严复首先提出的有关培育“新民”的基本路径为:新民德,开民智,鼓民力。他说:“盖生民之大要三,而强弱存亡,莫不视此,一曰血气体力之强,二曰聪明智虑之强,三曰德行仁义之强。”②所以国家为政之要,“一曰鼓民力,二曰开民智,三曰新民德”③。民德、民智、民力,关乎国家生存危亡。严复指出:

且事之可忧可畏者,存乎其真,而一战之胜败,不足计也。使中国而为如是之中国,则当日中东之事,微论败,就令边衅不开,开而幸胜,然而自有识之士观之,其为忧乃愈剧。何则?民力已苶,民智已卑,民德已薄故也。④

民德、民智、民力,关系到现代化改革能否顺利进行。“必三者既立,而后其政法从之,于是一政之举,一令之施,合于其智德力者存,违

① 清华大学历史系编:《戊戌变法文献资料系日》,上海书店出版社1998年版,第901—902页。

② 严复:《原强》,中国史学会编:《戊戌变法》第3册,上海人民出版社2000年版,第44页。

③ 严复:《原强》,中国史学会编:《戊戌变法》第3册,上海人民出版社2000年版,第53页。

④ 严复:《原强》,中国史学会编:《戊戌变法》第3册,上海人民出版社2000年版,第46页。

于其智德力者废。当是之时，虽有英君察相，苟不自其本而图之，则亦仅能补偏救弊，偷为一时之治而已矣……徒政之不足与为治也。”①民德、民智、民力，关系国家发展前途。“人欲图存，必用其才力、心思，以与是妨生者为斗，负者日退，而胜者日昌。胜者非他，智、德、力三者皆大是耳。”②

总之，严复认为，民德、民智、民力三者是根本。如果不从根本改变，只注意枝枝节节的政事，就不会有预期的成果。“欲知其合，先察其分，天下之物，未有不本单之形法性情，以为其聚之形法性情者也，是故贫民无富国，弱民无强国，乱民无治国。”③他警告：“由今之道，无变今之俗，十年以往，吾恐其效将不至于贫与弱而止也。”④

2. 培育路径：新民德，开民智，鼓民力

如何新民德，开民智，鼓民力呢？严复认为，重在听民自由。他说：

> 夫所谓富强云者，质而言之，不外利民云尔。然政欲利民，必自民各能自利始，民各能自利，又必自皆得自由始，欲听民皆得自由，尤必自其各能自治始，反是且乱，顾彼之能自治而自由者，皆其力其智其德诚优者也，是以今日要政统于三端：一曰鼓民力，二曰开民智，三曰新民德。⑤

这就是说国家富强、人民自由与新民德、开民智、鼓民力是相辅相成的。国家要富强，必须听民自由；要听民自由，必须新民德、开民智、鼓民力；而人民自由，又是新民德、开民智、鼓民力的途径。

其他维新人士也对人的现代化非常重视，尤其对开民智鼓吹最力。梁启超说：

> 凡权利之与智慧，相依者也。有一分之智慧，即有一分

---

① 严复：《原强》，中国史学会编：《戊戌变法》第3册，上海人民出版社2000年版，第51页。

② [英]赫胥黎著，严复译：《严译名著丛刊·天演论》，商务印书馆1981年版，第37页。

③ 严复：《原强》，中国史学会编：《戊戌变法》第3册，上海人民出版社2000年版，第52页。

④ 严复：《原强》，中国史学会编：《戊戌变法》第3册，上海人民出版社2000年版，第52页。

⑤ 严复：《原强》，中国史学会编：《戊戌变法》第3册，上海人民出版社2000年版，第53页。

之权利；有百分之智慧，即有百分之权利；一毫不容假借者也。故欲求一国自立，必使一国之人之智慧足可治一国之事，然后可。今日之中国，其大患总在民智不开。民智不开，人材不足，则人虽假我以权利，亦不能守也。①

开民智，不仅关系到国家存亡，也关系到民权政治能否实行。梁氏认为，只有开民智，才能兴民权。他指出：

今之策中国者，必曰兴民权。兴民权斯固然矣，然民权非可以旦夕而成也。权生于智者也，有一分之智，即有一分之权；有六七分之智，即有六七分之权；有十分之智，即有十分之权。……是故权之与智，相倚者也，昔之欲抑民权，必以塞民智为第一义；今日欲伸民权，必以广民智为第一义。②

(1)新民德

新民德，就是培养国民的公共道德素质。而要达到这一目的，必须把国民各私其私之心，提高到"各私其国"。严复说：

是故居今之日，欲进吾民之德于以同力合志，联一气而御外仇，则非有道德焉，使各私中国不可也。顾处士曰："民不能无私也，圣人之制治也，在合天下之私以为公……欲民之忠爱必由此，欲教化之兴必由此，欲地利之尽必由此，欲道里之辟、商务之兴必由此，欲民各束身自好，而争濯磨于善必由此。"③

怎样才能达到民众各私中国呢？其一，培养民众的自立人格。"夫上既以奴虏待民，民亦以奴虏自待。夫奴虏之于主人，特形劫势禁，无可如何已耳，非心悦诚服，有爱于其国与主，而共保持之也。"④梁

① 梁启超：《湖南时务学堂札记批》，李华兴、吴嘉勋编：《梁启超选集》，上海人民出版社1984年版，第61页。

② 梁启超：《湖南应办之事》，李华兴、吴嘉勋编：《梁启超选集》，上海人民出版社1984年版，第72页。

③ 严复：《原强》，中国史学会编：《戊戌变法》第3册，上海人民出版社2000年版，第59页。

④ 严复：《原强》，中国史学会编：《戊戌变法》第3册，上海人民出版社2000年版，第58页。

启超说："吾国之大患，由于国家视其民为奴隶，积之既久，民之自视，亦如奴隶焉。"①欧榘甲也称："生天地之间者，自非犬马奴隶，皆有自主之权。"②梁启超等后来提出改造国民奴性，也是要培养国民独立人格。其二，实行民权。严复说："然则使各私中国奈何？曰：设议院于京师，而令天下郡县，各举其守宰。"③以民权行民族，这是维新人士的普遍共识。其三，以自由、平等观念代替中国三纲观念。严复说：

西之教平等，故以公治众，而尚自由，自由故贵信果；东之教立纲，故以孝治天下，首重亲亲，尊亲故薄信果，然其流弊之极，至于怀诈相欺，上下相遁，则忠孝之所存，转不若贵信果者之多也。④

总之，维新人士认为中国民众缺乏爱国心，民德卑下，不是天性使然，而是由长期封建专制及其纲常伦理造成的。提高民德，必须从打破封建专制及其纲常伦理入手。

(2)开民智

开民智，就是培育和开发国民现代性综合素质，包括现代科学、文化知识和公民意识。严复说：

失其实，则相资而不可偏废也。顾功名之士多有，学问之人难求，是则学问贵也……学问之士，倡其新理，事功之士，窃之为术，而大有功焉。故曰：民智者富强之原，此悬诸日月不刊之论也。⑤

维新人士主张兴学堂、废八股等都是为了开民智。但他们认

---

① 梁启超：《戊戌政变记》(节录)，中国史学会编：《戊戌变法》第1册，上海人民出版社2000年版，第296页。

② 欧榘甲：《论政变为中国不亡之关系》，中国史学会编：《戊戌变法》第3册，上海人民出版社2000年版，第158页。

③ 严复：《原强》，中国史学会编：《戊戌变法》第3册，上海人民出版社2000年版，第59页。

④ 严复：《原强》，中国史学会编：《戊戌变法》第3册，上海人民出版社2000年版，第58页。

⑤ 严复：《原强》，中国史学会编：《戊戌变法》第3册，上海人民出版社2000年版，第57—58页。

为,开民智不能只限于提高人民的科学文化素质。不然,它和洋务官僚主张的开民智也就没有差别了。张之洞说:“自强生于力,力生于智,智生于学。”①不承认历代君主以愚民为第一义。张氏辩解:

老子曰:“有道者,非以明民,将以愚之。”此李斯、韩非之学,暴秦之政也,于历代何与焉?汉求遗书,尊六经,设博民,举贤良,求茂才异等,绝国使才,非愚民也。唐设科目多至五十余,宋广立学校并设武学,明洪武三年开科,经义以外,兼考书、算、骑、射、律,非愚民也。自隋以词章取士,沿袭至今,此不过为荐举公私无凭词章考校有据耳,谓立法未善则可,谓之愚民则诬。至我朝列圣,殷殷以觉世牖民为念。②

维新派主张,开民智,应以灌输民权、批判封建纲常伦理为首务。正如欧榘甲所云:

生天地之间者,自非犬马奴隶,皆有自主之权。此义在西国虽童子皆能识之,而在中国则罕有知之者。其原因有二焉:一由呻吟于历代专制政体之下,独夫民贼,务为严刑峻法,以收天下之权归于己,使其下戢戢受治,奉令唯谨,无敢异己者……一由于深中陋儒之毒,桎梏于纲常名教之虚文,谬创“君虽不仁,臣不可以不忠;父虽不慈,子不可以不孝”之说,以为上可虐下,下不得违上,而臣子之含冤负屈,草菅于暴君顽父之前者踵相接,以是毁家亡国者不可胜数也。而不知君君臣臣,父父子子,夫夫妇妇,君得自主,臣亦得自主,父得自主,子亦得自主,夫得自主,妇亦得自主,非君尊而臣卑,父尊而子卑,夫尊而妇卑,可以夺人天赋自由之权也。③

---

① 张之洞:《劝学篇·益智第一》,苑书义等主编:《张之洞全集》第12册,河北人民出版社1998年版,第9734页。

② 张之洞:《劝学篇·益智第一》,苑书义等主编:《张之洞全集》第12册,河北人民出版社1998年版,第9736页。

③ 欧榘甲:《论政变为中国不亡之关系》,中国史学会编:《戊戌变法》第3册,上海人民出版社2000年版,第158—159页。

事实上,维新人士之所以斥责历代君主的愚民政策,都是从此立论。可见,维新人士所主张的开民智,包含新民德。这也是戊戌变法期间,他们常以开民智为第一,而较少提到新民德的原因之一。如果单把开民智看作提高人民科学文化素质,人民就与奴隶无异。辛亥革命期间,章士钊对此有明确论述。他说:

今日之有心人,虑无不言教育普及。教育普及诚善矣,虽然,吾不知其所欲普及之教育,其内容果奚若?将曰求知识耶?练技能耶?非普通之人所可缺者耶?顾其不可缺也,犹之目之视、耳之听……受动者而非主动者也。主动之权,在于其脑……知识技能之于主义也亦然。奴隶主义者,以其知识技能尽奴隶之职……夫以奴隶主义之人,而增其知识,练其技能,则适足以保守其奴隶之范围,完全其奴隶之伎俩,将使奴隶根性,永不可拔。……居今日而言教育普及,惟在导之脱奴隶就国民。①

(3)鼓民力

鼓民力,就是追求血气之强与尚武精神。严复说:

然则鼓民力奈何,今者论一国富强之效,而以其民之手足体力为之基……西洋言治之家,莫不以此为最急,历考中西史传所重,以至今世五洲五六十国之间,贫富强弱之异,莫不于此焉肇分……顾今或谓自火器盛行,懦夫执靶,其效如壮士惟均,此真无所识知之论也。不知古今器用虽异,而有待于骁勇坚毅之气则同,且自脑学大明,莫不知形神相资,志气相动,有最胜之精神,而后有最胜之智略。是以君子小人,劳心劳力之事,均非气体强健者不为功。②

欧榘甲也强调:

外国教育,必有体操,所以强其体魄,壮其胆气,养成不

---

① 章士钊:《读"革命军"》,张枬、王忍之编:《辛亥革命前十年时论选集》第1卷(下),生活·读书·新知三联书店1978年版,第683—684页。

② 严复:《原强》,中国史学会编:《戊戌变法》第3册,上海人民出版社2000年版,第54页。

畏强御，不慑雷庭之志，然后内之以靖国难，外之以拒强敌，驰驱于炮火爆裂肉震血飞之际而不惧。[①]

鼓民力，除了追求强健体魄，当然还要具有尚武阳刚之精神。汪康年指出：

夫国家所至，实全国人心所结撰也。心注于强则强，心注于巧则巧，心注于弱拙则弱拙，心注于衰乱则衰乱，是故为国家者，莫慎乎驱人心之所注也。今谕旨固已言民团矣，今宜明诏天下曰：自今以后，我君臣上下，其悉惟武是事，官以武为尚，任以武为重，学以武为贵，业以武为美，其不能武事，及临斗而避者为上耻……今吾俗方畏死特甚，抑知避死必死，不避死未必死，忘死亦必死，趋死必不死。[②]

戊戌维新期间所倡导的知耻、知勇，以及以后提倡的军国民精神等，都是提倡尚武阳刚之精神。维新人士认为，强健体魄与尚武精神互为表里。尚武可改变国人文弱为尚之精神，追求强健之体魄，这是尚武精神得以实现的基础。“盖体魄者，精神之表，体魄衰落，精神亦从之颓败，故体操者，强体魄，实强精神也。”[③]维新人士主张戒鸦片、戒缠足，都是为了鼓民力。严复说：

鸦片缠足二事……种以之弱，国以之贫，贫以之窳，胥于此焉，阶之厉焉，是鸦片缠足二事，不早为之所，则变法者，皆空言而已矣。[④]

张之洞也在《劝学篇》中写道：“悲哉！洋烟之为害，乃今日之洪水猛兽也……废人才，弱兵气，耗财力。”[⑤]并赞同戒缠足。他说：

---

① 欧榘甲：《论政变为中国不亡之关系》，中国史学会编：《戊戌变法》第3册，上海人民出版社2000年版，第157页。

② 汪康年：《论宜令全国讲求武事》，中国史学会编：《戊戌变法》第3册，上海人民出版社2000年版，第144页。

③ 欧榘甲：《论政变为中国不亡之关系》，中国史学会编：《戊戌变法》第3册，上海人民出版社2000年版，第157页。

④ 严复：《原强》，中国史学会编：《戊戌变法》第3册，上海人民出版社2000年版，第55页。

⑤ 张之洞：《劝学篇·去毒第九》，苑书义等主编：《张之洞全集》第12册，河北人民出版社1998年版，第9732页。

人之生子，得父母气各半，其母既残其筋骸，瘁其血脉，行立操作，无不勉强，日损无已，所生之子女，自必脆弱多病，噫！吾华民之禀赋日薄，躯干不伟，志气颓靡，寿命多夭，远逊欧美各洲之人病实坐此……今以洋药弱之于既生以后，而又以母气不足弱之于未生以前，数十百年之后，吾华之民，几何不驯致人人为病夫，家家为侏儒，尽受殊方异族之蹂践鱼肉而不能与较也。①

3. 群学——对政治共同体的探索

维新人士认为，若要挽救民族危机，必须整合中国民众，结成社会群体，群学遂应运而生。严复说："学问之事，以群学为要归，唯群学明而后知治乱盛衰之故，而能有修齐治平之功，呜呼！此真大人之学矣。"②他认为，能群是人类生存、社会进步的基础。"凡民相生相养，易事通功，推以至于刑政礼乐之大，皆自能群之性以生。"③梁启超亦称："以群为体，以变为用。斯二义立，虽治千万年之天下可矣。"④群学究竟有何具体功用呢？第一，能群才能生存。正如梁启超所说："泰西之言天学者名之曰物竞……世界愈进，则群力之率愈益大，不能如率则灭绝随之，故可畏也。"⑤第二，能群才能强大。严复认为，日本之所以能以"寥寥数舰之舟师，区区几万人之众"，打败中国，就是因为日本人会群，中国人不会群。"法弊之极，人各顾其私"，"视邦国之颠危，犹秦越之肥瘠……君臣势散，而相爱相保之情薄也"⑥。康有为也说：

---

① 张之洞：《〈戒缠足会章程〉叙》，苑书义等主编：《张之洞全集》第12册，河北人民出版社1998年版，第10061页。

② 严复：《原强》，中国史学会编：《戊戌变法》第3册，上海人民出版社2000年版，第43页。

③ 严复：《原强》，中国史学会编：《戊戌变法》第3册，上海人民出版社2000年版，第42页。

④ 梁启超：《说群序》，林志钧编：《饮冰室合集·文集之二》，中华书局1989年版，第3页。

⑤ 梁启超：《说群·群理一》，林志钧编：《饮冰室合集·文集之二》，中华书局1989年版，第6页。

⑥ 严复：《原强》，中国史学会编：《戊戌变法》第3册，上海人民出版社2000年版，第45页。

大地上，一大会而已。会大群，谓之国；会小群，谓之公司，谓之社会。社会之学，统合大小群而发其彨合之条理，故无大群、小群，善合其会则强，不善合其会则弱。①

第三，能群才能进步。梁启超说：

以人而论，脑筋愈多者，其人愈慧，反是则钝。接人愈多者，其人愈通，反是则塞。读书愈多者，其人愈博，反是则陋。故非洲之人不如欧亚之人，乡僻之人不如都邑之人，穹古之人不如近今之人。知识贵能群也。②

第四，能群才能组成一个现代国家。梁启超在《南学会叙》中写道：

敢问国，曰有君焉者，有官焉者，有士焉者，有农焉者，有商焉者，有兵焉者，万其目，一其视，万其耳，一其听，万其手，万其足，一其心，一其力，万其力，一其事……心相构，力相摩，点相切，线相交，是之谓万其涂，一其归，是谓之国。有国于此，君与官不相接，官与官不相接，官与士不相接，士与士不相接，士与农与工与商与兵不相接，农与农、工与工、商与商、兵与兵不相接……之国者，何国矣。③

他认为，国家的本质在于整合为一个政治共同体，而非徒有形式。

怎样才能实现合群呢？梁启超提出“独术”与“群术”的概念，并提倡群术，反对独术。他说：

以群术治群，群乃成。以独术治群，群乃败。己群之败，他群之利也。何谓独术？人人皆知有己，不知有天下。君私其府，官私其爵，农私其畴，工私其业，商私其价，身私其利，家私其肥，宗私其族，族私其姓，乡私其土，党私其里……以故为民四万万，为国亦四万万……善治国者，知君

---

① 蒋贵麟主编：《康南海先生遗著汇刊11·日本书目志》，宏业书局有限公司1976年版，第202页。

② 梁启超：《说群·群理一》，林志钧编：《饮冰室合集·文集之二》，中华书局1989年版，第5页。

③ 梁启超：《南学会序》，林志钧编：《饮冰室合集·文集之二》，中华书局1989年版，第64页。

之与民，同为一群之中之一人，因此知夫一群之中所以然之理，所常行之事，使其群合而不离，萃而不涣，夫是谓之群术。①

独术就是私，群术就是公。"公"就是民主，"私"就是君主。梁氏称："君主者何，私而已矣；民主者何，公而已矣。"②君主之利，在于民离而散，群之利在于合。需要说明的是，这里的"公"一方面是指群之利，另一方面是指公理。所以公不完全抹杀私，只是反对君主私天下。故梁启超说："公固为人治之极则，私亦为人类所由存。"③严复也说："政欲利民，必自民各能自利始。"④公私相辅，合私以为公，群重于私，才是群学的真正宗旨。"西人之言教化政法也，以有生之物，各保其生为第一大法，保种次之，而至生与种较，则又当舍生以存种。"⑤

群学催生了中国近代民族主义、国家观念的初步形成。因为在群学中，群的利益是第一位，君主亦不过是群中之一员，从而破解了君国不分的传统观念。康有为成立保国会，保国家是第一位的。虽然保国家不等于不保大清，但二者毕竟有区别。王先谦痛诋"天下之大患曰群"，"群者学之蠹也"。⑥ 其中原因，就是因为群学所阐发的政治思想不同于传统的忠君爱国。

群学促成了现代社团的产生。维新人士认为，救亡之道首在合群，学会是合群的第一步，是合大群的基础。梁启超说：

道莫善于群，莫不善于独。独故塞，塞故愚故弱。群故

① 梁启超：《说群序》，林志钧编：《饮冰室合集·文集之二》，中华书局1989年版，第4页。

② 梁启超：《与严幼陵先生书》，林志钧编：《饮冰室合集·文集之一》，中华书局1989年版，第109页。

③ 梁启超：《与严幼陵先生书》，林志钧编：《饮冰室合集·文集之一》，中华书局1989年版，第109页。

④ 严复：《原强》，中国史学会编：《戊戌变法》第3册，上海人民出版社2000年版，第53页。

⑤ 严复：《原强》，中国史学会编：《戊戌变法》第3册，上海人民出版社2000年版，第44页。

⑥ 王先谦：《群论》，《虚受堂文集》卷一，文海出版社1971年版，第13—14页。

通，通故智故强……欧人知之，而行之者三：国群曰议院，商群曰公司，士群曰学会。而议院、公司其识论业艺，罔不由学。故学会者，又二者之母也。学校振之于上，学会成之于下，欧洲之人以心智雄于天下，自百年以来也。[①]

正因为把学会视作群之基础，所以戊戌维新期间，维新人士成立了很多学会，应是现代社团的雏形。

4. 议院——政体改革的灵魂

洋务运动时期，就有人提出了设议院的主张。不过这一时期，基本把议院功能界定为通上下之情，供决策者听取民意，是一个咨询机构。戊戌维新时期，一些洋务官僚承袭了这一观念。张之洞说：

考外洋民权之说由来，其意不过曰：有议院民间可以发公论，达众情而已，但欲民申其情，非欲民揽其权。译者变其文曰民权，误矣。[②]

他认为，即使将议院视为咨询机构，中国当时设议院的条件也不够。张氏辩称：

将立议院欤？中国士民至今安于固陋者尚多，环球之大势不知，国家之经制不晓，外国兴学、立政、练兵、制器之要不闻，即聚胶胶扰扰之人于一室，明者一，暗者百，游谈呓语将焉用之？且外国筹款等事重在下议院，立法等事重在上议院，故必家有中资者乃得举议员。今华商素鲜巨资，华民又无远志，议及大举筹饷，必皆推诿默息，议与不议等耳。[③]

维新人士如何看待议院呢？康有为七次上书中只有三次提到与议院有关的主张，分别是第一、二、四次。如果加上他为阔普通武所草

---

① 梁启超：《饮冰室合集·文集之一》，中华书局1989年版，第31页。

② 张之洞：《劝学篇·正权第六》，苑书义等主编：《张之洞全集》第12册，河北人民出版社1998年版，第9722页。

③ 张之洞：《劝学篇·正权第六》，苑书义等主编：《张之洞全集》第12册，河北人民出版社1998年版，第9721页。

的奏请设议院奏折，共计四次。康氏第一次上书提出：

今若增设训议之官，召置天下耆贤，以抒下情，则皇太后、皇上，高坐法宫之中，远洞万里之外，何奸不照，何法不立哉？①

第二次上书称：

尝推先王之意，非徒集思广益，通达民情，实以通忧共患，结合民志……伏乞特诏颁行海内士民，令公举博古今，通中外，明政体，方正直言之士，略分府县约十万户而举一人，不论已仕未仕，皆得充选，因用汉制，名曰议郎……准其随时请对，上驳诏书，下达民词，凡内外兴革大政，筹饷事宜，皆令会议于太和门，三占从二，下施部行。②

第四次上书主张：

设议院以通下情也……人皆来自四方，故疾苦无不上闻；政皆由出于一堂，故德意无不下达；事皆本于众议，故权奸无所容其私。③

并重提"令天下郡邑十万户而推一人，凡有政事，皇上御门令之会议，三占从二，立即施行。"④然而，在这次上书中，康有为又说："至会议之士，仍取上裁，不过达聪明目，集思广益，稍输下情，用人之权本不属是，乃使上德之宣，何有上权之损哉？"⑤这在逻辑上有矛盾之处。因为既是推选，就非"仍取上裁"。既要三占从二，立即施行，就非仅是集思广益。这也许是为了打消皇帝疑虑的托词吧。自从第五次上书始，康有为即不谈设议院。因为他要依靠君权变法。百日维新开始后，康有为一时深受鼓舞，更认为议院非所急。他在《答友人论议院书》中辩解：

夫议院之议，为古者辟门名目达聪之典，泰西尤盛行

---

① 康有为：《上清帝第一书》，中国史学会编：《戊戌变法》第2册，上海人民出版社2000年版，第129—130页。

② 康有为：《上清帝第二书》，中国史学会编：《戊戌变法》第2册，上海人民出版社2000年版，第152—153页。

③ 清华大学历史系编：《戊戌变法文献资料系日》，上海书店出版社1998年版，第83页。

④ 清华大学历史系编：《戊戌变法文献资料系日》，上海书店出版社1998年版，第86页。

⑤ 清华大学历史系编：《戊戌变法文献资料系日》，上海书店出版社1998年版，第88页。

之，乃至国权全畀于议院而行之有效，而仆窃以为中国不可行也……中国惟有以君权治天下而已。①

为什么有这样的改变呢？一是对光绪帝的期望所致。康氏称：

顷圣上聪明初武，深通中外之故，戒守旧之非，明定国是，废弃八股，举行新政，日不暇给，皆中旨独下，不假部议，一诏既下，天下风行，虽有老重大臣，不敢阻挠一言，群士不敢阻挡一策，而新政已行矣。②

二是民智未开，开议院的效果是助守旧。康氏辩称：

故今日之言议院，言民权者，是助守旧者以自亡其国者也。夫君犹父也，民犹子也。中国之民皆如童幼婴孩，问一家之中婴孩十数，不由父母专主之，而使童幼婴孩主之议之，能成家自养否乎？……敬告足下一言，中国惟以君权治天下而已。若雷厉风行，三月而规模成，三年而著成效。泰西三百年而强，日本三十年而强，若皇上翻然而全变，吾中国地大人众，三年可成。况皇上天锡智勇，千载罕逢，有君如此，我等但夙夜谋划，思竭涓埃以赞圣明足矣。③

至于代阔普通武草拟的要求设议院的奏折，应该首先反映阔普通武的意见。况奏折也是重申前人之言，议院在于通上下之情，听与不听，仍由皇上裁决。

梁启超如何看待议院呢？他在《古议院考》中说：

问泰西各国何以强？曰：议院哉！议院哉！问议院之立，其意何在？曰：君权与民权合，则情易通，议法与行法分，则事易就。二者斯强矣。④

---

① 清华大学历史系编：《戊戌变法文献资料系日》，上海书店出版社1998年版，第788页。

② 清华大学历史系编：《戊戌变法文献资料系日》，上海书店出版社1998年版，第788页。

③ 清华大学历史系编：《戊戌变法文献资料系日》，上海书店出版社1998年版，第789页。

④ 梁启超：《古议院考》，林志钧编：《饮冰室合集·文集之一》，中华书局1989年版，第94页。

梁氏对议院虽心向往之，但不主张立即设议院。他说：

> 今日欲强中国，宜莫亟于复议院？曰：未也。凡国必风气已开，文学已盛，民智已成，乃可设议院。今日而开议院，取乱之道也。故强国以议院为本，议院以学校为本。[①]

严复在《原强》中也认为议院是西方富强之本。他说：

> 法令始于下院，是民各奉其所自主之约，而非率上之制也。宰相以下，皆由一国所推择，是官者，民之所设，以厘百工，而非徒以尊奉仰戴者也。[②]

中国要想做到同力合德以御外仇，设议院是根本。"设议院于京师，而令天下郡县，各公举其守宰。"[③]不过，严复也认为变俗重于变政，当务之急是"鼓民力，开民智，新民德"。何启、胡礼垣认为设议院是落实民权的关键。"夫民权之复，首在设议院，立议员。"[④]议院的职责，更非仅在于议。"公论之发，岂徒托诸空言，众情所趋，必且见之行事。论而不行，是谓无权，虽设议院无益也。论而必行，是谓有权，虽无议院亦可也。"[⑤]

从以上引述可以看出，关于议院的见解，洋务官僚与部分维新人士有趋同的地方。这就是当时中国不能立即设议院，原因是民智未开。但如果据此就认为双方没有原则差别，就是只见其同，未见其异。双方关于议院职责的看法不同。洋务官僚将议院功能限定为"议"，即使如此也不能立即设议院。而维新派人士对议院的看法就不仅仅是"议"。康有为主张三占从二，立即施行。梁启超也认为议院功能在于议法。既是法，当然就需执行。严复也说："法令始于

---

① 梁启超：《古议院考》，林志钧编：《饮冰室合集·文集之一》，中华书局1989年版，第96页。

② 严复：《原强》，中国史学会编：《戊戌变法》第3册，上海人民出版社2000年版，第58—59页。

③ 严复：《原强》，中国史学会编：《戊戌变法》第3册，上海人民出版社2000年版，第59页。

④ 何启、胡礼垣：《劝学篇书后·正权篇辩》，郑大华点校：《新政真诠——何启、胡礼垣集》，辽宁人民出版社1994年版，第398页。

⑤ 何启、胡礼垣：《劝学篇书后·正权篇辩》，郑大华点校：《新政真诠——何启、胡礼垣集》，辽宁人民出版社1994年版，第407页。

下院。”何启、胡礼垣的看法就更明确。议而必行,才是真正有权。其实,康有为在第五次上书以前,主张立即设议院。后来之所以反对设议院,主因是策略改变。如果把民权与议院联系起来而言,双方的分歧就更明显。维新派坚决主张民权,即使不主张立即实行民权,民权也是他们宣传的核心。康有为虽一时说过“今日言议院,言民权者,是助守旧者以亡其国者也”,但这只是当时的策略性语言,针对立即实行议院、民权的主张所云。这从他们以后的言行中,可得到证实。其实维新人士对民权的倡导可从两个层次观察:一是观念启蒙层次,对民权的宣传不遗余力;二是实行层次,持论慎重。维新人士的基本逻辑是,启蒙是基础,是因,落实是民智已开之后的事情。洋务官僚对民权之说是根本反对的。张之洞说:“民权之说一倡,愚民必喜,乱民必作,纲纪不行,大乱四起。”①他的逻辑是议院或可设,民权必不可行。王先谦、叶德辉等人,更把民权之说视为无君无父之行。

综上所述,在具体变法措施上,维新派虽对设议院有策略考虑,但从其宗旨而言,设议院是他们政体改革的终极方向。

四、戊戌变法:一次失败的体制内变革

戊戌变法应从两个层面来看待:变俗与变政,即变革社会层面与政治层面。所谓变俗,以社会启蒙为主,变政或政治运动指百日维新中实际的改革措施。维新以前,维新人士主要以社会启蒙活动为主,旨在变俗:办报纸、创学会、办学堂。他们充分认识到,报纸作为一种新的媒体形式,对启民智、开风气的重要性。梁启超说:

> 觇国之强弱,则于其通塞而已。血脉不通则病,学术不通则陋。道路不通,故秦越之视肥瘠,漠不相关。言语不通,故闽粤之与中原邈若异域。惟国亦然……去塞求通,厥

---

① 张之洞:《劝学篇·正权第六》,苑书义等主编:《张之洞全集》第12册,河北人民出版社1998年版,第9722页。

道非一，而报馆其导端也。无耳目，无喉舌，是曰废疾……起天下之废病者，则报馆之为也。①

为此，维新人士创办了很多报纸，一时风起云涌。受群学的影响，他们也创办了很多学会。以性质而分，学会可分为政治、学术、改良风俗和职业性学会，试图将学会作为国家建设的组织纽带，"齐万而为一"，也想通过学会进行政治整合，作为民主政治建设的基础。南学会的创立，即有明确目的。谭嗣同说：

今日救亡保命至急不可缓之上策，无过于学会者，吾愿各府州县就所有之书院，概改为学堂学会，一面造就人材，一面联合众力，官民上下，通为一气，相维系协力会谋，则内患可以泯矣，人人之全体可以安矣……②

皮锡瑞也设想以南学会作为地方议会之规模。"以此为议院规模，利权尽归于绅，即右帅去，他人来，亦不能更动。"③为造就人才，维新人士积极创办学堂，最著名者为时务学堂。康门弟子在学堂大张旗鼓地宣传民权。

无论办报纸、开学会、创学堂都是为了变俗，通过变俗达到变政。因此，宣传基调都比较激进。当时，维新人士在报纸上不但积极宣传民权，有时也影射清廷。梁启超在《知耻学会叙》中，指满族为他族，并影射清廷是小朝廷，并鼓吹民权，引起张之洞的极大不满。一些维新人士希望宣传方针取渐进方式。吴樵致汪康年函称：

避忌字样亦分浅深，渐渐用入，以三年后逐渐消去此辈脑筋中物，使天下读报者渐入吾彀最佳。如螺丝然，渐转渐深，然只是平速，自不可拔。如以直钉受之，则钉折板破矣。④

---

① 梁启超：《论报馆有益于国事》，林志钧编：《饮冰室合集·文集之一》，中华书局1989年版，第100页。

② 谭嗣同：《论全体学》，蔡尚思、方行编：《谭嗣同全集》（下册），中华书局1981年版，第405页。

③ 皮锡瑞：《师伏堂未刊日记》，《湖南历史资料》1958年第4期，第80页。

④ 清华大学历史系编：《戊戌变法文献资料系日》，上海书店出版社1998年版，第271页。

高风谦也多次致函《时务报》馆及汪康年，认为应该采取渐进宣传方式。他指出，如果以一言而可以改风气，为之粉身碎骨亦值。如果不能，应该渐进。“风气初开，民智未出，且中国以愚黔首为常，一旦骤闻此事（即民权），或生忌惮之心，而守旧之徒更得所借口，以惑上听。大之将强遏民权，束缚驰聚，而不敢少纵，小之亦足为报馆之累。”[①]张謇也认为应重点抨击官权。他们之所以要采取渐进方式，就是担心激进的宣传方式会引起强烈反弹，自新之机由此而窒息。梁启超等康氏弟子，在时务学堂采取激进宗旨，也是既定方针。狄楚清说：

任公于丁酉冬月将往湖南任时务学堂时，与同人等商进行之宗旨：一是渐进法；二是急进法；三是以立宪为本位；四是以彻底改革、洞开民智，以种族革命为本位。当时任公极力主张第二、第四两种宗旨。其时南海闻任公之将往湘也，亦来沪商教育方针。南海沉吟数日，对于宗旨并无异词。所以同行之教员如韩树园、叶湘南、欧榘甲皆一律本此宗旨，其改订之课本遂不无激进之语。[②]

德国占据胶州湾后，梁启超曾上书陈宝箴，鼓动湖南“自立”。他说：

呜呼！今日非变法万无可以图存之理，而欲以变法之事望政府诸贤，南山可移，东海可涸，而法终不可得变。然则此种愿望之念，断绝焉可也。愿望既绝，束手待毙，数年之后，吾十八省为中原血，为俎上肉，宁有一幸？故为今日计，必有腹地一二省可以自立，然后中国有一线之生路。今夫以今之天下，天子在上，海内为一，而贸然说疆吏以自立，岂非大逆不道，狂悖之言哉？虽然，天下之事变既已若此矣，决裂腐烂，众所共睹，及今不图，数年之后，所守之土不

① 清华大学历史系编：《戊戌变法文献资料系日》，上海书店出版社1998年版，第265页。

② 清华大学历史系编：《戊戌变法文献资料系日》，上海书店出版社1998年版，第413页。

为台湾之献，即为胶州之夺。彼时挂冠而逃固不可，即拒敌致命，粉身碎骨，何补于国？何补于民？一人之粉焉碎焉，犹可言也，天下由兹荼毒，大局由兹陆沉，虚怀忠义之名，实怀隐溺之罪。①

当然，梁启超不是让陈宝箴割据自雄，而是以湖南作为中国亡后复兴之基地。

由以上引述可以看出，至少在康有为第五次上书以前，维新人士对清廷能否变法并不抱希望。正因如此，他们把希望寄托在通过社会启蒙运动，达到改变体制的目的。康有为第五次上书后，受到五大臣的召见，使维新人士看到体制内变革的希望。于是，他们的变法方针，也由改变体制转到以君权变法。所谓戊戌变法则由变革体制转到体制内变革，也就是不再提设议院，而是以变官制为先。按照康有为的设想，宫中设制度局，“妙选天下通才十数人为修撰，派五大臣为总裁，体制平等，俾易商榷，每日值内，共同讨论，皇上亲临，折中一是，将旧制新政斟酌其宜，某政宜改，某事宜增，草定章程，考核至当，然后施行”②。“其新政推行，内外皆立专局以任其事。”③中央设12局，地方每道设新政局督办，不拘官级，专在得才。后来维新人士又力推懋勤殿，基本上是制度局的翻版。

百日维新期间，光绪帝颁布了二三百道变法上谕，涉及政治、经济、文教、军事等各方面。政治方面：准许创办报纸和上书言事，改革律例，取消重叠的行政机构，裁撤冗员。经济方面：设立农工商局，保护和奖励工商业；奖励发明创造；设铁路矿务总局，发展铁路、采矿；举办邮政，裁撤驿站；编制国家预算、决算；取消旗人生活待遇特权，许其自谋生计。文教方面：改革科举制度，废八股，改试策论；

---

① 清华大学历史系编：《戊戌变法文献资料系日》，上海书店出版社1998年版，第443页。

② 清华大学历史系编：《戊戌变法文献资料系日》，上海书店出版社1998年版，第555页。

③ 清华大学历史系编：《戊戌变法文献资料系日》，上海书店出版社1998年版，第555页。

广设学堂,所有书院、祠庙、义学等一律改为兼习中学、西学的学堂;创办京师大学堂;提倡西学,选派学生出国留学。军事方面:裁撤绿营,力行保甲、团练;编练海陆军,各省军队改练洋操,使用洋枪;筹设武备学堂。

由于变法遭到顽固派的抵制,大多未得到切实执行,变法诏令成为一纸空文。

戊戌维新运动之所以遭到保守势力(顽固派、洋务派)的强烈反对,首先是双方宗旨不同。事实上,甲午战争后,变法已成为共识。但如何变,维新人士与保守势力分歧深刻。保守势力希望变革是洋务运动的扩大与深入。王先谦说:

> 所谓西学者,今日地球大通,各国往来,朝廷不能不讲译学。西人以工商立国,用其货物,朘我脂膏,我不能禁彼物之不来,又不能禁吾民使不购,则必讲求工艺以抵制之,中国机庶可转。故声光化电及一切制造、矿学,皆当开通风气,力造精能。国家以西学导中人,亦是于万难之中,求自全之策。……故从前火柴、机器各公司,先谦与闻其事,确系中心之诚,以为应办,至今并无他说。然朝廷之所采西学也,非命人从西教也。①

张之洞也以会通中西自居,认为西艺西政皆需讲求。他所坚守的是中国的伦常制度以及建立其上的君主专制。张之洞说:

> 五伦之要,百行之原,相传数千年更无异义。圣人所以为圣人,中国所以为中国,实在于此,故知君臣之纲,则民权之说不可行也;知父子之纲,则父子同罪、免丧、废祀之说不可行也;知夫妇之纲,则男女平权之说不可行也。②

维新人士则认为,变革的重点应从变器转变到新民、新俗,理论武器就是自由、平等学说。后来他们虽转向依靠君权变法,并没因

---

① 《王祭酒与吴生学競书》,(清)苏舆编:《翼教丛编》,上海书店出版社 2002 年版,第 159—160 页。

② 张之洞:《劝学篇·明纲第三》,苑书义等主编:《张之洞全集》第 12 册,河北人民出版社 1998 年版,第 9715 页。

此否定民权。双方壁垒分明。

其次，变官制严重威胁着官僚的群体利益。康有为不提设议院，而改为变官制，并没减轻多少改革阻力。设制度局，以及新政各局，等于架空现有各级官僚。即使不去守旧大臣，即使不裁减闲散衙门，也会遭到强烈反对。懋勤殿用意，也在架空大臣。更何况光绪帝大肆裁撤闲散衙门，直接威胁到许多官员的生计。陈夔龙说："京师闲散衙门被裁者不下十余处，连带关系因之职失业者将及万人，朝野震骇。"①慈禧认为如果按照康有为设计的变法路线变法，会失去人心，绝非虚言。

最后，维新人士提出的一些激进主张，也让慈禧等守旧势力难以容忍。除官制改革外，让旗人自谋生计，遂致旗人成为改革的对立面。康有为提出改元、断发、变服装，也大触忌讳。因为这些都是清王朝正统的标志，非常神圣。据苏继祖记载，当时京城纷纷传光绪要改衣冠、剪发辫，苏继祖认为是守旧者造谣。连慈禧也风闻谣言，曾对光绪说："汝但留祖宗神主不烧，辫发不剪，我便不管。"②据胡思敬记载，光绪听从康有为的建议，潜购西服，准备改元变服装。慈禧知道后，非常愤怒地说："小子以天下为玩弄，老妇无死所矣。"③可见，改元、断发、变服装在人们心目中的意义。

由于反对改革声浪高涨，有些维新人士主张应以教育为重点，不必急于变政。张元济曾劝康有为趁光绪下诏广兴学堂之机，"出京回籍，韬晦一时，免撄众忌。到粤专办学堂，搜罗才智，讲求种种学术。俟风气大开，新进盈廷，人才蔚起，再图出山，则变法之事不难迎刃而解"④。康广仁也劝其兄在废八股后，及早抽身。他说："常

---

① 清华大学历史系编：《戊戌变法文献资料系日》，上海书店出版社 1998 年版，第 966 页。

② 清华大学历史系编：《戊戌变法文献资料系日》，上海书店出版社 1998 年版，第 984 页。

③ 胡思敬：《戊戌履霜录》（节录），中国史学会编：《戊戌变法》第 1 册，上海人民出版社 2000 年版，第 377 页。

④ 清华大学历史系编：《戊戌变法文献资料系日》，上海书店出版社 1998 年版，第 834 页。

谓但竭力废八股，俾民智能开，则危崖上转石不患不能至地。今已如愿，八股已废，力劝伯兄宜速拂衣。”①张謇亦有类似建议。但康有为感激光绪知遇之恩，认为机会千载一逢，没有听从这些建议。

戊戌变法虽然失败了，但维新运动开启的思想解放运动不可逆转。维新人士提出的现代化改革应以人的现代化为先的观念，意义深远。

① 清华大学历史系编：《戊戌变法文献资料系日》，上海书店出版社 1998 年版，第 1008 页。

第五章　冲出沉沦厄运：重新探索现代化模式

一、救亡图存语境和现代性思潮纷呈

（一）现代国家意识和民族主义之兴起

1. 民族危机的恶性发展

19世纪末20世纪初，列强相继走上帝国主义道路，对中国的争夺更加激烈。当时的仁人志士清楚地觉察到这一趋势。《开智录》的一篇文章写道：

> 帝国主义之名，何自昉乎？乃起于当时拿破仑党之欲谋恢复帝政，故称其主义为Imperialism，此真帝国主义也。至今日之所谓帝国主义，实大有不同。如北亚美利加洲所行之帝国主义，乃膨胀主义也，扩张版图主义也，侵略主义也。总言之，今世界之帝国主义，实狄塔偏主义，即强盗主义也……虽然亦姑可从俗之称，名之曰帝国主义焉。[①]

文章认为，帝国主义主要特征，就是扩张海外市场，抢夺殖民地。"所谓男有余粟女有余布，故不能不外觅一销售之大市场。有所谓攻城，有所谓掠国，有所谓势力范围，有所谓要求土地，一一皆实行此方案也。"[②]帝国主义，就是弱肉强食。"夫帝国主义者，不过欲使

---

① 《论帝国主义之发达及二十世纪世界之前途》，张枬、王忍之编：《辛亥革命前十年间时论选集》第1卷（上），生活·读书·新知三联书店1978年版，第53页。

② 《论帝国主义之发达及二十世纪世界之前途》，张枬、王忍之编：《辛亥革命前十年间时论选集》第1卷（上），生活·读书·新知三联书店1978年版，第54页。

如火如荼国内竞争之势,一旦推而加之弱者耳……欧人之口实曰:地球之物,宜地球上之人公共享之,故彼有财不取我代取之,有利不收我代收之。若要求矿山,若要求铁路,若夷人国,若灭人家,无一不非强弱之有差也。”①中国已成为列强争夺的焦点。“然则所谓帝国主义者,将首着鞭于何地乎?非争驰于太平洋西岸之大陆乎?!水流湿,火就燥,自然之趋势也。”②因此,列强由单纯的销售商品转向政治侵略和经济控制。文章说:

欧人之初贸易于远东诸国也……初不过乞通商博微利,无政治上之野心也。自屡败以后,列国知睡狮之易与,乃骎骎然议瓜分,认势力范围,有政治上侵略之意。及庚子之乱,而列国之手段又一变,前之瓜分主义、势力范围主义,一转而为领土保全,门户开放主义矣……而瓜分云者,势力范围者,皆政治上之侵略,列国互角之手段也;保全云者,开放云者,皆经济上之侵略,列国共同之手段也……呜呼,而吾国遂亡于列强共同之经济侵略之手矣!庸讵知经济上之侵略,较之政治上之侵略,其为祸乃更烈也。③

甲午战争后,列强不但掀起瓜分中国的狂潮,还通过政治借款,掠夺中国的路权、矿权等权益。甲午战争赔款和赎辽费用达23000万两白银,年利5厘,3年还清。这项大宗赔款远远超过清廷的财政负担能力。清廷刚还清日本赔款不久,庚子赔款又高达45000万两白银,分39年还清,年息4厘。为了支付巨额赔款,清廷不得不大借外债,这些政治借款利息高,回扣大。更为重要的是,列强通过借款,掌控了中国财政命脉。除了政治借款,列强还疯狂掠夺中国的路权、矿权。据统计,1911年间,我国已经修筑的铁路总长为9617.1公里,其中

---

① 《论帝国主义之发达及二十世纪世界之前途》,张枬、王忍之编:《辛亥革命前十年间时论选集》第1卷(上),生活·读书·新知三联书店1978年版,第54—55页。

② 《论帝国主义之发达及二十世纪世界之前途》,张枬、王忍之编:《辛亥革命前十年间时论选集》第1卷(上),生活·读书·新知三联书店1978年版,第56页。

③ 雨尘子:《论世界经济竞争之大势》,张枬、王忍之编:《辛亥革命前十年间时论选集》第1卷(上),生活·读书·新知三联书店1978年版,第202—203页。

自主的铁路仅665.62公里，占总数的6.9%，而由列强直接和间接经营的铁路则达8951.48公里，占总数的93.1%。据不完全统计，1895—1908年的13年间，中国被各国先后掠夺去的矿山有54处，其中已开采的32处，未开采的22处。列强对中国路权、矿权的掠夺，引起中国人民的高度警觉。因为列强通过铁路获得的不仅是铁路经营权，而且还有铁路沿线的附属殖民权益，比如铁路沿线的矿产、森林等开采权益，铁路沿线的行政管理权力。一些帝国主义列强还以保护铁路为名，在沿线设置兵营。日本《朝日新闻》曾鼓吹：

今分人土、亡人国者，其铁道政策乎？分之使不知其分，亡之使不知其亡，其铁道政策乎？呜呼！铁路所布，即权力所及。凡其地之兵权、商权、矿权、交通权，左之右之，存之亡之，操纵于铁道两轨，莫敢谁何！故夫铁道者，犹人之血管机关也，死生存亡系之。有铁路权，即有一切权；有一切权，则凡其地官吏，皆吾颐使之奴，其地人民，皆我俎上之肉。①

2. 现代国家意识之生成

中国主权的严重丧失，激起国人的主权意识。有论者指出：

夫地球万国，其兴亡强弱之故虽各不相同，然能操兵权，操法权，操江海权，操财政权，则土地虽割而其国不亡；失兵权，失法权，失江海权，失财政权，失交通权者，则土地虽存而其国实亡。乃中国兼此数者，犹日号于众曰不亡，谁其信之。②

20世纪初，救亡意识高涨的重要表现就是现代国家意识、民族主义意识的兴起。由于中国长期抱持“天下一家”的观念，所以在与列强交往之初，没有主权观念。最明显的表现，就是当初清廷在给予列强“治外法权”“关税协定权”“一体均沾”等严重损害中国主权的权益

---

① 宓汝成编：《中国近代铁路史资料》第2册，中华书局1963年版，第684页。
② 《中国灭亡论》，张枬、王忍之编：《辛亥革命前十年间时论选集》第1卷（上），生活·读书·新知三联书店1978年版，第80页。

时,并不认为是主权的丧失,反而认为是一种驭夷的手段。直到甲午战争前,国人对权利的关注还只是针对具体事项,比如关税主权、治外法权等。甲午战争后,国人才有了全面的主权观念。如《保国会章程》第一条:"本会以国地日割、国权日削、国民日困、思维持振救之。"第三条:"为保国家之政权土地。"①章程中提到的"国权""政权"显然已不是单指某项或几项具体主权。《国闻报》载《论保国会》一文说得更明白:"何谓国? 有人民,有政治,有自主之权,有可以与天下并主之势者谓之国……保国宜以保其人民、保其自主之权、保其并立于天下之势为第一义。"②政治、领土、人民概念的出现,清晰地展示了由具体权利意识觉醒到现代国家主权意识觉醒的过程。

甲午战争后,人们开始自觉地区分国家、君主、朝廷的不同。1898 年 5 月 19 日,《国闻报》载《书保国会题名记后》一文称:

> 呜呼! 苟无人民何有国,苟无国何有君,国者君与民之公称,而非一家一姓之私产也。自秦政以愚黔首,私天下,视国为君之私业……流极至于今日,而其民乃如犬马鹿豕,东家豢之则主东,西家豢之则主西,不复知其一人之身,与一国之安危得失相关。③

戊戌维新以后,特别是进入 20 世纪以后,国家意识更为明确。梁启超在《爱国论》中说:

> 支那人非无爱国之性质也。其不知爱国者,由不自知其为国也。中国自古一统,环列皆小蛮夷,无有文物,无有政体,不成其为国。吾民亦不以平等之国视之。故吾国数千年来,常处于独立之势,吾民之称禹域也,谓之为天下,而不谓之为国。既无国矣,何爱之可云。今夫国也者,以平等

---

① 王其榘辑:《上海强学会后序》,中国史学会编:《戊戌变法》第 4 册,上海人民出版社 2000 年版,第 399 页。

② 清华大学历史系编:《戊戌变法文献资料系日》,上海书店出版社 1998 年版,第 654 页。

③ 王其榘辑:《书保国会题名记后》,中国史学会编:《戊戌变法》第 4 册,上海人民出版社 2000 年版,第 406 页。

> 而成，爱也者，以对待而起。……故对于他家，然后知爱吾家。对于他族，然后知爱吾族……惟国亦然。必对于他国，然后知爱吾国……故吾以为苟自知其为国，则未有不爱国者。①

梁启超还撰写《论近世国民竞争之大势及中国前途》《中国积弱溯源论》《国家思想变迁异同论》《新民说》等系列文章，疾呼培养人民的国家意识。他在《新民说·论国家思想》中说："国家思想者何？一曰对于一身而知有国家，二曰对于朝廷而知有国家，三曰对于外族而知有国家，四曰对于世界而知有国家。"②"对于一身而知有国家"，也就是让国人认识到，个人归属于一个更大更重要的团体国家。"对于朝廷而知有国家"，就是使人明白"两者性质不同，而其大小轻重自不可相越"③。"对于外族而知有国家"，就是使人知道中国是中国人的中国，其主权不可侵犯。"宁使全国之人流血粉身靡有孑遗，而必不肯以丝毫之权利让与他族。"④"对于世界而知有国家"，就是丢掉世界主义、博爱主义的幻想，树立国家的最高本位。梁氏指出：

> 夫竞争者，文明之母也。竞争一日停，则文明之进步立止。由一人之竞争而为一家，由一家而为一乡族，由一乡族而为一国。一国者，团体之最大圈，而竞争之最高潮也……故定案以国家为最上之团体，而不以世界为最上之团体，盖有由也。⑤

3. 现代民族主义的兴起

与国家意识俱来的是现代民族主义的兴起。戊戌维新时期，严

---

① 梁启超：《爱国论》，林志钧编：《饮冰室合集·文集之三》，中华书局1989年版，第66—67页。

② 梁启超：《新民说·论国家思想》，林志钧编：《饮冰室合集·专集之四》，中华书局1989年版，第16页。

③ 梁启超：《新民说·论国家思想》，林志钧编：《饮冰室合集·专集之四》，中华书局1989年版，第17页。

④ 梁启超：《新民说·论国家思想》，林志钧编：《饮冰室合集·专集之四》，中华书局1989年版，第17页。

⑤ 梁启超：《新民说·论国家思想》，林志钧编：《饮冰室合集·专集之四》，中华书局1989年版，第18页。

复提出合群的观念,“合以与其外争”。康有为在《保国会序》中说:

我四万万同气同种之胄,忍回视其奴隶牛马哉!天地为愁,我将何容?昧昧我思之,惟有合群以救之,惟有激耻以振之,惟有厉愤气以张之。我四万万人知身之不保,移其营私之心,以营一大公;知家之不存,移其保家之心,以保一大国。①

严复提出的“合群”、康有为所说的合四万万人为一大群以保国,都包含着现代民族主义的意涵。首先明确提出民族主义的是梁启超。他在《国家思想变迁异同论》中写道:

民族主义者,世界最光明正大公平之主义也。不使他族侵我之自由,我亦毋侵他族之自由。其在于本国也,人之独立;其在于世界也,国之独立。使能率由此主义,各明其界线以及于未来永劫,岂非人间一大快事。②

梁启超认为,欧洲民族主义萌生于18世纪下半叶,全盛于19世纪,到了20世纪已演变为帝国主义。他说:

正理与时势,亦常有不并容者。自有天演以来,即有竞争。有竞争,则有优劣。有优劣,则有胜败。于是强权之义,虽非公理,而不得不成为公理。民族主义发达之既极,其所以增进本民族之幸福者,无有厌足。内力既充,而不得不思伸之于外。故曰:两平等者相遇,无所谓权力,道理即权力也;两不平等者相遇,无所谓道理,权力即道理也。由前之说,民族主义之所以行也。欧洲诸国之相交则然也。由后之说,帝国主义之所以行也。欧洲诸国与欧外诸国之相交则然也。③

① 清华大学历史系编:《戊戌变法文献资料系日》,上海书店出版社1998年版,第601页。

② 梁启超:《国家思想变迁异同论》,林志钧编:《饮冰室合集·文集之六》,中华书局1989年版,第20页。

③ 梁启超:《国家思想变迁异同论》,林志钧编:《饮冰室合集·文集之六》,中华书局1989年版,第20—21页。

梁氏指出，面对强权，中国只有以民族主义抵抗之。他说：

凡国而未经过民族主义之阶段者，不得谓之为国……今欧美列强皆挟其方刚之膂力以与我竞争，而吾国所谓民族主义者，犹未胚胎焉。顽固者流，墨守十八世纪以前之思想，欲以与公理相抗衡，卵石之势，不足道矣……知他人以帝国主义来侵之可畏，而速养成我所固有之民族主义以抵制之，斯今日我国民所当汲汲者也。①

在《论民族竞争之大势》中，梁启超说："近四百年来，民族主义日渐发生，日渐发达，遂至磅礴郁积，为近世史之中心点，顺兹者兴，逆之者亡。"②因此，他提出建设现代民族国家的问题。"今日欲救中国，无他术焉，亦先建设一民族主义国家而已。"③梁启超主张的民族主义是大民族主义、中华民族主义。他写道：

吾中国民族者，常于小民族主义之外，更提倡大民族主义。小民族主义者何？汉民族对于国内他族是也。大民族主义者何？合本部属之诸族对于国外之诸族也。④

义和团运动后，留日学生数量猛增。他们纷纷创办刊物，宣传新思想。由于中国所处的危亡形势，民族主义成为留学生醉心的学说。同梁启超一样，他们认识到，既然今天的世界是处在各民族生存竞争的时代，西方的扩张是以民族主义为动力，中国只能发扬民族主义以抵抗之。《浙江潮》发表余一的《民族主义论》称："今日者，民族主义发达之时代也，而中国当其冲，故今日而再不以民族主义提倡于吾中国，则吾中国乃真亡矣。"⑤

---

① 梁启超：《国家思想变迁异同论》，林志钧编：《饮冰室合集·文集之六》，中华书局1989年版，第22页。

② 梁启超：《论民族竞争之大势》，林志钧编：《饮冰室合集·文集之十》，中华书局1989年版，第10页。

③ 梁启超：《论民族竞争之大势》，林志钧编：《饮冰室合集·文集之十》，中华书局1989年版，第35页。

④ 梁启超：《政治学大家伯伦知理之学说》，林志钧编：《饮冰室合集·文集之十三》，中华书局1989年版，第75—76页。

⑤ 余一：《民族主义论》（节录），张枬、王忍之编：《辛亥革命前十年间时论选集》第1卷（下），生活·读书·新知三联书店1978年版，第485页。

(二)国民意识之成型

无论是国家意识或民族主义,其载体当然是人民。20世纪后,中国国民意识逐渐成型。戊戌维新时期,严复、梁启超等维新人士就指出,国人之所以爱国心薄弱,就是专制者以奴隶对待其民,百姓亦以奴隶自视。奴隶对主人的事情就不会关心,主人亦不许奴隶关心。此时,他们虽然没有明确提出国民的观念,但已明确表达出专制者以奴隶对待其民,百姓也以奴隶自视,是不合时代潮流的,这样的国家是无法生存的。1899年,梁启超在《国民十大元气论》中提到"国民""公民",但并未对其内涵有进一步解释。他只是笼统论述国民(即一国之民)应有独立精神、爱国精神,可见中国先进分子的国民意识已经发轫。进入20世纪,国民意识兴起。1901年,《国民报》发表《说国民》一文。作者说:

> 大地之上,同是动物也而有人类、禽兽之分;同是人类也而有白、黄、红、黑之分;即同是一民也而有国民、奴隶之分。何谓国民?曰:天使吾为民而吾能尽其为民者也。何为奴隶?曰:天使吾为民而卒不成其为民者也。故奴隶无权利,而国民有权利;奴隶无责任,而国民有责任;奴隶甘压制,而国民喜自由;奴隶尚尊卑,而国民言平等;奴隶好依傍,而国民尚独立。①

并认为,中国有无国民,关系到国家存亡。文章写道:

> 然则今日之中国,有国民乎,无国民乎,此二十世纪之一大问题也,中国而有国民也,则二十世纪之中国,将气凌欧美,雄长地球,固可跷足而待也。中国而无国民,则二十世纪之中国,将为牛为马为奴为隶,所谓万劫不复者也。故得之则存丢之则亡,存亡之机间不容发,国民之不可少也如是。②

---

① 《说国民》,张枬、王忍之编:《辛亥革命前十年间时论选集》第1卷(上),生活·读书·新知三联书店1978年版,第72页。

② 《说国民》,张枬、王忍之编:《辛亥革命前十年间时论选集》第1卷(上),生活·读书·新知三联书店1978年版,第74页。

国民要有忧国之责，有权利意识，有人格的自觉。这既是一种价值要求，也是法律上的权利义务。所有这些对国民的要求，都指向一个大目标——救亡。因为只有人格上的自觉，看到自己做人的价值，才会有国家兴亡、匹夫有责的意识。权利意识，也首先是为国争权。梁启超说："权利思想者，非徒我对于我应尽之义务而已，实亦一私人对于一公群应当尽之义务也。"①

国家思想、民族主义、国民意识，在新知识分子阶层的宣传下，得到了比较广泛的传播。在这些思想的激励下，中国人民掀起了广泛的救亡运动。可以说国内民族资产阶级发起的收回利权运动、抵制美货运动，以及资产阶级革命派、改良派的救亡运动，无不是这些思潮激荡的结果。

二、官僚及知识精英的结构变化与重组

第二次鸦片战争后，中国知识分子的结构发生改变。甲午战争后，知识分子分化加剧，形成所谓新党与旧党。进入20世纪，随着西学的广泛传播，以及留学运动、新学堂兴起，现代知识群体逐渐形成。

（一）留学催生现代知识群体

中国留学运动始于洋务运动时期，1886年中止，1896年重新恢复。戊戌维新时期，很多有识之士都提出应鼓励留学。康有为、杨深秀、张之洞等都提出留学主张。张之洞说："出洋一年胜于读西书五年，此赵营平'百闻不如一见'之说也。入外国学堂一年胜于中国学堂三年，此孟子'置之庄岳'之说也。"②清末新政，留学也是重要举措之一。刘坤一称：

---

① 梁启超：《新民说·论权利思想》，林志钧编：《饮冰室合集·专集之四》，中华书局1989年版，第36页。

② 张之洞：《劝学篇·游学第二》，苑书义等主编：《张之洞全集》第12册，河北人民出版社1998年版，第9737页。

学堂固宜速设也，然非多设不足济用。欲多设则有二难：经费巨，一也；教员少，二也。求师之难，尤胜于筹费。天下州县皆立学堂，数必逾万，无论大小学断无许多之师，是则惟有赴外国游学一法。①

清廷多次颁发诏旨鼓励留学，各省督抚大员积极组织青年学生出国留学。其中，《鼓励游学毕业章程》规定，分别给予留学毕业生举人、进士出身。这无疑给读书升官的青年学子在科举之外开辟了新的途径。科举废除后，堵死了士子读经做官的路径，留学遂成为最好的出路之一。秋瑾致函长兄称："今日世界谋事，非知洋务不可；若能出洋留学数年，谋事较易。"②力劝其兄托人谋一官费出洋为要。除个人出身外，寻求救国道路也是很多学生出洋留学的重要原因。《云南杂志》一篇文章指出："欲不使金碧山川黔然黯然，长淹没于腥风血雨之中；欲不使千余万文明神胄，如束如缚，呻吟于条顿、拉丁民族之下，是赖夫学，赖夫游学。"③《游学译编》载《劝同乡父老遣子弟航洋游学书》一文疾呼：

今日吾国灭亡之风潮诚达于极顶，欧美之白人曰奴灭我，地垮欧亚二洲黄白两界之俄人曰奴灭我，并同洲同文种源大陆之区区日本人亦敢隐计曰奴灭我。无非以吾国全国守旧学，国势日减而民气不伸……中国之缺者为学问……某又决言曰惟游学外洋者，为今日救吾国唯一之方针。④

清廷也把留学视为挽救统治危机的良方。代表官方观点的《日本游学指南》称：

游学之利益果在何处乎？常言说"百闻不如一见"，如欲采他国之长，补我国之短，则不亲至其国，是不行的。如

① 《光绪谕折汇存》卷21。

② 秋瑾：《致秋誉章》（九），郭长海、郭君兮辑注：《秋瑾全集》，吉林文史出版社2003年版，第437页。

③ 中国科学院历史研究所第三所编：《云南杂志选辑》，科学出版社1958年版，第875页。

④ 《劝同乡父老遣子弟航洋游学书》，张枬、王忍之编：《辛亥革命前十年间时论选集》第1卷（上），生活·读书·新知三联书店1978年版，第380—381页。

日本维新元勋伊藤侯，初皆学于外国，吸取其文明，归国以后，将其扩充于国内，遂至如今之富强。①

日本是清末留学的首要目的地。这首先是日本通过学习西方，成为一个独立富强的国家，遂受到爱国学子的重视。其次是日本与中国同文同种、距离最近，留学难度较小。张之洞鼓吹：

至游学之国，西洋不如东洋：一路近省费，可多遣；一去华近，易考察；一东文近于中文，易通晓；一西书甚繁，凡西学不切要者，东人已删节而酌改之。中东情势风俗相近，易仿行，事半功倍，无过于此。若自欲求精求备，再赴西洋，有何不可？②

正因有此便利，义和团运动后，留学日本的人数连年创新高，1905—1906 年为最高峰，总人数在 8000 人以上。这些留学生从灾难深重、满目疮痍的中国来到国势蒸蒸日上的日本，思想观念深受触动。"语异国文明，动故乡观感，每至泣下数行。"③景梅九记述抵达马关时的情景时说：

忽然到一处，说是李鸿章的议和地点，真叫人羞的无地自容了！地名叫下关，也叫马关，友人诗云："可怜万古伤心地，第一难忘是此关！"怕经过此关的中国人，都有这样感慨罢。可算是游日本的人，最先受的大刺激了。④

很多留学生都经过了学问救国而政治改良救国再到革命救国的思想转变。

(二)广设学堂培育国内现代知识群体

戊戌维新时期，有识之士就提出了兴办学堂的建议。梁启超

---

① 李喜所：《辛亥革命前的留日学生运动》，中华书局编辑部编：《纪念辛亥革命七十周年学术讨论会论文集》(上)，中华书局 1983 年版，第 622 页。

② 张之洞：《劝学篇·游学第二》，苑书义等主编：《张之洞全集》第 12 册，河北人民出版社 1998 年版，第 9738 页。

③ 太公：《东京杂事诗》，《浙江潮》1903 年第 2 期。

④ 景梅九：《罪案》，国风日报社 1924 年版，第 17—18 页。

说："亡而存之，废而举之，愚而智之，弱而强之，条理万端，皆归本于学校。"①李端棻《请推广学校折》奏称：

> 巨厦非一木所能支，横流非独柱所能砥，天下之大，事变之亟，必求多士，始济艰难。今十八行省，只有数馆，每馆生徒只有数十，士之欲学者或以地僻而不能达，或以额外而不能容，即使在馆学徒，一人有一人之用，尚于治天下之才万不足一，况于功课不精，成就无几。②

张之洞也提出"天下广设学堂"。戊戌维新时期的兴学计划虽因戊戌变法失败而受到挫折，但其影响并未消失。正如梁启超所说："政变以后，下诏废各省学校，然民间私立者尚纷纷见，亦由民习已开，不可抑遏。"③

义和团运动后，很多有识之士，更把兴学视为救国首策。义和团运动严重的愚昧性更使开民智的声浪再度高涨。县令黄仲苏上书刘坤一，痛切指出：

> 窃谓举行新政，必以开民智为先。民智不开，虽意美法良，究竟信之者一，疑之者十，甚且坚执旧习，阴私阻挠。中国四十年来所设方言格致会馆、中西武备各学堂，竭力维持而收效无几，岂中人之才力竟不及西人哉！民智未开，风气不变，欲恃此生徒数百人成材效用，驯致富强，此必不可得之数也。泰西言口之家，皆谓"善政如草木，民智如土田"。民智既开，则下令如流水之源，善政不期举而自举。且一举而莫能废。否则民未开悟，勉强遵行，貌合神离，终为具文。④

他认为，中国办理洋务40余年，之所以一误再误，都是由于不学无

---

① 梁启超：《学校总论》，林志钧编：《饮冰室合集·文集之一》，中华书局1989年版，第19页。

② 李端棻：《请推广学校折》，中国史学会编：《戊戌变法》第2册，上海人民出版社2000年版，第293页。

③ 梁启超：《戊戌政变记》，林志钧编：《饮冰室合集·专集之一》，中华书局1989年版，第31页。

④ 中国历史研究社编：《庚子国变记》，上海书店出版社1982年版，第360页。

术，昧于中外形势。要开民智，“学堂不可不先设”，这是安内和外之长策。刘坤一、张之洞在著名的变法奏折中，推出的首策就是广设学堂，奏称：

> 中国不贫于财而贫于人才，不弱于兵而弱于志气。人才之贫，由于见闻不广，学问不实；志气之弱，由于苟安者无履危救亡之远谋，自足者无发愤好学之果力。保邦致治，非人无由，谨先就育才兴学之大端，参考古今，会通文武，筹议四条：一曰设文武学堂，二曰酌改文科，三曰停罢武科，四曰奖励游学。[①]

于是，1901 年 9 月，清廷下诏，通谕各省广设学堂，普及教育受到各级官府的重视。据统计，1904 年，全国各类学堂 4476 所，在校学生 99475 人。1905 年，学堂增至 8277 所，学生达到 258873 人。[②] 到 1912 年，在校学生达到 2933387 人。[③] 新式学堂遂成为国内培育现代知识群体的主要基地。

（三）传统绅士之分化与转型

面对深重的民族危机和清廷新政，传统绅士群体也发生剧烈分化，部分绅士与时俱进，逐渐向现代知识分子转型，遂成为新社会阶层重要来源。

由于清廷政策导向越来越重视西学，西学渐有压倒中学之势。一位守旧的士子哀叹：

> 国家取士以通洋务、西学者为特超之科，而孔孟之学不闻郑重焉。凡有通洋务、晓西学之人，即破格擢用，天下之士莫不舍孔孟而向洋学，士风日下，伊于胡底？[④]

---

① 《张之洞、刘坤一变通政治人才为先遵旨筹议折——酌改文科》，朱有瓛主编：《中国近代学制史料》第 1 辑（下），华东师范大学出版社 1986 年版，第 120 页。

② 王笛：《清末新政与近代学堂的兴起》，《近代史研究》1987 年第 3 期。

③ 桑兵：《清末兴学热潮与社会变迁》，《历史研究》1989 年第 6 期。

④ 刘大鹏著，乔志强标注：《退想斋日记》，1901 年 10 月 16 日，山西人民出版社 1990 年版，第 102 页。

科举停废后，趋新的士风更为明显，知识界分化更趋剧烈。“近年来为学之人，竞分两途，一曰守旧，一曰维新。守旧者惟持孔孟之道，维新者独求西洋之法。守旧则违于时而为时人所恶，维新则合于时而为时人所喜，所以维新者日益多，守旧者日渐少也。”[①]所以，一些士绅就通过上简易师范学堂、法政学堂或留学获取新身份，也有一些已成名的进士趋向新学，加入新式知识群体队伍。

随着新式知识群体的形成，逐渐形成了自觉的群体意识。李书城在《学生之竞争》中写道：

> 学生介于上等社会、下等社会之中间，为过渡最不可少之人。上等社会既误于前，崩溃决裂……待继起者收拾之。为今日之学生者，当豫勉为革新之健将，使异日放一大光彩，以照耀于亚洲大陆之上，毋使一误再误，终罹亡国之祸，以为历史羞。前途茫茫排山倒海之伟业，俱担荷于今日学生之七尺躯，则对上等社会所负之责任重也。下等社会为一国之主人，如何使完其人格，如何使尽其天职，必养其独立自营之精神，而后能为世界之大国民，以立于万马奔腾潮声汹涌之竞争场而不踣。今日之学生，即下等社会之指向针也，则对下等社会所负之责任重也。[②]

事实上，新式知识群体开始成为改革社会的中坚力量。他们或从事革命，或从事改良，或从事新的社会事业，成为社会革新的指导者、实践者。有学者指出：

> 学生群的出现……使得传统社会的结构发生变化，习惯于传统引导的守旧士人变为自我引导的求新学生，而且通过毕业生对政、教、军、警、报及工商各界的渗透，改变了各分支部门的内在结构，初步形成以国内毕业生为基干，留学生、开明人士和外籍人员为引导和补充的近代化人才体

---

① 刘大鹏著，乔志强标注：《退想斋日记》，1901 年 10 月 16 日，山西人民出版社 1990 年版，第 102 页。

② 李书城：《学生之竞争》，张枬、王忍之编：《辛亥革命前十年间时论选集》第 1 卷（上），生活·读书·新知三联书店 1978 年版，第 453—454 页。

系……对社会风尚形成有力冲击，人们的价值取向、道德规范、思维行为方式发生剧烈震荡，对于更新民族心理素质，改良文化土壤结构产生了深远影响……使中国社会变动的速度、广度和深度空前地加快、拓展和深化了。①

三、国内政治文化多元结构的形成

20世纪初，随着新社会群体的形成，国内政治文化也出现多元纷呈的局面。新的知识群体组建社团，创办杂志，广泛宣传各种政治理念。诚如梁启超所说："壬寅癸卯间，译述之业特盛，定期出版之杂志不下数十种，日本每一新书出，译者动数家，新思想之输入，如火如荼矣。"②清末新政以来，创办的各种报刊应该不下几百种，除被广泛宣传的革命思想、宪政思想、实业救国思想、教育救国思想等思潮外，民约论、无政府主义学说、女权学说、国粹主义思潮、唯科学主义思潮及新的伦理学说等也影响巨大，笔者拟作简略论述。

（一）民约论

民约论实际就是专指卢梭的《社会契约论》。据考证，1898年起，《民约论》已有正式版本在中国印行，书名《民约通义》。严复、何启、胡礼垣、梁启超在戊戌维新期间，都对卢梭的思想有所介绍。梁启超一度醉心于卢梭的思想。1899年，他在《破坏主义》中热情赞扬卢梭说：

欧洲近世医国之国手，不下数十家。吾视其方最适于今日之中国者，其惟卢梭先生之《民约论》乎！是方也，当前世纪及今世纪之上半，施之于欧洲全洲而效；当明治六七年至十五六年之间，施之于日本而效……呜呼！《民约论》，尚

---

① 桑兵：《清末兴学热潮与社会变迁》，《历史研究》1989年第6期。

② 梁启超：《清代学术概论》，林志钧编：《饮冰室合集·专集之三十四》，中华书局1989年版，第71页。

其来东。东方大陆，文明之母，神灵之宫。惟今世纪，地球万国，国国自主，人人独立，尚余此一土以殿诸邦。此土一通，时乃大同。呜呼，《民约论》兮，尚其来东！大同大同兮，时汝之功！①

1901年，梁启超发表《卢梭学案》称："卢氏此论，可谓精义入神，盛水不漏。今虽未有行之者，然将来必遍于大地，无可疑也。"②1902年，梁启超在《论学术势力左右世界》中写道：

及卢梭出，以为人也者，生而有平等之权，即生而享有自由之福，此天之所以与我，无贵贱一也。于是著《民约论》大倡此议……自此说一行，欧洲学界，如平地起一霹雳，如暗界放一光明，风驰云卷，仅十余年，遂有法国大革命之事，自兹以往，欧洲列强之革命纷纷继起，卒成今日民权世界。民约论者，法国大革命之原动力也。法国大革命，十九世纪全世界之原动力也。卢梭之关系于世界何如也。③

后来，梁启超思想转向国家主义，认为卢梭的学说有功于天下者固多，其误于天下者也不少，但是天赋人权理念已深入人心，革命派成为卢梭学说新的拥护者。邹容在《革命军》中疾呼：

夫卢梭诸大哲之微言大义，为起死回生之灵药、返魄还魂之宝方。金丹换骨、刀圭奏效、法美文明之胚胎，皆基于是。我祖国今日病矣，死矣，岂不欲食灵药投宝方而生乎？苟其欲之，则吾请执卢梭诸大哲之宝幡，以招展于我神洲土……为吾同胞革命独立之木表。④

卢梭是否是民权论者，革命派对卢梭学说理解得是否正确，这

---

① 梁启超：《破坏主义》，李华兴、吴嘉勋编：《梁启超选集》，上海人民出版社1984年版，第98—99页。

② 梁启超：《卢梭学案》，林志钧编：《饮冰室合集·文集之六》，中华书局1989年版，第110页。

③ 梁启超：《论学术势力左右世界》，林志钧编：《饮冰室合集·文集之六》，中华书局1989年版，第112—113页。

④ 邹容：《革命军》，中国史学会编：《辛亥革命》第1册，上海人民出版社2000年版，第335页。

些都是学术问题,重要的是,民约论被革命派视为自由平等之原理、推动革命风潮的精神武器。

(二)无政府主义学说

康有为的《大同书》就设想建立一个无家庭、无国家、无政府的世界。但该书在辛亥革命前,一直没有正式出版,所以影响有限。辛亥革命期间的无政府主义学说主要源于西方无政府主义,特别是克鲁泡特金互助学说的影响。宣传无政府学说的主要是革命派。章太炎、朱执信都宣传过无政府学说。不过,当时比较系统地介绍和宣传无政府主义的是刘师培、何震及李石曾、吴稚晖等人。前者被称为天义派,后者被称为新世纪派。双方虽然在如何对待中国文化上有分歧,但也有诸多共同点。他们宣传的无政府理念有:

——反对弱肉强食的进化论,主张互助论

刘师培批评生存竞争理论,高度肯定"互助之说"称:

> 扰乱平和,蔑视公理,均赫胥黎诸氏"惟争乃存"一语有以误之也。"惟争乃存",故以能竞争为强,若明于苦氏(克鲁泡特金,引者注)互助之说,则竞争者恒劣败,互助者始生存,而强权可以渐弭矣。①

李石曾也说:"世界之所以终不能免为惨杀世界者,以竞争时多,而互助时少也。人谓世界无竞争,则无进步。吾更言曰:无互助,则更无进步,且欲竞争而不能。"②无政府主义者认为,除了自然进化,还有人力进化。所谓人力进化,就是道德进化。人的竞争应以互助为原则。李氏认为:"互助,则优劣俱胜。不互助,则优劣俱败。竞争,则优胜劣败。不竞争,则优败劣胜。"③

---

① 刘师培:《苦鲁巴特金学术述略》(二),《天义》第13、14卷合册,1907年12月30日。

② 李石曾:《无政府说》,张枬、王忍之编:《辛亥革命前十年间时论选集》第3卷,生活·读书·新知三联书店1978年版,第152页。

③ 李石曾:《无政府说》,张枬、王忍之编:《辛亥革命前十年间时论选集》第3卷,生活·读书·新知三联书店1978年版,第153页。

——主张充分的自由平等,反对政府与国家

刘师培强调:

吾人确信人类有三大权。一曰平等权,二曰独立权,三曰自由权。平等者,权利义务无复差别之谓也;独立者,不役他人,不倚他人之谓也;自由者,不受制于人,不受役于人之谓也。此三权者,吾人均认为天赋。独立、自由二权,以个人为本位,而平等之权必合人类全体而后见,故为人类全体谋幸福,当以平等之权为尤重。独立权者,所以维护平等权者也。惟过用其自由之权,则与他人之自由发生冲突,与人类平等之旨或相背驰,故欲维护人类平等权,宁限制个人自由权。①

无政府主义者反对国家存在。他们认为:

所以有政府者,欲助其人民自营力所不及,而又欲其防人民自由权之被侵……推其意,岂不以养成人民有自助、自治之能力之教育而责诸政府乎?然则政府之不能助人民之自营,亦不能防人民之自由,非惟不能助,而反窒之,非惟不能防,而又自侵之者,自有政府以来,所演之历史尚在,彰彰可证者。有政府而反害人民之自治、自助,使其有不能自营、不能自由之大原因者,则何取乎政府之有哉!②

所以,他们反对一切形式的政府。"是故政府者,无论为君主、民主、立宪、共和,皆同一轨一辙,为民之蠹、之蝗、之蛇蝎、之虎狼也。以是故,故政府之名为不正,而其实为不当。"③既反对政府,当然也就反对法律。无政府主义者认为,法律不利于人的道德观念的培养,主张以道德代替法律。他们指称:

---

① 刘师培:《无政府主义之平等观》,张枬、王忍之编:《辛亥革命前十年间时论选集》第2卷(下),生活·读书·新知三联书店1978年版,第918页。

② 李石曾:《无政府说》,张枬、王忍之编:《辛亥革命前十年间时论选集》第3卷,生活·读书·新知三联书店1978年版,第138页。

③ 李石曾:《无政府说》,张枬、王忍之编:《辛亥革命前十年间时论选集》第3卷,生活·读书·新知三联书店1978年版,第177页。

殊不知无法律，固有无法律之害；有法律，亦有有法律之患。彼不先开展其知识，而徒先束缚其思想，不先通达其心理，而徒先范围其观念。以此欲栽养道德，无论人民自治力之有无，何异于揠苗助长？欲求道德之真诚，其可得耶！法律云、法律云者，徒增人之恶观念，非惟无裨益于人之言行，而反有妨碍也。①

而且，军队更在反对和废除之列。

——反对家庭制度

无政府主义者认为家是万恶之源。因为有家才有私，有私才有阶级的产生，家庭也是强权的根源。《新世纪》杂志发表署名鞠普的《毁家谭》写道：

原人之始，本无所谓家也，有群而已。自有家而后各私其妻，于是有夫权。自有家而后各私其子，于是有父权。私而不已则必争，争而不已则必乱，欲平争止乱，于是有君权。夫夫权、父权、君权，皆强权也，皆不容于大同之世者也，然溯其始，则起于有家，故家者，实万恶之源也。……人类本极平等，无所谓富贵贫贱也。自有家而传其世职，受其遗产，于是阶级分矣。自有家而后农之子恒为农，士之子恒为士，于是智愚判矣。种种不平之生，皆起于有家。②

——主张以教育革命代替武装革命

无政府主义反对一切强权，当然也反对武装革命。吴稚晖在《无政府主义以教育为革命说》中说：

无政府主义之革命，无所谓提倡革命，即教育而已；更无所谓革命之预备，即以教育为革命而已。其实则日日教育，亦即日日革命。教育之效果小著，略改社会之小习惯，

---

① 李石曾：《无政府说》，张枬、王忍之编：《辛亥革命前十年间时论选集》第3卷，生活·读书·新知三联书店1978年版，第169页。

② 鞠普：《毁家谭》，张枬、王忍之编：《辛亥革命前十年间时论选集》第3卷，生活·读书·新知三联书店1978年版，第193—194页。

即小革命。在中国人近日习惯之名词,不以为革命,止曰改良,或曰改良社会。教育之效果大著,骤然全体争改易其旧习惯,即大革命。在中国亦以为革命,不曰社会革命,即曰某某革命,如目的在无政府,即曰无政府革命。然以新世纪人之观念评断之,直无所谓革命有告成之一日。真理、公道,日日倾向于进步,即教育须臾不可息,亦即革命无时可或止。惟教育必有效果,效果即革命。经一革命,即人类之公德心加扩。①

(三)女权学说

女权或女界革命也是中国现代知识界热烈讨论的一个问题。戊戌维新时期,康有为、梁启超等人提出了戒缠足、设女学的建议。梁启超说:"上可相夫,下可教子。近可宜家,远可善种。妇道既昌,千室良善。"②虽然对重男轻女现象进行抨击,指出"男女平权,美国斯盛",但他主要从生计、强种、贤妻良母角度提倡设女学。

辛亥革命时期,女权思想有显著发展。

首先,对贤妻良母主义提出质疑。陈以益在《男尊女卑与贤母良妻》中说:

男尊女卑之谬说,尽人而知之矣。今天下女学林立,早将此等谬说扫除净尽。而复前门拒虎,后门进狼,贤母良妻之主义自日本传染而来。呜呼!贤母良妻之主义,非与男尊女卑之谬说二而一,一而二者乎!今之女校,一以造成贤母良妻为事。夫贤母良妻也者,具普通之智慧,有普通之能力,而能相夫教子之谓也。若是则女子之性质,岂仅能相教而不能独立者乎?彼男子之教育,授种种之专门学问,今于女子则仅授以普通之学识而止,非重男轻女

---

① 吴稚晖:《无政府主义以教育为革命说》,张枬、王忍之编:《辛亥革命前十年间时论选集》第3卷,生活·读书·新知三联书店1978年版,第219页。

② 梁启超:《倡设女学堂启》,林志钧编:《饮冰室合集·文集之二》,中华书局1989年版,第19页。

耶？非与男尊女卑之谬说相等耶？所谓平等者何在？所谓平权者何在？①

文章认为，贤妻良母，都是从男子立场立论，女子处于附从地位。“且夫贤母云者，良妻云者，均对于男子而言。为他人母，为他人妻，美其名曰贤母，曰良妻，实则男子之高等奴隶耳。”②其实，人们质疑贤妻良母主义，并非否认贤妻良母，而是认为不能把女子角色仅定位于贤妻良母。

其次，女子应该勇敢承担起国家、社会之责任。秋瑾在《勉女权歌》中写道：“愿奴隶根除，知识学问历练就，责任上肩头，国民女杰期无负。”③而且，当时的女权先驱也确以行动实践诺言。她们办报纸、办女学，组织团体，参加救亡工作、社会工作。

再次，从女性角度，具体提出女性的权利。(1)男女平等。女子要做到真正解放，必须男女平等。“今日之女子，与其对男子争权，不若尽履人治，迫男子尽去其特权，退与女等，使世界无受制之女，亦无受制之男。夫是之为解放女子，夫是为根本改革。”④要想做到男女平等，就必须改变对女子自然性别与社会性别的歧视，承认女子在天赋上与男子无异。“女子之脑关，固无异于男子，故其智识亦不相上下”，“女子之能力，固不逊男子”。接受平等教育，是消除男女不平等的关键。不接受平等教育，女子难以自立。当然，要树立男女平等的观念，还要改变旧伦理观念。(2)女子劳动权。女子被剥夺劳动权，就难以经济自立。秋瑾说：“但凡一个人，只怕自己没有志气；如有志气，何尝不可求一个自立的基础、自活的艺业呢？如今女学堂也多了，女工艺也兴了，但学得科学工艺，做教习，开工厂，何尝不可自己养活自己呢？也不致坐食，累及父兄、夫子了。一来

---

① 陈以益：《男尊女卑与贤妻良母》，张枏、王忍之编：《辛亥革命前十年间时论选集》第3卷，生活·读书·新知三联书店1978年版，第482—483页。

② 陈以益：《男尊女卑与贤妻良母》，张枏，王忍之编：《辛亥革命前十年间时论选集》第3卷，生活·读书·新知三联书店1978年版，第483页。

③ 郭长海、郭君兮辑注：《秋瑾全集》，吉林文史出版社2003年版，第341页。

④ 震述（何震）：《女子解放问题》，张枏、王忍之编：《辛亥革命前十年间时论选集》第2卷（下），生活·读书·新知三联书店1978年版，第968页。

呢，可使家业兴隆；二来呢，可使男子敬重，洗了无用的名，收了自由的福。"①当然，劳动权只是实现自立、经济平等的一步。(3)参政权。《女子世界》的《女魂篇》写道：

> 二十世纪之世界，女权昌明之世界也，大不列颠呼吸新空气之女国民，既得以多数之决议，有被举议员之资格。则此风之盛于欧洲，吾断言其不出十年。而列国之庭，咸有女子之芳躅，其革命之潮，渡太平洋而西卷者，吾又可决其不出二十年。②

当然，也有不以女子参政权为然者。比如何震认为，少数女子获得参政权，也可能造成少数女子压制多数女子。最重要的是实现男女的真正平等。

(四)国粹主义

"国粹"一词，原系19世纪80年代一些日本人因不满国内的欧化浪潮而提出的。丧权辱国的《辛丑条约》签订后，中国的独立已名存实亡，一些爱国知识分子深惧国亡无日，思以倡导国学，激发人们的民族自尊与保国之心，力挽神州陆沉，遂提出保存国粹的主张。

第一，国粹就是一国的特别精神，是国性、国魂。一国之学灭，国家也就随之而亡。黄节说：

> 夫国粹者，国家特别之精神也。昔日本维新，欧化主义浩浩滔天，乃于万流澎湃之中，忽焉而生一大反动力焉，则国粹保存主义也……其说以为宜取彼之长补我之短，不宜醉心外国之文物，并其所短而亦取之，并我所长而宜弃之。其说颇允。③

许守微说："国粹者，一国精神之所寄也。其为学，本之历史，因乎政俗，齐乎人心之所用，而实为立国之根本源泉也。是故国粹存

---

① 郭长海、郭君兮辑注：《秋瑾全集》，吉林文史出版社2003年版，第378—379页。

② 自立：《女魂篇》，《女子世界》第4期，上海常熟女子世界社甲辰(1904年)三月朔日出版，第12页。

③ 胡逢祥：《社会变革与文化传统》，上海人民出版社2000年版，第63页。

则其国存,国粹亡则其国亡。此非余一人之私言也。”①

第二,提倡国粹就是为了建立民族的自尊心、爱国心。章太炎说:

为甚提倡国粹?不是要人尊信孔教,只是要人爱惜我们汉种的历史。这个历史,是就广义说的,其中可以分为三项:一是语言文字,二是典章制度,三是人物事迹。近来有一种欧化主义的人,总说中国人比西洋人所差甚远,所以自甘暴弃,说中国必定灭亡,黄种必定剿绝。因为他不晓得中国的长处,见得别无可爱,就把爱国爱种的心,一日衰薄一日。若他晓得,我想就是全无心肝的人,那爱国爱种的心,必定风发泉涌,不可遏抑的。②

章氏《答铁铮》称:“仆以为民族主义,如稼穑然,要以史籍所载人物制度、地理风俗之类,为之灌溉,则蔚然以兴矣。不然,徒知主义之可贵,而不知民族之可爱,吾恐其渐就萎黄也。”③许守微认为:

语有之:橘逾淮则为枳。今日之欧化,枳之类也。彼之良法善制,一施诸我国而弊愈滋。无他,虽有嘉种,田野弗治弗长也。夫群学之公例,文明之法制,恒视一群进化之度以为善。我不进吾民德,修吾民习,而兢兢于则效,是犹蒙马之技,而画虎之讥也。所以进吾民德修吾民习者,其为术不一途,而总不离乎爱国心者近是,此国粹之所以为尚也。④

第三,中西文化是一种平等关系,各有其民族特性,不应有优劣之分。任何一种文化现象皆因一定的地理环境、气候条件、人种或政俗造成。“荷兰人善行水,日本人善候地震,因也。山东多平原大坛,故邹鲁善颂礼;关中四塞便骑射,故秦陇多兵家。”⑤文化传统的延

---

① 许守微:《论国粹无阻于欧化》,张枬、王忍之编:《辛亥革命前十年间时论选集》第2卷(上),生活·读书·新知三联书店1978年版,第53页。

② 章太炎:《东京留学生欢迎会演说词》,汤志钧编:《章太炎政论选集》(上),中华书局1977年版,第276页。

③ 章太炎:《答铁铮》,马勇编:《章太炎书信集》,河北人民出版社2003年版,第179页。

④ 许守微:《论国粹无阻于欧化》,张枬、王忍之编:《辛亥革命前十年间时论选集》第2卷(上),生活·读书·新知三联书店1978年版,第52页。

⑤ 章太炎:《原学》,张枬、王忍之编:《辛亥革命前十年间时论选集》第3卷,生活·读书·新知三联书店1978年版,第451页。

续性,使得世界文化不可能同一。"文化犹各因其旧贯,礼俗风纪及语言互不相入,虽欲大同无由。"①文化各有短长,不能鄙视本民族文化。

第四,国粹主义不是对民族文化照单全收,而是取其精华。国粹主义者猛烈抨击封建文化专制。"学在专制而不能包容,故九流诸子皆归罢黜,而无与比观争胜,是则儒学末流之弊也。"②学术应该是天下公器,而不应该徇统治者之好恶。他们认为,中国旧学,有"国学"与"君学"之分,有"在朝之学"与"在野之学"的区分。国学就是"其所学者,上下千载,洞流索源,考郡国之利病,哀生民之憔悴,发愤著书,以救万世,其言不为一时,其学不为一人"。君学就是"所读不过功令之书,所业不过利禄之术,苟以颂德歌功,缘饰经术,以取媚时君,固宠图富贵而已"③。"在朝之学"唯君主马首是瞻,是封建统治者的御用工具;"在野之学"以天下兴亡为职志,唯在野爱国忧时之士悉心讲求。中国两千年来的学问,"所不得不破之者君尊,所不得不存之者民德"④。要想发明真国学,就不能徒守旧说。因此,章太炎说:

> 学名国粹,当研精覃思,钩发沉伏,字字征实,不蹈空言,语语心得,不因成说,斯乃形名相称。若徒摭旧语,或张大其说以自文,盈辞满幅,有何贵哉?⑤

章氏所云恐怕不只是一字一义的考证,还须有义理的发挥。

第五,提倡国粹并不排斥西学。国粹主义者把他们提倡的国粹主义与欧洲的文艺复兴相比。他们认为欧洲今日之文明,来源于古学之复兴,所以提倡国粹,也是为了"研求古学,刷垢磨光,钩玄提要,以发见种种之新事理,而大增吾神州古代文学之声价"⑥。他们

---

① 章太炎:《春秋评议》,见《国粹学报》1910 年第 65 期。

② 邓实:《国学通论》,见《国粹学报》1905 年第 3 期。

③ 邓实:《国学通论》,见《国粹学报》1907 年第 27 期。

④ 伍文琛:《群书》,《政艺通报》1906 年第 19 号。

⑤ 章太炎:《与人论国学》,马勇编:《章太炎书信集》,河北人民出版社 2003 年版,第 219 页。

⑥ 邓实:《古学复兴论》,张枬、王忍之编:《辛亥革命前十年间时论选集》第 2 卷(上),生活·读书·新知三联书店 1978 年版,第 60 页。

认为，对西洋文明的态度应该是疏，而不是堵；应该中西沟通，以西证中，以中证西。提倡国粹不是为了阻碍欧化。“一言以蔽之，国粹也者，助欧化而愈彰，非敌欧化以自防，实为爱国者须臾不可离也云尔。”①

国粹主义兴起，从政治上看，固然具有反对列强侵略和鼓吹“排满革命”的双重意义。然而，从文化角度而言，更多的是面对西方强势文化而产生的深刻文化危机感。因为义和团运动后，确有不少国人丧失文化自信，甚至有民族虚无主义的思想。吴稚晖就认为中国的种种文明都已属历史陈迹，当在淘汰之列。他说：

> 近数年来，中国之号称识者，动则称国粹……然当万事以进化为衡之世，是种种者当在淘汰之列。其补助于社会文明之功，已属过去之陈迹……中国文化进退之如何，当视国粹之受若何之处分。②

吴氏还强烈主张废除中国文字，认为中国文字是野蛮文字，不如“陈之于博物院”，甚至“与葱根菜叶共投于垃圾之桶”。③ 一方面是西方的强势文化，另一方面是文化自信的丧失，遂致国粹主义者有一种深深的文化危机感。民族文化的丧失，就是民族的灭亡。对此，邓实有清醒的体认。他认为，历代少数民族入主中原后，虽在武力上一度征服汉族，但因文化上落后于汉族，并不能改变中原地区的汉族经济文化，“且不独不变而已，及其久焉，其力反足以征服异族，而使异族与之同化……茫茫禹域，其性情习惯犹是吾黄帝子孙所尸，而异族之元首，不过中原之一客帝，其有显违国教，干犯我成宪者，则不旋踵而偾败离扑矣”。所以“国亡”而学不亡，学不亡而民族国家终有复兴之一日。但是近代以来，那些入侵的西方殖民者却是经济文化比中国先进的拉丁、条顿、斯拉夫等族，他们不仅从政治、经

---

① 许守微：《论国粹无阻于欧化》，张枬、王忍之编：《辛亥革命前十年间时论选集》第2卷(上)，生活·读书·新知三联书店1978年版，第56页。

② 反：《国粹之处分》，张枬、王忍之编：《辛亥革命前十年间时论选集》第3卷，生活·读书·新知三联书店1978年版，第192—193页。

③ 燃料(吴敬恒)：《书〈驳中国用万国新语说〉后》，见《新世纪》1908年第57期。

济、军事上侵略中国，还企图从文化上磨灭中国，“其亡人国也，必也灭其语言，灭其文学，以次灭其种性，务使其种如堕九渊，永永沉沦”。如果过去少数民族入主中原仅仅是“变易朝庙，更改玉步而止，不数十年而光复”，那么，“今之受侮于外族也，其祸必至于种族灭绝，神灵消丧，越千万年而未能苏”。[①] 正是这种文化危机感，国粹主义者强调，在学习西方时不能丢弃中国文化，如果一切唯西方是从，恐怕不及十年，国学将亡。一国之学亡，也就是一国亡。“学也者，政教礼俗之所出也。学亡则一国政教礼俗均亡；政教礼俗均亡，则邦国不能独峙。”[②]

（五）新伦理学说

戊戌维新时期，谭嗣同、何启虽也对旧伦理提出过批判，但批判的重点在封建专制主义，即君为臣纲。辛亥革命时期，思想界提出了家庭革命的主张。《新世纪》载《三纲革命》认为，三纲不但不符合权利平等之义，且违背科学公理，是强权，是迷信。无论父子或夫妻，都应该是平等的。要摆脱强权与迷信，只有实行家庭革命。文章称：

> 今之父母即昔之子女，若其回思昔日所受之压制，不合于人道，则其将行恕道，不以己所不欲者施之于其子女也。今之子女，亦即后日之父母，若其今知父母不当以某事压制之，则当彼为父母之时，亦当行恕道，不以己所不欲者施之于其子女也。[③]

总之，所谓忠、孝、夫为妻纲都是强者之私权。

家庭革命，重在女子解放，解除加在女子身上不合理的伦理观念。有人对传统的三从观念提出批判称：

> 三从者何？从父、从夫、从子是也。父者，我所尊亲，义

---

① 邓实：《鸡鸣风雨楼独立书·人种独立第一》，见《政艺通报》1903 年第 23 号。

② 《拟设国粹学堂启》，张枬、王忍之编：《辛亥革命前十年间时论选集》第 2 卷（下），生活·读书·新知三联书店 1978 年版，第 630 页。

③ 真：《三纲革命》，张枬、王忍之编：《辛亥革命前十年间时论选集》第 2 卷（下），生活·读书·新知三联书店 1978 年版，第 1020—1021 页。

方之训，理宜相从。至于夫妇，相敬相爱，如友如宾，有敌体之义，无尊卑之分，诿曰从之，已属不通。若夫母子，则义属伦常，负教导之责，任抚育之方，保抱提携，以至于成人，在子有从母之义，岂在母反有从子之道乎！①

可见，三从之说，在于束缚女子。为了束缚女子，竟然不顾夫妇、母子伦常，于理实为不通。

辛亥革命时期，先进分子也提出了婚姻改良的主张。他们反对早婚、买卖婚姻，提倡婚姻自由。有人批评传统婚姻制度称：

中国主婚之全权，实在于父母，而无子女容喙之余地，此其弊之最大者也。夫父母所以思专此权者，岂不曰我固能为子女择佳妇佳婿，以遂其一生之愿。姑无论为人谋者不如自为谋，父母之选媳择婿常不得其当也；就令果有慧眼，能择佳妇佳婿，然亦未必遂为子女之福。②

传统婚姻制强迫素不相识之人结为夫妇，必然缺乏爱情。“今以平时不谋面之辈，而由父母之专制，昔为行道之人，今结床笫之爱，天壤间闷杀风景之事，宁有过是耶？”③所以，婚姻之事，应由子女自由选择。“故吾以为婚姻之事，必不能以全权委诸父母；必也，先令子女得自由选择，而复经父母之承认，然后决定，斯最当矣。”④

婚姻中的女子守节问题也受到强烈批判，有人撰文指出：

天下有最可嘉最可怜之人焉，其惟青年守节之嫠妇乎！夫人情所不能止者，圣人弗禁。虽礼经有从一而终，夫死不嫁之训典，然再醮助男子立业，亦属妇女之天职，谁议其非是。乃竟有忍拼锦瑟华年，牺牲前途一切生人之快乐，而茹

---

① 《论三从》，张枬、王忍之编：《辛亥革命前十年间时论选集》第3卷，生活·读书·新知三联书店1978年版，第487页。

② 履夷：《婚姻改良论》，张枬、王忍之编：《辛亥革命前十年间时论选集》第3卷，生活·读书·新知三联书店1978年版，第841页。

③ 履夷：《婚姻改良论》，张枬、王忍之编：《辛亥革命前十年间时论选集》第3卷，生活·读书·新知三联书店1978年版，第841页。

④ 履夷：《婚姻改良论》，张枬、王忍之编：《辛亥革命前十年间时论选集》第3卷，生活·读书·新知三联书店1978年版，第841—842页。

辛含苦,一若亡夫远出不归而耐守以待之者,此其用情之专之挚,为何如!①

因此,作者认为,妇女守节,应听其自愿,父兄不能强之。“吁!人必有人生幸福,然后限之以礼节。彼独非人类,抑有何罪,乃强生置之于地狱,而忍令其不自爱耶!”②

祖先崇拜,也是中国根深蒂固之观念,是维系家族制度的重要礼仪。辛亥革命时期,有人撰文提出“祖宗革命”的主张。他们认为,祖宗崇拜与上帝崇拜一样,是出于迷信。文章揭示上帝和祖先崇拜的原因说:

古人生于天地间,而不知天地为何物,闻风雨而惊,见日蚀月蚀而惊,凡一切不能解者,皆归之于上帝,故上帝者乃凭人之妄想,而创造者也。后来之人,不识先人为何物,不知其死后何之,深夜闻声而惊,中宵梦思而惊,凡一切无可考证之谬想,皆归之于祖宗之神灵,故祖宗之神灵亦凭人之妄想而创造者也。③

文章揭露,祖宗崇拜是专制者压制人民的工具:

崇拜祖宗者曰:“使子孙不忘本,此乃伦常之大义,若不敬祖宗,亦必致不敬父母。”盖父母之教子弟崇信祖宗,即如君长使百姓崇奉宗教,令其愚弱,乃易制服。故崇祖宗非他,即世世相传之狡计,以缚束其子孙,压制其子孙者也。其愚者不能辨是非而从之,其敏者与狡者,或知之而不敢言,或因之以求己利……谚曰:“求忠臣于孝子之门。”故崇拜祖宗,与作官亦有关系。即使不以崇拜祖宗为运动工具,

① 谢震:《论可怜之节妇宜立保节会并父兄强青年妇女守节之非计》,张枬、王忍之编:《辛亥革命前十年间时论选集》第3卷,生活·读书·新知三联书店1978年版,第485页。

② 谢震:《论可怜之节妇宜立保节会并父兄强青年妇女守节之非计》,张枬、王忍之编:《辛亥革命前十年间时论选集》第3卷,生活·读书·新知三联书店1978年版,第486页。

③ 真:《祖宗革命》,张枬、王忍之编:《辛亥革命前十年间时论选集》第2卷(下),生活·读书·新知三联书店1978年版,第979页。

> 然亦不敢反抗祖宗，以伤舆论。总之利用祖宗，即内以为羁制之具，外以为沽名之资。①

因此，“行祖宗之革命”，与反对帝王专制、奴隶制度一样，都是反对强权。

辛亥革命时期，激进人士还首次把反对旧伦理与批孔相联系。有人痛批孔子说：

> 支那者，政教混合之国也，亦恐惧，亦迷信，故至今日始梦呓立宪。为此厉阶者，非孔丘乎！孔丘之为宗教家否，吾不过问。惟自政府之所利用，人民之所迷信之一方面观之，虽喙长三尺者，能辩其无宗教之现象乎？呜呼！孔丘砌专制政府之基，以荼毒吾同胞者，二千余年矣。今又凭依其大祀之牌位，以与同胞酬酢。立宪党之如何舞蹈，吾不能知。独怪热心革命者，或发扬周秦诸子，或排斥宋元诸人，而于孔丘则不一注意。夫大祀之牌位一日不入火刹，政治革命一日不克奏功，更何问男女革命，更何问无政府革命。擒贼先擒王，不之知，抑毋亦有所迷信乎！②

四、精英群体对现代化模式的争议

清末10年，是继洋务运动、戊戌变法以后，中国现代化运动的又一重要阶段。无论是政治、经济、文化、法律、军事等各方面都经历了深刻变革。然而，对于现代化路径，精英群体却有不同的看法。

（一）坚持以君权实现体制内变革

以君主权力实现变革，本是维新人士的希望。戊戌维新失败后，维新人士基本上都转向立宪。随着清廷实行新政，又有人重提

---

① 真：《祖宗革命》，张枬、王忍之编：《辛亥革命前十年间时论选集》第2卷（下），生活·读书·新知三联书店1978年版，第980—981页。

② 绝圣：《排孔征言》，张枬、王忍之编：《辛亥革命前十年间时论选集》第3卷，生活·读书·新知三联书店1978年版，第208页。

以君权实现变革。《东方杂志》载《利用中国之政教论》称：

> 中国之政教，可以一语蔽之曰，寡人专制。近今以来，国势日绌，欧美文明，递相输灌。魁垒之士，率以激切之言辞，昌言于众，辄曰谋多数治安，立共和政体。等而下之，则曰共和之制，去中国过远，宜降格求之，取彼开明，破吾积习，则莫如立宪……吾欲以一言易之，谓中国兴而后可立宪。兴之奈何？则莫如即专制之政教，而因以为功。其最初之术，则以专制之力，行强迫教育之制，其次若工业，若路矿，若官制，若服色，其不适于生存者，一以专制之力划绝之，其有合于强国者，一以专制之力提倡之。至若民风习俗，万不能以专制政令易之者，则以专制之教间接而行之。方针划然，操之自我，自上而下，雷厉风行，不出十年，中国其庶乎可立宪矣。不然，缓急失宜，后先倒置。试问今之国民，有立宪资格者，能有几人？无立宪国民，又将谁与立宪……世人不察，徒诟厉专制之政教，欲举一切蹂躏之，盖亦炫于立宪之美名，而不知所处耳，乌可得哉！①

他们热切期盼清廷真心改革。“政府苟能以真心待民，民岂尽甘自居化外乎？”也担心朝廷欺骗国人，“若夫心醉集权之异说，墨守专制之遗规，奉暴秦为导师，引强俄为良友，又复择一二无关紧要之政事，以缘饰皮相之文明，如是而曰改良政治也，改良国俗也，其谁欺？”②同时，希望国人能谅解清廷的处境。“虽然，今日之政府所以不能急于变革者，亦有不得已之苦衷在。一国三公，吾谁适从，此内界所处之不得已也。国步艰难，邦交日亟；恫喝欺诈，事事宜防；左右支绌，动辄得咎。此外界所接之不得已也。”③因此，中国现代化只

---

① 觳生：《利用中国之政教论》，张枬、王忍之编：《辛亥革命前十年间时论选集》第2卷（上），生活·读书·新知三联书店1978年版，第39—40页。

② 孟晋：《论改良政俗自上自下》，张枬、王忍之编：《辛亥革命前十年间时论选集》第2卷（上），生活·读书·新知三联书店1978年版，第33页。

③ 孟晋：《论改良政俗自上自下》，张枬、王忍之编：《辛亥革命前十年间时论选集》第2卷（上），生活·读书·新知三联书店1978年版，第34页。

有依靠朝廷，实行自上而下的体制内改革。文章主张：

> 然则改良政俗之策，操之自上，如彼其易；操之自下，如此其难。操之自上，则凡立宪法、广教育、兴实业、练武备、整顿内治、收回法权，事事可次第举行，外人不能置一喙。操之自下，则民间欲结团体，而外人以为妨治安；民间欲破迷信，而外人以为关宗教；民间欲开一矿，设一路也，而外人则强附股份；民间欲辟一商埠，开一航路也，外人出为干涉。目前如此，日后可知。①

总之，他们认为，如果清廷能"晓然于天下以维新之实政"，人民能"群谅政府不得已之苦衷"，上下一心，实行自上而下的改革，中国一定能够兴盛富强。

（二）实业救国、教育救国

1. 实业救国

甲午战争后，实业救国的呼声高涨起来。康有为倡言：

> 夫今已进入工业之世界矣，已为日新尚智之宇宙矣，而吾国尚以其农国守旧愚民之智与之竞，不亦偾乎？皇上诚讲万国之大势，审古今之时变，知非讲明国是，移易民心，去愚尚智，弃守旧，尚日新，定为工国，而讲求物质，不能为国，则所以导民为治，自有在矣。②

胡燏棻、盛宣怀等人都提出"兴农商工艺之利"。1903 年，中国兴起收回利权运动，1905 年发起抵制美货运动。当时有人指出，要想使运动有成效，必以兴实业为第一。"我国不欲振兴实业则已，苟欲振兴实业，其必自收回利权始。然收回利权之事，直接运动而外，尤必以规划企业为间接运动之策。盖我国种种实业，果能实力振兴，则外人所企图之事业及其既设之事业必受无形之打击，不能既

---

① 孟晋：《论改良政俗自上自下》，张枬、王忍之编：《辛亥革命前十年间时论选集》第 2 卷（上），生活·读书·新知三联书店 1978 年版，第 34 页。

② 《请属工艺奖创新折》，光绪二十四年五月，中国史学会编：《戊戌变法》第 2 册，上海人民出版社 2000 年版，第 227 页。

发达于将来,故我国遂得乘之而获收回利权之益。"[1] 1905年,康有为出版《物质救国论》称:

> 吾既遍游亚洲十一国,欧洲十一国,而至于美。自戊戌至今,出游于外者八年,寐寝卧灌于欧美政俗之中,较量于欧亚之得失,推求于中西之异同,本原于新世之所由,反复于大变之所至,其本原浩大,因缘繁多,诚不可以一说尽之。但以一国之强弱论焉,以中国之地位,为救急之方药,则中国之病弱非有他也,在不讲物质之学而已。中国数千年之文明实冠大地,然偏重于道德、哲学,而于物质最缺。[2]

康氏此时提出物质救国论,虽有阻挡自由、民权之说的意图,但他也确信工业化是富强之本。1910年,《东方杂志》发表署名胜因的文章《实业救国之悬谈》,系统阐述了实业救国的思想。作者说:"今日救亡之术,固当以振兴实业,为唯一之先务。"[3]只有振兴实业,才能解决民生问题,而民生问题关系社会治乱。文章指出:

> 秦汉以来之兴废,棼如乱丝。顾其治忽之故,离合之迹,苟使深究通观,固可一一如指诸掌。今质而言之,则国家以人民为本,人民以生计为先,故民生之一息一耗,即为国家治乱之所在,而人民之勤怠智愚与其艺能之良楛,又即民生息耗之所在。履今日之末运,迫于实逼处此之势,其危已如朝露……此其遗大投艰,而为国家前途之重险者,固为今日上下之公患。[4]

对策是,振兴实业,改善民生,为良好政治奠定基础。"实业不兴,国

---

① 陈彦彬:《论收回利权之宜有根本解决》,张枬、王忍之编:《辛亥革命前十年间时论选集》第3卷,生活·读书·新知三联书店1978年版,第436页。

② 康有为:《物质救国论序》,姜义华、张荣华编校:《康有为全集》第8集,中国人民大学出版社2007年版,第63页。

③ 胜因:《实业救国之悬谈》,张枬、王忍之编:《辛亥革命前十年间时论选集》第3卷,生活·读书·新知三联书店1978年版,第511页。

④ 胜因:《实业救国之悬谈》,张枬、王忍之编:《辛亥革命前十年间时论选集》第3卷,生活·读书·新知三联书店1978年版,第510页。

家无向荣之望，人民无苏息之机，安能振曜精魂，以少遏其滔天之势，保吾完全独立之国乎！”[①]文章认为：

> 夫欲人民有廉耻荣辱之心，则必先足其衣食；欲人民爱国奉公守法，则必先使有直接间接之权利义务于国家，而后乃知国家之可爱；尤必先使有身家之可恋，而后自待不至菲薄，乃可纳于轨物，而不轻入于邪。矧智能关于学问，欲民有劝学向方喻义之心，又亦必先使不忧饥饿冻馁，而后能优游渐渍，争自磨砻，充其良知良能，以启发其智力……英美之民，所以程度独优者，其根原实萌蘖于是，而实业则其肇造之基。[②]

总之，实业是人民赖以生存之基，是国家血脉，实业兴衰关乎政治发展。“夫实业者，国民资赖以生之物，而国家之血液营养也。实业之兴衰，原为国民生计之舒惨所系，亦为国政隆污之所系，且即国命延促之所系。”[③]

如何振兴实业呢？关键在于制度。文章提出：

> 近今十年，国家于新创之实业，亦未尝无维持奖励之意，施及于今，终无明验大效，此则经制不定之害也。盖国家者，握有一国最高之全权，尊无二上，其性质与个人绝异。欲兴实业，国家初不必自身率先，但能改良各种行政之机关，使国民之身家财产，得有巩固之保障，斯亦可矣。复次则整齐度量货币，使民人于受授之顷，得有确定不欺之率，以杜奸伪之萌生。复次则当破幽隐，通废滞，务使百货皆不陈腐于其乡，吐纳循环，皆有至捷至便之途径，不二不息，相资相引，以鼓荡于无垠。复次则驱才智之民，纳诸同轨之中，而大涤其前此以官为家之陋习，并尽铲除束人才于一孔

---

① 胜因：《实业救国之悬谈》，张枬、王忍之编：《辛亥革命前十年间时论选集》第3卷，生活·读书·新知三联书店1978年版，第511页。

② 陈彦彬：《论收回利权之宜有根本解决》，张枬、王忍之编：《辛亥革命前十年间时论选集》第3卷，生活·读书·新知三联书店1978年版，第512页。

③ 陈彦彬：《论收回利权之宜有根本解决》，张枬、王忍之编：《辛亥革命前十年间时论选集》第3卷，生活·读书·新知三联书店1978年版，第512页。

编制。又其次则定特别保护奖劝法，使民乐于从事，鼓张兴会，萃精力于此途。凡斯五端，皆为国家振兴实业之要道。[1]

2. 教育救国

甲午战争后，教育救国思潮兴起。其重要标志是改变传统的精英教育模式，实施普及教育。清末兴学，更推动了教育救国思潮的蓬勃发展。学问救国，学问竞争一时成为很多人的共识。有人撰文论证：

> 二十世纪学界之风潮，不得不汲汲于进化，何也？处生存竞争之世，利害之烈莫甚于学战，胜则为全球主人翁，败者入自然淘汰之漩涡，而种族渐归澌灭。地球列国，权利之得失，事势之盛衰，变幻纷纭，莫可究诘。自表面观之，鲜不谓兵战、商战、农战、工战之足以兴人国亡人国也；自内部审之，则此兵战、商战、农战、工战之所以胜所以败者，无一不以学战为总枢纽……欧美列强，今日之见象，因已进化；然以理推之，则所占地位，乃进化之初级而非进化之极点，虽至贫弱之国，犹可起而追之……亡国亡种，人人不必居其罪，惟教育者之罪；强国强种，人人不得居其功，惟教育者之功。无他，教育者进化之的也。[2]

当然，文章所说的是新式现代性教育，是全方位的教育。“旧教育死，新教育生，旧国民之无教育者死，新国民之有教育者生。”[3]也就是说，普及教育不是要普及帖括词章，而是西方的哲理、科学、政治、法律等；教育的目的，不仅是要国人掌握一定的知识技能，还要更新人的观念。“教育之目的有四：一道德，二国民，三知识，四身体；而道德，国民其中心点。”[4]为了落实教育救国，有人提出强迫教

---

① 陈彦彬：《论收回利权之宜有根本解决》，张枬、王忍之编：《辛亥革命前十年间时论选集》第3卷，生活·读书·新知三联书店1978年版，第513页。

② 云窝：《教育通论》，张枬、王忍之编：《辛亥革命前十年间时论选集》第1卷(下)，生活·读书·新知三联书店1978年版，第551—552页。

③ 云窝：《教育通论》，张枬、王忍之编：《辛亥革命前十年间时论选集》第1卷(下)，生活·读书·新知三联书店1978年版，第559页。

④ 《教育会为民团之基础》，张枬、王忍之编：《辛亥革命前十年间时论选集》第1卷(下)，生活·读书·新知三联书店1978年版，第550页。

育的主张。他说：

> 虽然，专制政体不容于今世界，而教育则欧美列强悉强迫主义者，何以故？非此不能使全体国民人人尽受教育，而均一其进化之程度也。吾祖国民智未开，其用强迫主义也当尤重。[①]

所谓强迫教育，其实就是义务教育，目的是普及教育。只有普及教育，才能实现教育救国，目标是：

> 使一国之中，人人有爱国心而具普遍之知识，则兴也勃焉；人人无爱国心而缺普遍之知识，则亡也忽焉……故必有公道德，有新智慧，而后无愧于人格。国家之要素，亦不在多得英雄豪杰，而在属望一国之壮者、少者、男者、女者，皆为完全人格之人……欲人人尽职份之所当为，而道德不充智慧不足，犹乌乎可，甚矣哉，普及教育之重且要也！[②]

正是对教育救国的笃信，所以各个阶层、政治派别中，热心教育者大有人在。严复就一直坚持教育救国。他既不赞同孙中山的革命主张，也不赞同改良派的政治改革主张。他认为只有民德已新，民智已开，民力已充，然后所谓的政治革命、社会革命等才能水到渠成；否则，只能是换汤不换药。"以中国民品之劣，民智之卑，既有改革，害之除于甲者将见于乙，泯于丙者将发于丁。"[③]张謇则主张实业教育并重，相辅相成。因为一切政事无财不举，而人的素质提高根本在教育。

（三）革命与改良的论争

改变君主专制，建立宪政体制是革命派与改良派的共同追求，但在如何实现这一目标的手段上，双方看法却大相径庭。《民报》曾

---

① 云窝：《教育通论》，张枬、王忍之编：《辛亥革命前十年间时论选集》第1卷（下），生活·读书·新知三联书店1978年版，第559页。

② 云窝：《教育通论》，张枬、王忍之编：《辛亥革命前十年间时论选集》第1卷（下），生活·读书·新知三联书店1978年版，第556页。

③ 严璩：《侯官严先生年谱》，王栻：《严复集》第5册，中华书局1986年版，第1550页。

把双方不同之处概括为12点。其实,主要围绕以下三个问题展开:

1. 要不要推翻清廷

首先,革命派认为,清廷是异族政权,必须推翻。"以吾多数优美之民族,钳制于少数恶劣民族之下,彼不为我同化,而强我同化于彼,以言其理则不顺,以言其势则不久。是故排满者,为独立计,为救亡计也。"①革命派之所以坚持革命排满,首先是近代以来清廷丧权辱国,已在人们心目中失去了合法的统治性。陈天华痛批清廷出卖国家利权说:

> 列位,你道今日中国还是满洲政府吗?早已是各国的了。那些财政权、铁道权、用人权,一概拱手送与洋人,洋人全不要费力,要怎么样,只要下一个号令,满洲政府遂立刻奉行。中国虽说未曾瓜分,其实已经瓜分数十年了。从前不过是暗中瓜分,于今却是实行瓜分。②

邹容也痛斥清廷:

> "量中华之物力,结友邦之欢心"是岂非煌煌上谕之言哉!中国者,中国人之中国也。割我同胞之土地,抢我同胞之财产,以买其一家一姓五百万家奴一日之安逸,此割台湾胶州之本心,所以感发五中矣!咄咄怪事!我同胞看者!我同胞听者!③

其次,满汉不平等,清廷长期实行民族压迫政策激起汉族民众的反抗心理。根据清廷政策,满族作为统治民族,实际上是被国家奉养起来。从官员层次而言,"满洲之人在中国,不过十八行省中之一最小部分耳。而其官于朝野者,则以一最小部分,敌十八行省而有余"④。邹容说,满人在各地驻防,就是为了防汉人。"又令八旗子

---

① 胡汉民:《民报之六大主义》,中国史学会编:《辛亥革命》第2册,中华书局2000年版,第261页。

② 陈天华:《警世钟》,中国史学会编:《辛亥革命》第2册,中华书局2000年版,第125页。

③ 邹容:《革命军》,中国史学会编:《辛亥革命》第1册,中华书局2000年版,第343页。

④ 邹容:《革命军》,中国史学会编:《辛亥革命》第1册,中华书局2000年版,第337页。

弟驻防各省，另为内城以处之……虽阅年二百有奇，而满自满，汉自汉，不相错杂，盖显然有贱族不得等伦于贵族之心。且试绎驻防二字之义，犹有大可惊骇者，得毋时时恐汉人之叛我，而羁束之如盗贼乎？不然，何为而防，又何为而驻也？又何为驻而防之也？"[①]满汉不通婚，当然也是为了维护民族统治。清末，有很多人主张平满汉畛域，也说明确实存在着满汉界线。

再次，受西方民族主义的影响。革命派认为，罗马灭亡后，欧洲民族建国的历史说明，只有建立单一民族国家，国家才能富强。余一撰文称：

> 德意志之未建联邦也，各邦无所统一，群侮纷来，岌岌乎危哉，然其一战而霸，名振天下者则何以为之也？曰民族主义。伊大利之未建新国也，过罗马之故都，则禾麦离离，有不伤心者乎，然而三杰出，一统成，至今伟然成一强国者，则何以为之也？曰民族主义。[②]

余一所说的民族主义，就是单一民族建国。"合同种异异种，以建一民族的国家，是曰民族主义。"为什么要建立单一的民族国家呢？他解释说：

> 惟民族的国家，乃能发挥其本民族之特性；惟民族的国家，乃能合其权以为权，合其志以为志，合其力以为力，盖国与种相剂者也。国家之目的，则合人民全体之力之志愿，以谋全体之利益也。而种竞之公例，则彼所得此所失，彼之兴此之祸也。然则一国而容二族乎？以言特性，则各异其异，孰从而发挥之；以言合其意，合其权，则其意相背，其权消长，又孰从而合之。故曰：一国之内而容二族，则舍奴隶以外，无以容其一，否则灭之，否则融之化之而已。[③]

---

① 邹容：《革命军》，中国史学会编：《辛亥革命》第1册，中华书局2000年版，第338页。

② 余一：《民族主义论》，张枬、王忍之编：《辛亥革命前十年间时论选集》第1卷（下），生活·读书·新知三联书店1978年版，第486页。

③ 余一：《民族主义论》，张枬、王忍之编：《辛亥革命前十年间时论选集》第1卷（下），生活·读书·新知三联书店1978年版，第487页。

汪精卫(原名汪兆铭,字季新,笔名精卫,以笔名行)认为,只有建立民族国家,才能实现平等自由。他在《民族的国民》中写道:

凡民族必被同一之感,蒙其同一之知觉,既相亲比以谋生活矣,其生活之最大者为政治上生活,故富于政治能力之民族,莫不守形民族的国家之主义,此之主义名民族主义。盖民族的国家其特质有二。一曰平等。自有人类,即有战争,战胜民族对于战败民族,牛马畜之,不齿人类……若一民族则所比肩者皆兄弟也,是天然之平等。二曰自由。非我族类,其心必异,战胜民族对于战败民族,必束缚压抑之,不聊其生而死其心,以求必逞。若一民族则艰难缔造同瘁心力,故自由分配必均。以是之故,民族主义为人性所固有,即或民族中更变乱,为强所弱,四分五裂,不能自存,而民族主义淬而愈厉,困苦百折,卒达其目的而后已。①

改良派则认为,满族早已同化于汉族,中国应该提倡大民族主义、国家主义,而非种族主义。梁启超说:"满洲与我确不能纯粹的异民族,此吾所主张也。"②梁启超从血缘、文字、风俗三方面进行论证。他指称:

其一,从血缘而言,梁启超认为不能绝对说满族与汉族毫无血缘关系。他指称:爱新觉罗氏一家,其自有史以来,与我族殆无血系之相属,吾亦承认之……就令此一家者,自始与我无丝毫之血系相属,然亦限于彼一家耳,不能以概论满洲全族。其他之满洲人,则自春秋时齐燕与山戎之交涉,秦时,王莽时,三国时,人民避难徙居辽沈者,其数至伙,历史上斑斑可考。然则谓凡一切满洲皆与我毫无血统之关

① 汪兆铭:《民族的国民》,张枬、王忍之编:《辛亥革命前十年间时论选集》第2卷(上),生活·读书·新知三联书店1978年版,第83—84页。

② 梁启超:《申论种族革命与政治革命之得失》,张枬、王忍之编:《辛亥革命前十年间时论选集》第2卷(上),生活·读书·新知三联书店1978年版,第224页。

系，吾断不能为绝对的承认也。①

其二，从文字语言而言，梁启超认为满文满语已成死文字、死语言。他说：满洲虽有其本来之语言文字，然今殆久废不用，成为一种殭石，凡满人皆诵汉文操汉语，其能满文满语者，百不得一，谓其非与我同语言文字不得也。②

其三，从风俗习惯而言，满人已为汉人同化。他说：则一二小节，虽或未尽同，而语其大端，则满人大率皆同化于北省之人，其杂居外省者，亦大略同化于其省，事实之不可诬者也。③

梁启超辩称，即使认为满族是异族，也是极近系之异族。既非异族，种族革命论也就不成立，故提倡种族革命是复仇主义。他指责革命派：

公等既持复仇主义，而曰国可亡，仇不可不复，吾哀其志而壮其气也，虽然，公等切勿更言政治革命。夫政治革命者，革专制而为立宪云尔……如欲为政治革命，则暂勿问今之高踞中央者为谁何，翼其左右者为谁何，吾友也不加亲，吾仇也不加怒，吾惟悬一政治之鹄焉，得此则止，不得勿休。④

梁启超心目中的民族主义是大民族主义，也就是合中国境内各民族为一体，以对抗境外之民族。所以，他反对把民族问题与建国问题联系在一起。“吾特不欲吾民族于建国复仇两主义，倒置其轻重耶。以谓此不健全之理论，为造成国民资格之道一魔障也。”⑤梁

① 梁启超：《申论种族革命与政治革命之得失》，张枬、王忍之编：《辛亥革命前十年间时论选集》第2卷（上），生活·读书·新知三联书店1978年版，第225页。

② 梁启超：《申论种族革命与政治革命之得失》，张枬、王忍之编：《辛亥革命前十年间时论选集》第2卷（上），生活·读书·新知三联书店1978年版，第224页。

③ 梁启超：《申论种族革命与政治革命之得失》，张枬、王忍之编：《辛亥革命前十年间时论选集》第2卷（上），生活·读书·新知三联书店1978年版，第225页。

④ 梁启超：《开明专制论》（节录），张枬、王忍之编：《辛亥革命前十年间时论选集》第2卷（上），生活·读书·新知三联书店1978年版，第189页。

⑤ 梁启超：《政治学大家伯伦知理之学说》，林志钧编：《饮冰室合集·文集之十三》，中华书局1989年版，第75页。

氏认为,单一民族建国理论,必将造成狭隘的民族复仇主义。

2. 关于君主立宪与民主共和的争论

——共和立宪是否可行

就根本宗旨而言,双方在革除君主专制,建立宪政体制上并无分歧。之所以有君主立宪与共和立宪之争,其实仍是第一问题延伸而来。梁启超说:

> 种族革命者,民间以武力而颠覆异族的中央政府之谓也。盖苟非诉于武力,而欲得种族上之政权嬗代,则必其现掌权者,三揖三让以致诸我,然后可,然此必无之事也。故非用武力,不能得种族革命,明也。而其武力苟未足以颠覆中央政府,则不成其为革命,又无待言。①

梁启超认为,种族革命得不到政治革命之结果,即不但得不到君主立宪之结果,也得不到共和立宪之结果。他论证说:

> 立宪有两种,一曰君主立宪,二曰共和立宪,苟得其一,皆可命曰政治革命。则试先取"人民以武力颠覆中央政府"之一概念,与"君主立宪"之一概念,而求其因果之关系。君主立宪,必以先有君主为前提,而革命前之旧君主既灭,则所谓君主者,其必革命后之新君主也。革命后以何因缘而得有新君主,则吾中国二千年来历史上之成例,不可枚举,一言蔽之,则陈君所谓"同时并起,势均力敌,莫肯相下,非群雄尽灭,一雄独存,而生民之祸终不得息;以数私人之竞争,而流无数国民之血,若是,则亡中国者革命之人也"。可谓尽抉其弊矣。信如是也,则"立宪"二字,将来能至与否未可期,而"君主"二字,当下已先受其毒也。信如是也,则无论彼欲为君主之人未必诚有将来立宪之志愿,即诚有之,窃恐志愿未尝,而中国已先亡也。②

---

① 梁启超:《申论种族革命与政治革命之得失》,张枬、王忍之编:《辛亥革命前十年间时论选集》第2卷(上),生活·读书·新知三联书店1978年版,第199页。

② 梁启超:《申论种族革命与政治革命之得失》,张枬、王忍之编:《辛亥革命前十年间时论选集》第2卷(上),生活·读书·新知三联书店1978年版,第200页。

在梁氏看来，革命以后，建立共和立宪政体也是不可能的。

一是无法解决群雄并起的问题。

革命派认为，可以联邦制与约法解决群雄并起的问题。也就是各地革命首领可以成为军政府的首领，然后以约法规定军政府与人民的关系。其基本制度设计是：

察君权、民权之转捩，其枢机所在，为革命之际，先定兵权与民权之关系。盖其时兵贵有专权，而民权诸事草创，资格未粹，使不相侵，而务相维，兵权涨一度，则民权亦涨一度。逮乎事定，解兵权以授民权，天下晏如矣。定此关系厥为约法。革命之始，必立军政府，此军政府既有兵事专权，复秉政权。譬如既定一县，则军政府与人民相约，凡军政府对于人民之权利义务，人民对于军政府之权利义务，其荦荦大者悉规定之。军政府发布命令组织地方行政官厅，遣吏治之，而人民组织地方议会，其议会非遽若今共和国之议会也，第监视军政府之果循约法与否，是重其职……使国民而背约法，则军政府可以强制，使军政府而背约法，则所得之地咸相联合，不负当履行之义务，而不认军政府所有之权利。如是则革命之始，根本未定，寇氛至强，虽至愚者不内自戕也。洎乎成功，则十八省之议会，盾乎其后，军政府即欲专擅，其道无由。而发难以来，国民瘁力于地方自治，其缮性操心之日已久，有以陶冶其成共和国民之资格，一旦根本约法，以为宪法，民权立宪政体，有磐石之安，无漂摇之虑矣。①

梁启超认为，这种设计是一种空想。他诘问革命派：

彼首难革命者，其果能有此优美高尚之人格，汲汲于民事乎？若非其人，则一切成反对之结果矣。而论者必曰：吾所希望者，谓有此人也，且子宁能轻量天下士。今让一步，如论者言，果有此人矣，然事非一人所能集也，必有佐命者，

① 汪兆铭：《民族的国民》，张枬、王忍之编：《辛亥革命前十年间时论选集》第2卷（上），生活·读书·新知三联书店1978年版，第113页。

佐命者果皆能有此优美高尚之人格乎？[1]

而且，约法能否顺利执行也是一大疑问：

且论者如专语道德上责任，谓革命军人及所遣之吏，皆神圣焉，而必不肯自犯约法，斯其说差完耳。若语利害上比较，而曰军政府虽欲自犯约法，恐缘此失其已有之权利，故有所惮而不敢尔尔，而此惮心即人民权利之保障，此欺人之言也。夫人民所有区区之权利，出自军政府之殊恩，非自初有所挟，而军政府不得不予我者也，军政府欲夺回之，随时可以夺回之，此正波氏所谓猫口之鼠之权利也。人民所恃以抵抗唯一之武器，毋过不纳租税，即论者所谓不负当履行之义务也，而军政府屯一小队以督收，其何术以不应？[2]

二是中国国民教育和文明程度不足。

梁启超认为，中国国民不具备共和国民资格。所谓共和国民资格是什么呢？梁氏标准是："凡国民有可以行议院政治之能力者，即其有可以为共和国民之资格者也。"[3]他指称，把政治直接诉诸国民是不可能的。因为所谓的"总数"或"国民多数"未必代表国利民福，事事求诸国民投票也是不可行的。共和政治的根本必在议院。但中国国民程度不具备议院政治的资格。梁氏论证：

以吾今日中国而欲行议院政治乎，吾固言之矣，非顽固之老辈，则一知半解之新进也，此非吾敢为轻薄之言，实则平心论之，其程度不过如是也。苟老辈者多数焉，则复八股之议案，可以通过也；苟新进多数焉，则尽坑满洲人之议案，可以通过也。而政府若否认其议案，则顷刻不能安其位，而彼之首领，且将代之而实行之也。夫今之北京政府，以群耄

① 梁启超：《开明专制论》（节录），张枬、王忍之编：《辛亥革命前十年间时论选集》第2卷（上），生活·读书·新知三联书店1978年版，第169页。

② 梁启超：《开明专制论》，张枬、王忍之编：《辛亥革命前十年间时论选集》第2卷（上），生活·读书·新知三联书店1978年版，第169页。

③ 梁启超：《开明专制论》，张枬、王忍之编：《辛亥革命前十年间时论选集》第2卷（上），生活·读书·新知三联书店1978年版，第179—180页。

当艰巨，人人谓中国前途危险不可思议，而不知今易以议院政治，其险亦犹是，而或乃更甚也。①

就具体运行而言，议院可能变战场。“然在程度幼稚之民，往往因辩论而生意见，因意见而生仇雠。”②立法权与行政权严重冲突可能造成政府瘫痪。梁启超警告：

苟其采法国制，则浃旬之间，内阁可以更迭十次；苟其采美国制，则将今日出一政策焉命大统领执行，明日出一正反对之政策焉，又命大统领执行，否则相持一事不能办，一律不能颁也。信如是也，吾不知政府复成何政府，而国家复成何国家也。③

三是各种机关未备。

共和政治就需要选举。选举资格如何确定？选区如何划分？选举由谁主持？选举治安如何负责？选举争端由谁解决？梁启超认为，这一切问题，中国当时还缺乏准备。

既然种族革命不能达政治革命之目的，所以种族革命也不能成为政治革命的手段。那么舍种族革命以外，还有没有其他达到政治革命的手段呢？梁启超认为，立宪与否无关乎种族。他说：

立宪之几，恒不在君主而在人民。但使人民有立宪之智识，有立宪之能力，而发表其志愿，则无论为如何之君主，而遂必归宿于立宪……试观古今中外历史，其绝无他动力而自发心以行开明专制者曾有几何人，而不由人民要求而钦定宪法者曾有几何国。故曰，此别有他故焉，而非异族为政使之然也。④

既然种族问题与立宪无关，改良派认为，舍种族革命以外，应有

① 梁启超：《开明专制论》，张枬、王忍之编：《辛亥革命前十年间时论选集》第2卷(上)，生活·读书·新知三联书店1978年版，第180页。

② 梁启超：《开明专制论》，张枬、王忍之编：《辛亥革命前十年间时论选集》第2卷(上)，生活·读书·新知三联书店1978年版，第193页。

③ 梁启超：《开明专制论》，张枬、王忍之编：《辛亥革命前十年间时论选集》第2卷(上)，生活·读书·新知三联书店1978年版，第182页。

④ 梁启超：《申论种族革命与政治革命之得失》，张枬、王忍之编：《辛亥革命前十年间时论选集》第2卷(上)，生活·读书·新知三联书店1978年版，第222页。

其他达到政治革命目的的手段。如果要实行和平变革，君主立宪是合理的选择。梁启超说：

"君主立宪者，君主应于人民之要求，而规定国家机关之行动及人民对于国家之权利义务者也。"其所规定，则君主与人民协定之，而所以得之者，则由君主应于人民之要求也。故规定为其结果，而要求为其原因也。[①]

——梁启超推出"开明专制"

梁氏认为，君主立宪亦非立即可以付诸实行，因为中国近期尚不具备实行君主立宪的实力和条件。于是，他主张在实行立宪之前，应有一个过渡的政体，这就是"开明专制"。他声称：

夫要求必须与国民实力相待，无待言也。其实力必须养之而后成。吾以为养之途分两方面，开明专制其一也，政治革命思想之普及其二也。[②]

梁氏给开明专制的定义是："凡专制者，以能专制之主体的利益为标准，谓之野蛮专制。以所专制之客体的利益为标准，谓之开明专制。"[③]所谓开明专制，就是专制者以人民利益为标准实行专制。之所以要实行开明专制，就是因为人民程度未及。"当夫初革旧政体建新政体时，其政策必与旧社会一大部分之人利害相冲突，此亦万不逃避者也。"[④]如果遽行共和立宪，冲突必烈。既共和立宪，施政就不能不以多数为依归，而多数可能代表不了真正的国利民福，共和立宪徒具虚名。因此，梁启超设计了"开明专制——君主立宪——共和立宪"的政治变革模式。他说：

然当其未立宪以前，已经过若干年之开明专制时代，于

---

① 梁启超：《申论种族革命与政治革命之得失》，张枬、王忍之编：《辛亥革命前十年间时论选集》第2卷(上)，生活·读书·新知三联书店1978年版，第234页。

② 梁启超：《答某报第四号对于本报之驳论》，张枬、王忍之编：《辛亥革命前十年间时论选集》第2卷(上)，生活·读书·新知三联书店1978年版，第269页。

③ 梁启超：《开明专制论》，林志钧编：《饮冰室合集·文集之十七》，中华书局1989年版，第22页。

④ 梁启超：《申论种族革命与政治革命之得失》，张枬、王忍之编：《辛亥革命前十年间时论选集》第2卷(上)，生活·读书·新知三联书店1978年版，第206页。

其间既已能缓融此冲突，而减低其程度，由开明专制以移于立宪，拾级而升，又不至助长此冲突，而骤高其程度，其所以处之者，既稍易矣。而使其立宪而如德国、日本，仍含有变相的开明专制之精神，政府不必定得国民多数之同意乃能行使其职权，则其所以处之者益更易。①

这也就是说，实行开明专制可以给培养共和国民资格留有时间。而且，实行开明专制有利于政府高效施政，可以着力提高人民素质，培养共和国民资格。梁氏辩称：

吾以为一日不行开明专制……则教育一日不普及，而人民一日不能得共和之程度……不先利用国家之强制力，以实行一切行政法规，则教育断无普及之理……夫既知之矣，则尤当知开明专制与教育相倚，政治革命与教育相倚，经此两阶段后，则虽民族主义缘兹普及焉可也，虽共和资格缘兹养成焉可也。而不然者，则岂惟共和资格不能养成，即民族主义亦安从普遍也。②

梁启超认为，立宪之前必须进行政治思想革命，也就是政治观念的革命。“夫国民意力，为世界莫强之实力，善其用焉，靡坚不破。”③可是，现阶段国民的思想状态是，“夫彼毫无政治知识毫无政治能力者，不知要求为何物，不知当要求者为何事”④。因此，必须经过开明专制时期的政治思想革命，才能培养政治知识和政治能力，参与立宪政治进程。

总之，梁启超是希望用一种和平渐进的方式，而非激烈的革命方式实现政治革命。“凡因习惯而得共和政体者常安，因革命而得

① 梁启超：《申论种族革命与政治革命之得失》，张枬、王忍之编：《辛亥革命前十年间时论选集》第2卷（上），生活·读书·新知三联书店1978年版，第206页。

② 梁启超：《答某报第四号对于本报之驳论》，张枬、王忍之编：《辛亥革命前十年间时论选集》第2卷（上），生活·读书·新知三联书店1978年版，第273页。

③ 梁启超：《答某报第四号对于本报之驳论》，张枬、王忍之编：《辛亥革命前十年间时论选集》第2卷（上），生活·读书·新知三联书店1978年版，第269页。

④ 梁启超：《申论种族革命与政治革命之得失》，张枬、王忍之编：《辛亥革命前十年间时论选集》第2卷（上），生活·读书·新知三联书店1978年版，第237页。

共和政体者常危。”[①]民主习惯的养成需要过程，且需和平的环境。只有在和平环境下，才有秩序，意见冲突才可能通过法律习惯解决。而且，人民的生命财产之安全才能得到保证，人民才有可能追求其他目标。不然，人民救死不瞻，“而与之言权利义务，言秩序规律，言地方公益，言国家大计，其安能入也！”[②]

——关于政治革命路径的争议

革命派认为，不实现民族主义，政治革命无从谈起。

首先，无论在国际社会，还是国内，不同民族之间无法实现自由平等。

其次，即使清廷有意立宪，也不可能实现。

一是民族矛盾难以解决。朱执信指称：

> 夫民族思想，其说明也以理论，不如其感情也。虽极主满汉合一之说者，苟其抚心而自思，其嫌恶满洲之心终未尝无也。欲解之者，必一新夫全国之感情，此固非人力之所能及也，即其可及亦非数纪间得之者也……故民族之界线，满洲不能立宪之本也，虽欲之固无从耳。[③]

二是清廷难以取信于外，难以调和于内。有人撰文质疑说：

> 满洲之治不足以信外人久矣，彼日声言望满洲之改革，而实则意其无能为也。而改革固取其实而不必务其声，顾其能博外人之信，则其着手自易。使中国而有革命，新为组织，则其感，足及于外，于时而立宪法，则众之所属目而料其良者也。使出自满洲，则正无异于土耳其屡败之后，为无聊之颁布以自文饰也。[④]

---

① 梁启超：《开明专制论》，张枬、王忍之编：《辛亥革命前十年间时论选集》第2卷（上），生活·读书·新知三联书店1978年版，第166页。

② 梁启超：《开明专制论》，张枬、王忍之编：《辛亥革命前十年间时论选集》第2卷（上），生活·读书·新知三联书店1978年版，第174页。

③ 朱执信：《论满洲虽欲立宪而不能》，张枬、王忍之编：《辛亥革命前十年间时论选集》第2卷（上），生活·读书·新知三联书店1978年版，第118页。

④ 朱执信：《论满洲虽欲立宪而不能》，张枬、王忍之编：《辛亥革命前十年间时论选集》第2卷（上），生活·读书·新知三联书店1978年版，第119页。

相对取信于外，调和于内更难。“使不平等，则无以谢汉族；使平等，则无以解于满洲也。夫事专制者，得君而惟所欲为。虽然，于民族之间，盖不可以此为例也。”①这就是说，清廷的改革，未必能取得满人的支持。章太炎在《驳康有为论革命书》中痛批清廷说：

今以满洲五百万人，临制汉族四万万人而有余者，独以腐败之成法愚弄之耳，锢塞之耳！使汉人一日开通，则满人固不能晏处于域内，如奥之抚匈牙利，土之御东罗马也。人情谁不爱其种类而怀其利禄，夫所谓圣明之主者，亦非远于人情者也，果能敝屣其黄屋而弃捐所有以利汉人耶？借曰其出于至公，非有满汉畛域之见，然而新法犹不能行也。何者？满人虽顽钝无计，而其术惕于汉人，知不可以重器假之，亦人人有是心矣。顽钝愈甚，团体愈结，五百万人同德勠力，如生番之有社寮。是故汉人无民权，而满洲有民权，且有贵族之权者也。虽无太后，而掣肘者什伯于太后；虽无荣禄，而掣肘者什伯于荣禄。②

结论是满族权贵不会放弃其特权，因此，清廷任何推动民族平等的改革必然遭到满族权贵的强烈抵制，所以不可能得到真正实施。

再次，革命党人不相信清廷能进行真正改革。相反，清廷的新政和立宪，都是为了加强满族统治。陈天华在《猛回头》中写道：“还有那，假维新，主张立宪；略畛域，讲服重，胡汉一堂。这议论，都是个，隔靴搔痒，当时事，全不懂，好像颠狂。”③汪精卫指称：

大抵民族不同，而同为国民者，其所争者，莫大于政治上之势力。政治上之势力优，则其民族之势力亦独优。满洲自入关以来，一切程度悉劣于我万倍而能久荣者，以独占

---

① 朱执信：《论满洲虽欲立宪而不能》，张枬、王忍之编：《辛亥革命前十年间时论选集》第 2 卷（上），生活·读书·新知三联书店 1978 年版，第 119 页。

② 章太炎：《与孙诒让书》，汤志钧编：《章太炎政论选集》（上），中华书局 1977 年版，第 199 页。

③ 陈天华：《猛回头》，中国史学会编：《辛亥革命》第 2 册，中华书局 2000 年版，第 151 页。

政治之势力故也。今者欲巩固其民族,仍不外乎巩固其政治上之势力,由是而有立宪之说。①

田桐也指清廷立宪是为了"限制汉人":

呜呼!吾人之所以日亟亟焉以要求立宪,其惟一无二之目的,大都不外欲脱专制之恶毒,免压力之痛苦。满洲如已立宪,不但专制之恶毒不能脱,压力之痛苦不能免,且益使满人得有生活,而汉人终无生活,满人享有幸福,而汉人终无幸福,满人专有自由,而汉人终无自由,满人独占权利,而汉人终无权利。世界不平等之事,孰有至于此极者哉?是强权之宪法也,是满洲一方面之宪法也,是满人限制汉人之宪法也,是满人限制汉人而使之万劫而不可复之宪法也。②

既然不相信清廷能进行真正的改革,所以,政治革命只能是共和立宪,而不是君主立宪,其手段只能是革命,而不是开明专制与和平改革。革命派认为,革命固然需要流血,君主立宪同样也需要流血。章太炎说:

然则立宪可不以兵刃得之邪?既知英、德、意诸国,数经民变,始得自由议政之权。……近观日本,立宪之始,虽徒以口舌成之,而攘夷覆幕之师在其前矣。③

既然君主立宪同样需流血,何不法取乎上?更何况依恃清廷实现君主立宪,还存在着民族界线问题。至于希望由清廷通过开明专制达到君主立宪,这也是不现实的。革命派质疑:

开明专制者,待其人而后行,然欲得其人,非能自然必至,乃偶然之遭值而已。且治国者,不徒恃有治人,而兼恃

---

① 汪兆铭:《民族的国民》,张枬、王忍之编:《辛亥革命前十年间时论选集》第2卷(上),生活·读书·新知三联书店1978年版,第96页。

② 田桐:《满政府之立宪问题》,张枬、王忍之编:《辛亥革命前十年间时论选集》第2卷(上),生活·读书·新知三联书店1978年版,第550页。

③ 章太炎:《驳康有为论革命书》,汤志钧编:《章太炎政论选集》(上),中华书局1977年版,第201页。

有治法，开明专制，有治人无治法者也。彼非无法，而法之力不足以限制之，则犹之无法也。故开明专制，非适宜于今日之中国，尤非能望之今日之政府者也。①

既然坚持共和立宪，怎样看待国民共和资格呢？

第一，革命派认为，国民能力虽存在不足，但寄望于国民比寄望于政府更有希望。他们声称：

国民之能力，终远胜于政府之能力也。盖凡改革之际，当一面策进国民之能力，一面策进政府之能力，然其大部分，终注重国民，以国民为国家之分子，分子良则机关良……但今日之政府，岂惟已绝无可望，而直国之仇雠而已，故吾惟绝对的期望国民之策进其能力，若政府则所欲颠覆之目的物耳。②

其实，改良派也认为，立宪主体是国民，所不同者，在于他们认定清廷也是改进的对象，而非推翻的目标。

第二，革命派认为，中国人民富有自由、平等、博爱之精神，这是人类特性。他们论证说：

自由、平等、博爱三者，人类之普通性也，特其所禽受之量，有多寡之殊而已。论者虽武断，敢谓我国民自有历史以来，绝无自由、平等、博爱之思想乎？但观贵族政治，至战国而荡尽，我国民之精神，宁可诬者？夫我国既有此自由、平等、博爱之精神，而民权立宪，则本乎此精神之制度也，故此制度之精神，必适合于我国民，而决无虞其格格不入也。③

改良派认为，自由、平等、博爱之精神等与共和国民资格非为一物。他们指称：

---

① 汪兆铭：《驳〈新民丛报〉最近之非革命论》（节录），张枬、王忍之编：《辛亥革命前十年间时论选集》第2卷（上），生活·读书·新知三联书店1978年版，第411页。

② 汪兆铭：《驳〈新民丛报〉最近之非革命论》，张枬、王忍之编：《辛亥革命前十年间时论选集》第2卷（上），生活·读书·新知三联书店1978年版，第412页。

③ 汪兆铭：《驳〈新民丛报〉最近之非革命论》，张枬、王忍之编：《辛亥革命前十年间时论选集》第2卷（上），生活·读书·新知三联书店1978年版，第413页。

> 然则彼所谓共和国民之资格，殆即以有平等、博爱、公法观念、国家观念等为标准也。夫彼谓我国民既有此等等，吾固不能为绝对的承认，然比较的可以承认。然如彼说，谓有此等等，而遂可命之为共和国民之资格乎？此似是而非之言也。法国者，自由平等博爱论之大本营也。论者即极谀我民，谓其富于自由平等博爱之精神，恐亦无以逾十八世纪之法国。而十八世纪之法国国民，即吾所认为无共和资格者也，即今日法国民，吾犹认为无共和资格者也。①

这就是说，观念与资格不能画等号。资格代表的是一种实施观念的能力。梁启超认为，共和之真精神在于重秩序，富公益心与责任心，先于自由与平等。只有具备了秩序与责任心，才能真正贯彻自由与平等。

第三，革命派认为，既然中国人固有自由、平等、博爱之精神，就可以很快恢复光大，革命也是培养共和精神的一种方法。汪精卫说：

> 今吾中国以六千年之惯习，而欲其于旦暮之间，遽翻前辙，而别开一新纪元，毋乃求治太急，而不虑其躐等而蹶乎？虽然，为斯论者，虑则甚远，而见有未至也。夫国民所恃以为国者有二：一曰历史，二曰爱情。因历史而生爱情，复以爱情而造历史。盖国民固有历史的遗传性，然必其所际遇，与古人同，然后乐于因循。若其遭值者，世局人心，均开前古所未有，而外缘之感触，有以濬发其爱情，则因比较心而生取舍心，因取舍心而生模仿心，其变至繁，其进必烈……是惟当濬国民之爱情，以新国民之历史。求所以濬其爱情者，自心理以言，则为教育，自事实以言，则为革命。②

革命派预言，革命后，不但秩序有保证，而且民权思想会迅速恢复光大，深入人心。汪精卫辩称：

---

① 梁启超：《答某报第四号对于本报之驳论》，张枬、王忍之编：《辛亥革命前十年间时论选集》第2卷（上），生活·读书·新知三联书店1978年版，第244页。

② 汪兆铭：《民族的国民》，张枬、王忍之编：《辛亥革命前十年间时论选集》第2卷（上），生活·读书·新知三联书店1978年版，第111—112页。

然则欲问个人肯服从法与否，当先问此法是否由个人心理所表现，如其然也，则法乃应于其必要而生者也。故曰使民族主义、国民主义而普遍于国民之心理也，则约法乃应于其必要而生者也。而普遍之法，则如前文所言，教育与革命。教育者，于革命之前、革命之时、革命之后，皆一日不可缺者也。至于革命，则有预备时代，有实行时代。在预备时代，所以濬发其心理，而使生爱情者，仍不外乎教育。若在实行时代，去专制之苦，尝自由之乐，夷阶级之制，立平等之域，国民主义、民族主义昔存于理想，今现于实际，心理之感孚，速于置邮而传命也。①

对于共和国民资格的养成，改良派显然没有革命派的乐观。梁启超将其关于共和国民资格的论述概括为四点："一曰未有共和资格之国民，万不能行共和立宪；二曰今日中国国民实未有共和资格；三曰共和资格非可以短期之岁月养成；四曰革命军倥偬骚扰时代必不适于养成共和资格。"②

3. 关于社会问题的争论

——革命派推出民生主义

孙中山在伦敦蒙难后，比较深刻地考察了欧洲社会，深切感受到由于贫富差距悬殊而造成的社会矛盾尖锐。有鉴于此，他提出了民生主义。民生主义的核心就是通过单一土地税，解决贫富差距悬殊问题。冯自由解读称：

民生主义之发达何以故？曰：以救正贫富不均，而图最大多数之幸福故。贫富不均何以故？曰：以物质发舒、生产宏大，而资本家之垄断居奇故。夫自十九世纪以降，欧美列强，除俄国外，民权、民族之二大主义，殆将告厥成功。世人方以为自兹而后，专制之淫威日渐澌灭，而人权自由之幸福巩如磐石矣，而

---

① 汪兆铭：《驳〈新民丛报〉最近之非革命论》，张枬、王忍之编：《辛亥革命前十年间时论选集》第2卷（上），生活·读书·新知三联书店1978年版，第404—405页。

② 梁启超：《答某报第四号对于本报之驳论》，张枬、王忍之编：《辛亥革命前十年间时论选集》第2卷（上），生活·读书·新知三联书店1978年版，第252—253页。

孰知事实上竟有大不然者，君主之有形专制方除，而富豪之无形专制更烈。富者资本骤增，贫者日填沟壑。①

在革命派看来，垄断资本不仅造成贫富不均，而且也蹂躏了天赋人权，损害人的尊严。垄断资本的形成，是放任自由竞争，所以必须对自由竞争加以限制。他们指出：

贫富悬隔者，社会经济组织不完全之结果也……所谓本原者，放任竞争，绝对承认私有财产制是也。夫绝灭竞争，废去私有财产制，或不可即行，而加之制限与为相对的承认，则学理上殆无可非难者也。②

革命派认为，竞争胜负与能力优劣并不能完全画等号，因为竞争往往是在不平等的起点上展开。即使竞争胜负关乎能力优劣，“然则决不得以应能力多寡享富多少之适宜，证放任竞争之必归于适当也”③。限制竞争是否会造成社会退步呢？革命派认为不会。冯自由辩称：

当民生主义之萌芽时代，而欧美学者间有一说为之敌焉，则谓民生主义实行后，人类以无贫富贵贱之分，则竞争心因以消灭，而世界由是退化是也。是说于十九世纪下半期，略有讨论之价值，然及今已成过去之陈言，稍有识者，当能辨别之矣。盖世界文明之真伪，以人类能享权利自由之多寡为断；使大多数人民，而蜷伏于少数资本家羁制之下，则其为文明乎，抑野蛮乎？进步乎，抑退化乎？若谓人民安于逸乐，而将失其竞争心，则吾亦有辞以溶解之矣。人类之公德心、名誉心，因社会之文明而愈发达。民生主义之实践，讵非社会文明之促进器耶？民生主义行，而人类之公

① 冯自由：《民生主义与中国政治革命之前途》，张枬、王忍之编：《辛亥革命前十年间时论选集》第2卷（上），生活·读书·新知三联书店1978年版，第420页。

② 朱执信：《论社会革命当与政治革命并行》，张枬、王忍之编：《辛亥革命前十年间时论选集》第2卷（上），生活·读书·新知三联书店1978年版，第436页。

③ 朱执信：《论社会革命当与政治革命并行》，张枬、王忍之编：《辛亥革命前十年间时论选集》第2卷（上），生活·读书·新知三联书店1978年版，第436页。

德、名誉心以进，世界文明有此保障之二大神圣，遂万无退化之道。[1]

民生主义是否会引起社会动乱呢？革命派也认为不会。因为民生主义并非剥夺现在富人之产以均给穷人，而是通过制度之改良，使财富分配自趋平均。人们追求财富，是害怕贫穷。假如人无生活之忧，追求过量财富也变得没有太大意义。革命派声称：

今日营营于富者，叩其本心，果何所谓乎？恐其什九以惧贫之不可堪，而非以富之可乐也。为避贫而后为富，然则使菽粟如水火无不足以虑者，又安用此过量之富为？[2]

革命派表示，民生主义进行之方法，"必以至秩序至合理方法"[3]。当时的中国是否适合实行民生主义呢？革命派认为正是其时。因为中国没有欧美那样悬殊的贫富差距，实行民生主义可取得事半功倍之效，否则积重难返。

——改良派：发展生产，奖励资本

改良派对社会问题的看法与革命派有所不同，他们认为，欧美的贫富差距并不完全是由工业革命引起的，在工业革命前就已存在，工业革命只不过使贫富差距更加显著。原因是工业革命前，欧洲的土地就集中在少数贵族手中。有人撰文论证：

盖当瓦特与斯密之未出世，而全欧之土地，本已在少数人之手，全欧之资本，自然亦在少数人之手。其余大多数人，业农者大率带隶农之性质，所获差足以自赡耳。其业工商者，赖其技能，以糊其口，虽能独立，而富量终微。逮夫机器兴，竞争盛，欲结合资本以从事，则其所结合资本中之多量，必为旧有资本者所占，其余多数中产以下者，虽悉数结

① 冯自由：《民生主义与中国政治革命之前途》，张枬、王忍之编：《辛亥革命前十年间时论选集》第2卷(上)，生活·读书·新知三联书店1978年版，第422页。

② 朱执信：《论社会革命当与政治革命并行》，张枬、王忍之编：《辛亥革命前十年间时论选集》第2卷(上)，生活·读书·新知三联书店1978年版，第442页。

③ 朱执信：《论社会革命当与政治革命并行》，张枬、王忍之编：《辛亥革命前十年间时论选集》第2卷(上)，生活·读书·新知三联书店1978年版，第442页。

合,而犹不足以敌彼什之一。故彼工业革命之结果,非自革命后而富者始富,贫者始贫,实则革命前之富者愈以富,革命前之贫者终以贫也。①

改良派认为,中国的经济社会组织与欧洲大有不同。中国贵族制度,自秦以后基本上已不存在,土地集中不如欧洲突出。中国没有长子继承制,财产集中程度也不如欧洲。正因如此,"生产方面,虽日蹙促,而分配方面,则甚均匀,而极贫极富之阶级,无自而生"②。

改良派声称,财富相对平均的状况,可使中国在进行工业革命时,免于欧美的贫富过于悬殊状况。因为中国大富豪少,可使股本相对平均。他们预期:

(中国)股东之人数既繁,大股少,而小股多,则分配不期均而自均。将来风气大开,人人知非资本结合不足以获利,举国中产以下之家,悉举其所贮蓄以投于公司,生产方法,大变而进于前,分配方法仍可以率循而无大轶于旧。则我国经济界之前途,真可以安辔循轨,为发达的进化的,而非为革命的矣。③

在改良派看来,分配不是首要问题,生产才是中国面临的首要问题。他们指称社会革命论不适用于中国:

社会革命论,以分配之趋均为期,质言之,则抑制资本家之专横,谋劳动者之利益也。此在欧美,诚医群之圣药,而施诸今日之中国,恐利不足以偿其病也。吾以为策中国今日经济界之前途,当以奖励资本家为第一义,而以保护劳动者为第二义。④

为什么呢?因为列强正挟其过剩之资本,对中国进行经济侵

---

① 梁启超:《社会革命果为今日中国所必要乎》,张枬、王忍之编:《辛亥革命前十年间时论选集》第2卷(上),生活·读书·新知三联书店1978年版,第335页。

② 梁启超:《社会革命果为今日中国所必要乎》,张枬、王忍之编:《辛亥革命前十年间时论选集》第2卷(上),生活·读书·新知三联书店1978年版,第336页。

③ 梁启超:《社会革命果为今日中国所必要乎》,张枬、王忍之编:《辛亥革命前十年间时论选集》第2卷(上),生活·读书·新知三联书店1978年版,第340页。

④ 梁启超:《社会革命果为今日中国所必要乎》,张枬、王忍之编:《辛亥革命前十年间时论选集》第2卷(上),生活·读书·新知三联书店1978年版,第339页。

略，中国不能以空言抵制。在大机器生产时代，只有大资本才能取得优胜地位。“我中国若无大资本家出现，则将有他国大资本家入而代之，而彼大资本家既占势力以后，则凡无资本者或有资本而不大者，只能宛转瘐死于其脚下，而永无复苏生之一日。”①因此，要解决生产问题，就必须奖励资本，培植资本家，即使为此而稍微牺牲劳动者之利益也在所不辞。改良派辩称：

我中国今日欲解决此至危极险之问题，惟有奖励资本家，使举其所贮蓄者，结合焉，而采百余年来西人发明之新生产方法以从事于生产，国家则珍惜而保护之，使其事业可以发达以与外抗，使他之资本家闻其风，羡其利，而相率以图结集，从各方面以抵当外竞之潮流，庶或有济。虽作始数年间，稍牺牲他部分人之利益，然为国家计，所不辞也。②

改良派认为，发展生产力是国际问题，关系中国兴衰存亡，而分配是国内问题，其真正解决取决于生产发展。因此，发展生产应放在优先位置。他们指出：

今日中国所急当研究者，乃生产问题，非分配问题也。何则？生产问题者，国际竞争问题也；分配问题者，国内竞争问题也。生产问题能解决与否，则国家之存亡系焉。生产问题不解决，则后此将无复分配问题容我解决也。由此言之，则虽目前以解决生产问题故，致使全国富量落于少数人之手，贻分配问题之隐祸于将来，而急则治标，犹将舍彼而趋此，而况乎其可毋虑是也。③

正是认为中国不存在社会革命的问题，所以改良派认为提倡社会革命是攘夺富人之产，是利用下层民众以博取同情，是民族之罪

---

① 梁启超：《社会革命果为今日中国所必要乎》，张枬、王忍之编：《辛亥革命前十年间时论选集》第2卷（上），生活·读书·新知三联书店1978年版，第340页。

② 梁启超：《社会革命果为今日中国所必要乎》，张枬、王忍之编：《辛亥革命前十年间时论选集》第2卷（上），生活·读书·新知三联书店1978年版，第340页。

③ 梁启超：《社会革命果为今日中国所必要乎》，张枬、王忍之编：《辛亥革命前十年间时论选集》第2卷（上），生活·读书·新知三联书店1978年版，第341页。

人。他们指控革命派：

公等欲以之与普通之革命论并提，利用此以博一般下等社会之同情，冀赌徒、光棍、大盗、小偷、乞丐、流氓、狱囚之悉为我用，惧赤眉、黄巾之不滋蔓而复从而煽之，其必无成而徒荼毒一方……敢有言以社会革命（即土地国有制）与他种革命同时并行者，其人即黄帝之逆子，中国之罪人也，虽与四万万人共诛之可也。①

革命派与改良派的争论虽围绕民族、民权、民生问题展开，究其本质，主要集中在是否革命排满的争议。因为民生问题是一个未来的问题，双方并没有对此过多纠缠。在民权问题上，双方的基本目标一致，就是建立宪政体制，差别在于君主立宪与共和立宪。对于民权实现的路径，双方也有一些共识，都认为民权在中国不可一蹴而就。革命派设计了军法、约法、宪法三阶段路径。改良派设计开明专制阶段。

革命派认为，当务之急在于排满（即民族主义），只有排满，才能挽求民族危亡，才能实现政治革命。排满目的达到，政治革命目的自然而然会实现。因为排满不是旧式的英雄革命，而是以建立民主共和政体为目的。

改良派则认为，近期目标是实现政治革命，不是追求满族或汉族执政，因此，排满没有必要。他们认定满汉已同为中国国民，"文化同，语言同，服饰同，受外人之凌压亦同"②。排满会造成国家分裂。"中国若有元首，无论出于世袭，出于选举，必属于一族。若满人为元首，而汉人不承认；则汉人为元首，而欲得满、蒙、回、藏、苗之承认，必不可能之事也。"③因此，革命排满会造成秩序大乱，不但不能得到民主共和政体，而且会引起外国干涉。梁启超警告：

① 梁启超：《开明专制论》（节录），张枬、王忍之编：《辛亥革命前十年间时论选集》第2卷（上），生活·读书·新知三联书店1978年版，第189页。

② 李庆芳：《中国国会议》，张枬、王忍之编：《辛亥革命前十年间时论选集》第3卷，生活·读书·新知三联书店1978年版，第125页。

③ 李庆芳：《中国国会议》，张枬、王忍之编：《辛亥革命前十年间时论选集》第3卷，生活·读书·新知三联书店1978年版，第124页。

苟使有道焉，可以救国，而并可以复仇者，鄙人虽木石，宁能无歆焉！其奈此二者决不能相容。复仇则必出于暴动革命，暴动革命则必继以不完全的共和，不完全的共和则必至于亡国。故两者比较，吾宁含垢忍痛，而不愿为亡祖国之罪人也。①

对于改良派而言，有秩序的改革是第一位的。

改良派给革命派的反满扣上"复仇主义"也不合乎事实。有些革命派人士确实讲过一些简单的、过分的复仇语言，但革命派后来对其反满言论做了修正。强调排满非尽诛满人，排满是排一姓而非排一族。田桐曾提议：

以十八省机关为主，以满、蒙、青、藏之联合为客，使联邦民主立宪国，辉煌出现于亚洲大陆之上则可耳……凡满、蒙、青、藏之人民，吾人万不致侵夺其自由，而使之不平等。②

辛亥革命后，孙中山提出了五族共和的主张。虽然革命派的排满主张具有颇多大汉族主义倾向，但主要目的是救亡图存。对于革命派而言，排满当然有其目的价值，但更重要的是，它是革命派动员人们救亡图存的手段。

从争论效果而言，双方各有得失。对于排满主张的影响，梁启超不无忧虑地说："今之少年，饮排满共和之狂泉，而失其本性。"③争论结果是，反满革命成为新式知识群体及颇多汉族民众的政治理念，推动革命形势不断高涨，并最终取得辛亥革命的伟大胜利。但是君主立宪的主张也得到不少人赞同，特别在国内上层有广泛影响，并形成强大的政治势力立宪派，而且最后参加了革命，继续活跃在中国的政治舞台上。

---

① 梁启超：《申论种族革命与政治革命之得失》，张枏、王忍之编：《辛亥革命前十年间时论选集》第2卷（上），生活·读书·新知三联书店1978年版，第237页。

② 田桐：《满政府之立宪问题》，张枏、王忍之编：《辛亥革命前十年间时论选集》第2卷（上），生活·读书·新知三联书店1978年版，第550页。

③ 梁启超：《申论种族革命与政治革命之得失》，张枏、王忍之编：《辛亥革命前十年间时论选集》第2卷（上），生活·读书·新知三联书店1978年版，第236页。

第六章　和平变革：清末新政与立宪运动

一、清末新政：朝廷主导的体制内现代性变革

八国联军侵华，对中国人民或统治阶级，都是一场深重灾难。面对国际上列强鹰瞵鹗视，国内"革命排满"浪潮的兴起，清廷认识到了天演规律的不可避免。他们慨叹："时局之奇，至今而极；事物之变，亦至今而极，不改弦更张，将无以竞胜于全球。"①为了挽救覆亡的厄运，清廷唯有倾力自救，亟欲改变形象，新人耳目，以争取国人归心，重建政治合法性。于是，清廷在其最后10年进行了一系列内容广泛的改革，史称清末新政。其主要改革有：

（一）教育改革

刘坤一、张之洞先后联衔向清廷递呈了三通变法奏议，时称"江楚三折"，促请朝廷立即变法，挽救时局。第一折就提出设文武学堂、酌改文科、停罢武科、奖劝游学等4项兴学主张。1904年，清廷正式颁布学制，也就是《奏定学堂章程》。这使中国教育由无系统时期进入有系统时期，改变了传统的精英教育模式，向制度化的现代性普及教育模式转型。1905年，清廷正式设立学部，有了专门主管教育的政府机构。

清廷虽然大力兴办新学堂，但科举制度并没有随之废除。这样

① 吕海寰：《正黄旗蒙古都统吕海寰密陈兴办学堂及征兵宜防隐患折》，故宫博物院明清档案部编：《清末筹备立宪档案史料》（上），中华书局1979年版，第169页。

就造成了旧科举与新学堂相互争才的局面。由于传统的积习，很多士子在新学堂面前裹步不前。1903 年，张之洞、袁世凯遂联衔奏请递减科举。奏称：

是科举一日不废，即学校一日不能大兴；将士子永远无实在学问，国家永远无救时之人才；中国永远不能进于富强，即永远不能争衡于各国，臣等诚私心痛之……况科举之为害，关系尤重，今纵不能骤废，亦当酌量变通，为分科递减之一法。①

1905 年，袁世凯、张之洞、周馥、岑春煊等联衔会奏，要求废除科举。奏曰：

科举一日不停，士人皆有侥幸得第之心……就目前而论，纵使科举立停，学堂遍设，亦必须十数年后，人才始盛。如再迟至十年，甫停科举，学堂有迁延之势，人才非急切可成，又必须二十余年后，始得多士之用。强邻环伺，岂能我待。近数年来，各国盼我为维新，劝我变法，每疑我拘牵旧习，讥我首鼠两端。群怀不信之心，未改轻侮之意……科举夙为外人诟病，学堂最为新政大端，一旦毅然决然，舍其旧而新是谋，则风声所树，观听一倾，群且刮目相看，推诚相与。而中国士子之留学外洋者，亦知进身之路，归重学堂一途，益将励志潜修，不为邪说浮言所惑，显收有用之才俊，隐戢不虞之诡谋，所关甚宏，收效甚巨。②

接到奏折当日，清廷即下令停止科举。

清廷教育改革有重大意义。它不仅促使了士子阶层的分化，造就了新的现代知识群体的形成，也宣告了传统教育模式行将走入历史。改革也对人们的观念造成了重大冲击。西方社会科学、自然科学的地位上升，传统经学地位下降。由于中体西用教育体制已越来

---

① 《张之洞、袁世凯奏请递减科举折》，朱有瓛主编：《中国近代学制史料》第 2 辑（上），华东师范大学出版社 1987 年版，第 105 页。

② 《袁世凯等奏请废科举折》，朱有瓛主编：《中国近代学制史料》第 2 辑（上），华东师范大学出版社 1987 年版，第 110—111 页。

越不能适应新教育的发展，为了增加西学的比重，学部提出文实分科主张。在文科内，以中学为主。在实科内，以西学为主。经学是否应作为独立一科逐渐受到人们的质疑。一些官员以教育崇实为理由，要求改革大学课程。他们提议：

大学堂设有经学科一门、国文学一门，所以保存国粹用意至为深远。惟将来升入之生徒，皆由高等毕业而来，高等学科原有经学大义、中国文学两门。诸生由小学、中学递升高等，其于两种科学经数年之研究，当已深窥其义蕴。大学堂为国家储备任用人才，意在讲求政事，见诸实行，自宜注重实业。经学、国文两门，但应听其自习温习，毋用学堂授课。①

1910年召开的中央教育会议上，教育界人士又提出废除小学读经，并反对将经学独立为大学的主张。这都是一种时代变革的反映。

（二）法制改革

1. 19世纪70年代：法律改革之发声

著名文化学者柳诒徵在《中国文化史》中写道："清季迄今，变迁之大，无过于法制。"②早在19世纪70年代，中国遣使外洋，一些驻外公使就深切感受到中西律例不同。他们认识到治外法权不仅是对中国司法主权的严重损害，也是对中国人民切身利益的伤害。因为中西律例不同，所以牵涉到对外案件时，往往中国人受重罚，西方人逸于法外。为了收回治外法权，他们呼吁进行法律改革。因为既然不能让列强接受中国的法律制度，唯有通过司法改革，收回领事裁判权，才是明智的选择。但这些建议遭到清廷的断然拒绝。奕䜣认为："诚以中西各有国政，彼此不能强同。中国之不能尽如泰西各国法度，亦犹泰西各国不能尽照中国法度也。"③清廷之所以不愿进行司法改革，就是因为中西法理之间的巨大差异，朝廷不愿为了收

① 《学部官报》1906年第1期，第21页。

② 柳诒徵：《中国文化史》（下），上海古籍出版社2001年版，第924页。

③ 沈云龙主编：《近代中国史料丛刊·筹办夷务始末》（同治朝）第11册，台北文海出版社1971年版，第5867页。

回领事裁判权而动摇中国的礼法制度。

2. 19 世纪八九十年代：维新派吁请全面改革法律，实行法治

及至 19 世纪 80 年代，维新派呼吁法律改革进入了一个新阶段。

其一，以西方宣扬的人道精神，直斥中国法律之不善。在此之前，士大夫呼吁法律改革主要出于两个目的：一是维护主权；二是华洋交涉时，华民遭受不公正待遇。他们对清廷法律还未敢说三道四。此时，他们直斥中国法律的不善，要求以人道精神对现行法律进行改革，以重民命。郑观应说：

> 夫天地生人，原无厚薄也，何以案情讯鞫而酷打成招独见之于中国？夫三木之下，何求而不得？抑岂各国之人皆纯良，而我国之人独凶恶，必须施以毒刑，而后可得其情欤？①

黄遵宪也呼吁："宜细究中外刑律轻重异同之故……宜改定中律以收回内治之权，以重民命。"②

其二，法律改革之议，已不仅限于刑法，经济立法也开始受到人们重视。薛福成、郑观应、陈炽、汤寿潜等人都呼吁颁定商律。只有"正商法、保商权"，才能解决以官剥商、以官病商的问题，工商活动才有法可依，商务才能振兴。

其三，法治思想初露端倪。黄遵宪比较早地提出了法治问题。他在《日本国志·刑法志》中写道：

> 余观欧美大小诸国，无论君主、君民共主，一言以蔽之，曰以法治国而已矣。自非举世崇尚，数百年来观摩研究，讨论修改，精密至于此，能以之治国乎？嗟夫！此固古先哲王之所不及料，抑亦后世法家之所不能知者矣。③

戊戌维新期间，有更多的士大夫关注法治，并对法治内涵做了一些初步探讨。

---

① 郑观应：《刑法》，《盛世危言》，中州古籍出版社 1998 年版，第 226 页。

② 宜今室主人编：《皇朝经济文新编》第 1 册，台北文海出版社 1988 年版，第 219 页。

③ 黄遵宪：《日本国志·刑法志》，陈铮编：《黄遵宪全集》（下册），中华书局 2005 年版，第 1323 页。

3. 清末新政:法律改革从启动到全面推进

清末新政时期,清廷终于启动法律改革,动因有四:

第一,争取人心。刘坤一、张之洞奏称:“外国百年以来,其听讼之详慎,刑法之轻简,监狱之宽舒,从无苛酷之事,以故民气发舒,人知有耻,国势以强。”①而中国却是“滥刑株累之苦,囹圄凌虐之弊,往往而有”②。为了舒民气,平民怨,故而提出“恤刑狱”的主张,建议改革审判机制,减少刑讯,减少积压案件。

第二,为了收回治外法权。沈家本指出:

> 中国之重法,西人每訾为不仁,其旅居中国者,皆借口于此,不受中国之约束。夫西国首重法权,随一国之疆域为界线,中国之人侨寓乙国,即受乙国之裁判,乃独于中国不受裁判,转予我以不仁之名,此亟当幡然变计者也。③

对策是参照西方法律,修订中国现行法律,促请列强放弃治外法权。

第三,适应经济发展的需要。甲午战争后,中国允许外国设厂制造,列强资本大肆进入中国,怎样规范其行为,减少利权丧失,就是一个迫在眉睫的问题。中国工商业的发展,也需要法律的规范与保护。张之洞称:

> 欧、美商律最为详明,其国家又多方护持,是以商务日兴;中国素轻商贾,不讲商律,于是市井之徒苟图私利,彼此相欺,巧者亏逃,拙者受累,以故视集股为畏途,遂不能与洋商争衡。④

所以,刘坤一、张之洞在变法奏折中即提出修订路律、矿律、商律、交涉刑律等。

第四,树立文明形象,建立法治国家。随着清末新政的深入,特别是清廷宣布预备立宪后,法律改革全面推进,旨在为建立法治做

---

① 张之洞:《遵旨筹议变法谨拟整顿中法十二条折》,苑书义等主编:《张之洞全集》第2册,河北人民出版社1998年版,第1416页。

② 张之洞:《遵旨筹议变法谨拟整顿中法十二条折》,苑书义等主编:《张之洞全集》第2册,河北人民出版社1998年版,第1415页。

③ 李贵连:《沈家本年谱长编》,台北成文出版社1992年版,第127页。

④ 张之洞:《遵旨筹议变法谨拟采用西法十一条折》,苑书义等主编:《张之洞全集》第2册,河北人民出版社1998年版,第1442页。

准备。至辛亥革命前夕，先后修订了商法、民法、刑法、法院组织法等重要法典。

清末法律改革具有重大意义。

首先，广泛宣传了法治观念。这一时期，朝野咸呼吁法治，而且双方合作推进，初步构建了现代法律体系。虽然人们赋予法治的意义不尽相同，但各方都以法治为其合法性辩护，也说明在当时法治已成为一股潮流。清末法学家沈家本说："今者法治之说，洋溢乎四表，方兴未艾"，确为不虚。①

其次，以礼教为基础的封建法系开始解体，以权利为基础的现代法律体系逐渐得到多数人士的认可。封建法制是以维护纲常名教为原则，所以有同罪异罚、死刑分数等、株连及以法律代道德等法条。新律修订则以法律面前人人平等、人道精神为价值取向。因此，在清末法律修订中爆发了礼法之争。张之洞说：

> 盖法律之设，所以纳民于轨物之中，而法律本原实与经术相表里，其最著者为亲亲之义、男女之别、天经地义、万古不刊。乃阅本法所摹，父子必异财，兄弟必析产，夫妇必分资，甚至妇人女子责令到堂作证，袭西俗财产之制，坏中国名教之防，启男女平等之风，悖圣贤修齐之教，纲沦法斁，隐患实深。②

保守人士劳乃宣等对新刑律中没把无夫之妇犯奸等有关封建礼教风化的内容入罪大为不满。沈家本辩解，有关风化者应于教育上别筹办法，以道德调节，不应以刑法代道德。由于反对者众，沈家本等对刑律做了一定修正，并把有关所谓纲常名教者另辑为单行法，只适用于中国人。守旧之人并不因此而满足。劳乃宣强调：

> 修改刑律义关伦常诸条，未依旧律修入，但于附则称：中国宗教尊孔，以纲常礼教为重。如律中十恶，亲属容隐，干名犯义，存留养亲，及亲属相奸、相盗、相殴、发冢、犯奸各

---

① 沈家本：《法学名著序》，《历代刑法考》附《寄簃文存》第4册，中华书局1985年版，第2240页。

② 张之洞：《遵旨核议新编刑事民事诉讼法折》，苑书义等主编：《张之洞全集》第2册，河北人民出版社1998年版，第1772—1773页。

条，未便蔑弃。中国人有犯以上各罪，应依旧律别辑单行法以明惩创。窃维修订新律，本为筹备立宪，统一法权，凡中国人及在中国之居集外国人，皆应服从同一法律，是此法律本当以中国人为主。今乃依旧例别辑中国人单行法，是视此新刑律专为外国人设矣。本末倒置，莫此为甚……今中国修订刑律，乃谓为收回领事裁判权，必尽舍固有之礼教风俗——摹仿外国，则同乎此国者，彼国有违言，同乎彼国者，此国又相反，是必穷之道也。①

虽然遭到了很多反对，但新刑法还是删去了旧律文数十条、例文数百条，缘坐、凌迟、枭示、戮尸、枷号、刺字、鞭责、铁杆、石墩、笞杖诸刑，以及“比附”原则，尽行删除，又改死罪为徒流者数十项。新律也禁止刑讯。死刑唯一原则也被保留。

再次，完善了中国的法律体系。中国原来只有刑法，没有其他法律。清末法律改革编纂民法、商法、诉讼法、国籍法等，使中国法律体系初步完善。特别是民法的修订，不仅适合了社会经济发展的需要，也有利于改变中国旧有的残酷的法律制度。因为中国旧有法律民、刑不分，因债务、田产等民事纷争，也往往加以刑讯，甚至波及无辜。这固有吏治腐败的原因，但法律不完善也是很重要的原因。

最后，开启司法独立精神之先河。中国一贯司法、行政不分。清末法律改革，强调了司法独立。司法专属法部，地方设提法使司和独立审判厅。

（三）奖励工商

奖励工商，振兴实业也是清末新政的重要一环。清廷上谕宣示：

通商惠工，为古今经国之要政。自积习相沿，视工商为末务，国计民生，日益贫弱，未始不因乎此。亟应变通尽利，加意讲求。②

---

① 萧一山：《清代通史》第4册，华东师范大学出版社2006年版，第74—75页。
② 朱寿朋编：《光绪朝东华录》第5册，中华书局1958年版，第5013页。

清廷修订了一系列经济法规，旨在振兴工商，提高商人社会地位。“创制新法新器，以及仿各项工艺，确能挽回利权，足资民用者，自应分别酌予奖励。”①为了鼓励投资设厂，规定“以资本之大小，雇工之多寡，为国家赏爵之等差”②。为了鼓励一般工商业者，商部提出：“凡商人出资营业，自一万元以至八万元以上著有实效者，由臣部查核无异，拟即分别酌给此项奖牌顶戴，用昭激励。”③为了消除官商及商人之间的隔膜，清廷颁布了《商会简明章程》，鼓励设立商会。商会不同于旧式会所、会馆。它不是为了防止竞争，排除异己，也不是同业或同乡的联合，而是工商各业之代表，不限籍贯和行业，是联结工商各业的统一组织。正如有学者评论：

> 它（商会——引者注）成立之后，有史以来第一次将分散在各行业的资本家凝聚成为一个相对统一的整体。各省商务总会通过星罗棋布的分会和分所，层层联结与渗透，形成网罗全省各地资本家的轴心，发挥着某种系统中枢的重要作用，从而改变了各省区资本家过去那种互不联系的分散孤立状况。各省的商务总会在各项重大实践活动中也遥相呼应，密切配合而协调行动，又使全国的工商业者形成了一个相对统一的整体，发展成为一支有影响的独立阶级队伍。④

清廷奖励工商，振兴实业的措施取得积极成效。当时的报纸对此肯定说：

> 我国比年鉴于世界大势，渐知实业为富强之本，朝野上下，汲汲以此为务，于是政府立农工商专部，编纂商律，立奖励实业宠以爵衔之制，而人民亦群起而应之……不可谓非一时之盛也。⑤

---

① 朱寿朋编：《光绪朝东华录》第5册，中华书局1958年版，第5574页。
② 朱寿朋编：《光绪朝东华录》第5册，中华书局1958年版，第5725页。
③ 朱寿朋编：《光绪朝东华录》第5册，中华书局1958年版，第5738页。
④ 朱英：《论清末的经济法规》，《历史研究》1993年第5期。
⑤ 朱英：《论清末的经济法规》，《历史研究》1993年第5期。

(四)官制改革

预备立宪之前,清廷官制改革主要集中在三方面:增设新衙门、裁减冗衙、整顿吏治。1901 年 7 月,清廷应列强要求,撤销总理各国事务衙门,改设外务部,"班列六部之前"。为适应新政需要,1903 年设商部(后来与工部合并,改为农工商部)、练兵处(后来与兵部合并,改为陆军部)。1905 年,又增设巡警部(后改为民政部)、学部。其间,先后裁撤了河道总督和云南、湖北、广东三省巡抚,以及詹事府、通政司等冗衙。为整顿吏治,宣布停捐纳、去书吏、去差役,废除陋规。

清廷宣布立宪后,官制改革成为首要问题。改革牵涉各方利益,成为各方斗争焦点。在最初编制官制改革方案时,关于中央官制改革部分,以"责有专归"为原则,中央各部实行单一首长负责制,只设尚书一人,侍郎二人。至于行政中枢,力图以立宪国三权分立的原则,改造原来以军机处为政务中枢的部院制。在议院未成立以前,先设带有议会性质的资政院,掌立法;裁军机处及旧内阁,设立责任内阁,以各部尚书为内阁政务大臣;司法权专属法部,以大理院任审判,而法部监督之,行政官不得干预。新官制草案遭到来自各方的反对,特别是有关责任内阁部分,反对尤烈。反对派认为,总理大臣不可轻设,"苟非其人,有谋废立称居摄者矣"①。军机处不能轻裁,因为其攸关君权。他们辩称:

> 自设军机处,名臣贤相不胜指屈,类皆小心敬慎,奉公守法,其弊不过有庸臣,断不至有权臣。今东西各国相臣之权最尊,亦名内阁,即中国前代内阁之制而威权过之。用人偶失,必出权臣……军机处虽为政府,其权属于君,若内阁则权属于臣,不过遇事请旨耳……若谓大权仍不下移,其谁信之。②

最后慈禧裁定:"军机处为行政总汇……相承至今,尚无流弊,

---

① 刘汝骥:《御史刘汝骥奏总理大臣不可轻设以杜大权旁落折》,故宫博物院明清档案部编:《清末筹备立宪档案史料》(上),中华书局 1979 年版,第 422 页。

② 张端荫:《御史张端荫跪奏军机处关系军权不可裁并折》,故宫博物院明清档案部编:《清末筹备立宪档案史料》(上),中华书局 1979 年版,第 430 页。

自毋庸复改。内阁、军机处一切规制，著照旧行。”[①]政务中枢改革没有进展，引起改革派诸多诟病。

关于外省官制改革，更是虎头蛇尾。清廷原本希望通过省级官制改革，实行某种程度的合议制，借以限制督抚专权。其方案主要是建立以督抚为首长的行省衙门，布政使、按察使两使署与督抚同署办公，另设高等审判厅，专司审理案件。但改革方案遭到多数督抚反对。直到1907年7月，才下发一道上谕，规定：改各省按察使为提法使，增设巡警、劝业两道，裁撤分守分巡各道，酌留兵备道，分设审判厅，增易佐治员。即使这样的妥协方案，还要东三省先行开办，直隶、江苏择地试办。

清廷官制改革中，比较有意义的是资政院和咨议局的设立。资政院和咨议局是清廷将“庶政公诸舆论”，为设立国家和地方议会做准备而建立的机构，与真正的西方国家和地方议会尚有一定距离。但是，资政院和咨议局开幕后，却出现了另外一番景象，议场内一波未平，一波又起，各种议案、质问、说帖，不断提出，不仅议题超出了清廷限定的范围，而且与地方督抚及清廷相对立的事件，也时有发生。客观而言，资政院和咨议局在一定程度上带有现代国家和地方议会的色彩。

（五）军事现代化改革

甲午战争后，清廷决定启动新一轮的军事现代化改革。1895年3月，原广西按察使胡燏棻奉命编练新军，“一切操练章程，均按西法办理”[②]。同年10月，胡燏棻奉调督办芦汉铁路，练兵事宜由袁世凯接任。与此同时，1895年夏秋间，暂署两江总督张之洞成立自强军，一切编制仿照德国。义和团运动后，清廷开始大规模实施军事现代化计划。1901年，上谕宣布废除武科，裁减绿营。张之洞奏称：

---

① 《裁定奕劻等核拟中央各衙门官制谕》，故宫博物院明清档案部编：《清末筹备立宪档案史料》（上），中华书局1979年版，第471页。

② 朱寿朋编：《光绪朝东华录》第4册，中华书局1958年版，第3536页。

> 或谓绿营虽无用而难遽裁，可改为巡捕兵，以资弹压防缉。不知绿营官弁兵丁，层层积弊，已入膏肓，既甚骄顽，又极疲弱，欲望其练成可战之兵，固断无其术，即改为警察，不惰废旷误，则索扰生事，亦如差役、地保而已。然则既不能整顿变化而用之，自非裁汰不可。①

1903年，清廷为改制兵制，淘汰旧军，设立练兵处，总理全国练兵事务；各省设督练处，主持本省练兵事务。1904年，建立现代军制，将新练之军队，规定为常备军、续备军、后备军。同时，规定招募应征的条件及官制、训练、给养、奖罚、征调、退休、军器、运输等制度。1905年，制订建军计划，准备在全国编练新军36镇（相当于师），每镇包括步、马、炮、工程、辎重等兵种，额设官兵12512人，并根据人力物力和军事战略地位的重要程度，进行分配，限年编练完成。至辛亥革命前夕，已编成13镇（一说14镇）。在编练陆军时，清廷也着手恢复海军。为维持地方治安，还创办了巡警。

（六）试办地方自治

要筹备立宪，筹办地方自治是不可或缺的一环。1906年，清廷谕令奕劻等，会商各省督抚，筹议预备地方自治。上谕称：

> 方今民生重困，皆因庶政未修，州县本亲民之官，乃往往情形隔阂，诸事废弛，闾阎利病，漠不关心。甚至官亲幕友肆为侵欺，门丁书差敢于鱼肉，吏治焉得不坏，民气何由而伸，言念及此，深堪痛恨。兹当改定官制，州县各地方官关系尤要，现在国民资格尚未有及，地方自治一时难以遽行，究应如何酌核办理，先为预备。②

1908年以前，部分地区试办地方自治。之后，清廷相继颁布了城镇乡和府厅州县上下两级及京师地方自治章程，各省开始奉章筹

---

① 张之洞：《遵旨筹议变法谨拟整顿中法十二条折》，苑书义等主编：《张之洞全集》第2册，河北人民出版社1998年版，第1424页。

② 《著奕劻等续订各省官制并会商督抚等议预备地方自治谕》，故宫博物院明清档案部编：《清末筹备立宪档案史料》（上），中华书局1979年版，第472—473页。

办。主要是设立地方自治筹办处，从事调查、选举事宜；开办自治研究所，培养、训练自治人才；选举各级议事会、董事会等自治团体和自治职员，建立地方自治公所。应该说，清廷筹办的地方自治具有某些民主政治性质：其一，地方自治事业较为宽泛。举凡教育、卫生、道路、桥梁、农工商、社会救济、公用事业等，都包含在地方自治范围。其二，地方自治职员由民众选举产生。其三，地方自治机关，具有某种相对独立的职责权限，比如城镇乡地方自治章程规定：议事会对于地方行政及自治事业可条陈所见；议决自治范围内地方兴革事宜，自治经费预算、决算等；有选举城镇董事会职员或乡董乡佐，及监察其执行事务之权，并得检阅其各项文牍及收支账目。议事会对于董事会执行决议有异议，视其逾越权限，或违背章程，或妨碍公益，得说明缘由，止其执行。若董事会坚持不改，得移交府厅州县议事会公断。若对于府厅州县议事会公断不服，得呈地方官核断。如再不服，由地方官申请督抚交咨议局公断。清廷的地方自治也同样存在比较浓厚的官治色彩。宪政编查馆于奏定《城镇乡地方自治章程》时指出：

> 自治者，与官治相对待而言也，无官治，则无所谓自治，犹无二物，则无所谓彼此。自治之事渊源于国权，国权所许，而自治之基乃立。由是而自治规约，不得牴牾国家之法律，由是而自治事宜，不得抗违官府之监督。①

地方自治，主要是为了辅助官治。地方官有申请督抚解散城镇乡议事会、城镇董事会及撤销自治职员之权。对于府厅县的地方自治权力，同样也有严格限制。督抚也可以咨请民政部解散府厅州县议事会。

清末对地方自治权力的设计虽然很保守，但它也改变了官治一统天下的格局，促进了社会结构的分化，促进了社会事业的发展，为工商资产阶级参政议政提供了合法渠道。

---

① 《宪政编查馆奏请核议城镇乡地方自治章程并令拟选举章程折》，故宫博物院明清档案部编：《清末筹备立宪档案史料》（下），中华书局 1979 年版，第 725 页。

二、朝野关于立宪体制与路径的争议

(一)立宪运动的兴起

实行君主立宪,虽是改良派的一贯目标,但戊戌政变以前,改良派并没有提出明确的立宪主张,更关注改善君主专制政体,议会只是被当作咨询机构,也就是只有议论而无决定的权力。戊戌以后,立宪思潮渐渐兴起。何启、胡礼垣在《劝学篇书后》,就对张之洞把民权理解为"其意不过曰国有议院可以发众论、达众情而已,但欲民申其情,非欲民揽其权"之说,提出批判。他们说:"公论之发,岂徒托诸空言,众情所趋,必且见之行事。论而不行,是谓无权,虽设议院无益也。论而必行,是为有权,虽无议院亦可也。"[①]1899年,梁启超在《各国宪法异同论》中指出:"立宪国之法律,无不经国会议定者。"1901年,在《立宪法议》中,梁氏又称:"欲君权之有限也,不可不用民权。欲官权之有限也,更不可不用民权。宪法与民权,二者不可相离。此实不易之理,而万国所经验而得之也。"并提出了请求清廷派大臣出洋考察政治、以20年为期限的预备立宪等主张。[②] 他相信立宪必将战胜专制:

> 抑今日世界,实专制、立宪两政体新陈嬗代之时也。按之公理,凡两种反比例之事物相嬗代,必有争,争则旧者必败而新者必胜,故地球各国,必一切同归于立宪而后已。此理势所必至也,以人力而欲与理势为敌,譬犹以卵投石,以蜉撼树,徒见其不知量而已。[③]

---

① 何启、胡礼垣:《劝学篇书后·正权篇》,郑大华点校:《新政真诠——何启、胡礼垣集》,辽宁人民出版社1994年版,第407页。

② 梁启超:《立宪法议》,林志钧编:《饮冰室合集·文集之五》,中华书局1989年版,第3页。

③ 梁启超:《立宪法议》,林志钧编:《饮冰室合集·文集之五》,中华书局1989年版,第3页。

1903 年，梁启超在《论立法权》中，提出圣君贤相代民为谋，必不如民之自谋，所以立法权必归诸国民。在国内，张謇是较早推动立宪的人物。1903 年，他赴日本考察，就对立宪政治表示憧憬说：

日本全国略与两江总督辖地相等，若南洋则倍之矣。一则致力实业教育三十年而兴，遂抗大国而拒强国；一则昏若处瓮，瑟缩若被执，非必人生知觉之异也。一行专制，一行宪法，立政之宗旨不同耳。而无人能举以为圣主告也，可痛可恨！①

归国后，张謇就与湖广总督张之洞、两江总督魏光焘及汤寿潜、赵凤昌等人讨论立宪问题。1904 年，张謇还代张、魏草拟《请立宪奏稿》，但张之洞态度犹豫，“其气殊怯”，促请张謇先与袁世凯商量。袁世凯回答：“尚须缓以俟时。”以后，张謇就不断地鼓动一些官僚，吁请其赞助立宪。

1905 年，是立宪运动兴起的关键之年。日俄战争，日胜俄败。如何解释这场战争的结果，立宪派把其归于立宪胜、专制败。时人评论：

甲午之后，论者惊叹于日人之上下一心，相与推原，乃稍稍语及宪法。甲辰以后，则以小克大，以亚挫欧，赫然违历史之公例，非以立宪不立宪解释之，殆为无因之果。于是天下之人，皆谓专制之政，不足复存于天下；而我之士大夫，亦不能如向日之聋聩矣。②

一时舆论纷纷鼓吹立宪。一些中高级官员也开始奏请立宪。早在 1904 年，驻法公使孙宝琦就上疏促请清廷立宪。1905 年，一些驻外使节、地方及朝中重臣，纷纷奏请立宪。在内外压力下，1905 年 7 月 16 日，清廷发布上谕，派大臣出国考察政治。1906 年，考察大臣陆续回国，相继奏请宣布立宪宗旨。载泽在密折中说：

---

① 张謇研究中心、南通市图书馆、江苏古籍出版社编：《张謇全集 · 日记》第 6 卷，江苏古籍出版社 1994 年版，第 522 页。

② 别士：《刊印宪政初纲缘起》，中国史学会编：《辛亥革命》第 4 册，上海人民出版社 2000 年版，第 10 页。

以今日之时势言之，立宪之利有最重要者三端：一曰，皇位永固。立宪国之君主，神圣不可侵犯，故于行政不负责任，由大臣代负之……故相位旦夕可迁，君位万世不改，大利一。一曰，外患渐轻。今日外人之侮我，虽由我国势之弱，亦由我政体之殊，故谓为专制，谓为半开化而不以同等之国相待。一旦改行宪政，则鄙我者，转而敬我，将变其侵略之政策，为和平之邦交，大利二。一曰，内乱可弭。海滨洋界，会党纵横，甚者倡为革命之说，顾其所以煽惑人心者，则曰政体务压制，官皆民贼，吏尽贪人，民为鱼肉，无以聊生，故从之者众。今改行宪政，则世界所称公平之正理，文明之极轨，彼虽欲造言，而无词可借，欲倡乱，而人不肯从，无事缉捕搜拿，自然冰消瓦解，大利三。立宪之利如此，及时行之，何嫌何疑。而或有谓程度不足者。不知今日宣布立宪，不过明示宗旨为立宪之预备。至于实行之期，原可宽立年限。①

端方认为，只有实行立宪，才能消弭革命排满之说。因为革命排满之说兴起的原因在于中国积弱不振，人们迁怒于满人。消弭之法，就是政治上导以新希望，种族上杜其所借口。他说：

盖缘睹外国之富强，愤中国之积弱，既绝望于维新，乃迁怒于满人。而我朝旧制，虽满汉一视同仁，而尚有一二小节，为满汉之间权利义务不甚均平者，逆党即假为口实，肆其鼓簧……今日欲杜绝乱源，惟有解散乱党；欲解散乱党，则惟有于政治上导以新希望，而于种族上杜其所借口……夫所谓于政治上导以新希望者，则奴才等前此所谓宣布国是定十五年实行立宪是已。若所谓于种族上杜其所借口者……一曰改定官制，除满汉缺分名目也……二曰撤各省驻防也。②

清廷内部反对宣布立宪者亦不少。所持理由不过有碍君主大

① 载泽：《奏请宣布立宪密折》，中国史学会编：《辛亥革命》第4册，上海人民出版社2000年版，第28—29页。

② 端方：《请平满汉畛域密折》，中国史学会编：《辛亥革命》第4册，上海人民出版社2000年版，第44—45页。

权、人民程度不足、不利政治稳定等。荣庆奏称：

吾非不深知立宪政体之美，顾以吾国政体宽大，渐流弛紊，今方宜整饬纪纲，综核名实，立居中驭外之规，定上下相维之制，行之数年，使官吏尽知奉法，然后徐议立宪，可也。若不察中外国势之异，而徒徇立宪之美名，势必至执政者无权，而神奸巨蠹，得以栖息其间，日引月长，为祸非小。①

孙家鼐认为，实行立宪，可能造成政治动荡。他质疑：

立宪国之法，与君主国全异，而其异之要点，则不在形迹而在宗旨。宗旨一变，则一切用人行政之道，无不尽变，譬之重心一移，则全体之质点，均改其方面。此等大变动，在国力强盛之时行之，尚不免有骚动之忧；今国势衰弱，以予视之，变之太大太骤，实恐有骚然不靖之象。似但宜革其丛弊太甚诸事，俟政体清明，以渐变更，似亦未迟。②

孙氏还质疑，人民对宪政认知程度不足，缺乏政治参与能力：

今国民能实知立宪之利益者，不过千百之一，至能知立宪之所以然而又知为之道者，殆不过万分之一。上虽颁布宪法，而犹懵然不知，所为如是，则恐无益而适为厉阶，仍宜慎之又慎乃可。③

除公开理由外，一些满族大臣还有说不出口的理由，那就是认为立宪利汉不利满。

关于反对者所持理由，载泽、端方在奏折中亦有所分析、驳斥，认为反对立宪者是为了巩固自己权位的一私之利。因为立宪就要对官吏权力有所限制。立宪非但无损君主大权，而且有利于君主大权的保持，有利于消除政治不安定因素。至于满汉间权利，他们都

---

① 《立宪纪闻》，中国史学会编：《辛亥革命》第4册，上海人民出版社2000年版，第15页。

② 《立宪纪闻》，中国史学会编：《辛亥革命》第4册，上海人民出版社2000年版，第15页。

③ 《立宪纪闻》，中国史学会编：《辛亥革命》第4册，上海人民出版社2000年版，第15页。

提出要消除满汉界线。因为太平天国后,汉族官僚势力上升已是既成事实,心存满汉之见,只能是给革命排满者提供口实。至于人民程度,支持立宪的人认为,预备立宪正是提高人民程度的舞台。张百熙辩称:

国民程度,全在上之劝导,今上无法以高其程度,而曰俟国民程度高,乃立宪法,此永不能必之事也。予以为与其俟程度高而后立宪,何如先预备立宪而徐施诱导,使国民程度渐几于立宪国民程度之为愈乎。①

反对者虽然反对立即宣布立宪宗旨,但又无法不承认立宪比专制更具合法性。这样,双方所争就不是立宪宗旨,而只能是时机、方法。所以经过一番争论,朝廷就预备立宪达成共识。

1906年,清廷发布上谕,宣示"仿行宪政":"时处今日,惟有及时详晰甄核,大权统于朝廷,庶政公诸舆论,以立国家万年有道之基。"②海内外立宪派大为振奋。康有为说:"从今切近之急务莫如讲宪政。"③梁启超也认为:"从此政治革命问题可告一段落,此后所当研究者,即在此过渡时代之条理如何。"④1907年秋,康有为把保皇会改名国民宪政会,后又接受梁启超的建议,改名为帝国宪政会。梁启超也在日本成立政闻社,发布4条政纲:(1)实行国会制度,建设责任政府;(2)厘定法律,巩固司法权的独立;(3)确立地方自治,正中央与地方的权限;(4)慎重外交,保持对等权利。为取得合法地位,还特别声明:"其对于皇室,绝无干犯尊严之心,其对于国家,绝无扰紊治安之举。"⑤其间,国内立宪团体也纷纷成立。一场声势浩大的立宪运动

---

① 《立宪纪闻》,中国史学会编:《辛亥革命》第4册,上海人民出版社2000年版,第15页。

② 《宣示预备立宪先行厘定官制谕》,故宫博物院明清档案部编:《清末筹备立宪档案史料》(上),中华书局1979年版,第44页。

③ 康有为:《布告百七十余埠会众丁未新年元旦举大庆典告藏保皇会改为国民宪政会文》,沈茂俊:《康南海正史文选》,广东高等教育出版社1993年版,第83页。

④ 梁启超:《致蒋观云先生书》,丁文江、赵丰田编:《梁启超年谱长编》,上海人民出版社1983年版,第365页。

⑤ 《政闻社宣言书》,张枬、王忍之编:《辛亥革命前十年间时论选集》第2卷(下),生活·读书·新知三联书店1978年版,第1064页。

在海内外兴起。1908 年，清廷又宣布预备立宪期限为 9 年。

(二)立宪途径之争议

清廷虽然宣布预备立宪，但朝野之间及朝廷内部对于实行什么样的宪政、如何实现宪政，都有不同的解读，从而引发新的争议。

1. 宪政模式：英国式，还是日本式？

总体而言，清廷希望采取日本立宪模式。载泽在奏请宣布立宪的奏折中，即列举日本宪法中 17 条君主大权，希望以此为蓝本，实行立宪。颇多朝臣也都要求采取日本立宪模式。唐景崇奏称：

> 窃谓我国而行立宪，当仿日本为宜……英国宪法发明在数百年以前，为全欧立宪之祖。其国主似握全国大权，而政府国会为其运动机关，其实政权全归国会，凡不经国会许可，如有施法、废法之为，以违法论，此偏重之弊，有断不能采行者。①

清廷宪法草案的主要起草者李家驹也主张以日本立宪模式为准则。他解释说：

> 凡厘定官制，必依其国之政体为标准，即循乎宪法之本义为编制是也。日本为君主立宪政体之一国，其宪法为钦定宪法，综七章七十六条之文，一言以蔽之曰：重君主之大权而已。其始也，立宪政体之规定，发之自上，是为以大权操纵人民，而非以人民参与大权。其继也，宪法政体之规定，裁之自上，是又以宪法待大权而行，而非以大权由宪法而生，故日本宪法，实以君主大权立诸行政、立法、司法三机关之上。其于行政权也，不惟任免官吏，操诸朝廷，即厘定官制，亦属大权，而非议会与法律所能左右。②

因此，所谓日本模式，也就是以皇帝为中心的行政主导模式。

---

① 《江苏学政唐景崇奏预备立宪大要四条折》，故宫博物院明清档案部编：《清末筹备立宪档案史料》(上)，中华书局 1979 年版，第 114 页。

② 《考察宪政大臣李家驹奏考察日本官制情形请速厘定内外官制折》，故宫博物院明清档案部编：《清末筹备立宪档案史料》(上)，中华书局 1979 年版，第 524 页。

立宪派所向往的是英国式君主立宪。署名苏楼的作者撰文《宪法大纲刍议》指称：

> 考宪法之语，有广狭两义。广义云者，则宪法为一国之根本法，定国权之组织及行动大原则之法也。如此意义，无论何国，统治以来，莫不有之。然今日各国所用之意，惟以扩张民权，组成代议制度，使参与立国法之根本，是为狭义宪法。我国诚欲慕拟，则当据此以为准绳。苟持广义用之，则数千年来自由专制之大经纶在，何事劳劳多费无数之条文为也……且立宪之原理，所以与专制异者，非有法无法之别，实在能合全国人众之公意与否而已。①

梁启超在《中国国会制度私议》中认为，立宪国与专制国的差别在有无国会。国会为一国最高之权力机关，皇帝不过其从属。即使在皇权比较大的德国，皇帝对法令也不能行不裁可权。日本国会权力虽弱，但法律改正也必须经国会议决，非天皇独占。皇帝更不能以紧急命令权代替法律。他进一步论证：

> 凡制定法规直接对于臣民而生拘束力者，皆须经国会之协赞，其理甚明。若以不须经协赞之命令而与必须经协赞之法律，得活动于同一范围之内，则一切法规或以法律形式制定之，或以命令之形式制定之，一惟君主之所欲，而君主及其大臣，为自便起见，恒欲取命令之形式而不欲取法律之形式，人之情也。则所谓国会参与立法之权，将日被侵蚀，而不复返于专制者几何哉。夫在专制国，则无法律命令之区别也。②

2. 实行立宪的首要问题是什么？

清廷内部意见不一。有人主张成立责任内阁为首要问题。袁世凯是其代表人物，他声称："东西立宪各国，皆用责任内阁主义，使其君主超然为不可侵犯之神圣，故万年共戴一尊。盖立宪国之宪

---

① 苏楼：《宪法大纲刍议》，张枬、王忍之编：《辛亥革命前十年间时论选集》第 3 卷，生活 · 读书 · 新知三联书店 1978 年版，第 678—679 页。

② 梁启超：《中国国会制度私议》，林志钧编：《饮冰室合集 · 文集之二十四》，中华书局 1989 年版，第 140 页。

法,恒使国务大臣代任君主之责。”“今日改官制而去内阁制度,舍其本而末是图,主脑既差,精神胥失。”“如改设新内阁而采用合议制,枢臣部臣日相讨论”,“议决于协赞则疑沮不生,事集于众擎则举行自易”。[①] 力主首先成立责任内阁。

有人主张先设议院,再组织责任内阁,以防大权旁落,而议会设立又需延缓时日。赵炳麟针对袁世凯主张,警告说:

> 凡君主立宪国,其君有统一之大权,一切关于政治之事,不经君主裁正,不能施行。而君主所以巩固其权力者,在有下议院以监督其行政诸臣,故政府权虽重,而军政、财政议院不承认,政府无从逞其强权,虽有枭雄不敢上陵君而下虐民者,群策群力有以制之。今议者虽云采君主立宪制度,然其办法臣犹有未解者。民智未开,下议院一时未能成立,则无以为行政之监督,一切大权皆授诸二三大臣之手。内而各部,外而诸省,皆二三大臣之党羽布置要区。行之日久,内外皆知有二三大臣,不知有天子。虽曰二三大臣之进退操于君主,而党羽既成,根柢深固,天子号令不出一城,虽欲进退之,乌从下手,是流弊必至陵君。[②]

议院未立之先不能设责任内阁,议院又不能马上设立,当务之急是什么呢?赵炳麟提出,朝廷必须立即正纲纪,重法令,重新巩固皇权,做到令行禁止,改变督抚权力过大、重蹈藩镇割据局面。御史王步瀛也认为,政治改良,应首先统一事权。

有人主张先从法律入手。李国杰奏称:

> 东西洋各国预备立宪,无不以组织法律政府为首图,而尤以造就法律国民为要义,诚以上者非凭借法律,无以图治,下者非谙晓法律,无所适从。[③]

---

① 侯宜杰:《袁世凯传》,百花文艺出版社 2003 年版,第 151 页。

② 《御史赵炳麟奏立宪有大臣陵君郡县专横之弊并拟预备立宪六事折》,故宫博物院明清档案部编:《清末筹备立宪档案史料》(上),中华书局 1979 年版,第 124 页。

③ 《广州汉军副都统李国杰奏请订立警章报律学堂管理法折》,故宫博物院明清档案部编:《清末筹备立宪档案史料》(上),中华书局 1979 年版,第 208 页。

他认为，法律是束缚人民之工具，只有先从法律入手，才能使臣民“言论行为，范围有具”。尚其亨、黄瑞麟亦持有类似政见。

也有人主张从地方自治入手，却因导致削弱督抚权力，立即遭到很多督抚的强烈反对。如张之洞在湖广总督任上，就坚决反对改革地方官制。他力主削弱地方议事会、董事会的权力，称：“议事之员但许有议事之职，不予以决断之权，其议决之可否，悉由官定。”董事之员，则“只可供地方官之委任调度，不宜直加以辅助地方官办事之名。若权限逾分，必致官为董制，事事掣肘”，总之，“议事之员能议而不能决，董事之员宜听官令而不宜听绅令”。他主张，“今日预备立宪，只须合立宪之用意，不必求合于海外立宪国之官制”。① 并坚决反对司法独立，认为这样不利于对付革命党。有趣的是，当张之洞入军机后，对于立宪和地方自治都转变态度，趋向积极。可见，关于立宪之争，随着位置转变，个人权利是基本考量。

清廷中也有不少官员主张从教育入手，通过教育、知识、法律普及，达到立宪目的。

诚然，国会、责任内阁、地方自治，都是立宪派所希望的，但成立民选议院则为立宪的根本。有人撰文论证称：

> 欲谋政体之改革也，不可不从根本上着手。根本解决，则枝节问题，即迎刃而解。不然，国家行政，百度万机，徒惟是补苴罅漏，不将治丝而棼之也乎？夫所谓根本上之着手者，何也？亦曰使政府之负责任耳。而责任政府之所以能产生者，实由民选议院之故……夫政府之所以负责任者，非必其自欲负之也，不有以使之不能不负责任者在，而彼乃不得已而负之耳！欲使政府之不能不负责任，非有以国民组织之监督机关不为效。②

---

① 陈锋、张笃勤主编：《张之洞与武汉早期现代化》，中国社会科学出版社 2003 年版，第 287 页。

② 熊范舆：《国会与地方自治》，张枬、王忍之编：《辛亥革命前十年间时论选集》第 2 卷（下），生活·读书·新知三联书店 1978 年版，第 878 页。

至于国会与地方自治的关系，不必先有地方自治普及，然后才能有国会。相反，非先开国会，地方自治无由普及。因为地方自治，必须得到政府承认。政府不承认，地方自治难以普遍实行。没有人民的压力，难望政府承认普遍实行地方自治。立宪派声称：

> 欲普及地方自治，须速谋开设国会。与其用胁迫之手段，仅赢得一地方之自治，而自治行政终不能普及，不若用胁迫之手段，谋设国会，国会开而地方自治普及之目的，自然可以达矣。奚以言其然耶？国会者，所以监督政府者也。国会既开，则政府一切之所为，吾国民皆得借国会之地位而过问之。彼其时吾国民而欲地方自治之行政普及于全国也，则提议于国会之中，国会议决，政府即有不能不施行之义务。①

至于实行宪政的时间，本不应成为重大问题。因为立法派一开始也认为中国不能马上实行宪政。1901 年，梁启超还提出以 20 年为预备立宪期，这比清廷宣布的宣统八年实行立宪时间还要长。之所以其会成为一个重大问题，别有他故。主要是立宪派怀疑清廷的立宪诚意，以及革命形势高涨所致。

三、朝廷“立宪”：“宪政”包装的君主专制

（一）清廷借立宪集权抑汉

清廷内部关于是否实行立宪，本来就有重大争论。很多反对立宪的官员都认为，日本并非强于立宪，而是强于明治维新后君权扩张。清廷迫于各方压力，宣布预备立宪，但很多人却想借立宪实行中央集权。不但是要集权中央、集权满族，甚至要集权亲贵。载泽在《奏请宣布立宪密折》中说：“宪法之行，利于国，利于民，而最不利

---

① 熊范舆：《国会与地方自治》，张枬、王忍之编：《辛亥革命前十年间时论选集》第 2 卷（下），生活·读书·新知三联书店 1978 年版，第 881—882 页。

于官……盖宪法既立，在外各督抚，在内诸大臣，其权必不如往日之重，其利必不如往日之优。”①铁良声称：“立宪非中央集权不可，实行中央集权非剥夺督抚兵权、财权，收揽于中央政府则又不可。”②他们想借立宪抑制汉人势力，认为“若不早为抑制，满人势力必不能保全”③。所以清廷立宪始终围绕着抑制汉人势力，加强中央集权及满族亲贵权力展开。在中央官制改革中，慈禧不但否决了有妨君权的责任内阁制，保留军机处，而且还以各部实行单一首长制，满汉不分为名，增强满人在中央的实力。在中央官制改革方案公布第二天，重新任命各部院大臣。结果在11个部中，汉官只有5人，满蒙贵族有6人。其中外务部尚书虽是汉人，但上有管部大臣奕劻和会办大臣那桐。这样11个部中便是汉4、满6、蒙1。其中，重要的如陆军部、度支部都掌握在满人手里。陆军部还把北洋六镇中的1、3、5、6四镇军权收归陆军部。1908年，光绪、慈禧相继去世，年轻的满族亲贵加快了集权步伐。载沣摄政后，立即着手训练一支由他亲自统帅的禁卫军，派其弟载涛和皇室成员毓朗充当禁卫军训练大臣。1909年2月，他又着手复兴海军，成立筹办海军事务处，完全由皇室成员主持其事。是年7月15日，特发布上谕，明定皇帝为全国海陆军大元帅，在溥仪亲政之前，由摄政王载沣代行大元帅职权。同一天，任命其弟载洵为筹办海军大臣，并决定增设军咨处（后改称军咨府）作为赞助大元帅的最高军事参谋机构，以载涛和毓朗为管理军咨处事务大臣。依章程规定，军咨处是“赞助皇上通筹全国陆海军事宜之所，凡有关涉国防用兵一切命令、计划”，均由该处“拟案奏请钦裁后，饬下陆军部钦遵办理”。而且军咨处还对各镇新军的指挥、参谋、训练人员的任免有审定权。1910年春，军咨处通咨各省督抚，拟派参谋官到各省督理军务，图谋剥夺督抚军权，遂致督抚纷纷反对。

除谋求集中军权于皇室，清廷还以清理财政为名义，希望把财

① 载泽：《奏请宣布立宪密折》，中国史学会编：《辛亥革命》第4册，上海人民出版社2000年版，第27页。

② 侯宜杰：《袁世凯传》，百花文艺出版社2003年版，第149页

③ 侯宜杰：《袁世凯传》，百花文艺出版社2003年版，第149页。

权收归中央。按规定，户部（后改称度支部）是统一全国财政的管理机构。各省布政使司，代表朝廷管理地方民政和财政事务，与各省督抚虽是上下级关系，但有明确分工。太平天国战争以后，督抚权力扩大，原来为应付战争饷需而临时征收的厘金，成了地方经常性的重要财政收入，地方财权逐渐被督抚掌控，户部通过各省布政使司监督地方财政的法定职权不断弱化。甲午战争和八国联军战争以后，由于赔款、外债、军饷、新政等各项开支急剧增加，户部既不能掌握各省财政收支情况，也没有可筹集大宗款项的财源，只能悉数摊派地方，由各省筹集。于是各省任意增加捐税，滥铸铜元，发行钱票，截留解款，各行其是。各省向度支部报销的制度也成为虚应故事。

为了统一财政，载沣公布《清理财政章程》，声称目的是调查出入确数，为全国预算、决算做准备。度支部设清理财政处，各省设清理财政局，另由部派专任财政监理官到各省督同清理。要求各省从宣统元年起，按季详报本省财政收支确数，企图借此将各省财政置于中央监督之下，消除各省不经部准自行安排收支或隐匿收支的机会。为了控制大宗税源，清廷还设立督办盐政处，将盐务权力收归中央。为统一币制，还禁止各省自铸铜元和印行钱票。所有这些措施，严重损害了督抚的既有权力，自然遭到各省督抚的强烈反对。

无论是统一军权，还是统一财政，都没有达到目的，却使督抚与清廷离心离德。

（二）"皇族内阁"引发政治风波

设立民选议院，成立责任内阁是立宪派的一贯目标，该派为此展开了规模浩大的国会请愿运动。在立宪思潮的激荡下，资政院于1910年10月开院。12月，即通过一个迅速成立责任内阁案，但遭到载沣的严厉训斥，认为这是侵夺朝廷大权。一些督抚也推波助澜，要求速开国会，成立责任内阁，借此反击朝廷的集权行为。在各方压力下，清廷宣布成立所谓"责任内阁"，但规定国务大臣对皇帝负责，任免进退皆在朝廷，议院有弹劾之权，但不得干预黜陟之权。这与立宪派要求的内阁接受议院监督、对议院负责,大相径庭。更使立宪派愤怒的是,13 个阁员中,汉族占 4 人,满族 9 人,其中,皇族 5 人,人们称它为“皇族内阁”,实质是“宪政”包装的君主专制。

名单一经公布,立即招致各方反对,引发一场剧烈的政治风波。

立宪派认为,皇族内阁与立宪政体性质根本不能相容,成立皇族内阁是根本取消立宪宗旨。“君主不担负责任,皇族不组织内阁,为君主立宪国唯一之原则。”①但清廷不为所动。直到武昌起义爆发,一些大员再次纷纷要求朝廷取消皇族内阁,成立责任内阁,以挽救危亡。陆军统制张绍曾发动兵谏,要求立即召开国会,由国会议定宪法,组织责任内阁,皇族不得充任国务总理及国务大臣。在革命形势的逼迫下,在内部各方势力的压迫下,清廷下罪己诏,承认“用人无方,施治寡术。政地多用亲贵,则显戾宪章,路事蒙于佥壬,则动违舆论”。② 要求资政院迅速拟定宪法,并立即另组责任内阁。最后清廷颁布十九信条,并任命袁世凯组织责任内阁。但一切为时已晚,清廷借立宪集权抑汉的行为导致自身极其孤立,立宪派和汉族官僚纷纷转向反清革命,并利用革命进行政治投机,清王朝终于被袁世凯所抛弃,走入政治末路。

四、立宪运动:和平变革君主专制的政治实践

(一)立宪派宪政策略的转变

清廷宣布预备立宪后,立宪派一时大为兴奋,甚至感激涕零,但希望很快变为失望。立宪派希望清廷开放政权,让他们有机会参与

---

① 《各省咨议局议长议员袁金铠等为皇族内阁不合立宪公例请令组责任内阁呈》,故宫博物院明清档案部编:《清末筹备立宪档案史料》(上),中华书局 1979 年版,第 577 页。

② 《实行宪政谕》,故宫博物院明清档案部编:《清末筹备立宪档案史料》(上),中华书局 1979 年版,第 96 页。

立宪进程，但清廷改革却往集权方向发展。这就使他们对清廷失去信任。杨度失望地指出：

去年五大臣归朝后，不费若何之气力，而使朝廷颁出一预备立宪之空文，至于官制改革之事实，则盈廷反对，卒无丝毫之效果，致使预备立宪之谕，亦几于虽有若无……盖政府宁肯与人民以一尺之空文，不肯与人民一寸之实事，人民与之争者，宜与争实事，而不与争空文。①

正是因为对清廷不信任，立宪派的策略出现重要转变，“立宪之事，不可依赖政府，而惟恃吾民自任之”。② 以前，立宪派希望宪政由上而下进行。梁启超主张开明专制，就是希望政府开明，逐步推进立宪。立宪派认为，人民程度不足。如果骤行立宪，会导致天下秩序大乱。现在既然要由下而上，迅速实行宪政，如何看待人民程度问题呢？此时，立宪派对人民程度又有新解释。

一是不能坐等人民程度提高。有人撰文指称：

吾人以为进行一步，即程度高一步，鼓其进行，即所以养其程度，若不进行，而待程度之足，虽再历万年，犹将不足也。且中国人民之程度与中国政府之程度为对待，而非与各国人民之程度为对待也。今谓中国人民程度尚未为足，而中国政府之程度，乃为已足，其理如何可通。自吾人观之，则非因人民程度之不足之故，而政府不必进行；实因政府之程度不足之故，而人民不得不进行耳。③

二是人民只是宪政合法性来源，而并非宪政就是由人民直接参与政事。张謇解释：

国会制度者，非尽人而参与国政之谓也。世界无行普

---

① 杨度：《致〈新民丛报〉记者》，张枬、王忍之编：《辛亥革命前十年间时论选集》第2卷（下），生活·读书·新知三联书店1978年版，第876页。

② 杨度：《〈中国新报〉叙》，张枬、王忍之编：《辛亥革命前十年间时论选集》第2卷（下），生活·读书·新知三联书店1978年版，第872页。

③ 杨度：《〈中国新报〉叙》，张枬、王忍之编：《辛亥革命前十年间时论选集》第2卷（下），生活·读书·新知三联书店1978年版，第872—873页。

通选举之国家，必有限制之资格……于千万人民中，择其少数有程度者，畀以选举权，又于千百人民中，择其少数有程度者，畀以被选举权。国家既限制于前，而犹谓其程度不足，是矛盾其法令也。况国会将来被选之议员，其大半必系曾有官职有资望者，并非纯系齐民。不过因其为人民所选出，而混称之曰人民而已……故以议员概视为人民，因人民程度不及，而并谓议员程度不足者，吾侪小人，不乐闻也。①

三是君主立宪并非单从人民程度考虑，而是为了解决民族问题。梁启超以前反对共和立宪，主张君主立宪，就是认为人民程度不足，所以应从君主立宪入手。杨度对此质疑：

余以为苟可以行君主立宪之人民，即可以实行民主立宪之人民。英吉利，君主立宪国也，北美合众国，民主立宪国也，而其人种，则皆为盎古鲁撒逊人，且美乃由英而分出者，未见美之人民程度高于英也……法兰西，共和国也，而其程度殆德意志之不若，况问英国……盖余以为君主立宪与民主立宪，无可分之高下，惟各据其国之情势而定之。

他认为，中国不必且不可实行民主立宪，原因不在人民程度，而在于“汉满蒙回藏五族不可分立”。“若以人民程度不足，而为不能为民主立宪之原因，则其结果，必曰是不可不赖一程度足之世袭君主，以治其国，则此世袭君主之程度又何为如是之足乎。”②

四是人民程度不足，已成为清廷阻挠立宪的口实，立宪派不愿再以人民程度问题，为清廷提供阻挠立宪的盾牌。立宪派认为，如果以人民程度不足问题，把实行宪政期限推迟到宣统八年，那么宣统八年的人民程度与宣统三年的人民程度又有多大差别呢？总之，立宪派的策略由希望开明政府导人民以立宪，转为以人民力量推动，胁迫政府立宪。究其原因，盖因立宪派对清廷假立宪失去信任，

---

① 张謇：《国会代表第二次请愿书》，张謇研究中心、南通市图书馆、江苏古籍出版社编：《张謇全集》第1卷，江苏古籍出版社1994年版，第146—147页。

② 杨度：《致〈新民丛报〉记者》，张枬、王忍之编：《辛亥革命前十年间时论选集》第2卷（下），生活·读书·新知三联书店1978年版，第875页。

遂主张加快立宪步伐,以避免革命的发生。张謇说:

余以为革命有圣贤、权奸、盗贼之异:圣贤旷世不可得,权奸亦今无其人,盗贼为之,则六朝五代可鉴,而今世尤有外交之关系,与昔不同;不若立宪,可以安上全下,国犹可国。①

在张謇看来,如果清廷不迅速实行宪政,将丧失和平变革的机会。"一二激烈之士,将以为国家负我,决然生掉头不顾之心;和平之士将以为义务既尽,洎然入袖手旁观之派。"②梁启超也警告:

使政治现象,一如今日,则全国之兵变与全国之民变,必起于此一二年之间。此绝非革命党煽动之力所能致也,政府迫之使然也。夫民变而遍于全国,则政府虽有兵,固已无自镇压;若重之以全国兵变,则政府及其他赫赫之官吏,为怨毒所集者,惟有束手以听暴民暴兵之脔炙而已。况以今日中国在世界位置而言之,东西列强必不容我鼎沸糜烂,政府之力既仅能召乱而不能戡乱,斯则必有代起而戡之者……夫必有国,然会有国会。吾敢断言曰:中国而欲有国会,惟开设于宣统四五年以前为能有之,过些以往,吾中国永永无开设国会之时矣。③

总之,立宪派希望通过立宪,主导宪政改革进程,推动权力重组,旨在削弱皇权和满族亲贵的权力,促使立宪派执掌国家权力,并借此消弭反清革命。

(二)立宪派请愿运动的失败

立宪之事,千头万绪,怎样达成以人民力量胁迫清廷迅速立宪

① 张謇研究中心、南通市图书馆、江苏古籍出版社编:《张謇全集·日记》第6卷,江苏古籍出版社1994年版,第867页。

② 张謇:《请速开国会建设责任内阁以图补救意见书》,张謇研究中心、南通市图书馆、江苏古籍出版社编:《张謇全集》第1卷,江苏古籍出版社1994年版,第137页。

③ 梁启超:《论政府阻挠国会之非》,张枬、王忍之编:《辛亥革命前十年间时论选集》第3卷,生活·读书·新知三联书店1978年版,第632页。

呢？立宪派将迅速召开国会作为突破点。杨度最早提出这个构想。1906年，他在《〈中国新报〉叙》中指称：

凡立宪之国家无不有责任之政府者，故吾民今日之事业，惟有改造责任政府为惟一之事业。而改造责任政府之方法，则有一至重极要之物，为必不可缺者。其物为何？则议会是也。夫议会者，所以代表人民监督政府之机关。使一国无此机关，则欲政府为责任政府，不可得也，是乃吾民今日所最急者。①

杨度在《致〈新民丛报〉记者》中又强调了这一观点。他分析说：

惟立宪之范围甚广，其中所包含实事甚多……故必于一切宪政之中，择其至重且大者，以专注之力而主张之，一事既成，再谋其次，始能有实际之能力。故余欲专以开国会之字告我国人民选举代表以议国事。此其理虽复杂，然其事甚简单，一入人耳，尽可了然，以此唤起国民之政治思想，责望政府要求权利之心，必为较速。②

杨度认为，速开国会还有两大好处：其一，可使清廷假立宪无所遁形。“即政府一方面，亦不难知开国会，为宪政上第一重大之事，有心立宪与否，即可因此而更无遁形。”③其二，立宪进程将会因开国会而展开。1907年春，杨度致函梁启超，又提出这一主张，得到梁氏赞同。立宪派基本取得共识，遵循杨度的主张，把开国会作为首要目标。1907年秋，宪政讲习会会长熊范舆和沈钧儒、雷奋等领衔，给清廷上了第一份要求速开国会的请愿书。他们还在湖南、上海展开活动，派代表入京上请愿书。1908年3月，河南的立宪派也参与请愿活动。之后，广东、江苏、安徽、直隶、奉天、吉林、山东、山西、浙江等

① 杨度：《〈中国新报〉叙》，张枬、王忍之编：《辛亥革命前十年间时论选集》第2卷（下），生活·读书·新知三联书店1978年版，第872页。

② 杨度：《致〈新民丛报〉记者》，张枬、王忍之编：《辛亥革命前十年间时论选集》第2卷（下），生活·读书·新知三联书店1978年版，第876—877页。

③ 杨度：《致〈新民丛报〉记者》，张枬、王忍之编：《辛亥革命前十年间时论选集》第2卷（下），生活·读书·新知三联书店1978年版，第877页。

省,也陆续有代表入京上请愿书。有的要求3年内召集国会,有的要求1年内即开国会。一些督抚也奏请速开国会。清廷对这场迅速蔓延全国的请愿运动一时难以应付。当时,正在德国考查宪政的于式枚上奏清廷,认为请愿运动几同乱党,要求清廷遇事弹压。政闻社社员法部主事陈景仁针锋相对,奏请清廷将于式枚革职,以谢天下。清廷遂偏袒于式枚,下诏查禁政闻社,借此吓阻立宪派的请愿活动。政闻社遂告解散,请愿运动偃旗息鼓。为了应付压力,清廷宣布9年后实行宪政,并迅速炮制一个宪法大纲。

宣统即位后,载沣为显示开明,重申预备立宪宗旨,表示"国是已定,期于必成"。这也让立宪派萌生幻想。1909年10月,全国除新疆外,21个行省的咨议局如期成立。国内立宪派领袖人物大多进入各省咨议局,为他们参与政事提供了合法平台。立宪派就以咨议局为阵地,展开了全国性的国会请愿运动。1910年1月,各省咨议局请愿代表33人到京,由孙洪伊领衔,向都察院递交请愿书,要求1年内召开国会。张謇表示:

> 输诚而请,得请则国家之福,设不得请而至于三、至于四,至于无尽,诚不已,则请亦不已,未见朝廷之必忍负我人民也。即使诚终不得达,不得请而至于不忍言之一日,亦足使天下后世,知此时人民代表固无负于国家。①

清廷以"筹备既未完全,国民知识程度又不划一,如一时遽开议院,恐反致纷扰不安,适足为宪政前程之累"为由,拒绝了立宪派的请求,坚持9年预备立宪之议。② 第一次请愿失败后,北京各界召开大会造势,并与各省代表协商,决定组成请愿即开国会同志会,总部设在北京,各省设分会,继续发动请愿。6月16日,各省各界代表150余人,齐集都察院,分别递交10份请愿书,签名者达30万人。他们还径赴摄政王府上书。但载沣既不接见代表,也不接受上书,

---

① 张謇:《送十六省议员诣阙上书序》,张枬、王忍之编:《辛亥革命前十年间时论选集》第3卷,生活·读书·新知三联书店1978年版,第598页。

② 《俟九年预备完全定期召开议院谕》,宣统元年十二月二十日,故宫博物院明清档案部编:《清末筹备立宪档案史料》(下),中华书局1979年版,第641页。

遂颁布上谕称：

议院之地位在宪法中只为参与立法之一机关耳，其与议院相辅相成之事，何一不关重要，非尽议院所能参与，而谓议院一开，即是致全功而臻郅治，古今中外亦无此理……定以仍俟九年筹备完全，再行降旨定期召集议院……毋得再行续请。①

第二次请愿失败后，各省代表并不气馁，决定“誓死不懈”。10月3日，请愿代表团利用资政院开会之际，发动第三次请愿，力争明年(1911年)即开国会。有些省还举行声势浩大的示威游行，为请愿运动造势。其间，17省督抚联衔奏请明年开国会。资政院也通过速开国会议案。在各界压力下，清廷宣布以宣统五年(1913)为开设议院之期，并表示如再有请愿，即按法严惩。对于这个结果，立宪派内部意见不一。一部分人表示满意，大多数人表示不满。1910年12月11日，奉天派出第四次请愿代表，路过天津时，天津学界积极响应。直隶总督陈夔龙派兵镇压学生，以“妄图煽动”的罪名逮捕学界领袖温世霖，并奏请清廷将其发戍新疆获准。清廷又谕令将奉天请愿代表押送回籍。这些乖张行为，引起舆论的极大愤怒。镇压国会请愿运动后，1911年5月，皇族内阁粉墨登场，使立宪派深感受骗，更加失望和愤怒，颇多督抚对皇族集权也强烈不满，清廷遂陷于空前的政治孤立。立宪派和平变革的希望落空。不少人转向同情甚至赞同革命，连部分督抚也消极观望，革命形势则因此逐渐成熟。

① 《仍俟九年预备完全再定期召集议院谕》，故宫博物院明清档案部编：《清末筹备立宪档案史料》(下)，中华书局1979年版，第645页。

第七章　辛亥革命与君主专制的终结

一、社会冲突的加剧和统治阶级的分裂

1. 基层社会:民众反抗运动高涨

清末10年,社会严重动荡不安。虽无大规模农民起义,但民变四起。究其原因,就是人民负担加重。一是战争赔款加重农民负担。甲午战争,中国赔款白银2.3亿两,刚刚偿清,随即爆发庚子之役,中国又赔偿4.5亿两白银,被清廷分摊到各省,地方官就趁机横征暴敛。李鸿章坦承:“办理教民赔款,按亩派捐,颇滋民怨。但通省赔款甚重,司局帑藏已空,无从筹给;州县就地摊派,亦迫于势之无可如何。”①内阁中书许枋揭露:

> 似此巨款,即使民力全盛,亦属不支;况迭经灾乱之余,更何从出?……不但此也,如一县派捐一万,地方官断不止派一万,加以差役、里胥之需索骚扰,刁绅、劣董之抑勒侵吞,纵不倍捐,必且增半……此一定之理与势,度非虚言。②

一是由于负担沉重,不堪忍受,引起民众奋起抗争。一些地方人民相约:派银无银,派钱无钱,只有一家一命,要时同去,生杀在官,导致各地官民关系紧张,社会因此动荡不宁。二是举办新政,加重人民负担。各省为举办新政加捐加税,名目繁多。有油房捐、铺捐、

---

① 《直隶总督李鸿章奏请安平县知县朱贞保派捐激变请即革职片》,中国历史当档案馆编:《辛亥革命前十年间民变档案史料》(上),中华书局1985年版,第1页。

② 《内阁中书许枋奏治在安民政惟除弊折》,中国历史当档案馆编:《辛亥革命前十年间民变档案史料》(上),中华书局1985年版,第5—6页。

戏捐、庙产捐、间架税、人头税、牛马牲畜之税，“数目繁多，令人骇绝”。至于原有捐税，则加码加价。如河南长葛县，“税契原系八分，加至十二分六厘；上号费每次原系五十文，加至一百文；粮票费每纸原系三文，加至八文；呈词费每次原系一百五十文，加至三百文”①。种种横征暴敛，不胜枚举。各省为图利滥发铜元，导致铜元贬值。各省在收税时，附加搭配铜元，并以面值的5折计算，将贬值损失转嫁给纳税民众。除各种税捐外，各种陋规陋费更是层出不穷，什么车马费、年节费、寿礼费、季贴，不一而足。由于层层盘剥，民众无以为生，抗粮、抗捐、抗税、抢粮、抢米等各种民变四起。由于各种苛税都以举办新政为名义，所以民众毁坏新政的事件层出不穷，反对学堂、警政、地方自治的事件尤为突出。可谓举办一新政，就有一风潮。

动荡的社会，是会党滋生的温床。清末各种江湖会党活动也十分活跃。哥老会、哥弟会、龙华会、刀会、民园会、弥陀会、仁义会、洪江会等名目，数不胜数，颇多秘密会党往往参与各种民变，或者继续进行反洋教活动，更加剧了社会动荡。

2. 权力高层分崩离析

清末不但基层社会动荡，权力高层的分裂也在加深。满汉矛盾、派系矛盾、亲贵与其他满族官僚的矛盾互相交织。清末督抚势力的兴起，主要是汉族军政官僚势力崛起。太平天国战争以后，汉族督抚凭借军功成为地方新贵，控制多数行省权力，而且相互声势联络，形成强大的军政势力，既成为维系清廷统治的重要支撑，又对清廷的中央集权构成严重威胁，从而出现外重内轻的权力格局。清廷及满族亲贵对此一直心存疑忌，亟欲借宪政之名，削弱督抚势力，强化中央集权，重建满族权力优势。这自然引起督抚的不满。在汉族官僚中，以张之洞、袁世凯势力最大。1907年9月，慈禧把张之洞、袁世凯同时调入军机处，以收回他们经营多年的势力范

---

① 《掌新疆道监察御史陈善同奏河南长葛县苛捐激变据实纠参折》，中国历史档案馆编：《辛亥革命前十年间民变档案史料》（上），中华书局1985年版，第236页。

围。在相当程度上，清廷中央官制改革，也是为了削弱汉族官僚的权力。载沣摄政后，更把袁世凯逐出朝廷。如果不是清廷一些重臣认为“主少国疑”，“不可遽戮重臣”，袁氏性命难保。张之洞入军机后，一反常态，积极主张速行立宪，以3年为期召开国会，得到袁世凯的赞同，防止亲贵集权也是他们提议的重要考量。光绪、慈禧去世后，亲贵出而揽权，张之洞极为不满，曾多次力争，以为不可。载沣不但不接受劝谏，反而严厉斥责张之洞，以至于张氏捶胸呕血而死。临死慨叹：“今始知军机大臣之不可为也。”①同样，汉族督抚大多对设立议院、实行宪政持积极态度，也希望通过议院制衡亲贵集权。

清末，清廷党争也十分激烈。最著名的党争事件就是丁未(1907年)政潮。当时，清廷高层分化为两大集团：以庆亲王奕劻和袁世凯为一方的“浊流”，以军机大臣瞿鸿禨和岑春煊为一方的“清流”。荣禄死后，奕劻成为最有权势的朝廷亲贵。袁世凯由交结荣禄，转为交结奕劻。奕劻为人“贪庸而好货”，袁世凯则倾心结纳，馈赠甚丰，并与其子载振结为兄弟，奕劻也把袁氏当作谋主和外援。庆、袁交结，袁世凯依靠奕劻大肆扩展势力。这引起很多人，特别是所谓“清流”的不满。瞿鸿禨，湖南善化人，同治十年进士，1901年入军机处。瞿氏以为官清廉、办事勤敏，颇得慈禧信任和舆论的好评。瞿氏对庆、袁交结，招权纳贿十分不满。岑春煊是原云贵总督岑毓英之子。庚子事变中，以护驾有功为慈禧宠信，视为救命恩人。岑氏强直清廉，因大力肃贪，有“屠官”之称，但很多贪官的后台就是奕劻。这样，也使得他与奕劻的仇隙难以化解。瞿鸿禨想扳倒庆、袁势力，遂结交岑春煊为外援。1907年3月，岑春煊被授为四川总督。途经汉口时，发一电报要求进京觐见，然后不俟批复，乘火车北上，两日夜即到北京。这一切都是瞿、岑事先设计好的。岑氏自述：

余居沪上，续假自冬迄春。丁未正月十九日，奉旨调补

---

① 苏炳同：《中国近代史上的关键人物》(上)，百花文艺出版社2000年版，第170页。

四川总督，毋庸来京请训，知仍出庆、袁之意。念巴蜀道远，此后觐见无日，不于此际设法入都，造膝详陈种种危迫情形，机会一失，追悔无穷，当以权宜行之，纵获罪朝廷，亦期不负两宫眷倚之意。乃于启程赴任，次武汉时，电请顺道入觐，不俟谕旨，径乘京汉车北上。①

岑春煊进京觐见慈禧时，极力参奏奕劻贪黩，并要求留京任职，为朝廷做一只看家恶犬，肃清朝政。他迅即被任命为邮传部尚书，上任第一天就参奏袁世凯的亲信、邮传部侍郎朱宝奎“声名狼藉，操守平常”。第二日，清廷就以岑春煊面奏为理由，不经任何调查，将朱宝奎革职。接着，瞿、岑发动言官赵启霖参奏袁世凯的另一亲信、新任黑龙江巡抚段芝贵夤缘无耻，以财色贿赂奕劻父子，得授巡抚。清廷下旨，段芝贵撤职。所参事件由载沣查复。一时奕劻陷于困境。但事情很快出现戏剧性变化。袁世凯暗中策划翻案，载沣包庇，遂以查无此事复奏。赵启霖却遭反噬，以诬陷亲贵的罪名被革职。但这引起其他御史不满，御史江春霖上奏，认为载沣复奏有六大疑点。不久，慈禧确知事实俱在，遂命赵启霖复职。庆、袁为自保，认为非铲除瞿、岑不可。一方面，世续、徐世昌等为奕劻极力排解；另一方面奕劻利用军机大臣独对的机会，中伤岑春煊，又以两广局势动荡为名，要求把岑春煊外调为两广总督，同时买通言官恽毓鼎，参劾瞿鸿禨“暗通报馆，授意言官，阴结外援，分布党羽……不知戒慎”等，致瞿鸿禨被开缺。岑春煊被任命为两广总督，到上海后，他逗留不去。奕劻参奏岑春煊交通乱党。慈禧遂以岑春煊病疾未愈为名，将其开缺。丁未政潮就以庆、袁大胜而告终。

亲贵集权不但伤害到汉族官僚势力，也伤害到非皇族满族官僚利益。时人说：“载沣为摄政王，专用亲贵。满洲人初疑汉人排满，至是，不排于汉而见排于亲贵，率多解体。”②

---

① 岑春煊：《乐斋漫笔》，中华书局整理：《近代史料笔记丛刊·乐斋漫笔》，中华书局2007年版，第28—29页。

② 苏炳同：《中国近代史上的关键人物》（上），百花文艺出版社2000年版，第170页。

二、革命派的整合与三民主义理论的形成

(一)革命派的壮大

1. 改良派的分化

当1895年孙中山发动广州起义时,绝大多数知识精英并不认同革命主张,改良主张还是多数知识分子的共识。戊戌变法失败后,情形开始有所变化。梁启超就一度倾向革命,希望与孙中山的兴中会联合,共同从事革命。梁启超还联合其他康门弟子致书康有为称:

> 国事败坏至此,非庶政公开,改造共和政体,不能挽救危局。今上贤明,举国共悉,将来革命成功之日,倘民心爱戴,亦可举为总统。吾师春秋已高,大可息影林泉,自娱晚景。启超等自当继往开来,以报师恩。①

义和团运动后,清廷的合法性进一步丧失。一些原来主张改良的人开始转向革命,章太炎、秦力山等可谓代表。1901年,秦力山在东京创办《国民报》,在留学生中宣传革命。1902年,章太炎发表了《驳康有为论革命书》,痛批康氏改良主张。1903年,是革命思潮转向高涨的关键一年。起因是清廷镇压拒俄运动。沙俄趁义和团运动之机,出兵占领中国东北,拒不执行中俄《交收东三省条约》撤军规定,妄图并吞东北。消息传来,中国人民无比愤慨。1903年4月下旬,留日学生与旅沪18省爱国人士、北京京师大学堂师生相呼应,掀起了声势浩大的拒俄运动。东京留学生还决定组织"拒俄义勇队",要求到东北前线参加抗俄战斗。这次爱国运动却遭到清廷打压。国内外颇多社会精英痛感爱国无门,遂转向排满革命。留学界杂志,如《浙江潮》《江苏》《汉声》《游学译编》等,纷纷转向宣传排满

---

① 梁启超:《致康有为书》,李华兴、吴嘉勋编:《梁启超选集》,上海人民出版社1984年版,第113页。

兴汉的民族主义。“欲强中国,必自排满始”,成为许多留学生的共识。军国民教育会也把宗旨由“养成尚武精神,实行爱国主义”,改为“养成尚武精神,实行民族主义”,决定以鼓吹、起义、暗杀三种方式推进排满运动。

2. 革命报刊等出版物的热络

从1903年起,在东京出现了一批以宣传革命为宗旨的报纸杂志,如《游学译编》《浙江潮》《湖北学生界》《江苏》《二十世纪之支那》《复报》《关陇》《夏声》《云南》《河南》等。一批宣传革命的著作,如《驳康有为论革命书》《革命军》《猛回头》《警世钟》《新湖南》等广为流传。一些反映清军入关暴行的旧籍《扬州十日记》《嘉定屠城记》等被大量翻印,王夫之的《黄书》、黄宗羲的《明夷待访录》也被翻印,秘密流传,革命派还极力搜集明末清初抗清志士的事迹、诗文,刊印传播。经过舆论造势,知识界的话语环境发生重大变化,反满革命渐成主流话语,有力推动了革命思潮的传播,引导大批知识青年投身革命,从而催生了革命形势的高涨。

3. 区域性秘密革命团体的组建热潮

随着革命思潮的高涨,一些以革命为宗旨的区域性秘密团体纷纷建立。比较著名的有:以黄兴为首的华兴会,成员以两湖地区为主;胡瑛创立的科学补习所,成员以湖北地区为主;科学补习所遭破坏后,刘静庵创立日知会;蔡元培等人创立光复会,成员以江浙地区为主。江苏、江西、安徽、福建、四川等省都有革命小团体的建立。数目极多,难以精确统计。

(二)同盟会:革命派的成功整合

1. 孙中山革命领袖地位的形成

随着革命小团体的建立,革命力量的整合问题就逐渐突显。孙中山早期从事革命,其所凭借的力量主要是华侨与会党,与内地知识群体关系很浅。因为孙中山幼年即赴海外就学,接受比较完整的西式教育,不属于传统士绅阶层,与内地先进知识分子经历相异,其革命主张还不被内地知识精英接受。孙中山在回忆其早期革命经历时坦承：

乙酉（1885年——引者注）以后，余所持革命主义，能相喻者不过亲友数人而已。士大夫方醉心于功名利禄，惟所称下流社会反有三合会组织，寓反清复明之思想于其中。虽时代湮远，几与数典忘祖，然苟与之言，犹较搢绅为易入，故余先从联络会党入手。①

孙中山在《有志竟成》中回忆，从1895年至1900年是革命最艰难的时期，"内地之人，其闻革命排满之言而不以为怪者，只有会党中人耳"。②内地知识分子又如何看待孙中山呢？秦力山为《孙逸仙》作序称：

四年前，吾人意中之孙文，不过广州湾之一海贼也……吾国腐败尚未暴露之甲午、乙未（1894年、1895年——引者注）以前，不惜其头颅性命，而虎啸于东南重立之都会广州府，在当时莫不以为怪。③

1903年后，随着革命思潮的传播，孙中山的革命先行者和领袖地位逐渐被公认。章士钊说：

孙逸仙者，近今谈革命者之初祖，实行革命者之北辰，此有耳目者所同认……孙逸仙者，非一氏之私号，乃新中国新发现之名词也。有孙逸仙，而中国始可为，则孙逸仙者，实中国过渡虚悬无薄之隐针。④

章太炎也把孙中山比作郑成功、洪秀全的继承者。章太炎为《孙逸仙》题词称："索虏昌狂泯禹迹，有赤帝子断其嗌，揜迹郑洪为民辟，四百兆人视兹册。"⑤即便如此，孙中山仍与内地革命派缺乏接触，继续

① 孙中山：《中国之革命》，黄彦编：《孙文选集》（下），广东人民出版社2006年版，第218页。

② 孙中山：《三民主义是使中国造成新世界的工具》，黄彦编：《孙文选集》（下），广东人民出版社2006年版，第89页。

③ 黄中黄：《孙逸仙》，中国史学会编：《辛亥革命》第1册，上海人民出版社2000年版，第91页。

④ 黄中黄：《孙逸仙》，中国史学会编：《辛亥革命》第1册，上海人民出版社2000年版，第90页。

⑤ 黄中黄：《孙逸仙》，中国史学会编：《辛亥革命》第1册，上海人民出版社2000年版，第90页。

保持一定距离。除个人经历的限制外，孙氏还对内地知识分子的革命性及实力持有保留态度。他认为秀才不能造反，军队不能革命。1904年在美期间，孙中山谈及新型知识阶层的革命活动时说：

无如新进志士，虽满腔热血，冲天义愤，而当此风气甫开，正如大梦初觉，团体不大，实力未宏，言论虽足激发一代之风潮，而事实尚未能举而措之。①

1905年春，孙中山与欧洲留学生对话，改变了对内地知识分子的看法。留欧学生朱和中等认为，会党志在抢掠，若革命成功反为所制。“革命者，最高之理论，会党无知识分子岂能作为骨干？先生历次革命所以不成功者，正以知识分子未赞成耳。”②之后，孙中山决定采取发动会党与知识分子并进的方针。

2. 同盟会的成立和三民主义缘起

——同盟会的成立

1905年7月，孙中山来到日本。此行的目的非常明确：联络革命知识分子，整合革命力量。他与陈天华等人座谈称：

现今大势及革命方法，大概不外联络人才一义……方今两粤之间，民气强悍，会党充斥，与清政府为难者已十余年，而清兵不能平之，此其破坏之能力已有余矣。但其间人才太少，无一稍可有为之人以主持之……若现在有数十百人者出而联络之，主张之，一切破坏之前之建设，破坏之后之建设种种方面，件件事情皆有人以任之，一旦发难，立文明政府，天下事从此定矣。③

孙中山与黄兴等人商讨，决定成立一个统一革命组织——中国同盟会。同盟会的成立，标志着革命力量的初步整合。但这也是一个比较松散的组织，内部成员在革命宗旨、方法上都存在分歧，这也

---

① 《警钟日报》1904年7月2日。

② 李新主编：《中华民国史·中华民国的创立》（上），中华书局1981年版，第308—309页。

③ 孙中山：《与陈天华等的谈话》，广东省社会科学院历史研究室等编：《孙中山全集》第1卷，中华书局1981年版，第276页。

导致了以后同盟会的分裂。

——孙中山创立三民主义

（1）民族主义

三民主义是革命派的纲领。其理论的主要创立者当然是孙中山。孙氏的民族主义仍有传统的夷夏之辨因素，主因是痛恨清廷无能。他在《驳保皇书》中指控清廷：

> 盖今日国际，惟有势力强权，不讲道德仁义也。满清政府今日已矣，要害之区尽失，发祥之地已亡，浸而日削百里，月失数城，终归于尽而已。尚有一线生机之可望者，惟人民之发奋耳。苟人心日醒，发奋有为，大举革命，一起而倒此残腐将死之满清政府，则列国方欲敬我之不暇，尚何有窥伺瓜分之事哉？……今日之作内政，从何下手？必先驱除客帝复我政权，始能免其今日签一约割山东、明日押一款卖两广也。①

孙中山将反满作为民族主义的重要内涵，显然是一种动员手段。他认为，只有革命排满的主张，才能把各种反清势力集结在一起。孙中山分析：

> 所有抱着革命思想的中国人，约略可分为三类：第一类人数最多，包括那些因官吏的勒索敲诈而无力谋生的人；第二类为愤于种族偏见而反对满清的人；第三类则为具有崇高思想与高超见识的人。这三种人殊途同归，终将以日益增大的威力与速度，达到预期的结果。②

反满也是对清廷民族压迫政策的反抗。孙中山在《中国问题的真解决》中指称：

> 满洲人的行政措施都是为了他们的私利，并不是为了被统治者的利益。他们阻碍我们在智力方面和物质方面的

① 孙中山：《驳保皇书》，广东省社会科学院历史研究室等编：《孙中山全集》第1卷，中华书局1981年版，第233—234页。

② 孙中山：《知难行易》，黄彦编：《孙文选集》（下），广东人民出版社2006年版，第145页。

发展。他们把我们作为被征服了的种族来对待,不给我们平等的权利与特权。①

反满革命就是要推翻清廷,结束民族压迫,恢复汉族的平等权利。因此,民族主义与民权主义是共生关系。清廷是专制政府,没有革新的希望,只有推翻清廷,才能建立民权政府。

(2)民权主义

以现有资料而言,1897年,孙中山第一次明确阐释民权主义。他在《伦敦被难记》中痛批清廷践踏民权:

至中国现行之政治,可以数语赅括之曰:无论为朝廷之事,为国民之事,甚至为地方之事,百姓均无发言或与闻之权……至其涂饰人民之耳目,锢蔽人民之聪明,尤有可骇者。凡政治之书多不得浏览,报纸之行尤悬为厉禁。②

为此,兴中会的宗旨应"改行立宪政体,以为专制及腐败政治之代"。③ 1897年8月下旬至9月中旬,孙中山与宫崎寅藏、平山周的谈话中,对民权主义做了进一步阐述。他认为,共和政治是政治极则,中国人民有实行民权政治的能力,并提出以联邦制解决革命过程中群雄并起的问题。孙中山表示:

余以人群自治为政治之极则,故于政治之精神执共和主义……人或云共和政体不适支那之野蛮国,此不谅情势之言耳。共和者,我国治世之神髓,先哲之遗业也……且夫共和政治,不仅为政体之极则而适合于支那国民之故,而又有革命上便利者也。观支那古来之历史,凡国经一次之扰乱,地方豪杰互争雄长,亘数十年不能统一……其所以然者,皆由于举事者无共和之思想,而为之盟主者亦绝无共和

① 孙中山:《知难行易》,黄彦编:《孙文选集》(下),广东人民出版社2006年版,第144页。

② 孙中山:《伦敦被难记》,黄彦编:《孙文选集》(中),广东人民出版社2006年版,第29—30页。

③ 孙中山:《伦敦被难记》,黄彦编:《孙文选集》(中),广东人民出版社2006年版,第29页。

> 宪法之发布也……今欲求避祸之道，惟有行此迅雷不及掩耳之革命之一法；而与革命同行者，又必在使英雄各充其野心。充其野心之方法，唯作联邦共和之名之下，其夙著声望者使为一部之长，以尽其材，然后建中央政府以驾驭之，而作联邦之枢纽。①

后来，在与改良派的争论中，孙中山深化了民权思想，提出了实行宪政的三阶段论：军法之治、约法之治、宪法之治，以及五权宪法的构想。应该说，这些理论与后来提出的训政、权能区分论具有质的差别。

(3)民生主义

孙中山提出民生主义，主要受欧洲工人运动的影响。正如他后来回忆：

> 伦敦脱险后则暂留欧洲，以实行考察其政治风俗，并结交其朝野贤豪。两年之中所见所闻，殊多心得，始知徒致国家富强、民权发达如欧洲列强者，犹未能登斯民于极乐之乡也。是以欧洲志士，犹有社会革命之运动也。予欲为一劳永逸之计，乃采取民生主义，以与民族民权问题同时解决。②

孙中山以平均地权作为解决民生问题的手段，虽有空想以及不现实之处，但民生主义的深刻含义和前瞻性值得肯定。民生主义不仅出于人道主义，更要解决经济发展中的社会稳定问题。贫富悬殊必然造成社会不安定，因而不利于经济发展，甚至丧失经济发展成果。民生主义不是要限制工业发展，而是从平均地权入手，达到解决贫富分化问题，关键在实现工业化。因为只有工业发展，地价才能增长，国家才能获取核定地价与增长地价之间的收益，用来解决民生问题，并扩大工业化投资。可见，民生主义启迪人们思考经济发展与成果共享的问题。

---

① 孙中山：《欲举革命推翻清朝而建立共和政体》，黄彦编：《孙文选集》(中)，广东人民出版社2006年版，第105—106页。

② 孙中山：《孙文学说——行易知难》，黄彦编：《孙文选集》(上)，广东人民出版社2006年版，第88页。

三民主义为革命派提供了一个较为完备的革命纲领。虽然从理论上三民主义还存在着不少逻辑缺陷,从实践上也有难以实行之处,但是它毕竟指出了中国当时面临的迫切问题及解决思路。这些问题至今仍然继续存在,需要我们认真和切实地应对与解决。

三、武装斗争和革命话语权的确立

(一)武装起义

同盟会成立以前,孙中山就发动过广州起义、惠州起义。黄兴也联络湖南会党领袖马福益发动长沙起义。之后,同盟会将武装斗争作为主要革命形式,派遣大批会员潜回国内,组建各地分支机构,连续发动起义。1906 年,会员刘道一、蔡绍南联络会党头目龚春台发动萍(乡)、浏(阳)、醴(陵)起义。其参加人数之多为历次起义之最。1907—1908 年,孙中山、黄兴联手在两广边境领导发动了黄冈起义,惠州七女湖起义,防城起义,镇南关起义,钦、廉、上思起义,河口起义,均以失败告终。同时,宋教仁到东北联络绿林发动马侠起义,秋瑾、徐锡麟发动安庆、浙江起义,四川革命党人余黄、黄复生、熊克武发动泸州、成都、叙府起义。所有这些起义依靠的基本力量都是会党。会党具有较强的反满意识,也具有浓厚的游民气质,盲动冒险,自由散漫,甚至见利忘义的现象也时常发生。这使革命党人对会党感到失望,遂主要注意力转向新军。

1908 年 11 月,光绪帝和慈禧太后相继逝世。革命党人大为振奋,认为是起义的好时机。11 月 19 日,光复会熊成基发动安庆炮队起义。同盟会赵声、朱执信、邹鲁计划发动广州新军起义。因赵声受到两广总督张人骏怀疑,被解除新军标统职务,无法发动新军,决定以巡防营为主举事,史称广州保亚会之役。四川革命党人也发动了广安、嘉定、黔江之役。广州保亚会起义失败后,朱执信、倪映典等人继续在新军中做发动工作。1910 年 2 月 12 日,倪映典率新军起义,但很快失败。由于多次起义的失败,革命党人中弥漫着悲观气氛。1910年11月13日,孙中山在槟榔屿召开秘密会议,鼓励大家再接再厉,决定以新军为主干,联络防营和会党,在广州举义。由于广州新军有械无弹,会议决定选青年革命志士500人为选锋(后增至800人),先于城中发难,再迎接新军入城。占领广州后,黄兴率一军出湖南,趋湖北;赵声统一军出江西,趋南京,会师长江。会后,孙中山派赵声联络新军,黄兴、胡汉民等分赴南洋募款。孙中山也赴美国募款。1911年1月18日,黄兴到达香港,设统筹部,并派人进入广州,设立秘密据点,决定4月13日起义。但4月3日发生了温生才刺杀孚琦事件,清军遂加强戒备,枪械难以入城,被迫改变计划,又传来新军即将退伍的消息,黄兴等人决议4月27日(即农历三月二十九日)起义。广州清军也严密防备。4月25日,张鸣岐、李准调巡防营二营入城,驻守观音山高地。有人提议起义改期,黄兴认为改期无异解散,决定按时起义。但很多选锋不能按时赶到,结果冒险举事,惨遭镇压,牺牲惨重。这就是著名的黄花岗起义。这次失败对革命党人打击巨大,很多革命精英壮烈捐躯,黄兴闭门不出,准备以一死去暗杀李准。

革命党人历次失败,盖因不愿做长期和艰苦细致的基层发动工作,只注重联络上层和筹款筹械,无论是会党还是新军,都是出于利用目的。幻想凭借革命党人的一腔热血,一举成功。因此,历次起义都犯了急躁和冒险的错误,难免归于失败。

(二)构建革命话语权

革命党人历次起义虽然失败,但其政治影响巨大。革命党人以实际行动宣传了革命。革命在人们心目中成为一种高尚、合乎正义的行为,即使不赞同革命者,也不得不承认革命行动是出于爱国之心,并对革命表示理解。梁启超坦承:

> 革命暴动之举,吾党所素不赞成也。盖以历史之通则言之,革命本属不祥之事,无论何国,苟经一次大革命后,其元气恒阅十年或数十年而不能恢复。今日我国,凋瘵已极,

譬诸萎黄之树,岂堪复经漂摇之风雨与饕虐之霜雪?且外患方殷,动则牵引干涉,深恐徒糜烂其民,以为他人作驱除。吾党所以不敢妄赞革命主义者,凡以此也。虽然,革命党亦有辞矣……虽无革命,而埃及覆辙,其终不免,毋宁革命焉而犹可以冀免干涉于万一,且冀可以减干涉之程度也。以此难非革命论者,而非革命论者又无以应也。要之,在今日之中国而持革命论,诚不能自完其说;在今日之中国而持非革命论,其不能自完其说抑更甚。①

梁氏言论代表了大部分反对革命者的心理。它反映了几层含义:一是反对革命不是为了清廷,保留清廷只是手段,不是目的。事实上,除康有为外,改良派中很少有人以所谓清朝轻徭薄赋,恩泽深厚,或光绪帝是英明圣主为理由反对革命。正如梁氏所云,他无爱于清廷。二是革命党比清廷更具合法性。革命党的手段虽有可议之处,但其行为动机是纯正的。梁启超肯定:

今兹革命党之举动,果足称为有意识与否,且勿具论,而要之死于斯难者,其中不乏爱国热诚磊落英多之士,斯亦举国所同认矣。②

三是即使革命是毒药,也有不得不服之势。总之,改良派反对革命是出于理性而非内心深处的恶感。革命在改良派心目中也并非绝对的罪恶、大逆不道,反而是同情、惋惜的对象。革命具有合理性已成为大多数知识精英的共识,无论其是否赞成革命。因此,虽然武装起义屡战屡挫,但革命话语权却被革命派的宣传和流血牺牲所建构,并逐渐成为主流话语,为社会精英普遍接受。当清廷炮制"皇族内阁"、拒绝近期召开国会时,多数立宪派,乃至颇多汉族官僚都相继投入反清阵营,成为革命派倾覆清廷的同路人。

---

① 梁启超:《粤乱感言》,张枬、王忍之编:《辛亥革命前十年间时论选集》第3卷,生活·读书·新知三联书店1978年版,第797—798页。

② 梁启超:《粤乱感言》,张枬、王忍之编:《辛亥革命前十年间时论选集》第3卷,生活·读书·新知三联书店1978年版,第798页。

四、武昌首义与南方各省的光复

（一）同盟会上层的分裂

同盟会虽是革命派的统一组织，但成员思想并不一致。有人热衷排满，认为在推翻清廷后，“无论专制、立宪，均可甘心”。[①] 有人信奉民族、民权，对民生主义不感兴趣。有人主张无政府主义。会内中高层对于革命策略也意见不一。有人主张中央革命，即在清王朝心脏北京发动革命；有人主张在沿海、边疆发动，即所谓边地革命；有人主张在长江流域发动，即所谓中部革命。随着同盟会发动的历次起义失败，很多人对孙中山边地革命策略就更为不满。孙氏坚持在广东、广西、云南发动起义，主要是便于从海外接济枪械、款项。但反对者认为，在边地起事欲割据易，欲制清廷于死命难。他们也不满孙中山把过多的革命资源用在其家乡。一些具体事情的处理失当，也影响着同盟会上层的感情。1907 年 2 月，黄兴和孙中山就因国旗图式问题发生激烈争执。孙中山主张采用他亲手设计的青天白日旗，黄兴则坚持用井字旗，代表平均地权之意。最后虽因黄兴的让步使事情平息，但也引起一些人对孙中山的不满，认为孙中山待人做事不能开诚布公、虚怀若谷，迹近专制跋扈。直接引发同盟会分裂的导火线是孙中山离日问题。萍、浏、醴起义失败后，清廷向日本交涉，要求引渡孙中山。日本政府决定让孙中山主动离开日本，并赠送 5000 元作为路费。日商铃木也赠送 1 万元。孙中山认为，正需军事活动经费，便接受了这批款项。由于《民报》经费困难，孙中山遂从铃木赠送的 1 万元中提出 2000 元资助《民报》。章太炎嫌少，认为 1 万元应全部留下。孙中山离日后，接受日本政府捐赠一事传出，引起很多人不满。他们认为，孙中山应该向日本政府示威，而不是接受款项悄悄离开。正在这时，又传来黄冈起义、七女湖起

① 《论种族革命与无政府革命之得失》，《天义报》第 6 期。

义失败消息。这犹如火上加油,对孙中山不满的人更多。章太炎、张继等掀起倒孙风潮。之后,孙中山就不大愿意过问同盟会本部事务,遂致本部陷于涣散。1907 年 8 月,焦达峰、张百祥等成立共进会,与同盟会分道扬镳。1910 年 2 月,章太炎、陶成章等重设光复会。宋教仁、谭人凤等曾希望孙中山重整同盟会,但孙中山缺乏热情。黄花岗起义失败后,黄兴等极其消沉,不与外人交结,一心想搞暗杀复仇。谭人凤、宋教仁等极为不满。谭人凤极力主张长江革命,宋教仁也由赞同中央革命转向支持长江革命。他认为,中央革命为上策,中部革命为中策,边地革命为下策。上策稍难,下策已败,故采用中策。经过商议,决定以中策为上策,在长江组织机关。1911 年 7 月 31 日,宋教仁、谭人凤、陈其美等在上海开会,成立同盟会中部总会,决心实施长江革命策略。

(二)武汉地区革命形势的发展

武汉号称"九省通衢",经济、文化发达,是长江中游的交通枢纽和军政中心,也是当时革命团体最集中的地区,先后成立有 30 多个秘密社团。比较重要的有湖北军队同盟会、群治学社、振武学社、文学社、湖北共进会等,而且注重在新军中长期发展和积聚革命力量,不轻易起事。在武昌起义前夕,以文学社和湖北共进会势力最大、最为活跃。共进会起初发展重点在会党,后也转向新军,其主要领导者为孙武、邓玉林等。文学社一直以新军为发展对象,主要领导者为蒋翊武、刘复基等。两会起初分头进行,各无妨碍。但在发展成员的过程中,发生摩擦,经过多人斡旋,1911 年 7 月,双方合并,决定暂时搁置各自名称。在推举领导人时,双方互相谦让,于是居正建议,派人赴上海邀黄兴和中部同盟会的宋教仁、谭人凤到武汉主持。这一建议得到赞同。但谭人凤、宋教仁对武汉革命形势估计不足,认为还不能轻易举事。孙武、刘复基等人却有很强的紧迫感。因为当时清廷为镇压四川保路运动,陆续征调武汉新军入川弹压,导致革命力量削弱。1911 年 9 月 24 日,双方干部召开联合大会,商量起义计划,公推蒋翊武为临时总司令,孙武为参谋长。

武汉地区的报纸也很发达，有影响者不下数十家。随着革命形势的高涨，不少报纸为革命党人创办，积极宣传革命，首推《大江报》。该报因发表黄侃的《大乱者救中国之妙药也》、何海鸣的《亡中国者和平也》，轰动一时。因此，革命党在组织、宣传和实力等方面的准备比较充分，保路运动引发的政治危机波及武汉，促成革命形势的成熟。革命党抓住机遇，决定发动起义，不失为适时和果断的选择。

（三）武昌首义与南方各省光复

1. 保路运动酿成区域性政治危机

武昌首义的导火索是四川保路运动。1903 年，中国民众掀起了收回利权运动，要把被列强掠夺的矿山、铁路权利收回，由中国人自办。在收回利权运动的影响下，出现商办铁路的高潮。清廷开始支持商办铁路，一些大员纷纷上奏支持，期能实现路权自主，利益自擅。端方奏称：

> 臣等查今日各省路权，关系军政、财政命脉，果有地方绅士公同认办，则权利不为外人所侵，利益即为中国所擅，亟应维持保护，以观其成。①

经过谈判，一些铁路被赎回自办。但修筑铁路需要巨额资金和复杂的技术，当时中国民间还不具备这样的实力，特别是缺乏雄厚的资金。这就造成商办铁路进展缓慢，成效不彰。于是，借款筑路之声再起。1908 年，清廷发布上谕：

> 铁路为交通大政，利商赈灾，运兵转饷，以及开通风气，振兴实业，胥赖乎此。近年各省官办铁路，皆能克期竣工，成效昭著。而绅商集股，请设各公司，奏办有年，多无起色，坐失大利，尤碍交通。著邮传部遴选妥员，分往各路确实勘查。各种工程，应分几年造竣。公司股本，能否按年接济。

① 宓汝成编：《中国近代铁路史资料》第 3 册，中华书局 1963 年版，第 969 页。

一面妥拟办法，严定限期。倘所集股资不敷尚巨，或各存意见，推诿误工，以致，即由该部会同该管督抚另筹办理。[①]

上谕威胁商办铁路，若未能依限完竣，就要收回路权，由官方“另筹办理”。这只能是官办，官办就必须靠借款。商部、邮传部，一些地方督抚都要求另行规划。张之洞更言明非借款难以筑路，一些绅士也表示认同。如果任由商办，必是旷日持久，诚非长策。郑孝胥警告：

时事急矣，欲以兵力自强，非五十年不能收效；欲以政治自振，非三十年不能见功；欲以穷困闭塞之国而为治兵修政之举，则又非三五十年所能成就。故为今日之中国计，十年之内，惟以吸收外资为救亡之要著，十年以后，惟以铁道尽通为图存之要著。约而言之，则借债造路而已。[②]

他认为，借款应避免借德、俄、日三国之款，因为三国执行的是侵略主义。对于怎样避免路权丧失，张之洞主张，虽借款，路仍归自办。“照会内预先议明一切用人、择地、管路、行车及开矿利权，借款国之工程师丝毫不得干预等语。似无流弊，断不至将路权放失。”[③]在此背景下，盛宣怀奏请“干路收归国有，迅速筹办，支路则仍可由商民量力办理”。[④] 应该说，盛宣怀提出的铁路干线国有政策，得到大部分官员的赞成，清廷也予以采纳。这一政策虽属正确，但遭到民间绅商的激烈反对，原因有二：一是人们对路权丧失的担心。借外债以何作抵押，若以路权，路权又将丧失。“务国有之虚名，坐引狼入室之实祸。”[⑤]人们对铁路干线国有政策的具体内容并不了解，清廷也未作详细说明。二是清廷收回路权的办法人民不能接受。对于以前的集资款项如何处理？四川民众希望退还现银；广东民众则希望退还股本，或转成国家铁路股票，或转为国债。清廷的办法是粤

① 宓汝成编：《中国近代铁路史资料》第3册，中华书局1963年版，第1157页。
② 宓汝成编：《中国近代铁路史资料》第3册，中华书局1963年版，第1165页。
③ 宓汝成编：《中国近代铁路史资料》第3册，中华书局1963年版，第1167页。
④ 宓汝成编：《中国近代铁路史资料》第3册，中华书局1963年版，第1236页。
⑤ 宓汝成编：《中国近代铁路史资料》第3册，中华书局1963年版，第1268页。

路全为商股,发还股本六成,其余转为无利股票。湘路商股照本发还,其余靠米捐、盐捐等筹集的资本,转为国家保利股票。鄂路商股还现银,彩票股转为无利股票。川路现存款如愿入股,悉数转为国家保利股票,5 年后分 15 年还本,已用的转为国家保利股票,却没说明不愿入股如何处理。这等于川路全部转为国家保利股票,此项接收办法对四川人民最为不公。其他省份都有现银发还,而四川没有。更重要的是四川铁路集资,主要来自按亩摊派,股份的持有者多是农民而非商人。现在铁路收归国有,股本收不回,还要等到遥遥无期的铁路建成获利后收取股息,或20 年后还本。一般小农难以等待如此之长的时间。所以,四川路权关涉全省民众切身利益,路权国有化引发的抗争特别激烈,遂成为保路运动的中心区域,最后发展成武装斗争。铁路国有政策引发的保路运动不断升级,在南方诸省酿成区域性政治危机,对内外交困的清廷构成严重的威胁。

2. 武昌起义及南方各省的光复

四川保路运动兴起后,清廷着手对危机展开紧急处理,派端方入川查办。袁世凯因"近闻湘人颇有风潮",曾劝端方驻节汉阳,震慑两湖革命党人,分派委员分头查探,弄清情况,步步为营,逐步处理。① 但端方到武汉不久,四川保路运动因川督赵尔丰枪杀保路民众,由民变发展成为革命党人领导的武装起义。面临武装起事,清廷即命端方自湖北带新军三十、三十一标入川,四川水陆新旧各军悉由端方调遣。端方率湖北部分新军入川,既造成了武汉清军防务空虚,也使新军革命力量遭到削弱,遂致武汉革命党人决定提前起事,终于爆发武昌首义。接着,按照共进会商定策略,湖南首先响应,南方各省也纷纷起义,宣布独立。北方的陕西、山西也很快跟进,山东、河南、直隶、东三省等省革命党人也纷纷起事。但北方起义大多被清廷镇压,或后来依附于袁世凯。

---

① 骆宝善:《骆宝善评点袁世凯函牍》,岳麓书社 2005 年版,第 289 页。

五、南北议和与清朝统治的倾覆

(一)袁世凯乘危复出

武昌起义后,清廷派陆军大臣荫昌率军镇压,但他指挥不动北洋军。朝野促请袁世凯出山的呼声高涨。袁世凯也认为这是他复出掌权的好时机,遂向清廷提出编练一支直属军队,筹拨军饷三四百万两,军咨府、陆军部不可遥制等条件。有史家称,袁氏提出立宪、召开国会、成立由他主导的责任内阁等条件。据《大公报》报道:

> 项城曾私向人云,此次之乱,若但向皮毛上救治,未尝不能奏效,但为国之道,其根本所在,贵能实行立宪。实行立宪,即当建设责任内阁,化除满汉畛域。某所持政见如此。但此刻军务吃紧,又不便行奏陈,贻人口实,似乎借此要挟,且邻于推卸,此某所不敢当者也。云云。[①]

看来,袁世凯精明老练,预计别人会向清廷提出政治改革要求,故只提出与军务有关的条件。果然,在袁世凯答应出山并筹备南下督师时,就有疆吏程德全、孙宝琦、民意机关资政院奏请,新军统制张绍曾发动兵谏,要求开国会,组织责任内阁,修宪法、行君宪等。清廷也立即取消亲贵内阁,任命袁世凯组织责任内阁,并颁布十九信条。

(二)袁世凯掌控朝政,南北议和登场

1. 袁世凯有意和平篡夺最高权力

袁世凯复出后,一面命冯国璋猛攻汉口、汉阳,一面派人与湖北军政府接触,试探和谈底线。他出任总理大臣后,和谈就由幕后走向公开。袁世凯推动议和也是迫于时势:一是清廷人心尽失,以武

---

① 骆宝善:《骆宝善评点袁世凯函牍》,岳麓书社 2005 年版,第 319 页。

力未必能够镇压革命。当时南方各省已全部独立,北方各省也普遍存在革命形势。如果一味镇压,结果难以预料,很可能是袁世凯与清廷一起被革命洪流所吞没。二是袁世凯与清廷之间已经失去信任。亲信王锡彤向袁世凯建言:

> 革命之气已盈海内,若再以兵力蹂之,后患方长。况为袁公计,亦殊不值得。盖专制国之大臣立不世之奇功,结果只有两路可走:一为岳武穆身死而国危,一为曹孟德,风利不得泊也。此二者非君杀臣则臣弑君,将何以处袁公乎?①

袁世凯与载沣等亲贵的关系早已势同水火,如今双方相互防范,关系更加紧张。《抑斋自述》记载,汉口得胜后,载沣拜访袁世凯,从袖中拿出裕隆太后的懿旨,封袁世凯一等侯爵,让袁世凯进宫谢恩。袁世凯大为惊疑,认为这是上演吕后未央宫杀韩信之事,遂再三辞谢,不肯进宫。② 三是各方,包括列强、原立宪派,乃至革命党人都把政治解决、稳定政局的希望寄托在袁世凯身上。"非袁莫属"已成为时人共识。袁世凯也正好利用这种形势,通过政治解决谋取最高权力。

2. 南方拥袁声浪高涨

南方独立诸省,虽然成立中华民国临时政府,选举孙中山为临时大总统,但拥袁派势力强大,孙中山深受各方压力,被迫同意有条件拥袁。(1)原立宪派早就看好袁世凯。皇族内阁成立后,张謇认为清廷已无望,就乘火车到彰德拜访袁世凯,尽力促成袁世凯出山挽救清廷政治危机。袁、张达成默契。辛亥革命爆发后,张謇立即致电袁世凯,促其迅速北上,入定京师。他认为,清廷退位,实行共和已是大势所趋。③ (2)颇多革命党人倾向秩序革命,以免延长战祸,希望与袁世凯达成和议。他们担心袁世凯会仿效曾国藩,帮助

---

① 王锡彤著,郑永福、吕美颐点注:《抑斋自述》,河南大学出版社 2001 年版,第 177 页。

② 王锡彤著,郑永福、吕美颐点注:《抑斋自述》,河南大学出版社 2001 年版,第 177 页。

③ 张謇:《致袁世凯电》,张謇研究中心、南通市图书馆、江苏古籍出版社编:《张謇全集》第 1 卷,江苏古籍出版社 1994 年版,第 179 页。

清廷扑灭汉族革命。黄兴可谓拥袁代表，早在1911年11月9日，他即致函袁世凯，以拿破仑、华盛顿相许，促请袁世凯参与反清革命进程，并表示革命派会"拱手听命"。函称：

人才原有高下之分，起义断无先后之别。明公之才能，高出兴等万万，以拿破仑、华盛顿之资格出，而建拿破仑、华盛顿之事功，直捣黄龙，灭此虏而朝食，非但湘、鄂人民戴明公为拿破仑、华盛顿，即南北各省亦无有不拱手听命者。①

孙中山当上临时总统后，同盟会内妥协议和声浪高涨，孙中山主张北伐，被攻击贪图权力。面对各方施压，孙中山陷入孤立，遂致电袁世凯，表示虚位以待。

3. 议和登场，清廷倾覆

南方议和条件是清廷退位，实行共和政体，北方议和条件是君主立宪。袁世凯之所以坚持君主立宪，是不愿背从孤儿寡母手中夺取政权的骂名。但南方坚持共和政体的底线，认为不如此就是投降。双方经过几轮谈判争执不下。唐绍仪、伍廷芳曾提出由国民会议决定国体的建议，但南北双方代表均不答应。此时，孙中山回国，很快被举为临时大总统。君主立宪已无实现的可能。若再坚持，恐怕南方已答应的清廷退位，举袁为总统的条件也要落空。在此背景下，袁世凯得到孙中山清廷退位、让位于袁世凯的保证后，决定逼清廷退位。1912年2月12日，清廷下退位诏书。封建帝制在中国结束。

---

① 卞孝萱辑：《闵尔昌旧存有关武昌起义的函电》，载《近代史资料》1954年第1期，第71页。

结语

西方资本主义的发展,特别是工业革命的发生,开启了全球化的脚步。在全球化的大趋势下,发达的欧美列强,再加上后起的俄国、日本,都居于世界权力中心地位,其他殖民地、半殖民地国家处于依附边缘地位。

第一次鸦片战争后,中国也逐渐被卷入全球化体系。中国本处于东亚权力中心地位,与周围各属国形成宗藩关系。西方殖民体系与中国的宗藩体制发生了激烈冲突。经过两次鸦片战争的打击,西方开始以不平等条约体系规范中外关系,在中国建构半殖民地统治秩序。中国被迫逐渐接受这种秩序。但中国毕竟是具有悠久历史文化、具有高度民族优越感的大国,中华民族决不会甘于被边缘化。于是,中国社会精英及民众对列强殖民化的侵略行径展开了激烈的抗争、艰难的探索。民族文化优越感既激励着中国人抗争、探索,但也阻碍对其他文明敞开胸怀,遂致国人对中国现代化道路的探索极为艰难曲折,从而导致中国的边缘化地位越陷越深。中国国际地位的沉沦,又促使中国的社会精英及民众更急于寻找出路。这就造成国人普遍急于超越、急功近利的心理。对各种改革方案急于迅速取得成效,否则就被抛弃。求新求急,造成中国社会弥漫一种激烈情绪。所以,近代中国,人们政治观念的变化速度远远超出物质变化的速度。急功近利的另一种表现就是把复杂问题简单化,认为只要达成主要变革目标,其他问题都能迎刃而解。无论是革命派的民族主义,还是立宪派的开国会主张,都是同一思维模式。近代中国的改革,特别是清末10年的改革之所以不成功,主要原因当然是清廷政治衰败,人心解体,但无论是革命派或立宪派都急于求成也是重要因素。清廷虽然被推翻,建立了革命派梦寐以求的民族国家,也告别了君主,但中国并未因此摆脱半殖民地的地位,也没有建立民主宪政制度。中国现代化的道路依然遥远漫长。

后记

本书是南京大学985创新项目"全球化与现代化"系列成果的一部分。因体例所限,本书研究时段限于1840—1911年。书稿杀青后,一直未能付梓,今受到"郑州大学中国史学科振兴基金"、河南省优势特色学科"中原历史与文化"的资助,得以出版,谨表谢意。

刘保刚

2016年3月28日